En busca de Klingsor

Jurado del Premio Biblioteca Breve 1999

GUILLERMO CABRERA INFANTE

LUIS GOYTISOLO

PERE GIMFERRER

SUSANA FORTES

BASILIO BALTASAR

Seix Barral Premio Biblioteca Breve 1999

Jorge Volpi
En busca de Klingsor

Primera edición: abril 1999
Segunda edición: mayo 1999
Tercera edición: junio 1999
Cuarta edición: noviembre 1999
Quinta edición: marzo 2000
Sexta edición: septiembre 2000

ISBN: 84-322-0788-8
Depósito legal: B. 37.231 - 2000
Impreso en España

Para Adrián, Eloy, Gerardo,
Nacho y Pedro Ángel,
los otros conspiradores

La ciencia es un juego, pero un juego con la realidad, un juego con los cuchillos afilados... Si alguien corta con cuidado una imagen en mil trozos, puedes resolver el rompecabezas si vuelves a colocar las piezas en su sitio. En un juego científico, tu rival es el Buen Señor. No sólo ha dispuesto el juego, sino también las reglas, aunque éstas no sean del todo conocidas. Ha dejado la mitad para que tú las descubras o las determines. Un experimento es la espada templada que puedes empuñar con éxito contra los espíritus de la oscuridad pero que también puede derrotarte vergonzosamente. La incertidumbre radica en cuántas reglas ha creado el propio Dios de forma permanente y cuántas parecen provocadas por tu inercia mental; la solución sólo se vuelve posible mediante la superación de este límite. Tal vez esto sea lo más apasionante del juego. Porque, en tal caso, luchas contra la frontera imaginaria entre Dios y tú, una frontera que quizás no exista.

ERWIN SCHRÖDINGER

PREFACIO

—¡Basta de luz!

Sus palabras, ácidas y envejecidas, provocan que el mundo regrese, por un instante, a la fría edad de las tinieblas. El espacio que lo rodea es como una gota de tinta china en el cual la penumbra queda acentuada por el silencio: durante unos segundos, nadie le aplaude, nadie lo engaña, nadie lo injuria. Obedientes, incluso los relojes han enmudecido. La muerte, está seguro, no ha de ser muy distinta. Sólo cuando el eco de su propia voz se dispersa, se da cuenta de que habita un cosmos que ya no le pertenece.

—Empecemos de nuevo —ordena—. ¡Quiero verla otra vez!

El operador pone manos a la obra: rebobina, tuerce, recompone. Luego gira una manivela y el arduo mecanismo se pone en marcha. Atento, el Führer percibe los murmullos que desgrana el aparato. Es el fin de la oscuridad y de su ira. Un potente rayo atraviesa el salón y se clava en la pantalla como una bala en el pecho de un enemigo. Ahora le es posible columbrar los rellanos de la escalera, los pliegues de las cortinas, las siluetas de las butacas. Y la sala de proyecciones se convierte, como cada noche, en línea de fuego.

Los cuantos de luz se dispersan sin orden ni concierto por toda la habitación; se instalan en los muros y en las alfombras, se adhieren a sus belfos y a sus orejas, le revuelven los mechones de cabello y se apoltronan, por fin, en los rincones, convirtiendo la estancia en un remedo del mundo. Al frente, el resplandor y las sombras celebran su sangrienta ceremonia, repiten rostros y agonías, le conceden una existencia vicaria a esos cuerpos que hace mucho ya no existen. Con el entusiasmo de un niño que escucha de nuevo su historia favorita, Hitler saborea por enésima vez el espectáculo.

La sucesión de causas y efectos inicia su ciclo ritual, celebrado una y otra vez según el estado de ánimo que le provocan las noticias que llegan del frente: a un golpe le sigue un lamento; a una herida, un chorro de sangre; al reposo, la muerte... Para él, esta cotidiana inmersión nocturna —este regreso al castigo que han sufrido sus adversarios— es más una terapia que una diversión morbosa. En ocasiones cree que no volverá a conciliar el sueño si no toma antes unas gotas de esta droga visual e inofensiva. Ha aprendido de memoria cada cuadro, cada escena, cada secuencia y aguarda su repetición con el mismo entusiasmo con el cual un aficionado espera el primer beso de sus actores favoritos.

—¡Bravo! —grita con sus labios monstruosos en primer plano.

Así celebra la producción que él mismo ha dirigido y censurado; la misma película que ve a diario, a la misma hora, sin otra compañía que la de ese pálido *Gruppenführer-SS* que ha recibido el honroso encargo de convertirse en operador cinematográfico del búnker. En esta obra de arte, en la cual se conjuntan la justicia y la historia, encuentra una forma extrema de belleza —un paisaje mucho más hermoso que aquellos que pintó a la acuarela en su adolescencia—, manufacturada gracias a la pérfida actuación de sus detractores y a la impecable fidelidad de sus verdugos.

—¡Bravo! —aúlla de nuevo, como si una cámara fuese a inmortalizar sus encías y sus dientes cariados—. ¡Bravo! —gime una vez más, en un pobre remedo del orgasmo, el único orgasmo que conoce, mientras las últimas escenas se precipitan sobre sus pupilas, mostrándole los restos desgajados, apenas humanos, que han quedado como vestigios de la tortura.

Al final, el proyeccionista vuelve a iluminar la sala. Espera que la sesión haya aliviado la intensa melancolía del Führer. Éste permanece callado, de cara a la pantalla vacía, indiferente a las bombas que cada minuto destruyen decenas de edificios en la parte alta de Berlín. Sólo en estos segundos privilegiados puede olvidar la derrota.

—¡Otra vez!

La gloria ha pasado: hace meses que no sale a las calles para recibir los vítores de su *Volk*, y apenas recuerda la airosa mañana en que sus botas mancillaron los jardines de la capital francesa. Ahora, en cambio, debe conformarse con ser un alma incógnita —idéntica a la de los miles que, por su culpa, mueren a lo largo de Europa—, obsesionada con la irrealidad del cine, el único ámbito en el cual su poder se mantiene intacto. Las luces se apagan de nuevo y el *Gruppenführer-SS*, usando sus habilidades de artillero, dispara sobre su objetivo. Sin duda, da en el blanco mientras el Führer se arrellana en el asiento.

El 20 de julio de 1944, un selecto grupo de oficiales de la Wehrmacht, el ejército del Reich, auxiliados por decenas de civiles, atentaron contra la vida de Hitler mientras éste se encontraba en una reunión de trabajo en su cuartel de Rastenburg, a unos seiscientos kilómetros de Berlín. Un joven coronel, mutilado en una acción militar en el norte de África, el conde Claus Schenk von Stauffenberg, introdujo un par de bombas en un maletín que fue colocado bajo la mesa de trabajo del Führer y esperó a que el artefacto hiciese explosión para dar inicio a un golpe de Estado que habría de terminar con el gobierno nazi y, posiblemente, con la guerra.

Un mínimo error de cálculo —una nimiedad: una de las bombas no pudo ser activada o acaso el maletín quedó demasiado lejos del lugar donde se sentaba Hitler— hizo que el plan se viniese abajo. El Führer no recibió más que unos rasguños y ninguno de los altos jerarcas del Partido o del ejército resultó herido de gravedad. A pesar de los intentos de los conspiradores de continuar con el plan pese a que su primer objetivo había fallado, durante las primeras horas del día siguiente la situación estaba, de nuevo, bajo control de los nazis. Los principales dirigentes de la revuelta —Ludwig Beck, Friedrich Olbricht, Werner von Haeften, Albrecht Ritter Mertz von Quirnheim y el propio Stauffenberg— murieron esa misma noche en el cuartel general del ejército, en la Bendlerstraße de Berlín, y una precipitada serie de capturas dio comienzo bajo las órdenes del *Reichsführer-SS*, y nuevo ministro del Interior, Heinrich Himmler.

Para sorpresa de propios y extraños, la conjura involucraba a generales y coroneles, empresarios y diplomáticos, miembros de los cuerpos de inteligencia del ejército y de la marina, profesionales y comerciantes. De acuerdo con su teoría sobre la maldad intrínseca de la sangre, Himmler ordenó que no sólo fuesen capturados quienes participaron de modo directo en la conjura, sino también sus familias. Hacia fines de agosto de 1944, unas seiscientas personas habían sido arrestadas por apoyar a los conspiradores o por el solo hecho de estar relacionadas con ellos.

Furioso, Hitler decidió emprender una represalia ejemplar contra quienes se habían puesto en su contra justo en los peores momentos de la guerra. No habían pasado más que unas semanas desde el inicio del desembarco aliado en Normandía, y ya había quienes estaban dispuestos a segar su vida y, con ella, a comprometer el destino del Reich. Su idea era montar un gran juicio, a semejanza de los que había organizado su enemigo Stalin en Moscú en 1937, para que todo el mundo se diese cuenta de la vileza de los acusados. Hitler hizo traer a su cuartel, en la Guarida del Lobo, a Roland Freisler, el presidente de la Corte Popular del Reich, e incluso al verdugo que se encargaría de ejecutar las penas, y les advirtió: «¡Quiero que todos sean colgados y destazados como piezas de carnicería!»

Los procesos se iniciaron el 7 de agosto en la gran sala de la Corte Popular, en Berlín. Ocho acusados fueron presentados en aquella ocasión: Erwin von Witzleben, Erich Hoepner, Helmuth Stieff, Paul von Hase, Robert Bernardis, Friedrich Karl Klausing, Paul Yorck von Wartenburg y Albrecht von Hagen. Se les prohibió usar corbata y tirantes e incluso sus propios abogados defensores pedían que se les declarase culpables. Enmarcado por las dos enormes banderas nazis que pendían a sus costados, Freisler acalló una y otra vez sus protestas. Nadie debía escuchar sus voces. Su maldad era suficientemente clara: sin reservas, Freisler condenó a muerte a los ocho acusados. Luego se dirigió a ellos:

—Ahora podemos regresar a la vida y a la batalla. El *Volk* se ha purgado a sí mismo de ustedes y ha vuelto a ser puro. Nosotros no tenemos nada en común con ustedes. Nosotros luchamos. La Wehrmacht grita: *Heil, Hitler!* Nosotros gritamos: *Heil, Hitler!* ¡Nosotros peleamos juntos con nuestro Führer, siguiéndole, por la gloria de Alemania!

El 8 de agosto, los reos fueron conducidos a los sótanos de la cárcel de Plötzensee. Hitler prohibió que recibiesen consuelo espiritual: no sólo quería condenar sus cuerpos, sino también sus almas. Apenas se les dio tiempo para mudar su ropa por los uniformes de la prisión y se les entregó viejos zapatos de madera. Así vestidos, uno a uno debieron atravesar los corredores de la cárcel hasta entrar en la cámara de ejecución que se encontraba detrás de una larga cortina negra.

Desde el inicio, un camarógrafo se encargó de seguir a los ocho acusados. Filmó sus cuerpos desnudos, mientras se cambiaban de ropas; filmó sus gestos de miedo, dignidad o espanto; filmó sus miradas altivas o dolorosas; filmó las cicatrices de la tortura que habían soportado durante las dos semanas anteriores; filmó sus tropiezos a lo largo del pasillo; y también filmó su ingreso, a través del pesado velo negro que los separaba de la muerte, hacia el patíbulo. Cada uno de sus movimientos fue registrado, con precisión milimétrica, por orden expresa del Führer, quien desde luego no iba a concederles el privilegio de asistir a sus ejecuciones, pero que sí quería mirarlas en privado una vez que éstas se hubiesen producido.

El escenario está listo. En cuanto aparece el primero de los protagonistas —un hombre desgarbado y pálido, con el cabello revuelto y sus asquerosos choclos manchados por el estiércol del pasillo— se encienden dos potentes reflectores. De pronto, el ambiente parece volverse puro o al menos de un tono que sugiere limpidez. Sus ojos brillan por un segundo, cegados por la luz que ha de convertirlos en ceniza. En su rostro se refleja la vergüenza de quien sabe que va a ser contemplado por la historia. A su alrededor, una pequeña corte lo acompaña en sus últimos momentos: el fiscal general, el alcaide de Plötzensee, algunos oficiales y, además del camarógrafo, media docena de periodistas.

Tras recibir la indicación del alcaide, el verdugo se acerca al sentenciado. Es posible ver a este hombre severo y gélido en un plano americano mientras tensa la soga —hecha con resistentes cuerdas de piano— con la cual se dispone a ahogar a su víctima. Uno quisiera que el dramatismo llevase al *metteur en scène* a proponer un acercamiento a las manos del verdugo, callosas y serenas, o a las gotas de sudor que caen por las comisuras de la boca del condenado, pero en este caso no hay una Leni Riefenstahl capaz de semejante destello de genialidad. Hay que conformarse con las tomas abiertas, con la pulcritud anodina de los volúmenes, con la sobria parquedad de las tomas. El verdugo desata las manos del prisionero, lo obliga a subir a una pequeña plataforma y a continuación procede a correr el lazo de seda alrededor de su cuello. Por un instante, el reo parece convertido en una estatua de la derrota. La pieza teatral —perdón, la obra cinematográfica— está en su momento de mayor dramatismo. Un segundo de silencio, congelado en el tiempo, concentra la tensión. Nadie se mueve, nadie se agita, en espera de la nueva señal del alcaide.

Un ademán apenas perceptible da la indicación para que el cuerpo del acusado comience a deslizarse, suavemente, como si se tratase de un paso de ballet, hacia el vacío. La cámara capta con cuidado cada uno de los pasos de la agonía, que llega a durar varios minutos: primero la sensación de horror clavada en sus pupilas, luego los hematomas pardos que aparecen alrededor del lazo, a continuación los resoplidos y los espumarajos de saliva y sangre que salen por la boca y la nariz del actor y, por último, los violentos espasmos que —¡vaya interpretación!— hacen pensar en un enorme esturión atrapado por un pescador experto. La víctima se mece, inolvidable, como el badajo de una campana tocando las paredes de aire que lo cobijan.

Para sorpresa y regocijo del público, aún falta un *coup de théâtre* magistral: el poderoso no sólo debe vencer a sus enemigos, sino ridiculizarlos, hacer saber a la gente que nadie tiene la estatura moral para enfrentársele. La seña de la mano del alcaide vuelve a poner en marcha la expectación. El verdugo, sonriente, se acerca al cadáver y de un tirón le arrebata los pantalones. Con un regusto pornográfico, la cámara devora el sexo fláccido y diminuto de la víctima, mostrando con esta metáfora la debilidad extrema de aquellos que se oponen a los designios del Führer.

Las dos piernas desnudas, largas y sinuosas, completamente blancas, y el tímido mechón oscuro en el pubis desatan los aplausos rabiosos de Hitler, quien festeja por enésima vez esta ocurrencia digna del mejor cine expresionista. Se trata, sin embargo, sólo del final del primer episodio. Los verdugos y los oficiales de la prisión merecen un breve descanso que la cámara no se olvida de registrar, en el cual se dirigen a una mesita y llenan sus vasos con coñac para brindar por el triunfo de la muerte. Mientras tanto, el cadáver es descolgado y llevado a un lugar seguro, donde será incinerado. Sus cenizas flotarán en el viento. ¡Por fortuna, aún faltan siete ejecuciones! El Führer consulta su reloj, y festeja.

Cuando el 5 de septiembre vinieron por mí, yo estaba en mi casa de la Ludwigstraße preparando unos cálculos que me había encargado Heisenberg hacía varias semanas. Desde que la radio transmitió la voz de Hitler el 20 de julio, anunciando que el golpe había fracasado y que, gracias a la Providencia, el Führer seguía con vida, yo sabía que no me quedaba mucho tiempo. Había seguido con creciente angustia las noticias subsecuentes: el fusilamiento de Stauffenberg y sus amigos cercanos, la preparación de los juicios por la Corte Popular y la serie de arrestos masivos que vino a continuación.

Aunque sospechaba que de un momento a otro sería mi turno, había tratado de conservar la calma. Sólo al enterarme de la detención de Heini, de Heinrich von Lütz, mi amigo desde la infancia, cobré clara conciencia de que mis horas estaban contadas. ¿Pero qué podía hacer? ¿Huir de Alemania? ¿Esconderme? ¿Escapar? Estábamos en los peores meses de la guerra: era imposible. No me quedaba sino esperar, tranquilamente, a que, en el mejor de los casos, un miembro de las SS o de la Gestapo irrumpiese en mi casa. Como intuía, los esbirros no tardaron muchos días en llegar; me esposaron y de inmediato fui conducido a Plötzensee.

Decenas de sentencias de muerte habían sido dictadas por Freisler cuando el 3 de febrero de 1945 tuve que presentarme en la Corte Popular en Bellevuestraße. Ese día íbamos a ser juzgados cinco prisioneros. El primero en comparecer ante el juez era Fabien von Schlabrendorff, abogado y teniente de reserva que había fungido como enlace entre los diversos líderes de la resistencia antinazi. Había sido capturado poco después del 20 de julio y, desde entonces, mantenido en los campos de concentración de Dachau y Flössenburg. Como de costumbre, Freisler lo interrumpía para burlarse de los acusados, nos llamaba cerdos y traidores y vociferaba que Alemania sólo podría salir victoriosa —¡victoriosa en 1945!— si era capaz de eliminar a escoria como nosotros.

Entonces ocurrió algo que, de no haber estado yo presente para verlo, hubiese considerado una mentira o un milagro. La alarma antiaérea comenzó a sonar con fuerza. Una luz roja se encendió en la sala. De pronto, el silencio se convirtió en un rugido y, más tarde, en una interminable serie de explosiones que hacían vibrar el edificio de la Corte. En aquellos meses, los bombardeos se habían transformado en parte de la vida cotidiana de Berlín, de modo que tratamos de conservar la calma, esperando que todo concluyera. No podíamos imaginar que no se trataba de un ataque aéreo como otros, sino del bombardeo más intenso lanzado por los Aliados desde el inicio de la guerra. Antes de que nos diésemos cuenta, una potente descarga cayó sobre el techo de la Corte Popular. Una cortina de humo y polvo se abatió sobre la sala, como si hubiese comenzado a nevar en su interior. El yeso caía de los muros como talco, pero los estropicios no parecían mayores. No quedaba sino esperar a que se reanudase la sesión o a que el juez decidiese suspenderla hasta el día siguiente. Entonces levantamos la vista: un pesado trozo de piedra había caído sobre el estrado y, al lado de él, reposaba el cráneo del juez Roland Freisler, partido en dos, con un río de sangre cubriéndole el rostro y manchando la sentencia de muerte contra Schlabrendorff. Aparte de él, nadie resultó herido.

Los guardianes de la sala corrieron a la calle a buscar a un médico y regresaron a los pocos minutos con un hombrecillo de chaqué que se había refugiado de las bombas a las puertas de la Corte. En cuanto se acercó al cadáver, el médico dijo que nada podía hacerse: Freisler había muerto instantáneamente. Los acusados nos quedamos en nuestros lugares, atónitos, mientras los guardias de seguridad nos vigilaban con odio, sin saber qué hacer. Entonces se escuchó la recia voz del médico: «Me niego. No voy a hacerlo. Lo siento. Pueden arrestarme, pero no voy a firmar el acta de defunción... Llamen a otro.» Luego supimos que el nombre del doctor era Rolf Schleicher, y que su hermano Rüdiger, quien trabajaba en el Instituto de Legislación Aérea, había sido condenado a muerte por el juez unas semanas atrás.

Tras la muerte de Freisler, el juicio se aplazó una y otra vez. Los bombardeos aliados devastaban la ciudad. A partir de marzo de 1945, fui trasladado de una prisión a otra, hasta que finalmente una unidad norteamericana nos devolvió la libertad poco después de la capitulación. A diferencia de la mayor parte de mis compañeros y de mis amigos, yo había sobrevivido.

La tarde del 20 de julio de 1944, un golpe de suerte salvó a Hitler. Si la segunda bomba hubiese sido puesta en funcionamiento por Stauffenberg, si el maletín hubiese quedado más cerca del Führer, si hubiese habido una reacción en cadena, si Stauffenberg se hubiese asegurado, desde el principio, de colocarse más cerca de él... La mañana del 3 de febrero, otro golpe de suerte me salvó a mí. Si yo hubiese sido juzgado en otra ocasión, si el bombardeo no se hubiese iniciado justo a esa hora, si el trozo de roca hubiese caído a unos centímetros de distancia, si Freisler se hubiese agachado o se hubiese escondido... Aún no sé hasta dónde es posible y equilibrado establecer una relación entre estos dos hechos. ¿Por qué me obstino entonces, tantos años después de aquellos sucesos, en conectar movimientos del azar que en principio nada tienen que ver? ¿Por qué continúo presentándolos unidos, como si fuesen sólo manifestaciones distintas de un mismo acto de voluntad? ¿Por qué no me resigno a pensar que no hay nada detrás de ellos, como tampoco hay nada detrás de los infortunios humanos? ¿Por qué sigo aferrado a las ideas de fortuna, de fatalidad, de suerte?

Quizás porque otras coincidencias, no menos terribles, me han obligado a escribir estas páginas. Si me atrevo a unir hechos aparentemente inconexos, como la salvación de Hitler y mi propia salvación, es porque nunca antes la humanidad ha conocido tan de cerca las formas del desastre. A diferencia de otras épocas, la nuestra ha sido decidida con mayor fuerza que nunca por estos guiños, por estas muestras del ingobernable reino del caos. Me propongo contar, pues, la trama del siglo. De *mi* siglo. Mi versión sobre cómo el azar ha gobernado al mundo y sobre cómo los hombres de ciencia tratamos en vano de domesticar su furia. Pero éste es, también, el relato de unas cuantas vidas: la que yo mismo he sufrido a lo largo de más de ochenta años, sí, pero sobre todo las de quienes, otra vez por obra de la casualidad, estuvieron a mi lado. A veces me gusta pensar que yo soy el hilo conductor de estas historias, que mi existencia y mi memoria —y, por lo tanto, estas líneas— no son sino los atisbos de una amplia e inextricable teoría capaz de comprender los lazos que nos unieron. Acaso mi propósito parezca demasiado ambicioso, atrevido o incluso demente. No importa. Cuando la muerte se ha convertido en una visita cotidiana, cuando se ha perdido toda esperanza y sólo queda la ruta hacia la extinción, ésta es la única tarea que puede justificar mis días.

Prof. Gustav Links
Matemático de la Universidad de Leipzig

10 de noviembre de 1989

LIBRO PRIMERO

LEYES DEL MOVIMIENTO NARRATIVO

LEY I

Toda narración ha sido escrita por un narrador

Esta aseveración, que a primera vista parece no sólo tautológica sino decididamente estúpida, es más profunda de lo que se suele admitir. Durante años se nos ha hecho creer que cuando leemos una novela o un relato escritos en primera persona —sólo por poner un par de ejemplos aunque, desde luego, este libro no pertenece a ninguno de estos géneros—, nadie se encarga de llevarnos de la mano por los acertijos de la trama, sino que ésta, por arte de magia, se presenta ante nosotros como si fuera la vida misma. Mediante este procedimiento, se concibe la ilusión de que un libro es un mundo paralelo en el cual nos internamos por nuestra propia cuenta. Nada más falso. A mí siempre me ha parecido intolerable la mezquindad con la cual un escritor pretende esconderse detrás de sus palabras, como si nada de él se filtrase en sus oraciones o en sus verbos, aletargándonos con una dosis de supuesta objetividad. Seguramente no soy el primero en notar esta dolosa trampa, pero al menos quiero dejar constancia de mi desacuerdo con este escandaloso intento por parte de un autor de borrar las huellas de su crimen.

COROLARIO I

Por las razones anteriormente expuestas, debo aclarar que yo —una persona de carne y hueso, idéntica a ustedes— soy el autor de estas páginas. ¿Y quién soy *yo*? Como se habrán dado cuenta al mirar la cubierta de este libro —si es que algún editor se ha tomado la molestia de publicarlo—, mi nombre es Gustav Links. ¿Qué más pueden saber hasta ahora? Olvídense de mí por un momento y vuelvan a echar un vistazo a la portada. Claro: este volumen ha sido terminado —que no escrito— en 1989. ¿Y qué más? Lo poco que hasta el momento he podido contar: que participé en el fallido complot contra Hitler del 20 de julio de 1944, que fui arrestado y procesado y que el *fatum*, al fin, me salvó de la muerte...

Espero, sin embargo, que no me crean tan arrogante como para narrar, de una vez por todas, mi vida entera. Nada más alejado de mi intención. Como han dejado dicho muchos otros antes que yo, no seré más que el guía que habrá de llevarlos a través de este relato: seré un Serenius, un Virgilio viejo y sordo que se compromete, desde ahora, a dirigir los pasos de sus lectores. Por obra de la suerte, de la fatalidad, de la historia, del azar, de Dios —pueden llamarle como quieran—, tuve que participar en los acontecimientos que expurgo. Puedo jurarlo: lo único que pretendo es que ustedes confíen en mí y, por tanto, no puedo engañarlos haciéndoles pensar que yo no he existido y que no he participado en los trascendentales hechos que me dispongo a exponer.

LEY II

Todo narrador ofrece una verdad única

No sé si alguna vez hayan oído hablar de Erwin Schrödinger. Además de ser un gran físico —el descubridor de la mecánica ondulatoria—, una mente de primera y uno de los actores principales de esta historia, era una especie de don Juan escondido en el cuerpo de un enjuto maestro de escuela (ahora me atrevo a referirme a él con esta confianza, pero cuando lo conocí nunca me hubiese atrevido a dirigirme a él con esta familiaridad). Usaba unos anteojillos redondos de lo más simpáticos, y siempre estaba rodeado de mujeres hermosas, pero esto ahora no viene a cuento. Lo traigo a colación, desordenando la cronología, sólo por extrema necesidad. Aunque una idea semejante se les había ocurrido a los sofistas en la Grecia clásica, así como al escritor norteamericano Henry James en el siglo pasado, fue el buen Erwin quien sentó las bases científicas de una teoría de la verdad con la cual me siento particularmente satisfecho. Ahora no voy a explicarla con detalle, así que me limitaré a invocar una de sus consecuencias más inesperadas: *yo soy lo que veo*. ¿Qué quiere decir esto? Una perogrullada: que la verdad es relativa. Cada observador —no importa si contempla un electrón en movimiento o un universo entero— completa lo que Schrödinger llamó el «paquete de ondas» que proviene del ente observado. Al interactuar sujeto y objeto se produce una mezcolanza indefinible entre ambos que nos lleva a la nada asombrosa conclusión de que, en la práctica, cada cabeza es un mundo.

COROLARIO II

Las consecuencias de la afirmación anterior deben de parecer transparentes como una gota de rocío: se trata de una de las excusas más antiguas de que se tenga noticia. La verdad es *mi* verdad, y punto. Los «estados de onda» cuánticos que yo completo con mi acto de observación son únicos e inmutables, gracias a un montón de teorías que no me encargaré de revisar ahora —el principio de incertidumbre, la teoría de complementariedad, el principio de exclusión—, por lo cual nadie puede decir que tiene una verdad mejor que otra. De nuevo: al advertir todo esto, no quiero sino poner mis cartas sobre la mesa. Puedo resultar intolerable, falso, incluso embustero, pero no por voluntad propia sino por una ley física que no puedo sino obedecer. No tengo, entonces, por qué pedir disculpas.

LEY III

Todo narrador tiene un motivo para narrar

El problema de los axiomas es que siempre suenan tan insoportablemente obvios que muchas personas creen que pueden volverse matemáticas de la noche a la mañana. Qué remedio. En fin: si estamos de acuerdo con la Ley I, que afirma que cada texto tiene un autor, y con la Ley II, que indica que ese autor es dueño de una verdad exclusiva, esta nueva norma debe resultar aún más tediosa: si las cosas no salen de la nada, es porque alguien pretende que así sea. Sé que con el mundo no ocurre de este modo —por lo menos, no parece que pronto vayamos a saber por qué a alguien se le ocurrió crearlo—, pero yo no soy responsable de la incertidumbre que existe fuera de estas páginas. Debemos desterrar esa maldita tentación teológica que tienen los críticos literarios —y científicos, por cierto—, según la cual los textos son como versiones actualizadas de la Biblia. Ni un autor se parece a Dios —yo puedo asegurarlo— ni una página es una mala imitación del Arca de la Alianza o de los Evangelios. Y, por supuesto, los hombrecillos que aparecen bosquejados con tinta tampoco son criaturas similares a nosotros. Nuestro gusto por las metáforas puede meternos en grandes aprietos. A diferencia de lo que sucede con el universo —éste es el misterio de todos los misterios—, los libros siempre son escritos por algún motivo, por más mezquino que éste sea.

Corolario III

Pero tampoco den por seguro que va a ser tan fácil descubrir mis razones. La investigación científica —la que yo realicé durante tantos años, la que ustedes se disponen a llevar a cabo ahora— nunca ha sido similar a la preparación de una tarta con la receta de la abuela. ¡Cómo me hubiese gustado que fuese así! ¡Cuántas complicaciones me habría ahorrado! De manera que no se entusiasmen en exceso: no pretendo decirles ahora, de un tirón, cuáles son mis intenciones. Aunque las tenga, quizás yo mismo no alcanzo a ordenarlas del todo. Si tienen un poco de paciencia, les toca a ustedes averiguarlas. Recuerden a Schrödinger: para que haya un verdadero acto de conocimiento, debe haber una interacción entre el observador y lo observado, y ahora yo me encuentro en esta segunda (algo incómoda) categoría. Disfruten, como yo lo he hecho con tantas otras obras, analizando los efectos que se les presentan y tratando de rastrear sus causas. Ésta es la clave del éxito científico. Podría facilitarles la tarea afirmando que quiero establecer mi propia versión de los hechos, ofrecer mis conclusiones al mundo o simplemente asentar *mi* verdad, pero a estas alturas de mi vida —cargo con más de ochenta años encima— no estoy seguro de que estas razones me satisfagan. Si me lo hubiesen preguntado hace cuarenta años, veinte incluso, no hubiese dudado en suscribir las tesis anteriores. Pero ahora, cuando sé que mi vieja amiga tenebrosa está acechándome a cada instante, que cada respiración me cuesta un esfuerzo sobrehumano, que los actos que para ustedes resultan cotidianos —comer, bañarse, defecar— son para mí una especie de milagro, no puedo saber si mis convicciones siguen siendo las mismas. Les corresponderá a ustedes, si aceptan el desafío —qué ampuloso; digámoslo mejor: el juego—, decirme si he tenido razón, o no.

CRÍMENES DE GUERRA

Cuando el teniente Francis P. Bacon, antiguo agente de la OSS, la Oficina de Servicios Estratégicos, y consultor científico de las fuerzas de ocupación de Estados Unidos en Alemania, llegó a Núremberg a las ocho horas del 15 de octubre de 1946, nadie acudió a recibirlo. El encargado de llevarlo a la sala en la que se efectuarían las ejecuciones de los criminales de guerra nazis, Gunther Sadel, miembro del servicio de contrainteligencia adscrito al general brigadier Leroy H. Watson, responsable del enclave norteamericano, no apareció por ninguna parte; cuando Bacon se apeó del ferrocarril, la estación estaba casi vacía.

Después de unos minutos de espera, sin poder contener su irritación, el teniente preguntó a los policías militares que custodiaban el lugar qué sucedía. Nadie supo explicarlo. Un repentino silencio se abatía sobre ellos. Fuera de unos cuantos trabajadores —en su mayoría prisioneros de guerra o *Pows*, como se les llamaba entonces— que se esforzaban en dar mantenimiento a las vías, nadie parecía dispuesto a moverse. Bacon distinguió a un par de oficiales y, más allá, al jefe de estación, pero supuso que tampoco podrían ayudarlo. No le quedaba otro remedio que caminar hasta el Palacio de Justicia.

Estaba furioso. El viento otoñal chocaba contra su rostro. Las calles también permanecían desiertas, como si todavía pudiesen temer una alerta bélica. Ofendido, Bacon ni siquiera se molestaba en contemplar los restos de la ciudad —cuna de los maestros cantores y, hasta hacía poco, orgullosa sede del poder nazi— completamente destruida por once bombardeos aliados antes del final de la guerra: las piedras que se amontonaban donde antes hubo iglesias, palacios y estatuas le parecían simples estorbos en su marcha, desgracias merecidas cuya pérdida no valía la pena lamentar. En ningún momento se le ocurrió que, no muy lejos de ahí, había estado el museo más importante de Alemania o que, en una pequeña casa, ahora reducida a cenizas, había vivido el pintor y grabador Albrecht Dürer hasta su muerte en 1528.

Para él, Núremberg no era más que otro de los odiosos santuarios nazis en los cuales miles de jóvenes, orgullosos con sus camisas pardas, sus estandartes rematados con águilas y sus enormes antorchas, habían vitoreado a Hitler al tiempo que adoraban las esvásticas que, semejantes a arañas prehistóricas encaramadas en sus huevecillos, se deslizaban por los listones rojos que colgaban de los edificios públicos de Alemania. Cada septiembre, Núremberg acogía los festivales del partido nazi —el Nationalsozialistische Deutsche Arbeitpartei— y en 1935 fue elegida por el Führer para la promulgación de las leyes antisemitas. Además, en ella se habían conservado, como un símbolo del poder ario, las *Reichskleinodien* y los *Reichsheiligtümer*, las antiguas reliquias imperiales que Hitler había robado del Hofburg de Viena después de la anexión de Austria, entre las que se contaba la célebre Lanza de Longinos. En la mente de Bacon, los millones de judíos muertos en Auschwitz, Dachau y otros campos de concentración, como había quedado demostrado durante las sesiones del Tribunal Militar Internacional, eran auténticas razones por las cuales llorar y avergonzarse y no por el justo castigo infligido a uno de los bastiones del Tercer Reich.

Bacon acababa de cumplir veintisiete años, pero desde que llegó a Europa, en 1943, se había esforzado por parecer más maduro, más fuerte, más recio. Quería cancelar, de un plumazo, las debilidades que lo habían atormentado hasta entonces y que, en cierta medida, lo habían arrojado fuera de América. Ya no pretendía ser el mismo hombre respetuoso, razonable y sincero de antes: había aceptado esta misión, abandonando su trabajo científico en el Instituto de Estudios Avanzados de Princeton, como una forma de canalizar sus deseos de venganza y de probarse a sí mismo que ya era otro. Estaba decidido a demostrar que pertenecía al bando victorioso, sin permitirse una pizca de compasión hacia los derrotados.

A distancia, Bacon no se distinguía de los escasos soldados norteamericanos que patrullaban la zona. Tenía el cabello castaño oscuro, cortado al rape, los ojos claros y una nariz afilada de la que siempre se había sentido particularmente orgulloso. Portaba el uniforme con gallardía —que más bien era cierta rigidez—, esforzándose en lucir sus insignias, indiferente al dolor ajeno. Al hombro llevaba una gruesa mochila militar que contenía prácticamente todas sus pertenencias: unas cuantas mudas de ropa, algunas fotografías que, por cierto, no había vuelto a mirar desde su salida de Nueva Jersey, y un par de viejos ejemplares de *Annalen der Physik*, una de las revistas más importantes en su campo, sustraídos de una de las bibliotecas por las que había pasado.

En realidad, Bacon no se había dirigido a Núremberg con la intención de asistir a las ejecuciones —sólo unas treinta personas tenían permitido presenciar el acto—, pero a la postre se había entusiasmado con la invitación que le formuló el general Watson, a quien había sido recomendado por el general William J. Donovan, fundador de la OSS y, durante unas semanas, fiscal adjunto en los procesos de Núremberg. (Hacía poco, Donovan había tenido que renunciar a causa de un violento malentendido con Robert Jackson, fiscal en jefe de la delegación estadounidense y antiguo miembro de la Suprema Corte de Justicia, por haberse entrevistado con Göring sin su autorización.) La tarea de Bacon era muy distinta y, en algún sentido, más modesta: revisar las minutas recabadas durante los procesos con el fin de hallar algunas «discordancias» —éste fue el término empleado por sus superiores— en los testimonios relacionados con la investigación científica desarrollada durante el Reich.

Recientemente restaurado por el capitán Daniel Kiley, un joven arquitecto de Harvard que también había estado al servicio de la OSS, el Palacio de Justicia era una de las pocas construcciones civiles de Núremberg que se habían mantenido en pie. Una vez en el centro, a Bacon no le costó trabajo distinguirlo. Se trataba de un amplio conjunto de edificios, con arcos en la planta baja, enormes ventanales y techos puntiagudos, protegido en otro tiempo por una amplia plaza arbolada. En la parte posterior se encontraba la prisión, formada por cuatro bloques rectangulares dispuestos en forma de media estrella, protegidos del exterior por una alta barda semicircular. Los prisioneros nazis habían sido concentrados en la crujía C, a unos pasos de la cual se alzaba un pequeño cubo, anteriormente utilizado como gimnasio, donde se había construido una horca.

Eran las nueve y cuarto de la mañana cuando Bacon finalmente se presentó a los oficiales de guardia en la entrada de la prisión militar de Núremberg. Después de revisar su acreditación, los soldados le indicaron que tenían órdenes de no permitir el acceso al interior del edificio —y mucho menos al gimnasio— hasta que no se hubiesen consumado las ejecuciones. Por más que Bacon trató de explicarles que había sido invitado por el general Watson, sus interlocutores se mantuvieron inamovibles. Tampoco fue escuchada su petición de buscar a Gunther Sadel. «Son órdenes del general Rickard», le dijeron.

Decenas de periodistas se arremolinaban en los alrededores. Por un sistema de insaculación, sólo se había permitido a un par de reporteros, además del fotógrafo oficial del tribunal, asistir al gimnasio. Los demás debían conformarse con esperar, igual que Bacon, a que fuese anunciada en el salón de prensa la muerte de los criminales. Para adelantarse a sus colegas, algunos diarios ya habían publicado ediciones anticipadas, como la del *Herald Tribune* de Nueva York que había titulado la noticia, a ocho columnas:

11 LÍDERES NAZIS COLGADOS EN LA PRISIÓN DE NÚREMBERG:
GÖRING Y SUS COLEGAS PAGAN POR SUS CRÍMENES DE GUERRA

Las ejecuciones estaban programadas para después del mediodía, así que a Bacon todavía le quedaban unas horas para buscar a alguien que pudiese ayudarlo a entrar. Antes que nada, decidió dirigirse al Gran Hotel, donde debía haber una habitación a su nombre. De nuevo, la mala suerte lo perseguía: el encargado le dijo que no había ninguna disponible. Bacon afirmó estar en una misión especial y pidió ser atendido por el oficial de mayor jerarquía al mando. Un capitán de modales pomposos, que parecía haber asumido a la perfección su nueva condición de gerente turístico, solucionó el problema: no se esperaba la llegada del teniente Bacon hasta la mañana siguiente, cuando habrían de desocuparse muchos de los cuartos —«hoy termina el espectáculo, ¿sabe?»—, pero sólo por una noche podría instalarse en la habitación número 14, «la que utilizaba Hitler».

Bacon subió las escaleras y se instaló en la inmensa *suite*. Poco quedaba del esplendor nazi, pero aun así se trataba del sitio más acogedor en que había estado en los últimos meses. Le parecía una mala broma que las paredes que ahora lo rodeaban hubiesen albergado en algún momento el cuerpo del Führer. ¿Cuándo pudo imaginar algo semejante? ¿Qué pensaría Elizabeth si se enterase? Era inútil planteárselo: por buena o mala fortuna, Elizabeth ya no quería saber nada de él. Bacon se echó sobre la cama con una mezcla de asco y morbo, como si estuviera profanando un lugar sagrado. Por la mente le pasó la idea de orinar sobre los muebles, pero el personal de limpieza del hotel no tenía por qué pagar sus caprichos. Se levantó y se dirigió a la *toilette*: miró la amplia bañera, el lavamanos, el WC y el bidé. Por todas aquellas superficies se había deslizado, sin duda, la resinosa piel de Hitler; ahí había estado desnudo e indefenso, admirando la flaccidez de su sexo antes de sumergirse en el agua, y por ese mismo hueco habrían resbalado sus excrementos...

Aturdido, Bacon se miró al espejo: unas profundas ojeras le marcaban el rostro; en realidad no sólo había madurado, sino que había envejecido. Se llevó las manos al cabello y, a fuerza de concentrarse, halló un par de canas que le demostraron su decadencia. Había dejado de ser un muchacho, un niño prodigio, todos esos epítetos que lo habían mantenido al margen del mundo. Comenzó a quitarse el uniforme. Recordó que hasta hacía poco era completamente distinto: encerrado entre los pulcros muros del Instituto, en Princeton, a punto de casarse con una mujer a la que no amaba; resguardado del mundo como un insecto clavado con un alfiler en un estante de museo... Por más escandalosa que hubiese sido su huida de aquel lugar, había sido un milagro, una revelación. Por primera vez sentía que la vida era una presencia palpable en su piel, lejos de los escritorios y las pizarras, del tedio de congresos y coloquios. Nunca pensó que le gustaría tanto ser soldado y luchar por su país, pero ahora sabía que había tomado la decisión correcta. Ya tendría tiempo, más adelante, de regresar a la ciencia: entonces lo haría como héroe y no como un prófugo.

Abrió el grifo del agua y esperó a que saliera el chorro caliente. Para su decepción, no fue más que un tímido hilo de agua, apenas tibio. «Al Führer no le hubiese gustado esto», rió para sí, y procedió a limpiarse con la ayuda de una toalla y una nueva y olorosa pastilla de jabón. Al terminar, volvió a acostarse y, sin darse cuenta, se quedó profundamente dormido. Tuvo un sueño incómodo que terminó por asfixiarlo. Estaba en medio de un bosque ennegrecido y lluvioso cuando se le aparecía Vivien, la joven negra con la que había mantenido una larga y secreta relación en Princeton. La tierra no sólo estaba cubierta de charcos, sino que se había convertido en una especie de pantano mohoso y turbio. Trató de besar a Vivien pero de pronto se dio cuenta de que quien estaba frente a él era Elizabeth, su antigua prometida. «Tienes carmín en los labios», le decía, y procedía a restregárselos con un pañuelo. «No debes hacer esto», lo reprendía, «está mal, muy mal». Bacon trataba de alejarse pero era demasiado tarde: Vivien había desaparecido. Cuando despertó, eran cerca de las tres de la tarde. No lo podía creer, había cometido el peor de los errores: descuidando por completo su misión, se había quedado retozando entre las sábanas del Führer. Se vistió con premura, bajó las escaleras y corrió a toda prisa a la sala de prensa instalada en el Palacio de Justicia.

Unas horas más tarde se enteró al fin, como el resto del mundo, de la noticia que, desde las derruidas callejas del antiguo burgo medieval, comenzó a propagarse por el mundo como una epidemia: el *Reichsmarschall* Hermann Göring, el prisionero nazi de más alta jerarquía en ser juzgado por el Tribunal Militar Internacional, había sido hallado muerto en su celda unas horas antes de que el sargento John Woods se encargase de ejecutar la sentencia de ahorcamiento a la que había sido condenado. Los rumores afirmaban que Göring había ingerido una cápsula de cianuro, burlándose, con este último acto, de la determinación de sus jueces. «Algún día tendré estatuas en cada plaza y pequeñas estatuillas en cada hogar de Alemania», había vaticinado el *Reichsmarschall* con altanería. Según él, la historia habría de reivindicarlo. En su celda, la número 5 de la crujía C, se encontró un hato de cartas escritas con letra pequeña y firme. En la primera de ellas explicaba sus motivos:

> Al Consejo de Control Aliado:
> No tendría objeción en que me fusilasen. ¡Sin embargo, no facilitaré la ejecución del *Reichsmarschall* de Alemania en la horca! Por el honor de Alemania, no puedo permitirlo. Y aún más, no siento ninguna obligación moral de someterme al castigo de mis enemigos. Por esta razón, he elegido morir como el gran Aníbal.

En otra hoja, dirigida al general Roy V. Rickard, miembro de la Comisión Cuatripartita encargada de supervisar las ejecuciones, Göring confesó que siempre había tenido consigo una cápsula de cianuro. También le escribió a su esposa: «Después de considerarlo seriamente, y de haber elevado mis plegarias al Señor, decidí tomar mi propia vida para no sufrir una ejecución tan terrible a manos de mis enemigos. Los últimos latidos de mi corazón son para nuestro gran y eterno amor.» Por último, le dirigió una pequeña nota a Henry Gerecke, el pastor protestante que atendía a los reclusos alemanes, implorando su perdón y explicándole que, si actuaba así, era por razones políticas.

Al día siguiente, Gunther Sadel le comunicó a Bacon cuanto sabía al respecto. A las 21:35 horas del día anterior, 14 de octubre, la guardia había informado que el prisionero descansaba plácidamente en su camastro luego de que el doctor Ludwig Pfluecker le entregara una píldora para dormir. Como todas las noches, un soldado se apostó a la puerta de su celda dispuesto a no perderlo de vista hasta el amanecer: se trataba de su *última* noche de vigilia. Por su parte, el coronel Burton Andrus, responsable de la prisión, había cortado todas las comunicaciones entre los internos y el mundo exterior. Los guardias sólo tenían autorizado llamar por teléfono a las oficinas centrales para enterarse, al término de cada *inning*, de los resultados de la Serie Mundial de béisbol que se disputaba entonces.

De pronto, alguien comenzó a implorar la ayuda del capellán Gerecke. Era la voz del sargento Gregori Timishin: algo le ocurría a Göring. El capellán corrió hacia la celda sólo para encontrar el cuerpo del otrora rollizo *Reichsmarschall* en un estado que hacía vano cualquier intento por salvarle la vida. La mirada con la cual había seducido a miles de hombres y mujeres, la misma con la que había obtenido el respeto y la ira de sus captores, se perdía en el infinito: sólo uno de sus ojos se mantenía obstinadamente abierto. Su tez rosada se había vuelto verdosa y su cuerpo, que había adelgazado cerca de veinticinco kilos desde su captura, parecía un fardo inamovible. Gerecke le tomó el pulso y se limitó a exclamar: «Santo Dios, este hombre se muere.» Cuando llegaron los demás miembros del Estado Mayor, ya era demasiado tarde: por cobardía o por orgullo, Göring los había vencido. La habitación olía a almendras amargas.

Bacon no podía creerlo. El miserable se había escapado en el último instante. Como él, muchos miembros de las fuerzas aliadas se sentían decepcionados. Incluso algunos diarios se atrevieron a colocar en sus titulares:

GÖRING VENCE A SUS VERDUGOS

—¿Dónde diablos obtuvo esa píldora? —le dijo Bacon a Sadel.

—Eso se pregunta todo el mundo —respondió el joven—. Se ha realizado una profunda investigación y, hasta el momento, se ha decidido no culpar a nadie. Andrus está destrozado —añadió refiriéndose al director de la prisión—. Muchos piensan que es su culpa, tú sabes, no es el primer prisionero que se suicida... Yo creo que nadie pudo evitarlo.

—Pero ¡Göring! ¡Y el día antes de su ejecución! Es increíble... —Bacon movía la cabeza de un lado a otro, lamentándose—. ¿No habrá sido el médico alemán?

—¿Pfluecker? No lo creo —explicó Sadel—. Hubiese sido demasiado difícil. Los guardias lo revisaban con cuidado antes de entrar en cada celda y la pastilla que le dio a Göring era sólo un tranquilizante... No, el *Reichsmarschall* debe haberla conservado entre sus cosas, en el almacén, y *alguien* se encargó de llevársela...

—¿Pero quién querría ayudar a ese cerdo? —Bacon hacía crujir sus dedos.

—No es tan simple como parece. Yo no lo traté, pero muchos afirman que, en el fondo, el viejo Hermann era todo un personaje. A lo largo del proceso no sólo los alemanes, sino también muchos norteamericanos acabaron simpatizando con él. Era demasiado cínico y mordaz como para odiarlo...

A Bacon le pareció una explicación extraña, sobre todo viniendo de un joven como aquél. Sadel era medio judío y, a los trece años, había tenido que escapar de Alemania hacia Estados Unidos en busca de su padre. Desde entonces, no había vuelto a saber de su madre, quien había sido forzada a divorciarse y a permanecer en Berlín: no sabía si estaba viva o muerta. Cuando regresó a Alemania, acompañando al general Watson, éste le permitió buscarla. Ahora, la mujer era uno de los testigos de cargo de la fiscalía.

—De quien más se sospecha es de *Tex* Wheelis —continuó Sadel—, el oficial encargado del cuarto de equipaje. Dicen que se hizo amigo de Göring, y bien pudo haberlo ayudado. Pero no habrá modo de averiguarlo. Los jefes quieren terminar de una vez con todo el asunto. Su opinión es que ha sido un accidente, y hay que tomarlo como tal.

—¿Un *accidente*, dices? —Bacon se sulfuraba más a cada instante—. Cientos de personas trabajaron durante meses para ahorcarlo y en el último instante logra escapar... ¿También fue un accidente el suicidio de Hitler en Berlín? ¿Y la «solución final»? ¿No llegas a sentir que todo esto ha sido inútil? ¿Que luchamos contra una maldad que nos rebasa...?

—Los juicios han servido para mostrar la *verdad*, teniente. Para enseñarle al mundo la verdad sobre el Tercer Reich y para que nunca nadie pueda compadecerse de sus atrocidades. ¿Quién podrá negar el horror nazi, las cámaras de gas y los millones de muertos después de haber visto esas fotografías?

—Y con esto que ha pasado, ¿crees que algún día llegaremos a saber realmente la verdad? Sólo tenemos la verdad que somos capaces de creer.

A la mañana siguiente, el teniente Bacon pudo observar, a lo lejos, cómo los cuerpos exangües de los once jefes nazis eran transportados en camiones militares, seguidos por una escolta de coches y hombres armados, rumbo al cementerio de Ostfriedrichhof, en Múnich, donde serían cremados. Cada uno de los cuerpos reposaba en un saco etiquetado con un nombre falso. A los alemanes que controlaban el horno se les dijo que se trataba de soldados norteamericanos muertos durante la guerra: debía evitarse que luego apareciesen reliquias de aquellos hombres. Por ello, nadie debería asociar esas cenizas con los líderes nazis condenados por el Tribunal Militar Internacional en Núremberg: Joachim von Ribbentrop, ministro de Asuntos Exteriores; Hans Frank, gobernador de los Territorios Ocupados de Polonia; Wilhelm Frick, protector de Bohemia y Moravia; Alfred Jodl, jefe de Operaciones de la Wehrmacht; Ernst Kaltenbrunner, jefe de la Oficina Central de Seguridad, y segundo de Himmler; Wilhelm Keitel, jefe del Estado Mayor de la Wehrmacht; Alfred Rosenberg, filósofo oficial del régimen y ministro de los Territorios Ocupados del Este; Fritz Sauckel, director del Programa de Trabajo de Prisioneros; Arthur Seyss-Inquart, comisionado para Holanda; Julius Streicher, director del diario *Der Stürmer*; y, desde luego, Hermann Göring, *Reichsmarschall*, jefe de la Luftwaffe (Fuerza Aérea) y segundo hombre en la jerarquía nazi después de Hitler.

De pronto, la tensión en la ciudad parecía haberse relajado. A pesar de que nadie había quedado satisfecho con los resultados —los soviéticos, que desde un principio habían mostrado su desagrado hacia la forma del proceso, incluso acusaban a norteamericanos e ingleses de permitir el suicidio de Göring—, el trabajo había concluido. Todavía quedaban muchos juicios de menor importancia, si bien los reflectores del mundo ya no se mantendrían permanentemente dirigidos hacia la sala central del Palacio de Justicia. Pero, como he dicho antes, el teniente Francis P. Bacon no había llegado a Núremberg para asistir a las ejecuciones, sino en una misión completamente distinta, mucho más próxima a sus capacidades como hombre de ciencia.

Hacia la mitad de la guerra, Bacon, que entonces trabajaba en el Instituto de Estudios Avanzados de Princeton, decidió alistarse en el ejército. En 1943, fue enviado a Inglaterra para entrar en contacto con los científicos británicos y en 1945 se integró a la misión *Alsos*, encabezada por otro físico, el holandés Samuel I. Goudsmit, responsable no sólo de recopilar toda la información disponible sobre el programa científico alemán —y especialmente sobre lo relacionado con la investigación atómica—, sino de atrapar a los físicos que lo llevaban a cabo.

Una vez terminada esta misión, Bacon pudo haber regresado a Estados Unidos, pero prefirió continuar colaborando con el Consejo de Control Aliado, encargado del gobierno de la Alemania ocupada, como consultor en distintas materias relacionadas con la ciencia. Por fin, a principios de octubre de 1946, sólo unos días después de que el Tribunal Militar Internacional de Núremberg dictara sentencia a los acusados nazis, Bacon fue llamado por la oficina de inteligencia militar para revisar parte de los legajos surgidos en los juicios y presentar un informe sobre lo más relevante. La pequeña pista que había suscitado las sospechas de los militares era la siguiente:

El 30 de julio de 1946 se inició, en la sala principal del Palacio de Justicia de Núremberg, el juicio contra siete organizaciones alemanas: la directiva del Partido, el gabinete del Reich, la guardia de seguridad (SS), la policía secreta (Gestapo), el Servicio de Seguridad (SD), las tropas de asalto (SA) y el Alto Mando Militar del Reich. Durante las semanas previas, el Tribunal ordenó que en toda Alemania se anunciase este proceso, de modo que cualquier persona que se sintiera afectada pudiese ofrecer su testimonio. Más de trescientas mil respuestas llegaron al Palacio de Justicia; a partir de ellas, 603 miembros de las organizaciones antes citadas fueron conducidos a Núremberg para servir como testigos. Finalmente, la corte aceptó las declaraciones de noventa individuos, en su mayoría pertenecientes a las SS, quienes negaron haber cometido actos deshonestos durante el ejercicio de sus funciones.

Uno de estos testimonios fue el que llamó la atención de los servicios de inteligencia de Estados Unidos. Durante el proceso, compareció un hombrecillo llamado Wolfram von Sievers, presidente de la Sociedad para la Herencia Antigua de Alemania y, como más tarde se supo, cabeza de una de las oficinas de la Ahnenerbe, es decir, del departamento de investigación científica secreta de las SS. Von Sievers era un sujeto extremadamente nervioso y, durante las horas en que se sentó en el banquillo de los testigos, no dejó de frotarse las manos y las mejillas, literalmente cubiertas de sudor. Se atropellaba al hablar, repetía varias veces las mismas palabras y, tartamudeando, dificultaba el trabajo de la red de traductores simultáneos que, por primera vez en la historia, funcionaba en las audiencias de Núremberg.

Interrogado por uno de los fiscales, Von Sievers hizo la primera de sus controvertidas declaraciones: según un acuerdo con Himmler, las SS se encargarían de enviarle cráneos de «judíos-bolcheviques» a fin de que su laboratorio pudiese realizar investigaciones con ellos. A la pregunta expresa de si sabía cómo obtenían las SS los cráneos, Von Sievers respondió que pertenecían a prisioneros de guerra del frente oriental que eran expresamente asesinados para ello. «¿Y cuál era el objetivo de sus *investigaciones*?», insistió el fiscal. El lenguaje de Von Sievers se tornó nuevamente incomprensible. Trastabillaba. Al fin, presionado por los jueces, se lanzó a una larga e inconexa perorata sobre frenología y el desarrollo físico de las razas antiguas. Divagó sobre los toltecas y la Atlántida, la superioridad aria y lugares mágicos como Agartha y Shambalah. En términos concretos, dijo que su trabajo era determinar la inferioridad biológica de los semitas, conocer la naturaleza de su desarrollo fisiológico a lo largo del tiempo, y hallar el mejor modo de eliminar sus defectos.

Cuando acabó de hablar, Von Sievers parecía una de las calaveras que decía haber estudiado. La parte blanca de sus ojos era una gelatina a punto de reventar y sus manos temblaban sin control. El fiscal comenzó a desesperarse. Su intención no era, por lo pronto, ahondar en las execrables tareas del profesor Von Sievers —quien luego sería juzgado y condenado por sus crímenes contra la humanidad—, sino probar las atrocidades que cometían las SS, y en general el gobierno nazi, al llevar a cabo sus estudios.

—¿De dónde obtenía recursos para este trabajo, profesor Von Sievers?

—De las SS, ya lo he dicho —balbució éste.

—¿Era normal que las SS le encargasen estudios como éste?

—Sí.

—¿Y dice usted que las SS lo financiaban?

—Directamente, sí.

—¿Qué quiere decir con «directamente», profesor? —el fiscal creyó entrever un hilo que podría conducirlo a otra parte.

Von Sievers trató de aclararse la garganta.

—Bueno, toda la ciencia que se desarrollaba en Alemania pasaba antes por la supervisión y el control del Consejo de Investigación del Reich.

El fiscal había dado en el blanco. Eso quería escuchar. El Consejo de Investigación del Reich era presidido, como muchas otras dependencias, por el *Reichsmarschall* Hermann Göring.

—Gracias, profesor —dijo el fiscal—. He concluido.

Inusitadamente, Von Sievers añadió una frase más que, por indicación de los jueces, fue borrada de la minuta, atendiendo a la protesta de los abogados defensores. No obstante, en la transcripción que la oficina de inteligencia militar le había proporcionado a Bacon, la frase no había sido cancelada y el teniente la leyó con mayor atención, pues estaba subrayada con tinta roja:

—Para que el dinero fuera entregado, cada proyecto contaba con el visto bueno del asesor científico del Führer. Nunca llegué a saber de quién se trataba, pero se murmuraba que era una personalidad reconocida. Un hombre que gozaba del favor de la comunidad científica oculto bajo el nombre clave de Klingsor.

Días más tarde, el 20 de agosto, el salón de sesiones estaba lleno a tope: una indicación inequívoca de que el Gran Actor de los procesos, el *Reichsmarschall* Hermann Göring, haría su aparición en el escenario. Vestido con una chaqueta blanca —eran famosos los uniformes de este color que utilizaba en sus mejores épocas—, rubicundo y airado, Göring era el alma de los juicios. Fresco y llano, cargado con una impertinencia que sólo se consigue al cabo de años de dar órdenes y no recibir una sola protesta, se enfrentaba a sus interlocutores como si estuviese dictando sus memorias. En sus mejores momentos, desplegaba un humor ácido y penetrante; en los peores, parecía una bestia enjaulada, dispuesta a morder hasta a su propio abogado. Otto Stahmer, su defensor, se encargó de montar esta pequeña pieza:

—¿Alguna vez giró una orden para realizar experimentos médicos en humanos? —le preguntó.

Göring respiró hondo.

—No.

—¿Conoce usted al doctor Rascher, que ha sido acusado de realizar investigaciones científicas en cobayas humanas en Dachau para la Luftwaffe?

—No.

—¿Alguna vez ordenó que se llevasen a cabo escalofriantes experimentos con prisioneros?

—No.

—¿Como presidente del Consejo de Investigación del Reich ordenó que se desarrollasen estudios para una guerra destructiva?

—No.

Sir David Maxwell-Fyfe, el fiscal británico, se levantó de su asiento.

—Usted fue un gran piloto —le dijo a Göring cortésmente—, con un impresionante historial de servicios. ¿Cómo es posible que no recuerde esos experimentos dirigidos a verificar la resistencia de los uniformes usados por las fuerzas aéreas?

—Yo tenía muchas tareas que atender —explicó Göring, con la misma caballerosidad—. Decenas de miles de órdenes fueron dadas en mi nombre. Aunque el fiscal Jackson me ha acusado de «tener mis dedos en todos los pasteles», era imposible que yo tuviera conocimiento de todos los experimentos científicos que se llevaban a cabo en el Reich.

Maxwell-Fyfe presentó como prueba una serie de cartas entre Heinrich Himmler y el mariscal de campo Erhard Milch, asistente de Göring. En una de ellas, Milch le agradecía a Himmler la colaboración prestada para llevar a cabo los experimentos del doctor Rascher sobre el vuelo a grandes altitudes. Una de las pruebas incluía que un prisionero judío fuese llevado a 29.000 pies de altitud sin oxígeno. El sujeto expiró después de trece minutos.

—¿Es posible —continuó Maxwell-Fyfe— que un oficial de alto rango, directamente bajo sus órdenes, como Milch, conociese los experimentos y usted no?

—Los asuntos bajo mi control eran clasificados en tres categorías —explicó Göring, casi sonriendo—: «urgentes», «importantes» y «de rutina». Los experimentos llevados a cabo por el Inspectorado Médico de la Luftwaffe estaban en la tercera categoría y no requerían mi atención.

Nunca nadie volvió a referirse al científico que aprobaba los proyectos científicos del Reich. Nadie volvió a hablar de Klingsor. Göring jamás lo mencionó y el propio Von Sievers, al ser interrogado nuevamente, negó haber pronunciado su nombre. Esta errática mención era lo único que Bacon tenía para trabajar.

El teniente cerró el expediente de un golpe.

HIPÓTESIS: DE LA FÍSICA CUÁNTICA AL ESPIONAJE

HIPÓTESIS 1

Sobre la infancia y la juventud de Bacon

El 10 de noviembre de 1919, el *New York Times* publicó en su primera plana la siguiente noticia:

LUCES CURVAS
EN LOS CIELOS

Hombres de ciencia Más o Menos
Sorprendidos por los Resultados de las
Observaciones del Eclipse.

———

TRIUNFA LA TEORÍA DE EINSTEIN

———

Las Estrellas No están Donde Parecía
o Donde se Calculaba que estaban,
pero Nadie debe Preocuparse.

———

UN ESCRITO PARA 12 SABIOS

———

Nadie más en todo el Mundo Puede
Comprenderlo, Dijo Einstein Cuando
sus Editores lo Aceptaron.

Albert Einstein tenía cuarenta años y, sin embargo, era la primera vez que su nombre aparecía en el diario neoyorquino. Habían transcurrido ya tres lustros desde la publicación de su primer artículo sobre la relatividad espacial, titulado «Sobre la electrodinámica de los cuerpos en movimiento» (1905) —en el cual aparecía la famosa fórmula E=mc²—, y cuatro desde su última revisión sobre la relatividad general, pero era ahora cuando el público llano tenía noticia de su importancia. A partir de esta fecha, Einstein se convirtió en una especie de oráculo —un símbolo de los nuevos tiempos—, y cada una de las palabras que pronunciaba comenzó a ser reproducida por los periódicos de todo el mundo. Hacía apenas unos meses que se había firmado el Tratado de Versalles dando por terminada la Gran Guerra, y el mundo había empezado a ser distinto. A lo largo de todo el orbe se tenía la impresión de que se iniciaba una nueva época para la humanidad y Einstein aparecía como el profeta al cual acudir en busca de consejo. En una carta dirigida a su amigo Max Born —uno de los primeros intérpretes de la teoría de la relatividad—, él mismo se lamentaba con la discreta vanidad de que hacía gala: «Como el hombre del cuento de hadas que transformaba en oro todo lo que tocaba, en mi caso todo se convierte en escándalo periodístico.»

Entre 1916 y 1917, Einstein había estado ideando una forma de comprobar la teoría de la relatividad general. Por desgracia, había pocas formas de verificar que estaba en lo cierto. Una de ellas era medir la curvatura que sufre la luz al acercarse a una masa lo suficientemente grande, y esto sólo podía hacerse durante un eclipse de sol. Por desgracia, Europa estaba en guerra y la comunicación de los científicos alemanes con el resto del mundo había sido interrumpida. Muy pocos físicos pudieron enterarse entonces de los propósitos de Einstein, el cual tuvo que esperar a que concluyesen los enfrentamientos para encontrar a alguien capaz de verificar sus suposiciones.

Desde antes de la guerra, Einstein había mantenido contacto con Sir Arthur Eddington. Cuando pudo volver a escribirle, el célebre astrofísico inglés no tardó en entusiasmarse con la idea de comprobar experimentalmente la teoría de la relatividad. La fecha precisa para llevar a cabo la medición era el 29 de mayo de 1919, apenas unos meses después de la firma del armisticio, cuando podría admirarse, desde cualquier punto cercano al ecuador terrestre, un formidable eclipse de sol. A principios de ese año, Eddington al fin obtuvo un financiamiento de mil libras por parte del astrónomo real, Sir Frank Dyson, para emprender su viaje al ecuador.

Eddington preparó dos expediciones, una que se instalaría en la isla Príncipe, en la costa occidental de África —dirigida por él mismo—, y otra en Sobral, al norte del Brasil. Según sus cálculos, ambos puntos eran perfectos para llevar a cabo las mediciones sobre la desviación que sufre la luz estelar al acercarse a la luna. De acuerdo con Einstein, ésta debía de ser de 1.745 segundos de arco, el doble de lo previsto por la física tradicional. Con el apoyo de Dyson, Eddington partió rumbo a Príncipe en marzo.

El 29 de mayo, día del eclipse, Eddington se despertó de madrugada sólo para comprobar, decepcionado, que la isla estaba cubierta por una obstinada nubosidad que parecía dispuesta a arruinar sus planes. Después de tantos preparativos y esfuerzos, la propia naturaleza traicionaba a sus estudiosos. Cabía esperar el consuelo de que el equipo de Sobral obtuviese los resultados, pero ello no bastaba para mejorar el ánimo del astrónomo. Eddington no deseaba la gloria que podría depararle el experimento, sino el orgullo de haber sido el primero en comprender la nueva noción del mundo. Como si alguien quisiese burlarse de él, a los pocos minutos se inició, para colmo, una de las más agresivas tormentas que hubiese visto en su vida. Los truenos sonaban en los oídos de Eddington como secos golpes de artillería. Si las cosas seguían así, la única curvatura que presenciaría el astrónomo sería la de las palmeras sacudidas por el huracán. Los telescopios, las cámaras fotográficas y los demás instrumentos de medición permanecían al abrigo de los elementos, inútiles y fatuos frente a las explosiones del cielo.

A la una y media de la tarde, cuando Eddington estaba a punto de dejarse vencer por la apatía, ocurrió el milagro: las nubes comenzaron a alejarse impulsadas por un viento refrescante y sabio. Eddington apresuró a los miembros de su equipo: sólo faltaban ocho minutos para el inicio del eclipse. Todos creían que les había sido concedido contemplar la historia del universo resumida en unos cuantos segundos: el sol apareció, radiante y altanero, sólo para ser devorado casi de inmediato por las tinieblas de su contrincante lunar. En medio de ese crepúsculo inconcebible, las aves aturdidas emprendían el regreso a sus nidos mientras que los monos y los lagartos se disponían a un sueño anticipado. Un blanco silencio impregnaba mágicamente aquella noche transitoria. Con perfecta sincronía, las cámaras atraparon el momento.

Durante los tres días siguientes, Eddington se encerró en un improvisado cuarto oscuro a revelar los dieciséis fotogramas que había conseguido para luego efectuar los cálculos necesarios. Sólo cuando las primeras imágenes aparecieron entre los concentrados, como si fuesen espectros perdidos en las aguas, el astrónomo supo que había tenido éxito. Tras revisar una y otra vez las mediciones, Eddington salió de su refugio con el orgullo del obispo que corona a un nuevo monarca. El resultado era contundente a pesar de un pequeño margen de error: Einstein había triunfado. Todavía pasaron unas semanas para que esta victoria lograse recorrer el mundo. No fue sino hasta ese 10 de noviembre de 1919, cinco meses después del experimento, que el *New York Times* proclamó la noticia.

Esa misma mañana, a las 7:30 horas, en un pequeño hospital de Newark, Nueva Jersey, no lejos de Princeton, como si fuese el primer habitante de un nuevo universo, nació un niño que poco después sería bautizado con el nombre de Francis Percy Bacon, hijo de Charles Drexter Bacon, dueño de los almacenes Albany, y de su esposa, Rachel Richards, hija del banquero Raymond Richards, de New Canaan, Connecticut.

Fue una tarde de junio cuando su madre decidió enseñarle a contar. Lo acomodó en su regazo y con la misma voz indiferente con la cual narraba historias de ángeles y bestias le reveló el secreto de las matemáticas, susurrando cada cifra como si se tratase de una estación más en el vía crucis, o un salmo inserto en sus plegarias. Detrás de los cristales, la arboleda se estremecía con la primera tormenta del verano; su violento martilleo les recordaba la presencia de Dios y el tamaño de su misericordia. Ese día, Frank obtuvo un remedio contra las tempestades y aprendió, además, que los números son mejores que las personas. A diferencia de los seres humanos —pensaba en la repentina cólera de su padre o en la distante soberbia de su madre—, uno siempre puede confiar en ellos: no se alteran ni mudan su ánimo, no engañan ni traicionan, no te golpean por ser frágil.

Pasaron varios años antes de que descubriera, durante un ataque de fiebre, que la aritmética oculta sus propios trastornos y manías, y que no forma, como creyó en un principio, una comunidad tenue e inconmovible. Entre delirios —el médico había bañado su cuerpo desnudo con trozos de hielo—, el pequeño Frank observó por primera vez sus pasiones secretas. Al igual que los hombres que conocía hasta entonces, los números luchaban entre sí con una ferocidad que no admitía capitulaciones. Luego comprobó la variedad de sus conductas: se amaban entre paréntesis, fornicaban al multiplicarse, se aniquilaban en las sustracciones, construían palacios con los sólidos pitagóricos, danzaban de un extremo a otro de la vasta geometría euclidiana, inventaban utopías en el cálculo diferencial y se condenaban a muerte en el abismo de las raíces cuadradas. Su infierno era peor: no yacía debajo del cero, en los números negativos —odiosa simplificación infantil— sino en las paradojas, en las anomalías, en el penoso espectro de las probabilidades.

Desde entonces, las invenciones numéricas fueron su mayor consuelo; en ellas se encontraba, para él, la única existencia verdadera. Sólo quienes no estaban acostumbrados a escucharlas —como su padre y los doctores— podían creer que eran criaturas perversas y ambiciosas. No era cierto que le devoraban el cerebro, haciéndole imaginar al mundo como una torpe conjetura matemática. Tampoco era verdad que sólo obedeciese los dictados de la lógica, rebelde a las leyes de los hombres. Simplemente se resistía a abandonar el reino de la geometría para volver, resignado, a la sórdida rutina de su hogar.

La primera de las muchas veces que fue raptado por los demonios del álgebra, Frank tenía cinco años. Su madre lo encontró en el sótano, aterido por las heladas de noviembre, con la vista fija en las tuberías. De sus labios manaba una saliva correosa, espumante, y su cuerpo había adquirido la consistencia del cáñamo. Tras consultarlo con un neurólogo, el médico que lo atendía concluyó que el único remedio era la paciencia. «Es como si estuviese dormido», añadió, incapaz de explicar ese estado similar a la hipnosis o al autismo. Pasó un día y medio antes de que se cumpliera la predicción del facultativo. Tal como éste había afirmado, Frank comenzó a arrastrarse por la cama como una mariposa que sale de su capullo. La madre, que dormitaba a su lado desde el inicio de la enfermedad, lo abrazó convencida de que su amor lo había salvado de la muerte. Minutos más tarde, cuando al fin movió los labios con soltura, el pequeño la contradijo. «Sólo resolvía un problema», confesó para sorpresa de todos. Luego sonrió: «Y lo he conseguido.»

Frank guardaba como un tesoro el recuerdo de la única vez que su padre le hizo un regalo. Debía tener entonces unos seis años. Era un domingo y, sin previo aviso, el viejo se levantó de su asiento y le entregó un estuche de piel negra lleno de polvo. Durante años había permanecido oculto en un rincón del armario, como una herencia secreta, la mayor enseñanza que le tenía preparada a su hijo. Ante los asombrados ojos del niño, Charles extrajo de su interior una amplia variedad de figurillas: dragones, samurais, bonzos y pagodas —que él insistía en llamar caballos, peones, alfiles y torres—, al igual que un hermoso tablero de ébano y marfil que se apresuró a extender sobre la mesa del salón.

A Frank le extrañó la repentina euforia de su padre y que de pronto estuviese dispuesto a compartir parte de su tiempo con él para mostrarle la forma de dar jaques, el modo de contar el trote de los caballos o la técnica para construir esas bizarras intrigas palaciegas conocidas como enroques. Al viejo Charles aquel juego le permitía rememorar su antigua fortaleza, como si aquellas inocuas batallas fuesen un pálido remedo de las que ya sólo dirigía con sus empleados del almacén.

—Muy bien, si ya has comprendido las reglas, ¿qué te parece si echamos una partidita?

—Sí, señor —respondió Frank de inmediato.

Aunque se tratase de una mera distracción, Charles concentraba toda su energía en el juego: sustituía el campo del honor con ese mantel cuadriculado y dirigía órdenes marciales contra su hijo de seis años. Desde la apertura, meditaba cuidadosamente cada jugada, como si necesitase consultar los planos del terreno o debiese ponerse en contacto con el Estado Mayor que lo saludaba en su cuartel imaginario. A Frank le inquietaba verlo así y apenas lograba concentrarse en sus pinitos de estrategia. Las manos callosas del padre, plagadas de lunares y venas hinchadas, insistían en tomar las piezas con la fuerza necesaria para descorchar una botella. En cada movimiento, parecía que las geishas y los mandarines de pasta iban a estallar en pedazos. Sin misericordia, aquella tarde el padre consiguió siete victorias seguidas con ultrajantes *mates al pastor*. Su disciplina le impedía hacer trampa y dejarse ganar. Si su hijo quería convertirse en un hombre de verdad, debía aceptar esas derrotas con agradecimiento. Tenía que aprender a sobrevivir en el campo minado de la vida, salir de las trincheras y enfrentarse a diario con sus enemigos.

«Un error mío», musitó Charles la primera vez que perdió, encendiendo un habano para demostrar su espíritu deportivo, «aunque de cualquier modo no jugaste mal». Pero al día siguiente no esperó a que su hijo lo invitase al tablero. Al regresar de la escuela —entonces ya había cumplido los ocho años—, el chico lo encontró acomodando las piezas sobre el tablero, no sin antes limpiarlas con un paño como si le pasase revista a un escuadrón insubordinado. «¿Empezamos?» Frank aceptó; arrojó su mochila al suelo y se dispuso a encarar no ya una batalla, sino una guerra a muerte. Después de varias horas, el saldo final beneficiaba al más joven: ganó la primera, la tercera, la cuarta y la quinta partidas. El ofuscado padre, sólo la segunda y la sexta, aunque al menos se reservó el consuelo de ser el último en triunfar, aduciendo que era muy tarde y tenía mejores cosas que hacer.

Frank descubrió el significado de obtener una victoria pírrica en este rasgo autocomplaciente de su padre. La paulatina serie de descalabros que Charles comenzó a sufrir no hizo sino acrecentar la acidez de su temperamento y, a la larga, contribuyó a la depresión crónica que lo aquejaría meses más tarde. Al abatirlo, Frank observaba la mirada impotente del viejo y no podía dejar de regocijarse en esa mínima revancha. Pero el ánimo de su padre no estaba diseñado para soportar la vergüenza. Después de un año en el cual su porcentaje de pérdidas superaba con mucho al de sus aciertos, decidió no volver a enfrentarse a su hijo. Unos meses más tarde, Charles murió de un infarto. Frank nunca supo si aquel hombre, receloso y mezquino, en alguna ocasión se había sentido orgulloso de él.

Hasta los nueve años, su nombre nunca le había incomodado. Su madre siempre lo llamaba Frank o Frankie, en su afán por integrarlo a la frívola sociedad de Nueva Jersey y, desde la muerte de su padre, nadie había vuelto a mencionar ese molesto Percy que se había entrometido en su fe bautismal. Sólo los documentos oficiales, donde debía cargar con la inicial P. como si se tratase de una marca de infamia, le hacían esperar que nadie le preguntase por su significado. En el colegio todo cambió. Un maestro del primer curso fue el primero en notarlo. «¿Francis Bacon?», exclamó en voz alta, casi riendo. «Sí», repuso él, sin comprender qué ocurría. Su deseo de pasar inadvertido resultó inútil. A partir de ese momento tuvo que soportar que profesores y alumnos, al encontrar su nombre al inicio de curso, se divirtiesen a su costa.

Al principio, constatar que su nombre no era único no le pareció tan grave: muchos Johns y Maries y Roberts le servían de consuelo. Incluso, el segundo esposo de su madre se llamaba Tobias Smith, y él no parecía molesto de compartir su apellido con miles de compatriotas. «¿Supongo que usted también será un genio, señor Bacon?», le preguntaban con sorna. Lo peor era que él creía que era cierto. Pero ¿quién iba a aceptar que un segundo Francis Bacon pudiese ser un científico brillante? La primera coincidencia parecía desterrar para siempre la idea de que aconteciera una segunda, más improbable todavía. Él trataba de defenderse, demostrando sus habilidades pero, al escuchar la soberbia con la cual presentaba los resultados que había obtenido, sus preceptores no podían contener la risa. Era como si quisieran convencerlo de que su destreza era una excentricidad o una manía y no un genuino talento. En cualquier caso, no dudaban en compararlo con el *verdadero* Bacon, como si él no fuese más que la errabunda y apócrifa copia de un original perdido.

Decir que la infancia y la adolescencia de Bacon fueron solitarias, sería casi un eufemismo. Demasiado consciente de los atributos que lo diferenciaban de los demás, se mostraba reacio a cualquier contacto humano fuera de lo estrictamente indispensable. Sus constantes migrañas, que lo sumían en un estado de catatonia en el cual no soportaba la luz ni el ruido, tampoco hacían que la convivencia con él fuese sencilla. Pasaba incontables horas en su habitación, pergeñando fórmulas y teoremas, hasta que el padrastro subía en busca suya y lo bajaba al comedor casi arrastrando. Su madre casi estaba arrepentida de haberle enseñado a contar: no sólo era impertinente y obcecado, sino intolerante con todos aquellos que no estaban a la altura de su inteligencia.

Poco a poco fue olvidándose de los odiosos juegos de palabras con su nombre para interesarse, cada vez más, por la figura del científico inglés que los había provocado. Necesitaba conocer a ese antepasado insólito que, con su solo nombre, le había hecho la vida miserable. Comenzó a perseguirlo con la misma ansia con la cual los adolescentes se buscan a diario en el espejo para advertir las mínimas pruebas de su metamorfosis en adultos. Rehuyendo la incomodidad que representaba mirar su nombre escrito en los libros, sabiendo que no le pertenecía, Frank se internó en las obsesiones de su falso ancestro. Al admirar sus descubrimientos, sufrió esa vaga conciencia que anima a saltar a los abismos: su hallazgo no fue para él una confirmación de las peroratas de sus detractores, sino una prueba de su propia vocación. Admirando a su homónimo, se convenció de que, aun por error, su destino estaba ligado al de ese hombre; si no en una reencarnación —en la cual no podía pensar—, confiaba en una especie de llamada, en una casualidad demasiado obvia para ser producto del azar.

La historia del Barón de Verulamio transformó la vida de nuestro Francis P. Conforme lo fue descubriendo, supo que debía continuar, de alguna manera, la obra de aquel hombre. Por más desagradable que hubiese sido en sus relaciones con los demás, había pasado a la inmortalidad. Compartía con él la incomprensión de sus contemporáneos y se solazaba pensando en que su madre, su padrastro y sus compañeros de escuela, algún día se arrepentirían del trato que le dispensaban. Se sentía particularmente orgulloso de llevar el apellido de alguien a quien había llegado a atribuírsele la obra de William Shakespeare. Como sir Francis, Frank se había acercado al conocimiento por varios motivos —curiosidad, búsqueda de certezas, cierto talento innato—, pero reconocía que, en el fondo, el de mayor peso había sido el mismo de su ancestro: el rencor. Para él, la convivencia con los datos exactos de las matemáticas era el único modo de enfrentarse a un universo desordenado, cuyo destino no dependía de él. Transformando un apotegma de su héroe isabelino, le hubiese gustado decir: «He estudiado números, no hombres.»

En el colegio, el rechazo hacia sus semejantes se fue diluyendo lentamente gracias a su creciente admiración por las leyes naturales (lo cual incluía, al menos en principio, cierta admiración por la humanidad). Aunque no todo lo que ocurría podía ser explicado por la razón, al menos la ciencia le aseguraba un camino recto hacia el conocimiento. Lo más importante era que, al averiguar qué leyes regían el mundo, podría llegar a tener algún control sobre los demás. Sin desprenderse de su desconfianza original, Frank la arrinconó en una parte de su memoria a la cual recurría cada vez con menos frecuencia.

Una mañana se levantó con un humor franco y expansivo; sin saber exactamente la razón, había decidido alejarse de las matemáticas puras, con su red de abstracciones y fórmulas incognoscibles, para acercarse al terreno más sólido y concreto de la física. Si bien esta decisión tampoco resultó del agrado de su madre, quien quería verlo convertido en ingeniero, al menos se acercaba más al mundo que ella conocía. Su tarea, ahora, no sería combinar números como un esquizofrénico revuelve palabras, sino adentrarse en los componentes básicos del universo: la materia, la luz, la energía. Quizás de esta forma llegaría a convertirse, como deseaba su familia, en alguien útil para sus semejantes. Por desgracia, tampoco en este campo cumplió las expectativas maternas: al parecer, le resultaba imposible concentrarse en problemas concretos. En vez de consagrarse a la electrónica, Bacon se entusiasmó con la rama más novedosa, frágil e impráctica de la física: el estudio de los átomos y la muy reciente teoría cuántica. Ahí, otra vez, no había nada tangible: los nombres de los objetos que analizaba —electrones, fuerzas, campos magnéticos— eran las etiquetas de unos entes tan bizarros como los números.

En 1940, después de varios años de lidiar con esta disciplina y con la oposición de su madre y su padrastro, Frank se graduó con honores en la Universidad de Princeton con una tesis sobre los electrones positivos. Tenía veintiún años y su futuro no podía ser más promisorio: siendo uno de los pocos especialistas en el tema, instituciones de varios estados de la Unión lo habían invitado a realizar estudios de posgrado en sus campus. En especial, Bacon consideraba tres espléndidas ofertas: una de CALTECH —el Instituto Tecnológico de California—, donde trabajaba Oppenheimer; otra de la propia Universidad de Princeton, su *Alma Mater*; y una más del Instituto de Estudios Avanzados de la misma ciudad. Con todo, esta última opción era la que más le atraía. El Instituto había sido fundado en 1930, por los hermanos Bamberger —los antiguos dueños de los almacenes del mismo nombre situados en Newark—, pero en realidad había comenzado a funcionar a mediados de 1933. Pronto se convirtió en uno de los centros de investigación científica más importantes del mundo. Entre sus profesores se encontraban Albert Einstein, quien había decidido permanecer en Estados Unidos tras las elecciones que le dieron el poder a los nazis en Alemania, y los matemáticos Kurt Gödel y John von Neumann, por mencionar sólo a los más famosos.

Últimos días del otoño de 1940. Mientras caminaba por los amplios senderos de la Universidad de Princeton rumbo a la oficina de su jefe de departamento, Bacon apenas caía en la cuenta de que estaba a punto de decidir su futuro. A su paso, los fresnos que bordeaban el sendero eran como las columnas inmóviles de un templo, cuyo techo se había ido desmoronando poco a poco. Hacía un viento cortante que desdibujaba el contorno de los colegios que albergaban las distintas facultades. Su estilo medieval —copiado de Oxford y Cambridge— le parecía aún más falso bajo el cielo despejado. Prisioneros de sus incómodos trajes grises, profesores y alumnos se refugiaban en el interior de los anacrónicos edificios, huyendo del aire helado que hacía volar sus sombreros. Aunque sabía que el decano lo había llamado para hacerle un anuncio importante, Bacon no estaba nervioso. Confiaba en que el camino de la ciencia lo llevaría al mejor de los lugares posibles y, además —esto era lo mejor de todo—, ya había tomado una decisión sobre su vida desde que, dos días atrás, recibiera una llamada del Instituto.

El nuevo decano resultó ser un hombrecillo parlanchín que lo recibió de inmediato. Sentado tras un gran escritorio que le ocultaba la mitad del pecho, no cesaba de mesarse una barba entrecana como si quisiera desenredar los hilos del destino. Después de extenderle la mano, le pidió a Bacon que se sentara, tomó una carpeta de entre las muchas que se extendían delante de él y, sin mirarlo, comenzó a leer fragmentos en voz alta.

—Francis Bacon, sí, ¿cómo olvidar ese nombre? Muy bien... *Summa cum laude*... «Excelente trabajador... Destacado analista... Un poco lento a la hora de tomar decisiones, pero un teórico sobresaliente... En resumen, uno de los estudiantes mejor dotados de su generación...» ¿Qué opina de estos comentarios? —exclamó con un tono que recordaba el silbato de las locomotoras de juguete—. ¡No hay más que opiniones favorables sobre usted, muchacho! Sorprendente, realmente sorprendente...

Bacon ni siquiera le había prestado atención. Su mirada rondaba la colección de revistas alemanas —*Annalen der Physik, Zeitschrift für Physik, Naturwissenschaft*— que tapizaba la estantería del pequeño despacho. Fuera de ellas, la decoración hacía pensar más en el laboratorio de un entomólogo, lleno de cajitas y frascos de cristal, que en la oficina administrativa de un físico. Al fondo, Bacon reconoció una foto en la cual Einstein aparecía junto a su interlocutor. En la imagen, el orgulloso decano se erguía al lado del descubridor de la relatividad como una ardilla ansiosa por trepar a una secuoya.

—Me siento muy complacido, profesor.

—Quiero que entienda que no se trata de mi opinión, simplemente he leído su expediente, muchacho. Me hubiese gustado conocerlo mejor, pero no ha podido ser así, de modo que no puedo ser tan elogioso como sus maestros. En fin, ¿qué se le va a hacer? Vayamos al grano, si no le importa. Lo he llamado para comunicarle una noticia que, *probablemente,* usted conoce mejor que yo.

—Creo saber de qué me habla, profesor.

—Gracias a la recomendación del profesor Oswald Veblen, el Instituto de Estudios Avanzados ha decidido invitarlo a integrarse a su personal —Bacon no pudo evitar una sonrisa—. Desde luego, nosotros preferiríamos que se quedase con nosotros, pero es usted quien tiene la última palabra. Si prefiere marcharse con nuestros vecinos, yo no puedo oponerme. Sólo déjeme advertirle que en el Instituto obtendrá la calidad de *asistente,* no de estudiante de doctorado... ¿Sabe usted qué significa esto? ¿Quiere usted pensarlo más o ya ha tomado una decisión al respecto?

Al principio, el Instituto se había instalado en Find Hall, en la Facultad de Matemáticas de la Universidad, mientras se reunía el dinero necesario para construirle un edificio propio. A partir de 1939, tenía su propia sede en Fuld Hall, una gran caja de ladrillos rojos, no muy distinta de un manicomio o una alcaldía, lo cual le había permitido alejarse de los territorios de la Universidad. Sin embargo, pequeñas rencillas entre ambas instituciones seguían en el aire. Cuando se fundó el Instituto, su primer director, Abraham Flexner, había prometido no invitar a trabajar en él a profesores de la Universidad, pero tanto Veblen como el matemático húngaro John von Neumann, originalmente contratados por ella, habían terminado por integrarse a su plantilla.

—Pienso aceptar la propuesta del Instituto, profesor.

—Lo imaginaba —dijo el decano.

Bacon ya había calibrado las ventajas y desventajas que se le presentaban. Aunque el Instituto no le otorgase un título de posgraduado, en compensación le permitiría estar en contacto con algunos de los mejores físicos y matemáticos del mundo. No titubeó.

—Muy bien —añadió el hombrecillo—, entonces no hay nada que hacer. ¿Cuántos años tiene, muchacho?

—Veintiuno.

—Es usted muy joven todavía... Demasiado joven. Quizás tenga tiempo de rectificar más adelante. No debe perder el tiempo. La juventud es primordial para los físicos. Es una ley de vida, injusta como todas, y usted la conoce de memoria: después de los treinta, un físico está acabado... *Acabado.* Se lo digo por experiencia...

—Le agradezco sus consejos.

Bacon pensó en ese momento en la cita que ya había acordado con el profesor Von Neumann para el martes a las tres de la tarde. El decano lo sacó de su ensimismamiento:

—Y ahora, lárguese.

HIPÓTESIS 2

Sobre Von Neumann y la guerra

—Mi nombre es Bacon, profesor. Francis Bacon —Frank se había presentado en el Instituto a la hora convenida. Se había puesto uno de sus mejores trajes, color gris rata, y una corbata con diseños similares a jirafas.

—Oh, Bacon. Nacido el 22 de enero de 1561 en York House y muerto en 1626. Un maniático, desafortunadamente. Y una inteligencia deliciosa, claro que sí. Podría recitarle ahora mismo, línea por línea, el *Novum Organum*, pero supongo que se aburriría. Además, tengo un compromiso al que no debo llegar *muy* tarde.

Entre los hombres de ciencia contemporáneos, nadie parecía haber intimado tanto con el carácter esquivo y tormentoso de los números, como John von Neumann. En la Universidad de Princeton, donde había pasado unos meses como catedrático de la Facultad de Matemáticas, el joven profesor había adquirido la fama de ser uno de los hombres más inteligentes del mundo y, al mismo tiempo, uno de los peores profesores posibles. Su nombre alemán era Johannes, transformación del original húngaro Janós, así que no había lamentado traducirlo al inglés para adecuarse a la informalidad de su país adoptivo; de este modo, se hacía llamar Johnny von Neumann, con lo cual quedaba convertido en una mezcla de whisky escocés y cerveza checa. Von Neumann había nacido en Budapest, en 1903, de modo que tenía treinta y siete años, pero su carrera de niño prodigio lo había convertido en uno de los matemáticos más importantes del momento y, desde hacía unos meses, en el miembro más joven del Instituto de Estudios Avanzados. Bacon no había asistido a sus cursos, pero conocía de sobra el catálogo de anécdotas que circulaban en el campus de la Universidad de Princeton en torno a sus excentricidades. Como habría de comprobar pronto, su inglés poseía un acento peculiar que no derivaba de su pronunciación centroeuropea; según muchos, él mismo se lo había inventado. Siempre vestía un pulcro traje color café con leche, del cual no se desprendía ni siquiera en los meses de verano o cuando realizaba excursiones campestres. Además de su rapidez para calcular, tenía memoria fotográfica: le bastaba con ver de reojo una página, o leer de un tirón una novela, para ser capaz de recitarla más tarde, sin errores, de principio a fin. Así lo había hecho varias veces con la primera mitad de *Historia de dos ciudades*.

Impaciente por naturaleza, Von Neumann detestaba a sus alumnos: maldecía su lentitud, las repeticiones innecesarias que debía desgranarles como un campesino que alimenta a sus gallinas y, sobre todo, los rostros de sorpresa y temor con los cuales ellos trataban de descifrar la belleza de sus ecuaciones. Nadie era capaz de comprender sus clases por la sencilla razón de que discurrían a una velocidad superior a la normal; cuando un estudiante comenzaba a copiar una larga fórmula que Von Neumann había dibujado precipitadamente con la tiza, el sinuoso maestro tomaba el borrador y se lanzaba a construir la siguiente como si la pizarra fuese un anuncio luminoso de Broadway. Durante su estancia en la Universidad, sólo un doctorando había sido capaz de concluir su tesis bajo su dirección, y Von Neumann no pensaba reincidir en la amarga experiencia que suponía releer demostraciones mal escritas o descodificar farragosas construcciones aritméticas. Por ello, cuando Abraham Flexner, el director del Instituto, lo invitó a integrarse a su equipo advirtiéndole que, al igual que los demás profesores que ya trabajaban allí, no tendría obligaciones docentes, el matemático aceptó encantado. Así se libraría para siempre de aquella plaga de mequetrefes que ni siquiera era capaz de diferenciar a Mozart de Beethoven.

—Ahora tengo que salir. Una reunión del claustro, ¿comprende usted? Con té y galletitas y todos esos nombres ilustres... Bueno, no tan ilustres como el suyo, pero lo bastante como para que no pueda retrasarme, ¿me explico? —Se detuvo unos momentos. Era robusto, incluso un poco gordo, con una papada lenta y aceitosa debajo de una barbilla ovalada. Su acento era realmente inconfundible—. ¿Qué vamos a hacer con usted, Bacon? Lamento hacerlo esperar, no lo tenía previsto... Dígame qué hacer... —Bacon trató de explicarse, en vano. La forma de hablar de Von Neumann le hacía pensar en las peroratas inconexas de la oruga de *Alicia en el país de las maravillas*—. Cierto, cierto. Buena idea, Bacon... Mañana voy a dar una fiestecita, ¿sabe? Trato de hacerlo a menudo, este lugar llega a ser *tan* aburrido. Siempre le digo a mi mujer que deberíamos instalar un bar como los que hay en Budapest, pero no me toma en serio, Bacon... En fin, me marcho. Lo espero mañana a las cinco, en mi casa, antes de que lleguen los demás invitados... Una de nuestras pequeñas recepciones, ¿sabe? Para matar el aburrimiento. Habrá escuchado hablar de ellas, supongo. Ahora debo irme. Lo siento. A las cinco, no lo olvide...

—Profesor... —trató de interrumpirlo Bacon.

—Ya le digo. Más tarde discutiremos este asunto con cuidado. Con su permiso.

Después de varias horas de luchar con una obtusa secretaria para conseguir la dirección de Von Neumann, Bacon llegó a su casa, en el 26 de Westcott Road, con la misma puntualidad de siempre. Un par de empleados descargaban bandejas con bocadillos desde una camioneta aparcada frente a la puerta principal, y las llevaban metódicamente hacia la cocina como un grupo de obreras encargadas de alimentar un hormiguero. Aunque no se había atrevido a comentarlo, Bacon sí había oído hablar de los festines que organizaba Von Neumann, a los cuales asistían muchas de las grandes figuras del escenario intelectual de Princeton. Se decía que Einstein llegaba a presentarse en ocasiones especiales. Aunque por todas partes se respiraba ya un ambiente de guerra —faltaba menos de un año para el ataque a Pearl Harbor—, la gente parecía esforzarse en demostrar que el mundo seguía siendo el mismo. O, en otro sentido, acaso quería disfrutar de los últimos momentos de esparcimiento antes de la catástrofe.

Tocó la campanilla y aguardó unos segundos, en vano. Decidido, se introdujo en la casa junto con uno de los camareros y comenzó a murmurar *profesor, profesor Von Neumann*, con una voz que nadie hubiese podido escuchar ni siquiera estando a un metro de distancia. Pasaron unos minutos antes de que la sirvienta reparase en él y subiese a dar el aviso. Luego apareció Von Neumann, a medio vestir, con la chaqueta puesta y la corbata colgándole del antebrazo.

—¡Bacon!

—Sí, profesor.

—Vaya, vaya, otra vez usted —se acomodó en uno de los sillones y le pidió que hiciese lo mismo en otro. Comenzó a abotonarse la pechera con sus dedos gordos como uvas—. No me molesta la insistencia, no, pero hay que tener modales, mi amigo. Estoy a punto de dar una fiesta, ¿sabe? Estará usted de acuerdo en que no es el mejor momento para una charla sobre física...

—Usted me pidió que viniese, profesor.

—Tonterías, tonterías, Bacon —ahora comenzó a lidiar con la corbata—. En fin, si usted ya ha venido hasta aquí no sería correcto dejarlo ir con las manos vacías, ¿no cree? Modales, mi amigo, eso les falta a los norteamericanos... No es nada personal, se lo juro, pero comienza a incomodarme —Von Neumann lo miraba como si fuese un patólogo realizando una autopsia—. Se supone que yo debo decidir su admisión en el Instituto, ¿no es así? En mis manos está su futuro... Terrible responsabilidad, mi amigo, terrible. ¡Cómo quieren que yo sepa si usted es un genio o un necio!

—Le envié mi currículo, profesor.

—¿Usted es físico, no es así?

—Así es, señor.

—¿Ha visto qué torpeza? —masculló Von Neumann—. Que yo haya hecho ese pequeño librito sobre teoría cuántica no significa que tenga que examinar a cualquier palurdo que estudia esta materia, ¿verdad? Pero no ponga esa cara, amigo mío, que no lo estoy diciendo por usted, no... Pues temo decirle que los imbéciles no me han enviado nada —Von Neumann se levantó de su asiento en busca de un *vol-au-vent* de champiñones. Prefirió tomar toda la bandeja y se la llevó; le ofreció uno a Bacon, pero éste rechazó el bocadillo—. ¿Se imagina?, nada. Y lo peor es que supongo que en estos días debo presentar mi evaluación sobre usted al comité, Bacon. ¿Qué puedo hacer al respecto?

—No lo sé, profesor.

—¡Lo tengo! —exclamó de pronto, entusiasmado con una idea súbita—. ¿Se ha dado usted cuenta de que estamos por entrar en guerra?

Bacon no pareció comprender el rápido cambio de tema operado por Von Neumann.

—Sí —añadió, sólo por decir algo.

—No lo dude, Bacon, vamos a enfrentarnos con Adolf y los japos.

—Mucha gente se opone a la guerra...

—¿Me va a decir que tiene miedo? ¿Que no quiere salvar al mundo de las garras de ese demonio? —Bacon no entendía adónde quería ir a parar esa conversación; le parecía que Von Neumann trataba de burlarse de él, por lo cual trató de no comprometerse con sus respuestas.

—Dígame, Bacon, ¿qué es una guerra?

—No lo sé, un enfrentamiento entre dos o más enemigos.

—¿Y qué más? —Von Neumann comenzaba a desesperarse—. ¿Por qué pelean, Bacon, por qué?

—Porque tienen intereses contrapuestos —espetó éste.

—Por Dios, no: ¡es exactamente al contrario!

—¿Porque tienen intereses comunes?

—¡Pues claro! Tienen un mismo objetivo, una misma meta, que sólo puede ser de uno de ellos. Por eso se enfrentan.

Bacon se sentía confundido. Von Neumann, en tanto, trataba de refrenar su ira con más bocadillos.

—Voy a darle un ejemplo sencillo y oportuno. ¿Cuál es ese objetivo común que quieren los nazis y los ingleses, pongamos por caso? Una misma tarta, Bacon: la tarta de Europa. Desde que Hitler obtuvo el poder en Alemania en 1933, no ha hecho otra cosa sino pedir más trozos: primero fue Austria, luego Checoslovaquia, luego Polonia, Bélgica, Holanda, Francia, Noruega... Luego *toda* la tarta. Al principio, los ingleses permitieron sus avances, como en esa infame conferencia de Múnich, pero luego les pareció que Alemania tenía demasiado. ¿Se da cuenta?

—Lo sigo, profesor. La guerra es como un juego.

—¿Ha leído mi articulito de 1928 sobre el asunto? —inquirió Von Neumann, receloso.

—«Sobre la teoría de los juegos de mesa» —citó Bacon—. He escuchado hablar sobre él, pero temo no haberlo leído aún...

—Le creeré —añadió el profesor—. De acuerdo, supongamos entonces que la guerra entre Hitler y Churchill es un juego. Añadiendo, además, una cosa que aquí no es tan clara, pero en fin: los jugadores que intervienen en él, lo hacen *racionalmente.*

—Comprendo —se atrevió Bacon—. Van a hacer lo imposible por obtener el resultado que pretenden: ganar.

—Muy bien —Von Neumann sonrió por primera vez—. La teoría que estoy desarrollando ahora, en compañía de mi amigo el economista Oskar Morgenstein, dice que todos los juegos racionales deben poseer una *solución* matemática.

—Una estrategia.

—Ya lo ha comprendido, Bacon. La mejor estrategia en un juego, o en la guerra, es aquella que lleva al mejor resultado posible. Bien —Von Neumann se aclaró la garganta con un trago de whisky—, según entiendo, existen dos tipos de juegos: los de «suma cero» y los que no lo son. Un juego es de suma cero si el objeto que los jugadores persiguen es finito y necesariamente uno gana lo que pierde el otro. Si sólo tengo una tarta, cada rebanada que yo obtengo representa una pérdida para mi rival.

—Y los que no son de suma cero, serían aquellos en los cuales los beneficios que obtiene cada jugador no necesariamente representan una pérdida para el otro —sentenció Bacon, complacido.

—Así es. Por lo tanto, nuestra guerra entre nazis e ingleses...

—Es de suma cero.

—De acuerdo. Tomémoslo como hipótesis de trabajo. ¿Cuál es la situación actual de la guerra? Hitler es dueño de media Europa; Inglaterra resiste apenas. Los rusos se mantienen expectantes, anclados en su pacto de no agresión con los alemanes. Si esto es así, Bacon, dígame: ¿cuál cree que vaya a ser la siguiente estrategia del Führer? —preguntó Von Neumann, excitado; su pecho resoplaba como un fuelle.

La pregunta era difícil y Bacon sabía que también era capciosa. No debía contestarla atendiendo a su intuición, sino a las expectativas matemáticas de su interrogador.

—Hitler va a querer otro pedazo de tarta.

—¡Eso quería oír! —exclamó Von Neumann—. Se lo hemos dicho al presidente Roosevelt una y otra vez. ¿Qué pedazo exactamente?

Había dos opciones. Bacon no dudó.

—Creo que empezará con Rusia.

—¿Por qué?

—Porque es el enemigo potencial más débil y no debe darle mucho más tiempo a Stalin para seguirse armando.

—Perfecto, Bacon. Ahora vamos a la parte difícil —Von Neumann disfrutaba con el asombro del muchacho—. Consideremos nuestra posición en este asunto, la de Estados Unidos de América. Por lo pronto, nosotros no estamos involucrados, así que podemos ser más objetivos. Tratemos de decidir, racionalmente, nuestros actos.

Bacon y Von Neumann llevaban más de media hora charlando. Mientras tanto, la sirvienta se afanaba en acomodar los platos y manteles en el comedor contiguo al salón. En algún momento se asomó por las escaleras la esposa del profesor —en realidad, su segunda esposa—, Klara, para regañarlo por su tardanza. Von Neumann la despidió con un gesto poco amable y le hizo una seña a su contrincante para que no se preocupase. Aunque se sentía ridículo, Bacon apreciaba el humor y la entrega de aquella conversación: le hacía recordar sus añoradas partidas de ajedrez. Además sentía que, bajo la aparente simpleza del desafío, en realidad sostenía una insólita batalla con el profesor. Era una charla muy parecida a la que podrían sostener los espías de dos países enemigos o bien, en el otro extremo, dos amantes inseguros. La decisión de cada uno tenía como meta adelantarse a los pensamientos del contrario, y vicever-sa. A la vez, los dos debían preocuparse por ocultar sus propias estrate-gias tanto como por adivinar las ajenas. El suyo también era un juego.

—Mi teoría es la siguiente —comenzó Von Neumann, tomando una hoja de papel de la mesa de centro y bosquejando cuidadosos es-quemas—: Entre los alemanes y nosotros, el juego no es de suma cero, sino que existen diversos valores de acuerdo con las ganancias que desee obtener cada uno en la repartición de una tarta aún más grande: el mun-do. Existen dos estrategias y, por tanto, cuatro resultados posibles. Esta-dos Unidos puede intervenir o no en la guerra. Los países del Eje, por su parte, pueden atacarnos, o no. ¿Cuáles son, entonces, los cuatro esce-narios?

Bacon respondió con seguridad:

—*Primero:* que nosotros los ataquemos; *segundo,* que ellos nos ata-quen por sorpresa; *tercero,* que nos ataquemos simultáneamente; y *cuar-to,* que nos mantengamos como hasta ahora.

—Excelente análisis, mariscal Bacon. Ahora consideremos los re-sultados de cada caso. Si nosotros declaramos la guerra, tenemos la po-sibilidad de sorprenderlos, pero decididamente se perderán muchas vi-das norteamericanas; si, por el contrario, ellos nos atacan primero, po-seen este margen de sorpresa, pero les supondrá tener una guerra en dos frentes (si se confirma nuestra teoría de que de un momento a otro ata-carán a los rojos); si, como indica el tercer escenario, empezamos una guerra simultánea, esperando las declaraciones de guerra y todos los re-quisitos del caso, ambos habremos desperdiciado la posibilidad de sor-prender al otro, y en cambio tendremos las mismas pérdidas huma-nas; por último, si dejamos las cosas como están, lo más probable es que Hitler sea el dueño de Europa y nosotros de toda América, pero a la lar-ga, ello también nos llevará a enfrentarnos...

—Me gusta su análisis, profesor...

—Me alegro, Bacon. Ahora otórguele valores a cada uno de los re-sultados posibles, sea para nosotros o para ellos.

—De acuerdo —exclamó Bacon, y procedió a escribir sobre la página:

1. *Estados Unidos y el Eje se atacan simultáneamente* = USA, 1; Eje, 1.
2. *Estados Unidos ataca primero, y sorprende al Eje* = USA, 3; Eje, 0.

3. *Estados Unidos espera y el Eje sorprende con un ataque* = USA, 0; Eje, 3.
4. *La situación se mantiene igual que hasta ahora* = USA, 2; Eje, 2.

Luego dibujó un cuadro como el siguiente:

	El Eje ataca	*El Eje espera*
USA ataca	1, 1	3, 0
USA espera	0, 3	2, 2

—La pregunta es —Von Neumann se mostraba más entusiasta que nunca—: ¿qué debemos hacer?

Bacon contemplaba la tabla como si fuese una pintura renacentista. Su simpleza le parecía tan bella como a su maestro. Era una obra de arte.

—El peor escenario es esperar y ser atacados por sorpresa. Obtenemos un cero frente al tres de Adolf. El problema es que ignoramos qué va a hacer el maldito. Visto así, creo que la única solución racional es atacar primero. Si sorprendemos a los nazis, ganamos un bello número tres. Si simplemente motivamos una guerra simultánea, al menos obtenemos un uno y no el cero que nos correspondería si somos demasiado indulgentes —concluyó Bacon, convencido—. No hay dudas. El resultado, así, al menos depende de nosotros.

Von Neumann parecía aún más satisfecho que su alumno. No sólo le había demostrado su valía, sino que estaba de acuerdo con la política que creía que el presidente Roosevelt debía seguir con respecto a la guerra. Desde que se descubrió la fisión del uranio en 1939, había sido uno de los principales propulsores de que Estados Unidos iniciase un programa de investigación nuclear en gran escala. Una bomba atómica, si tal cosa era posible, no sólo sorprendería a los alemanes o a los japoneses, sino que terminaría de una vez por todas con la guerra. Por desgracia, su alerta bélica no parecía hacer demasiada mella en el ánimo del Presidente.

—Creo que no me va a quedar otro remedio que soportar a diario su incómoda presencia en los pasillos de Fuld Hall —sentenció Von Neumann, levantándose pesadamente de su asiento—. Pero no se imagine que va a ser el paraíso, Bacon. Voy a ponerlo a trabajar como una mula hasta que termine odiando los cálculos que he de encargarle. Preséntese en mi despacho el próximo lunes.

Von Neumann se encaminó hacia las escaleras; desde arriba, se escuchaba de nuevo la voz colérica de Klara Dan. Antes de desaparecer en el piso superior, Von Neumann volvió a dirigirse a Bacon:

—Si no tiene nada mejor que hacer, puede quedarse a la fiesta.

Tal como John von Neumann había previsto, a finales de 1941 Estados Unidos no tuvo más remedio que entrar en la guerra. El presidente Roosevelt había decidido mantenerse neutral hasta el último momento y los japoneses eligieron la mejor estrategia posible: el ataque por sorpresa. A las tres de la mañana del 7 de diciembre, una nube de bombarderos nipones atacó, sin aviso previo, a la flota norteamericana anclada en el puerto de Pearl Harbor. La reacción no pudo ser más violenta. Todos los sectores de la sociedad norteamericana se mostraron indignados por semejante inmoralidad.

HIPÓTESIS 3

Sobre Einstein y el amor

Cuando por fin se estableció en Estados Unidos, a fines de 1933, Einstein ya era una especie de sabio mundial cuya presencia conmovía incluso a quienes no alcanzaban a comprender una sola palabra de física. Asumiendo su condición de mito, el creador de la relatividad se solazaba en responder, por medio de acertijos y paradojas, breves como parábolas budistas, a las ingenuas preguntas de sus admiradores. Su larga cabellera revuelta, recientemente encanecida, y sus ojos enmarcados en unas profundas arrugas circulares, le conferían la apariencia de eremita que necesitaban los tiempos modernos. Los periodistas —notablemente los del *New York Times*— acudían a su casa de la calle Mercer a recibir comentarios sobre todos los temas imaginables; convertido en una mezcla de Sócrates y Confucio, Einstein los atendía con esa complacencia con la que se recibe la tímida ignorancia de los pupilos. Pronto, las anécdotas que circulaban sobre sus conferencias de prensa comenzaron a difundirse de un extremo a otro del país, como si cada una de sus insólitas respuestas fuese un *koan* zen, un cuento sufí o un aforismo talmúdico. Un ejemplo. Cierta vez, un reportero preguntó a Einstein:

—¿Existe una fórmula para obtener éxito en la vida?

—Sí, la hay.

—¿Cuál es? —preguntó el reportero, insistente.

—Si A representa al éxito, diría que la fórmula es A = X + Y + Z, en donde X es el trabajo e Y la suerte —explicó Einstein.

—¿Y qué sería la Z?

Einstein sonrió antes de responder:

—Mantener la boca cerrada.

Estas historias, breves e impecables, no hacían sino acrecentar su prestigio pero, a la vez, acentuaban el rencor de sus enemigos. En aquella época, el mundo podía dividirse entre dos bandos: quienes lo adoraban y aquellos que, como los nazis, hubiesen dado cualquier cosa con tal de verlo muerto.

En 1931, durante un viaje a Pasadena, donde Einstein había impartido una conferencia en CALTECH, el educador Abraham Flexner le hizo a Einstein la primera propuesta para que se integrase al Instituto de Estudios Avanzados, que entonces iba a ser inaugurado en Princeton. Luego, en 1932, volvió a hacerle la misma propuesta cuando lo encontró en Oxford.

—Profesor Einstein —le dijo mientras paseaba a su lado en los jardines de Christ Church—, no es mi intención atreverme a ofrecerle un puesto en nuestro Instituto pero, si usted lo medita y lo considera conveniente, nosotros estaríamos dispuestos a aceptar todas las condiciones que nos plantease.

Al iniciarse la década de los treinta, las elecciones al Reichstag comenzaron a darle cada vez más votos al partido de Hitler. En las de 1932, más de doscientos diputados nazis fueron admitidos en el parlamento, el cual quedó bajo el control del sinuoso Hermann Göring. En ese momento, el físico y su segunda esposa, Elsa, se dieron cuenta de que tarde o temprano tendrían que abandonar Alemania. Una tercera llamada de Flexner, en esta ocasión a la casa de Einstein en Caputh, en las afueras de Berlín, convenció al matrimonio de cruzar el Atlántico. Aprovechando un nuevo ciclo de conferencias en Estados Unidos, Einstein le prometió a Flexner realizar una visita al Instituto que le permitiese tomar una decisión al respecto. Al abandonar su casa, Einstein miró el rostro avejentado de su mujer y, con el tono admonitorio que acostumbraba usar en los momentos trágicos, le dijo: *Dreh' dich um. Du siehst's nie wieder*: «Date la vuelta. No volverás a verla.» En enero de 1933, estando ya en Pasadena, Hitler fue nombrado canciller del Reich por el viejo presidente Hindenburg; en una entrevista, Einstein confirmó la predicción que le había hecho a su mujer: «No regresaré a casa.»

Aunque cuidándose de no visitar Alemania, Albert y Elsa volvieron a Europa, donde éste aún tenía diversos compromisos académicos que cumplir. Mientras tanto, en uno de sus encendidos discursos en el Reichstag, Göring se refirió a la traición del «científico judío» y repudió no sólo la vida, sino la obra de Einstein. Después de este comentario, unidades de asalto nazis se introdujeron en la casa del físico en Caputh, en busca de las armas que, según ellos, tenían depositadas ahí los comunistas.

Por fin, después de una corta estancia en la costa de Bélgica, y de que Flexner se comprometiese a aceptar sus condiciones —un sueldo de quince mil dólares anuales y un puesto para uno de sus ayudantes—, Einstein aceptó el nombramiento en Princeton. El 17 de octubre de 1933, descendió del vapor *Westmoreland* en Quarantine Island, Nueva York, y de ahí tomó una lancha que lo llevó, de incógnito, a la costa de Nueva Jersey y posteriormente, sin detenerse, a la Peackock Inn, de Princeton.

El nuevo Instituto parecía haber sido expresamente diseñado para él. En palabras de Flexner, se trataba de un sitio que le permitiría trabajar «sin verse arrastrado por el remolino de lo inmediato». A diferencia de lo que ocurría en otras universidades del mundo, la física en el Instituto de Estudios Avanzados sólo era teórica y no se impartían clases. En Princeton, Einstein tenía una sola obligación: pensar. Un nuevo *koan* definía su vida en Norteamérica. El mismo —u otro— reportero le preguntó al gurú:

—Profesor, usted ha desarrollado teorías que han cambiado nuestra forma de ver el mundo. Ha sido un enorme avance para la ciencia. Entonces, dígame, ¿dónde tiene su laboratorio?

—Aquí —respondió Einstein, señalando la estilográfica que sobresalía del bolsillo de su chaqueta.

Como un recurso para poder meditar científicamente sobre asuntos que, de otro modo, serían imposibles de abordar, Einstein puso en práctica —o al menos volvió frecuente— una forma de trabajo a la que llamó *Gedankenexperiment* o «experimento mental». Aunque este nombre sonaba contradictorio, en realidad se trataba de una técnica empleada desde la

Grecia clásica. Toda la ciencia moderna, y en especial la física, se basaba en la comprobación experimental de las hipótesis: una teoría se considera aceptable si y sólo si la realidad no la desvirtúa, si sus predicciones se cumplen con rigor y sin excepciones. Sin embargo, desde fines del siglo pasado, a muy pocos físicos puros les agradaba introducirse en laboratorios a luchar con aparatos cada vez más sofisticados que se limitaban a constatar lo que ellos ya *sabían*. La división entre los *teóricos* y los *prácticos* comenzó a ser más abrupta aún que la existente entre los matemáticos y los ingenieros; ambos bandos se odiaban y sólo se relacionaban entre sí cuando las circunstancias los obligaban a trabajar juntos. Aunque dependiesen mutuamente, hacían lo posible por evitarse e, incluso, hallaban excusas para no acudir a sus respectivos congresos.

Entre los más importantes —y polémicos— experimentos mentales llevados a cabo por Einstein, se encontraba la *Paradoja EPR* (llamada así por la combinación de la inicial de su apellido con las de Podolsky y Rosen, dos científicos de Princeton que colaboraban con él), publicada en 1935. Basada únicamente en un experimento mental, ya que no existían los instrumentos que pudiesen comprobar sus supuestos, la *Paradoja EPR* había intentado refutar, una vez más, la física cuántica que tantos dolores de cabeza le causaba a Einstein (y que él mismo había contribuido a crear). La mecánica cuántica, tal como era defendida por el físico danés Niels Bohr en la llamada «interpretación de Copenhague», establecía, entre muchas otras cosas, que el azar no era un elemento accidental sino connatural a las leyes físicas. Einstein, desde luego, no podía aceptar algo así. «Dios no juega a los dados», le había escrito a Max Born, y la *Paradoja EPR* era una forma de mostrar las contradicciones de semejante idea. Bohr y sus seguidores se limitaron a insinuar que Einstein había perdido la razón.

Bacon pertenecía, como Einstein, al grupo de físicos teóricos. Desde su temprana pasión por las matemáticas puras, había hecho lo posible por mantenerse alejado de las cuestiones concretas, concentrándose en fórmulas y ecuaciones que cada vez parecían más abstractas y a las cuales, en muchos casos, apenas era posible asociar una explicación real. En vez de lidiar con aceleradores de partículas y con los métodos de la espectroscopia, Bacon prefería encerrarse en el apacible territorio de la imaginación; de este modo no corría el peligro de mancharse las manos, de absorber residuos radioactivos o de someterse al influjo de los rayos X. Para poner en marcha sus investigaciones, lo único que hacía falta era concentración y astucia. Esta forma de hacer física remitía a Bacon al ajedrez.

A pesar de sus grandes centros de enseñanza, Princeton era una ciudad insípida. Demasiado pequeña, demasiado norteamericana, demasiado candorosa e hipócrita. En contra de su tradición universitaria, o quizás justamente por ella, había cierta sobriedad artificial en todas las relaciones que se mantenían ahí, cierta grisura, cierta *moralidad* incómoda (incluso la Universidad tenía fama de racista y antisemita). Para colmo, la guerra en Europa impedía que la alegría se manifestase con la naturalidad habitual.

Para escabullirse de estos inconvenientes, hacía tiempo que Bacon se había convencido de que el único campo en el cual la teoría —convertida en mera fantasía privada— no sólo era infructuosa, sino perversa, era en el relacionado con el sexo. Lo trágico era que prácticamente todos los habitantes de la ciudad, el rector y los diáconos, las esposas de los profesores y el alcalde, los policías y los médicos, y muchos de los estudiantes, no habían llegado a comprender esta premisa fundamental. Ellos se conformaban con llevar a cabo experimentos mentales relacionados con este asunto en los lugares menos pensados: en la iglesia y en sus conferencias, en las reuniones familiares y a la hora de llevar a sus hijos a los jardines de infancia, mientras almorzaban o al pasear a sus caniches al atardecer. A imitación de su Instituto de Estudios Avanzados, la opalina sociedad de Princeton se limitaba a imaginar los placeres que no se atrevía a consumir. Por esta razón Bacon detestaba a sus vecinos. Le parecían mendaces, necios, pusilánimes... En esta materia, él no podía conformarse con la abstracción y la fantasía: ningún cerebro —ni siquiera el de Einstein—, bastaba para descubrir la diversidad del mundo ofrecida por las mujeres. El pensamiento era capaz de articular leyes y teorías, de fraguar hipótesis y corolarios, pero no de rescatar, en un instante, la infinita variedad de olores, sensaciones y estremecimientos que lleva consigo la lujuria. Hay que decirlo abiertamente: acaso debido a su imposibilidad para relacionarse con las mujeres de su nivel social, desde hacía un par de años Bacon se había aficionado a invertir su dinero en la profesión más antigua del mundo.

Pero de pronto, en un lapso de hastío, conoció a Vivien. Tenía un cuerpo perfecto: sus senos parecían, en la distancia, dos bolas de billar: al acariciarlos uno podía darse cuenta de que su perfección coincidía con la de la mano. Siempre que Bacon intuía que ella iba a presentarse en su casa —a pesar de su insistencia, ella siempre se había negado a anunciar su visita—, se preocupaba por poner las sábanas más blancas que encontraba en su armario. Nada le gustaba más que el contraste entre la negra piel de Vivien y la palidez de la tela. Al recostarse a su lado, adoraba profanar esa íntima armonía establecida en aquella silenciosa unión de los contrarios.

Con Vivien apenas hablaba. No era que no le interesase su vida o sus palabras —tampoco le importaban las de otras mujeres y de cualquier modo charlaba largamente con ellas—; simplemente le gustaba creer que en esa mujer de caderas anchas como cunas existía algo definitivamente misterioso y atroz. En sus ojos, enmarcados en un contorno que brillaba como la luna en un eclipse, *debía* ocultarse un secreto sobre su pasado o, incluso, un accidente o un delito a los cuales debía su naturaleza esquiva. Quizás no fuese así —nunca había querido preguntarle—, pero le encantaba albergar la ilusión de convivir con un carácter difícil: atesoraba la zozobra que sentía en su presencia. Con el cabello de Vivien, rizado como si fuese un buda con miles de caracoles pardos sobre el cráneo, podía sumergirse en un mundo que no conocía.

A pesar de la pasión que sentía por ella —era lo más cercano al amor que había conocido—, Bacon se cuidaba mucho de que nadie lo viese con Vivien por las calles de Princeton. Siempre la citaba en su casa, adonde ella acudía ritualmente como si se entregase a un sacrificio que le permitiese aplacar a unos dioses semanales. La sensación infantil de pecar, de romper una ley prohibida, lo mantenía en un estado de emoción que pocas veces antes había tenido. Ésta era su *Teoría sobre Vivien*, la cual se dedicaba a comprobar, entre las sábanas de su cama, con la obstinación que sólo adquieren los físicos experimentales. Ella, por su parte, se dejaba manipular con una placidez similar a la indolencia: había trabajado como dependienta en un quiosco y era probable que su capacidad de asombro se hubiese desvanecido al contacto con tantas noticias alarmantes. Lenta y sudorosa, Vivien hacía el amor como si bailase un *blues* en vez de una violenta y sensual danza africana. Su temperamento le hacía pensar a Bacon en las cobayas o en las larvas acomodaticias y serenas que se mecen en sus hojas carcomidas, indiferentes a las fauces de sus predadores.

En cuanto terminaba de desnudarse, Bacon la ponía boca abajo, encendía todas las luces y contemplaba impávido, durante varios minutos, aquella contradicción de la óptica. Luego se inclinaba sobre ella y se dedicaba a besarla incansablemente: su lengua recorría sus contornos circulares y poco a poco ascendía hacia la depresión lumbar, obstinado con adosarle un lago de saliva a aquel valle humano. A cada paso, sus labios comprobaban la perfección de unas ecuaciones esféricas que se sabía incapaz de resolver. Al concluir, la cambiaba de posición, como si fuese un muñeco articulado. Sólo entonces se desvestía también. Separaba cuidadosamente los muslos de Vivien imaginando que eran dos briosas corrientes de lava, e introducía su rostro en el sexo húmedo y apacible de la muchacha. Este preámbulo era una especie de axioma a partir del cual se derivaban, en cada ocasión, diversos teoremas. De acuerdo con su habilidad analítica, a veces éstos lo conducían a los pies de Vivien, sucios y pequeños; otras, a sus pezones, a sus cejas, a su ombligo. Más que fornicar con ella, estudiaba sus posibilidades y, a un tiempo, las formas que iba adquiriendo su propio placer. Al final, el orgasmo era sólo una consecuencia necesaria de los cálculos esbozados desde el inicio.

—Es hora de que te vayas —le decía una vez que él se había recuperado.

Aun si en verdad la quería, odiaba que ella permaneciese mucho más tiempo en su cama, tener que abrazarla cuando todo había concluido. Entonces, el calor que desprendía y las gotas de sudor que perlaban su piel con diminutos ojos translúcidos le producía un asco tan intenso como la excitación previa. La animalidad se le aparecía de pronto, inevitable, y no podía dejar de imaginarse como una pareja de cerdos refocilados en su propia inmundicia. Ya comprobada su *Teoría*, dejaba que Vivien reposase sólo el tiempo indispensable y luego simplemente le pedía que se marchara. Con la misma indiferencia que, en cierto modo, advertía en ella, la veía recoger su ropa y ponérsela en silencio como quien viste una muñeca ajena. Cuando al fin se quedaba solo, Bacon no podía dejar de entristecerse, *quod erat demostrandum*, y generalmente dormía sin sueños.

A pesar de haber sido educado en los buenos modales de la sociedad de Nueva Jersey, Bacon apenas había mantenido contacto con las chicas de su edad. Las muchachas que comenzaban a atraerle, eran justo aquellas que preferían ignorarlo: cuidadosamente peinadas, religiosas y severas, inalcanzablemente hermosas. Al principio, Bacon trató de no darle importancia: para defenderse de un posible rechazo, *a priori* todas le parecían lo suficientemente tontas como para confundir una raíz cuadrada con el bulbo de una orquídea. Después de infructuosos intentos por mantener una conversación que durase más de cinco minutos con alguna de ellas, Bacon terminaba harto y entristecido. Sentía que nadie sería capaz de comprenderlo, menos aún de amarlo. Fue esta idea la que lo llevó, por primera vez, a los locales *non sanctos* que le recomendó el más bravucón de sus compañeros de la Universidad. Ahí no tendría que charlar ni tratar de aparentar un interés que no sentía por el clima, las fiestas o los vestidos lujosos: según le dijo su amigo, ahí todo se reducía a un trámite silencioso y discreto, a una descarga de placer que no conllevaba ningún compromiso. La primera vez que lo intentó, Bacon estaba aterrado: trataba de concentrarse en fórmulas matemáticas a fin de disimular su nerviosismo y permitir que, en algún momento, su cuerpo respondiese como él quería. Eligió a una muchachita delgada y tímida —le consolaba pensar que estaba más atemorizada que él— que en la cama se convirtió en una especie de máquina sin sentimientos. Se quitó la ropa de un tirón, mostrando unos pezones diminutos que parecían salir directamente del pecho, le permitió a Bacon darles un par de lengüetazos, y luego ella se encargó del resto. Al final no sentía ningún remordimiento ni ningún vacío: al contrario, lo había disfrutado. *Verdaderamente* lo había disfrutado. Había sido aun mejor de lo que le había insinuado el tipo listo de su clase: era ideal para alejar a los demonios de la lujuria, permitiéndole concentrarse en asuntos más importantes como la física cuántica. Cuando tenía necesidad de un cuerpo, no tenía más que contar con unos cuantos dólares. Y, como cualquier científico, que algo tiene de entomólogo, apreciaba la variedad y la diversidad. Cada día se sentía más sorprendido por las diferencias que podía hallar en las distintas mujeres: los mínimos detalles se convertían, así, en una fuente inagotable de excitación. Un nuevo lunar, una curva nunca antes vista, un ombligo ligeramente deforme, lo llenaban con el gozo que sólo experimentaba al hallar la solución a un problema algebraico. Exploraba aquellos especímenes con una lucidez de coleccionista que siempre le impidió acercarse, siquiera un poco, al cariño.

Por alguna razón, Vivien no era como las otras. Bacon había visto por primera vez su rostro impávido y triste hacía varios meses. Más tarde intentaría recordar la fecha precisa de aquel encuentro para otorgarle un origen cierto a su relación con ella, pero le resultaba imposible fijar un día y una hora precisos. Ni siquiera podía recordar si había sido verano u otoño, antes o después de su vigésimo cumpleaños: simplemente le quedaba el sonido lejano de su voz cuando le dirigió la palabra a esa joven que entonces le pareció poco más que una niña. En vez de tomar el *New York Times* del montón que se ofrecía al público, y dejar las monedas encima de alguna revista de moda, como solía hacer siempre, esa vez Bacon se lo había pedido directamente a la encargada del quiosco. Cuando ella se lo entregó, Bacon advirtió el callado gesto de dolor que se escondía detrás de los periódicos. Quizás no fuesen más que unos segundos, pero le bastaron para conservar en la memoria su semblante delicado y sombrío como un alfiler clavado entre su ropa. La joven poseía una belleza que no había apreciado hasta entonces: a pesar del color de su piel —así lo pensaba, sin vergüenza—, sus rasgos parecían haber sido modelados con dulzura; su nariz ancha y sus labios carnosos no le recordaban la fuerza primitiva de las máscaras africanas ni su zafia imitación a manos de Picasso, sino que más bien le hacían pensar en la inquieta calma de un amanecer en la selva (la metáfora denotaba su gusto por las novelas de aventuras y por el cine de acción). A partir de ese día, cada domingo se acercaba al quiosco con la vana esperanza de encontrarla y, acaso, de saber más de ella.

La mirada de la joven lo hacía sentirse tan incómodo como interesado. Antes, jamás se le hubiese ocurrido pensar que podría importarle una mujer negra —sencillamente no estaba dentro de su espacio mental—, pero ahora se había obsesionado con ella. Debo mencionarlo: su motivación inicial era la de un coleccionista que ansía comprar un sello exótico. Un día intentó charlar con ella, refiriéndose a las noticias de moda —la guerra siempre era un buen pretexto—, sin resultado alguno: la muchachita se limitó a esbozar una sonrisa sin abrir los labios y volvió a perderse en sus pensamientos.

—¿Te has quedado muda? —le dijo Bacon con un tono infantil del cual se arrepintió inmediatamente—. ¿Cuántos años tienes?

—Diecisiete —respondió ella. Su voz era ronca y profunda.

Bacon le pagó el diario y se marchó con lentitud, como si esperase escuchar una llamada de último momento. Ella, en cambio, ni siquiera parecía haberse fijado en el rostro anónimo que le había preguntado su edad. Al día siguiente, Bacon regresó como de costumbre. Le temblaban las piernas y, sin embargo, consiguió hablarle con un tono neutro y firme que, pensó luego, debía de imitar el sonido nasal de los capataces sureños.

—¿Te gustaría ir al cine? —le preguntó a bocajarro.

La joven lo miró con unos ojillos inquietantes. ¿Se trataba de una broma? No pudo evitar mostrarle a Bacon, por primera vez, unos dientes frente a los cuales el papel de los diarios parecía amarillento.

—No puedo.

—¿Por qué?

—Porque no puedo.

—¿Tienes miedo?

—No.

Esta misma escena se repitió a lo largo de un par de meses. Bacon compraba su *New York Times* y le hablaba de las películas que daban en los cines cercanos, con la esperanza de obtener una respuesta positiva, pero ella siempre abanicaba con la cabeza, como si tratase de espantar a una mosca impertinente. Bacon no se desanimó: para él, la situación se convirtió poco a poco en una rutina semanal. Él fue el más sorprendido cuando, una mañana, la chica aceptó su propuesta. Al final de la tarde, se encontró con ella frente a la taquilla de un cine de barrio (un sitio muy poco recomendable, según le habían dicho). La película era, cómo olvidarlo, la primera que Bacon vio en color: *Lo que el viento se llevó*, recientemente estrenada en todo el país. Aunque después no se acordaría muy bien de la trama —se había pasado casi toda la función contemplando, de reojo, el perfil azuloso de su compañera—, se aprendió de memoria el nombre —y los gestos— de la actriz que la protagonizaba: Vivien Leigh, y decidió bautizar con este nombre a su amiga. Después, ella le confesó el verdadero —era Delores, o Barbara, o Leona—, pero él le explicó que prefería seguir llamándola Vivien. Al hacerlo, había inventado una criatura nueva, dotada con las cualidades que él mismo le imponía.

El domingo siguiente, la escena se repitió del mismo modo —incluso volvieron a ver *Lo que el viento se llevó*—, comprobando todas las leyes sobre la inercia. La constante eran las pocas palabras que cruzaban entre sí. Era como si hubiesen firmado un acuerdo tácito para compartir una parte de su tiempo, nada más. La primera vez que la besó —sus labios le parecieron unas enormes ventosas como las que se utilizan para desatascar cañerías— fue de camino al cine. Como la mayor parte de las actividades que Bacon emprendía, lo hizo motivado por una curiosidad más científica que amorosa. No pasaron muchas semanas antes de que, a sus escenarios habituales, incorporasen uno nuevo: la pequeña casa de campo que su padre le había dejado como única herencia. Pero ni siquiera ahí hablaban más de lo estrictamente indispensable. Al principio, él se desesperaba: le hubiese gustado conocer, al menos, si ella sentía el mismo placer o si se sometía a aquella actividad física sólo para complacerlo. De hecho, no tenía la menor idea de los sentimientos que existían entre ambos, como si referirse directamente a su relación, prohibida y sospechosa, fuese ya una provocación innecesaria. Conforme pasaban los días, terminó aceptando el silencio como el único marco posible de su relación con Vivien.

Bacon acababa de regresar de una clase de estadística cuando recibió la inesperada visita de su madre, la cual ahora se hacía llamar Rachel Smith. A partir de la muerte de su primer marido, se había convertido en una mujer rica y altanera. Vestía como una neoyorquina acomodada, con un vestido negro y entallado, llevaba un anacrónico corte de cabello *à la garçon* y su cuello estaba envuelto por un animalejo grisáceo cuyos ojos apagados sólo inspiraban lástima. Aunque provenía de la clase media norteamericana, gracias a su segundo matrimonio había logrado incorporarse a la orgullosa aristocracia local. Se sentía a la altura de las mujeres que la rodeaban y copiaba esmeradamente sus manías y ademanes, incluyendo su sesgado racismo, una consecuencia necesaria de su posición social. La herencia que le había dejado su marido le había permitido contratar un par de sirvientas negras y las trataba con el mismo desdén con el cual se dirigía a los pordioseros. Pasó mucho tiempo antes de que Bacon reparase en esta actitud, hasta el día en que ella comenzó a referirse, con saña, al aspecto de los empleados municipales. «Qué olor tan... *característico*», decía cuando pasaba cerca de algún negro, y procedía a taparse la nariz con un pañuelo previamente impregnado con perfume francés.

—¿Por qué me avergüenzas de este modo? —le espetó ella con una voz llorosa, dejando su pequeño bolso color turquesa sobre el escritorio de Bacon. Su voz seguía siendo tímida, casi inaudible, a pesar de su imagen de mujer de mundo—. Tuvo que ser una de mis amigas la que me informase de que, en vez de estudiar, mi hijo utiliza el dinero que le dejó su padre para salir con una puta negra... ¿Es esto cierto?

—No es una prostituta, mamá.

—Deja de engañarme, Frank.

Continuaron peleando durante varios minutos hasta que, intimidado por las lágrimas de su madre, Bacon tuvo que prometerle que no volvería a encontrarse con Vivien. Desde luego, no pensaba cumplir su promesa —al menos no completamente—: cuando volvió a ver a la muchacha, simplemente le explicó que prefería no salir de paseo con ella. A Vivien se le humedecieron los ojos pero, tal como él había supuesto, no replicó nada. No hubo un solo reproche ni una sola queja, sólo la misma tristeza de siempre. Vivien tampoco dijo nada cuando, a la semana siguiente, Bacon se negó a ir al cine. A partir de ese día, no volvieron a salir juntos. Bacon ni siquiera tuvo que explicarle el cambio: Vivien adivinaba el motivo y no necesitaba la humillación adicional de escuchar una mentira. Por fin, cuando él se refirió a que el trabajo en el quiosco de periódicos era indigno de una muchacha como ella, Vivien comenzó a trabajar en una cafetería.

Bacon no tardó en darse cuenta de que, cuando uno desprecia a la mujer que ama, el amor se convierte en un vicio cruel y solitario: confiaba en ella, pero también adivinaba el odio que se iba acumulando en esa aparente sumisión. Pero Vivien parecía no enterarse de los pensamientos de su amante; como si nada hubiese cambiado entre ellos, seguía yendo a su casa, al menos dos veces por semana, con la apatía de un conejo que se deja cebar a sabiendas de que llegará el día en que habrá de comparecer en la mesa de su amo.

Cuando, en una de las recepciones que acostumbraba organizar, la madre le presentó a Bacon una jovencita vivaracha y pecosa proveniente, según le dijo con orgullo, «de una de las mejores familias de Filadelfia», y que además se mostraba interesada en sus palabras, no le pareció mal bailar con ella ni responderle que, por suerte, no tenía ningún compromiso. Ni siquiera se le ocurrió pensar en Vivien, la cual se había convertido en una especie de fantasma sexual que acudía a su cama como si sólo fuese uno de sus sueños eróticos. A lo largo de dos semanas, Vivien acudió en varias ocasiones al apartamento de Bacon, pero no lo halló en casa. Sin avisarle, él se encontraba cenando con los padres de su reluciente novia.

—No me dejes —le dijo Vivien la siguiente vez con una voz firme y decidida.

—Lo nuestro debía terminar tarde o temprano. De veras lo lamento.

—¿Por qué?

—No hay remedio —repuso Bacon.

—Prometo no decírselo a nadie.

Conforme Vivien hablaba, Bacon más la despreciaba y, también, de una forma que era incapaz de comprender, más la quería.

—Hay algo que no sabes —añadió sin mirarla—. Estoy comprometido. Se llama Elizabeth —la voz se le cortaba—. No podía ser de otro modo, debes entender... ¿Podrás perdonarme? Prefiero ser sincero y decirlo ahora...

Claro que podía perdonarlo. Bacon lo sabía —era capaz de adivinar cualquiera de sus reacciones—, pues de otro modo no se lo hubiese dicho, o al menos no con semejante crudeza. Acaso, rompiendo sus costumbres, Vivien se enfadaría y se marcharía, pero Bacon tenía la sospecha de que ella no iba a hacerlo. Estaba seguro de que, al final, terminaría regresando con él, de que se amarían sin palabras y de que ambos volverían a ser tan desdichados como siempre. Mientras tanto, debía comenzar a planear su boda.

—De acuerdo, Vivien. Será como tú quieras.

El Instituto de Estudios Avanzados era un lugar mohoso y lúgubre: no contaba con laboratorios y menos aún con estudiantes ruidosos e impertinentes. Los instrumentos de trabajo de sus inquilinos se reducían a unas cuantas pizarras, tiza, papeles... Si uno quería dedicarse a realizar experimentos mentales, se trataba sin duda del mejor sitio para ejecutarlos. En el interior de los gruesos muros de Fuld Hall, se congregaban algunas de las mentes más poderosas del mundo: los profesores Veblen, Gödel, Alexander, Von Neumann, así como los célebres conferenciantes que peregrinaban con frecuencia por sus instalaciones, por no hablar del patrono tutelar de los físicos, el propio Einstein. Sin embargo, Bacon se aburría.

Apenas habían transcurrido unos meses desde que había comenzado a trabajar al lado de Von Neumann, pero aún no había encontrado un estímulo que lo entretuviese. No es que le disgustara el trabajo con el matemático húngaro, por lo demás bastante rutinario, ni que pensase que podía hallar un lugar mejor para continuar su aprendizaje, pero había descubierto en su corazón una veta que lo alejaba de la especulación pura o, al menos, de la ciencia silenciosa que se practicaba allí. En un par de ocasiones intentó acercarse a los profesores que se reunían a tomar té con galletas a las tres de la tarde, pero sus deseos de iniciar una conversación con alguno de ellos se vio frustrado por el desinterés que mostraron hacia su persona. Hastiados de su propia meditación, se dedicaban a charlar entre sí sobre temas tan trascendentes para el futuro de la ciencia, como los resultados del béisbol, la forma de conseguir vinos europeos o el sabor grasiento de la comida norteamericana. Las preguntas *serias* que Bacon trataba de formularles se desvanecían entre risillas nerviosas y repentinas muestras de distracción. Aunque lo estimaba, Veblen lo saludaba con condescendencia y luego se apartaba lo más pronto posible; Von Neumann se limitaba a tolerarlo —tal como le había advertido— y los demás científicos, a los que apenas conocía, ni siquiera lo tenían en cuenta.

Acostumbrado a destacar en todas las materias de su carrera, esta falta de atención lo sumía en un letargo muy similar a las depresiones que experimentaba cuando aún vivía con su familia. En esos momentos, pensaba que quizás hubiese sido mejor marcharse a otra universidad, a CALTECH probablemente, donde al menos habría tenido la posibilidad de enfrentarse a problemas más vitales. A pesar de que Von Neumann había publicado, en 1932, uno de los tratados más importantes sobre física moderna, titulado *Fundamentos matemáticos de la teoría cuántica*, era cierto que ahora estaba más preocupado por sus juegos y, peor aún, por la programación de calculadoras mecánicas. A Bacon ninguno de estos temas le interesaba: podía divertirse con las ingeniosas formulaciones de su preceptor, pero ello no lo llevaba a apreciar mejor sus obsesiones.

Para colmo, su relación con Elizabeth se tornaba cada día más seria y la cercanía de un compromiso formal lo horrorizaba. Al principio se había tratado de una especie de prueba —era la primera vez que una mujer de su condición decía quererlo—, pero jamás pensó que su compromiso evolucionase con tanta rapidez. Por otro lado, no podía optar públicamente por Vivien: sería un escándalo que terminaría por marginarlo hasta de los círculos académicos. El brillante porvenir que creía haber iniciado al ingresar al Instituto se disolvía en una trampa de la que no hallaba modo de escapar. Pero no podía darse por vencido: debía resistir al menos un año antes de pensar siquiera en marcharse a California.

—¿Qué le sucede, Bacon? —le dijo un día Von Neumann con su acostumbrada extraversión—. ¿Tiene algún problema? Ah, ya puedo imaginarlo... ¿Mujeres, no es así? Los hombres siempre están abrumados por las mujeres. Es el gran problema de nuestro tiempo, Bacon. ¿Se ha puesto a pensar en el tiempo que desperdiciamos atormentándonos con este asunto? Si los hombres le dedicasen a la física o a las matemáticas una cuarta parte de las horas que tardan en resolver sus líos amorosos, la ciencia avanzaría en proporciones geométricas. Pero ¡diablos! ¿No es maravillosamente divertido?

—Divertido y doloroso, profesor —masculló Bacon.

—¡Claro, eso lo hace tan interesante! Debo confesarle que yo también paso muchas horas meditando sobre este tema... Soy un hombre casado, ¿sabe? Desde luego usted conoció a mi esposa, en la fiesta... Pero aún soy joven. Tengo derecho a preguntarme si no volveré a conocer otro cuerpo además del de Klara, ¿no cree? —la charla había hecho que Von Neumann se ruborizase—. ¿Le parece si al final del día nos tomamos una copita para continuar charlando? Perfecto, Bacon. Mientras tanto, ¡a trabajar!

El atardecer hacía que los ladrillos rojos del Instituto ardiesen con llamas rosadas y violetas. Sobre ellos, las nubes se habían desprendido de su tristeza habitual y se dejaban atravesar por los últimos rayos del sol. Como la vez anterior, Von Neumann citó a Bacon en su casa. Klara había ido a una partida de *bridge* con alguna vecina, de modo que tenían libertad para hablar. Bacon se sentía cada vez más cómodo en aquel amplio salón.

—Cuando me dijeron que en Estados Unidos estaban prohibidas las bebidas alcohólicas —exclamó Von Neumann mientras sacaba dos vasos de uno de los armarios—, creí que era una broma. Fue horrible constatar que era cierto. ¡Vaya locura, la de los americanos! Por eso sólo accedí a trabajar como profesor visitante en la Universidad, para poder regresar a Europa cada verano y reponerme de la sequía —tomó una botella de *bourbon* y sirvió el líquido rubio en dos grandes vasos; era un *barman* experto—. Gracias a Dios se dieron cuenta de su error. ¿Agua? Yo lo prefiero solo. Vamos, beba... En fin. Cuénteme, Bacon, qué le sucede.

—No lo sé —mintió Frank—. Suponía que sería diferente —luego trató de corregirse—. No es que me sienta mal en el Instituto, profesor, sino que me da miedo no estar en el lugar adecuado en el momento adecuado...

—¿Pues en dónde querría estar?

—Ése es mi problema. Por una parte, no encuentro mejor sitio que éste... Están todos ustedes... Pero justo por ello, siento que mi trabajo nunca podrá ser importante.

—Qué impaciente es usted, Bacon. Yo también era así, no lo dude.

Lo comprendo —el profesor sacudía la cabeza, como si estuviese realmente apesadumbrado—. Siempre he dicho que la capacidad matemática declina a partir de los veintiséis años, así que a usted le quedan...

—Cuatro.

—¡Cuatro! Terrible, ¿no es así? En fin, yo tengo treinta y ocho y todavía disimulo bastante bien —le dio un par de sorbos a su vaso, limpiándose los labios con una servilleta de lino—. Sin embargo, mi amigo, creo que no sólo le preocupa el Instituto... Tiene un problema de faldas, ¿verdad?

—Temo que sí.

Bacon agradecía los consejos de su tutor, pero no estaba seguro de que le gustara charlar con él sobre su vida privada; en realidad, prefería no hacerlo con nadie.

—Cuénteme, ¿qué sucede?

—Hay dos mujeres...

—¡Lo sabía! ¿Ve qué buen ojo tengo, Bacon? La gente piensa que los matemáticos no tenemos ningún contacto con el mundo, pero no es cierto... Incluso podemos ser más observadores que la gente normal. Vemos cosas que los demás no ven. —Hizo una pausa—. ¿Las quiere a las dos?

—En cierto sentido, sí. No estoy seguro. Una es mi prometida. Es una chica agradable, abierta...

—Pero no la ama.

—No.

—Entonces cásese con la otra.

—Eso también es imposible. No sabría cómo explicárselo, profesor —Bacon le dio un trago al *bourbon* para darse valor—. La otra es muy diferente... Incluso no sé si en verdad la conozco y menos aún si la quiero... Apenas hablamos...

—Un problema, claro que sí, ¡un verdadero problema! —interrumpió Von Neumann—. ¿Ha visto como, de nuevo, yo tenía razón? *Éstas* son las cuestiones que nos afectan todo el tiempo aunque lo neguemos. Pero no crea que las matemáticas no sirven de nada en estos momentos —el profesor terminó su bebida y de inmediato procedió a servirse otra ración. Bacon apenas había tomado la suya—. Por eso me interesa tanto la teoría de juegos. ¿O pensaba usted que era una de mis excentricidades pasar el tiempo con el cara o cruz y el póker? No, Bacon, lo verdaderamente interesante de los juegos es que reproducen el comportamiento de los hombres... Y funcionan, sobre todo, para aclarar la naturaleza de tres cuestiones muy parecidas: la economía, la guerra y el amor. No bromeo... En estas tres actividades se resume la lucha que llevamos a cabo unos contra otros. En las tres, hay al menos dos voluntades en conflicto. Cada una intenta sacar el mayor provecho posible de la otra sin arriesgarse demasiado...

—Como en su ejemplo de la guerra.

—Exacto, Bacon. Aunque últimamente he estado más preocupado por sus aplicaciones económicas, será un buen ejercicio si analizamos su caso. Veamos. Hay tres jugadores: usted y sus dos mujeres, a las que llamaré, para no ser indiscreto, A y B. Usted será C. Ahora cuénteme qué pretende cada uno.

—Trataré de resumirlo —a Bacon le sudaban las manos, como si se estuviese confesando—. La primera, a la que usted llama A, es mi prometida. Quiere casarse conmigo. Me lo insinúa todo el tiempo, me presiona, no piensa en otra cosa. Por su parte, lo único que desea la chica B es que yo esté con ella, pero esto resultará imposible si accedo a casarme con A.

—Comprendo. ¿Y usted qué busca?

—Eso es lo peor. No lo sé bien. Creo que me gustaría mantener las cosas como hasta ahora... Que nada evolucionara.

Von Neumann se levantó de su asiento y comenzó a dar vueltas alrededor de la estancia. Golpeaba sus palmas una contra la otra, como si aplaudiese, mirando a Bacon con una especie de condescendencia paternal.

—Me temo, querido amigo, que usted está apostando por la inmovilidad, lo más peligroso que puede hacerse en un juego como éste... ¡Claro que puede intentarlo, pero hasta las leyes físicas irían en su contra! En los juegos uno siempre intenta avanzar, ir consiguiendo nuevos objetivos, derrotar lentamente al adversario... Así actúan sus dos mujeres. Las dos están acorralándolo poco a poco, mientras que usted sólo realiza una defensa pasiva —Von Neumann regresó a su asiento y puso su gruesa mano sobre el brazo de Bacon—. Como amigo suyo, debo decirle que su estrategia lo llevará al fracaso. Tarde o temprano, alguna de ellas terminará venciéndolo. En realidad, aunque no lo sepan, sólo están compitiendo entre sí... ¡Usted no es un jugador, muchacho! ¡Usted es únicamente el premio!

—¿Qué he de hacer entonces?

—Oh, mi querido Bacon. Yo sólo le estoy hablando de teoría de juegos, no de la realidad. Una cosa es la razón, como usted tan bien observó la vez pasada, y otra muy distinta la voluntad. Sólo puedo decirle que yo, en su caso, sólo encuentro una salida...

—¿Va a decirme cuál es, profesor?

—Lo siento, Bacon, yo soy matemático, no psicólogo —en el semblante rubicundo de Von Neumann se dibujó una sonrisa felina—. Tendrá que descubrirla por sí mismo... ¿Le sirvo otra copa?

Bacon sabía que, desde su época de Berlín, a Einstein le encantaban las caminatas. Todos los días acostumbraba realizar a pie el recorrido entre el Instituto y su casa, y le agradaba compartir esos minutos con alguien con quien charlar. Sólo eran unos instantes, pero sus interlocutores los valoraban como sublimes momentos de iluminación. Muchos de los ilustres físicos que visitaban Princeton lo hacían con la esperanza de compartir uno de estos recorridos con el profesor, pues era cuando su mente se hallaba más relajada y chispeante. Aunque todavía no había tenido la oportunidad de serle presentado, Bacon pensaba que quizás alguna vez podría acercársele para cruzar unas cuantas palabras con él. Luego, con un poco de suerte, quizás se convirtiera en uno de sus acompañantes habituales.

Una mañana se decidió a esperarlo afuera de su despacho, el cubículo 115 de Fuld Hall, escondido en el rellano de la escalera. Tenía miedo, una especie de vergüenza secreta, similar a la de los fanáticos que persiguen a las estrellas de cine para pedirles un autógrafo, mas no estaba dispuesto a dejar pasar aquella ocasión. Había decidido quedarse en Princeton para conocer a hombres como aquél, no para escuchar los extraños sermones de Von Neumann o soportar la indiferencia de sus colegas.

Como aseguraban los periodistas encargados de popularizar —o más bien de malinterpretar— las ideas de Einstein, Bacon pudo comprobar por sí mismo la relatividad del tiempo. Los segundos pasaban tan lentamente como si las tuberías de la clepsidra universal se hubiesen atascado. Llevaba más de cuarenta minutos ahí, parapetado como un espía o un centinela, aguardando la salida del físico como quien espera un milagro. Cada vez que alguien pasaba cerca de él, Bacon lo saludaba con timidez, se llevaba una mano a la frente para mostrar que al fin había recordado el motivo que lo había llevado ahí y partía en la dirección contraria hasta confirmar que el peligro había cesado. Se imaginaba como una especie de guardaespaldas inepto, el anacrónico ujier del Instituto de Estudios Avanzados.

Por fin se abrió la puerta. Einstein salió apresuradamente —vestía un traje negro y su melena no era tan blanca ni estaba tan revuelta como en las fotografías— y se dirigió hacia la salida. Era el momento, justo la oportunidad que había venido buscando. No obstante, Bacon dudó, y esa duda bastó para alejarlo del profesor que se precipitaba ya escaleras abajo. Einstein ni siquiera había reparado en su presencia cuando había comenzado a descender; simplemente siguió su camino, indiferente a aquel fantasma. Cuando Bacon reparó en su torpeza, era demasiado tarde: el profesor había salido del edificio y se internaba en los terrosos senderos de la Universidad. No podía correr y cogerlo por sorpresa: la idea era que su encuentro pareciese casual, pues de otro modo, Einstein se limitaría a despacharlo cuanto antes. Furioso consigo mismo, tampoco consiguió abandonar del todo la empresa. En un estado que le hacía pensar en el sonambulismo, Bacon comenzó a seguir a Einstein, a prudente distancia, enfundado en su abrigo. Fuld Hall quedó atrás.

Entusiasmado y temeroso, Bacon apenas se daba cuenta de su absurda maniobra. Estaba demasiado preocupado escondiéndose detrás de los automóviles o de los fresnos que bordeaban las calles como para advertir el enredo en que se metía. Después de unos cuantos metros —mientras él se ocultaba en el interior de una farmacia y en el quicio de varias puertas—, Einstein llegó finalmente al 112 de la ruidosa calle Mercer, donde vivía en compañía de su secretaria, Helen Dukas. Cuando al fin lo vio desaparecer, Bacon sintió un profundo alivio. Se enjugó el sudor de la frente con la manga de su camisa y procedió a recorrer el camino de regreso al Instituto.

Al día siguiente, Bacon estaba listo para resarcirse de su imbecilidad: se enfrentaría a Einstein de nuevo e incluso, si las circunstancias se lo permitían, le confesaría su conducta previa. Se decía que el sabio tenía un agudo sentido del humor y quizás éste fuese el mejor modo de romper el hielo con él. Poco después del mediodía, Bacon volvió a colocarse en su puesto. Era un soldado decidido a cumplir su misión. Pero ahora, casi en cuanto se hubo instalado en el rellano, Einstein salió del despacho a toda prisa. Bacon no estaba preparado para un ataque por sorpresa. Otra vez pasó frente a él sin mirarlo y se precipitó hacia la salida.

Bacon maldijo su timidez. ¿Por qué le parecía tan difícil pedirle una cita como hubiese hecho con cualquiera? Ya era suficiente. Alcanzaría a

Einstein y le hablaría de una vez por todas. Corrió hacia él pero de nuevo, en cuanto estuvo a unos pasos de su espalda, supo que las palabras correctas jamás saldrían de su garganta; cuando se dio cuenta, volvió a verse escondido detrás de un buzón, esquivando los movimientos intempestivos del físico. Era increíble. Como si su trayectoria y la del profesor estuviesen condenadas a no intersectarse nunca, en el más puro y despreciable sentido de la mecánica newtoniana, Einstein entró apaciblemente en su casa, listo para almorzar, ajeno a los conflictos de su perseguidor. «¡Imbécil, imbécil, imbécil!», se repetía Bacon de regreso al Instituto. ¿Qué fatalidad volvía sus acciones tan ridículas? ¿Es que no podía controlar sus impulsos infantiles?

Sin saber muy bien el motivo, la persecución del viejo profesor se convirtió en una más de las rutinas de Bacon, idéntica a realizar cálculos para Von Neumann, recibir llamadas telefónicas de Elizabeth o visitas nocturnas de Vivien. Si se lo hubiese confesado a alguien, nadie lo habría creído. ¿Se portaba como una sombra, un espectro, una onda que cercaba al creador de la relatividad? Imposible. En tanto, Bacon perfeccionaba sus métodos; poco a poco se sentía más seguro y por fin se iba volviendo invisible... Lentamente, el paseo hacia el 112 de la calle Mercer se hizo tan natural como el té de las tres de la tarde o la resolución de unas matrices: lo hacía como una necesidad o un mal hábito. Einstein casi siempre iba solo a su casa, aunque de vez en cuando se hacía acompañar por diversas personas, jóvenes y viejos, célebres y anónimos, que ocupaban un lugar que *debía* ser de Bacon, el más fiel de sus discípulos.

Sólo en una ocasión Einstein lo descubrió, pero el incidente no tuvo mayores consecuencias. La niebla flotaba como una película aceitosa y cubría los rostros de los viajantes con una incómoda tonalidad amarillenta. Se escuchaba el canto de las aves como si fuese una señal contra incendios provenientes de sus nidos. De pronto, sin ningún aviso previo, Einstein se dio la vuelta y encaró a Bacon, asustado como un ciervo. Su juego adolescente había llegado a su fin. Estaba perdido.

—¿Usted trabaja en el Instituto? —le dijo Einstein al reconocerlo.

Bacon pensó que quizás era el momento que había estado esperando, la ocasión de trabar una amistad, aunque fuese distante, con ese hombre al que veía más que a cualquier otro y al cual lo ligaba una admiración poderosa e incognoscible.

—Así es —repuso Bacon y aguardó la siguiente frase del sabio como si se tratase de la voz de un oráculo.

—Qué frío —exclamó Einstein, aturdido.

Eso fue todo lo que dijo. Ni una sola frase más. Ninguna revelación ni ninguna profecía. Ni siquiera le preguntó su nombre. Hizo una leve inclinación de cabeza, a modo de despedida, y prosiguió su camino solo, ausente, bajo la tenue luz cuya naturaleza tanto le intrigaba. ¡Ahora podría presumir ante el mundo que había recibido aquella dosis de sabiduría de parte del maestro, y atesoraría aquellas maravillosas palabras como si le hubiesen sido dictadas por Dios mismo! *¡Qué frío!* Bacon rió de buena gana, tembloroso aún, y dejó que la parda silueta de Einstein se perdiese en lontananza como el resplandor de las estrellas de las que tanto hablaba. Al día siguiente, Bacon volvió a seguirlo, pero ahora con la tranquilidad de quien ha cumplido su misión.

HIPÓTESIS 4

Sobre el Teorema de Gödel y el matrimonio

Cuando su alma estaba en paz, los ojos de Elizabeth tenían el color de las aceitunas. Pero, en cuanto adquirían un tono cobrizo, Bacon podía estar seguro de que la calma daría lugar a la tormenta. En esos momentos, lo único que podía hacer era guardar silencio y dejar que el impetuoso torrente de palabras que manaba de la boca de Elizabeth se agotase al cabo de unos minutos. Tenía unas muñecas tan delgadas que era posible atenazarlas entre el pulgar y el meñique y su cuello era robusto y firme como el tallo de un girasol, pero cuando llegaba a enfurecerse, lo cual sucedía a menudo, sus diminutas proporciones se multiplicaban como las de una cobra en celo. Todo el candor y la cortesía que era capaz de desplegar en las reuniones sociales, se desdibujaba en una retahíla de reproches y chantajes que acababan por asfixiarla. Entonces, arrepentida también, dejaba que sus mejillas se llenasen de lágrimas dulzonas y Bacon, conmovido, no tenía otro remedio que acariciar su delicada barbilla y desenredar su largo cabello castaño hasta que ella volvía a almacenar fuerzas para un nuevo ataque.

Bacon había comprobado que esta escena se repetía, con exactitud astronómica, cada cuatro semanas y se había convertido en una especie de reloj biológico que marcaba los tiempos de su relación con ella. Una vez, había previsto que su furia tendría lugar un sábado y decidió evitarla, alegando que debía resolver un largo problema a petición de Von Neumann, pero su intento por escabullirse fue en vano: los celos de Elizabeth lo esperaron pacientemente hasta el domingo, como si se hubiesen reconcentrado durante la noche. Después de ese día, Bacon empezó a considerar que esta pasión mensual era un añadido inevitable en su noviazgo que acaso se compensaba —Bacon se burlaba de sí mismo— con los tiernos besos que, idénticos a castas abejas que se acercan a las flores, Elizabeth le concedía como un favor especial después de sus accesos de cólera.

La joven siempre aparecía ante él como si encabezase una revista de modas, luciendo vestidos entallados, joyas en forma de insectos y sombreros con plumas que Bacon sólo había visto usar en las películas. No podía negar que el maquillaje violáceo y el rubor artificial tornaban aún más hermoso el cutis infantil de Elizabeth: su actitud le recordaba la de las niñas que roban las pinturas de sus madres y hacen lo imposible por parecerse a ellas. Este dudoso espectáculo nunca dejaba de conmoverlo, como si la inhóspita combinación de lujo e inocencia, de presunción y *naïveté*, fuese una prueba de la sensibilidad que su prometida ocultaba detrás de su orgullosa apariencia.

La madre de Bacon se la había presentado por la fuerza después de haber charlado con ella durante horas, mientras concluía una interminable partida de *bridge*. «Es una chica estupenda», le había dicho a él, alabando, más que su indiscutible belleza o su talento artístico —estudiaba pintura en una academia de Nueva York—, su linaje aristocrático: Elizabeth, le explicó, era la hija única de un rico banquero de Filadelfia, cuya única preocupación era complacerla. Cuando la vio por primera vez después de aquella ocasión, en un restaurante francés de la Quinta Avenida, Bacon supo que ella ocuparía un lugar importante en su vida, pero justo por las características que no le había mencionado su madre: su cuerpo pequeño, de adolescente; los largos rizos que se le escapaban de su tocado y que ella, a pesar de sus buenos modales, no podía dejar de enredar entre sus dedos. Siempre había admirado el carácter agresivo que poseen las niñas mimadas y que, según Bacon, no era más que una forma de ocultar su imposibilidad para resolver los problemas de la vida diaria. En resumen: le gustaba porque era, en todos los sentidos, el reverso de Vivien.

Esa tarde, entre el plato de langosta y el pastel de chocolate, Elizabeth se confesó con él y le dijo las palabras que, según ella, un científico liberal como Bacon querría escuchar de una muchacha: le contó que era pintora, le habló de la importancia del arte y de la libertad y le explicó que para ella el dinero no era más que un medio, entre muchos, para ser feliz... El champán había logrado que Bacon apenas discerniese el significado de sus exclamaciones —Elizabeth tenía una voz aguda y temblorosa—, pronunciadas con un timbre que hacía lo posible por disfrazarse de sensual. En tanto, él se concentraba en adivinar cuál sería la forma de sus senos debajo de la blusa color cereza y de la fina lencería europea que debía cubrirlos. Aunque Bacon ni siquiera levantaba la vista para mirarla a los ojos, Elizabeth proseguía su laberíntica exposición sobre historia del arte, convencida de que un brillante científico en ciernes, no dudaría en enamorarse de una mujer de su inteligencia.

Al término de la velada, Bacon trató de comprobar el amplio criterio de su nueva amiga y, después de tomarla de la mano, intentó besarla en plena calle. Elizabeth, utilizando una vieja receta familiar para conseguir marido, le dio una sonora bofetada que llamó la atención de los transeúntes; luego, le pidió que se comportase como un caballero y que la acompañase a la residencia en la que se alojaba. La táctica probó su eficacia una vez más: impresionado por aquel destello de fuerza, Bacon le dijo que quería volver a verla. Tras meditarlo unos angustiosos segundos, Elizabeth aceptó. A partir de entonces, sus encuentros se sucedieron al menos dos veces por semana —por lo general las mañanas de los sábados y las tardes de los domingos—, aunque pasó casi un mes antes de que la joven permitiese que los lujuriosos labios de Bacon se posasen sobre la caja fuerte de los suyos. Ella le explicó que, sin lugar a dudas, una cosa era la libertad artística —sublime e impoluta— y otra, muy distinta, la cortesía que deben practicar las personas decentes.

En teoría, Bacon detestaba estos juegos. Siempre había criticado la hipocresía y la moral burguesa pero, a la hora de enfrentarse a ella, había descubierto que su hipótesis no tenía fundamento. Aunque se acostaba casi tres veces por semana con Vivien, sin ningún tipo de cortejo o ritual previos, continuaba entusiasmado con Elizabeth justo porque ella le impedía tocarla. En una absurda inversión de la naturaleza, pensaba en el pequeño cuerpo de Elizabeth mientras saboreaba la vastedad de Vivien y añoraba el silencio de ésta, durante las interminables y aburridas peroratas de aquélla.

Bacon sabía que las leyes de la sociedad —inspiradas en la mecánica clásica— eran inflexibles. Tarde o temprano, esta situación doble tendría que terminar y su elección sólo podía ser una: Elizabeth. Nadie, ni su madre ni sus amigos, ni siquiera sus profesores o sus condiscípulos, le perdonarían abandonar a la encantadora joven a quien consideraban, desde el inicio, como su futura esposa, y menos por culpa de una pobre trabajadora negra. Dócil ante una fatalidad que lo rebasaba, Bacon compró un anillo con un pequeño diamante azul y se lo entregó a Elizabeth una ventosa tarde de marzo de 1942, a la luz de la luna, tal como exigía el canon del romanticismo. Exaltada, Elizabeth introdujo por primera vez su delgada lengua en la boca de Bacon, deslizándola violentamente a diestra y siniestra, como si estuviese sacudiendo el polvo acumulado durante años. Después tomó la mano de su prometido y, mientras lo abrazaba antes de despedirse, la colocó sobre la tela color durazno que le cubría el seno izquierdo. Sólo cuando palpó la lustrosa consistencia del satén, Bacon se dio cuenta de que acababa de sellar un compromiso ineluctable.

Aunque aún no habían fijado la fecha de la boda —debían esperar a que Bacon tuviese vacaciones para trasladarse a Filadelfia y solicitar la autorización del padre de Elizabeth—, a partir de ese día ella no se dedicó más que a visitar tiendas y mirar mil variedades de vestidos de novia. Cada vez que se encontraba con su prometido, se dedicaba a explicarle, con la misma paciencia con que antes analizaba el surrealismo y las vanguardias, las complicadas florituras de los distintos modelos, incapaz de escoger el apropiado: uno exhibía dos enormes mangas medievales, pero era de un color lechoso algo anodino; otro, en cambio, llevaba una primorosa filigrana trenzada, aunque carecía de olanes; y uno más hubiese sido perfecto, de no ser por los absurdos pliegues de la falda. La decisión, como Bacon podía advertir por sí mismo, era más complicada que obtener la cuadratura del círculo.

Junto con esta obsesión por las telas, los velos y los encajes, la cercanía del matrimonio hizo que Bacon descubriese un nuevo secreto de Elizabeth: la creciente fuerza de sus celos. De nuevo: una cosa era la libertad individual y otra, muy distinta, la entrega absoluta que se deben los cónyuges entre sí. De pronto, ella comenzó a exigirle visitas más frecuentes: aunque él vivía en Princeton, debía trasladarse varias veces por semana, además de los sábados y domingos, hasta Nueva York sólo para estar con ella un par de horas. Para colmo, el viaje no le aseguraba una intimidad creciente —si ya hemos esperado tanto, le explicaba ella, ¿por qué no aguardar hasta la noche de bodas?—, y simplemente lo obligaba a ir y venir como un yoyó en las manos de un niño autista.

La primera vez que Bacon se negó a realizar la tercera excursión en una semana para escuchar la conferencia de Elizabeth sobre los invitados al banquete, ella reinició la serie de ataques de celos que habría de marcar su convivencia a partir de entonces. Desde luego, Elizabeth no sospechaba que él pudiese traicionarla —algo impensable y ridículo—, simplemente quería, *necesitaba*, comprobar que la voluntad de su novio dependía de sus caprichos. A fin de cuentas, iba a convertirse en *su* mujer, y el pago por esta milagrosa entrega consistía en que él cumpliese, gustoso, con sus deseos más extraños.

Como si fuese un castigo por aquella desobediencia, Elizabeth comenzó a exigirle, a veces con gritos y otras con caricias, un detallado inventario de sus actividades cotidianas. «¿Adónde fuiste?», «¿por qué motivo?» y «¿con quién?» eran las tres preguntas básicas de un credo que la joven practicaba con la devoción de un converso. Cualquier comentario repentino, alusión incongruente o desliz imprevisto por parte de Bacon, se convertía en motivo de un interrogatorio que llegaba a durar horas y que, en el mejor de los casos, se resolvía por teléfono. Era como si las actividades que no se centraban exclusivamente en ella, fuesen una especie de delitos de leso amor. Los congresos, las clases o los trabajos que le encargaban a Bacon en el Instituto se transformaban, en la mente de Elizabeth, en espurias coartadas de su infidelidad.

Lo increíble era que Bacon respondía con mimos y disculpas a la andanada de reclamos de su novia. Muchas veces se preguntó, a lo largo de esos meses, por qué toleraba aquella disciplina marcial que lo despojaba de su verdadero carácter. La respuesta era simple: porque se sentía culpable. Pensaba que, a pesar de su furia, Elizabeth confiaba en él y que sus sospechas, aparentemente escenográficas, en realidad tenían fundamento. A fin de mantener la situación como hasta entonces —según le había confesado a Von Neumann—, prefería desviar la atención de Elizabeth hacia temas banales, como las disputas sobre el carácter opresivo de su trabajo, antes que permitirle acercarse al verdadero motivo de sus ausencias. Poco a poco aprendía que, quien vive una vida doble, está condenado, más que a decir mentiras, a construir y representar medias verdades, como si el mundo pudiese dividirse en dos porciones, a la vez antagónicas y complementarias.

A fines de marzo de 1942, Von Neumann le informó a Bacon que el eminente profesor Kurt Gödel presentaría unos días después —justo en las fechas que le había prometido a Elizabeth que irían a Filadelfia— uno de sus nuevos trabajos durante las sesiones del claustro del Instituto. Cuando Bacon le comunicó la noticia a su prometida, explicándole la importancia del evento y asegurándole que realizarían el viaje el mes siguiente, Elizabeth se limitó a responderle que podía irse al diablo con su maldito Instituto... No era la primera ocasión que lo amenazaba —al final ella siempre terminaba buscándolo—, pero esta vez Bacon decidió no hacerle caso. Le interesaba demasiado conocer a Gödel como para preocuparse por uno más de los chantajes de su prometida. Le pareció una buena idea tomar este pretexto para descansar de ella unas semanas y poder meditar, a solas, sobre su futuro.

«Lo siento, Elizabeth», le dijo por teléfono, «pero no puedo faltar». Aunque sabía que estos días de libertad eran sólo un preámbulo ilusorio de su esclavitud futura, decidió aprovecharlos como si no fuesen a terminar nunca.

El profesor Gödel era un hombrecillo taciturno, con la complexión de una pértiga y una apariencia que hacía pensar más en una zarigüeya o un ratón almizclero que en un genio de la lógica. Hacía dos años se había incorporado definitivamente al Instituto, ocho después de haber destruido, con un solo artículo, el conjunto de las matemáticas modernas.

A lo largo de más de dos milenios, las matemáticas habían evolucionado de forma descontrolada, como un árbol cuyas ramas se cruzaban, chocaban y se entretejían. Los descubrimientos de babilonios, egipcios, griegos, árabes e indios, y luego los avances logrados en el Occidente moderno, habían convertido la aritmética en una especie de monstruo de mil cabezas, cuya verdadera naturaleza nadie alcanzaba a comprender. Aunque se trataba del instrumento científico más objetivo y evolucionado de la humanidad, utilizado a diario por millones de hombres para resolver problemas prácticos, nadie sabía si, en medio de su infinita diversidad, era posible que las matemáticas contuviesen un germen en descomposición, un hongo o un virus que desacreditara sus resultados.

Los griegos fueron los primeros en advertir esta posibilidad, al descubrir las paradojas. Como constataron Zenón, y más tarde otros estudiosos de la aritmética y la geometría, la estricta aplicación de la lógica a veces producía sinsentidos o contradicciones que no podían resolverse con claridad. Muchas paradojas eran conocidas desde la antigüedad clásica, como la aporía de Aquiles y la Tortuga que negaba el movimiento o la paradoja de Epiménides, según la cual una proposición se negaba y se afirmaba a la vez, pero fue en las postrimerías de la Edad Media cuando estas irregularidades comenzaron a multiplicarse como una plaga maligna. Esta herejía, que ofuscó tanto a los pitagóricos como a los Padres de la Iglesia, ponía en evidencia que la ciencia *podía* equivocarse, contrariamente a lo que se pensaba hasta entonces.

Para revertir esta tendencia caótica, numerosos hombres de ciencia trataron de sistematizar las matemáticas y las leyes que las gobernaban. Uno de los primeros en realizar esta labor fue Euclides, el cual, en sus *Elementos*, intentó derivar todas las reglas de la geometría a partir de cinco axiomas básicos. Más tarde, filósofos y matemáticos como René Descartes, Immanuel Kant, Frank Boole, Gottlob Frege y Giuseppe Peano buscaron hacer lo mismo en campos tan alejados como la estadística y el cálculo infinitesimal, con resultados poco concluyentes. Entre tanto, habían aparecido nuevas paradojas, como las introducidas por Georg Cantor en su teoría de conjuntos.

Al iniciarse el siglo xx, la situación era aún más confusa que antes. Conscientes de las aberraciones derivadas de las teorías de Cantor, los matemáticos ingleses Bertrand Russell y Alfred North Whitehead se unieron para tratar de reelaborar *todas* las matemáticas a partir de unos cuantos principios básicos, tal como había hecho Euclides dos mil años atrás, en lo que ellos denominaron «teoría de los tipos». Como resultado de este método publicaron, publicaron, en 1919, un tratado monumental, titulado *Principia Mathematica* —escrito entre 1910 y 1913 y basado en un opúsculo anterior de Russell—, gracias al cual deberían desaparecer las incómodas contradicciones del saber matemático anterior.

Desafortunadamente, la obra era tan vasta y compleja que, al final, nadie quedó convencido de que a partir de sus postulados podrían derivarse todas las demostraciones posibles sin caer jamás en un sinsentido. Poco antes, en 1900, David Hilbert, un matemático de la Universidad de Gotinga, leyó durante la sesión de apertura del Congreso matemático de París una ponencia que se conoció a partir de entonces como *Programa de Hilbert*. En ella, se presentaba una lista de los grandes problemas aún no resueltos por las matemáticas —la tarea para los especialistas del futuro—, entre los que se hallaba, señaladamente, la llamada «cuestión de la completitud». La pregunta era, básicamente, si esta disciplina —o cualquier otro sistema axiomático— era coherente y completo, es decir, si contenía o no contradicciones y si cualquier proposición aritmética podía ser derivada a través de sus postulados. Hilbert pensaba que la respuesta sería afirmativa, como señaló a sus colegas reunidos en París: «Todo problema matemático es susceptible de solución, todos nosotros estamos convencidos de esto. Después de todo, una de las cosas que más nos atraen cuando nos dedicamos a un problema matemático es precisamente que en nuestro interior siempre oímos la llamada *aquí está el problema, hay que darle una solución*; ésta se puede encontrar sólo con el puro pensamiento, porque en matemáticas no existe el *ignorabimus*.»

—El *Programa de Hilbert* era la Biblia de los matemáticos y lógicos del mundo —le explicó Von Neumann a Bacon—. Resolver uno solo de sus problemas significaba convertirse en un hombre famoso. ¿Lo imagina? Cientos de jóvenes, en todas partes del mundo, quebrándose la cabeza con tal de encajar una sola pieza en el gigantesco rompecabezas trazado por Hilbert. Quizás usted, como físico, no sea capaz de comprender la magnitud del reto... Había que probar que uno era el mejor... La carrera era, pues, no sólo contra aquellos rivales incógnitos, sino contra el tiempo. Una verdadera locura.

—Supongo que usted también trató de resolver los problemas de Hilbert, profesor —lo incitó Bacon, sabiendo de antemano la respuesta, pero dando oportunidad a que la vanidad de Von Neumann saltase sobre él como un tigre hambriento.

—Desde luego, Bacon, *todos* lo intentamos... De hecho, lo seguimos intentando. Durante varios meses, me obsesioné con el desafío relativo a la completitud de las matemáticas —Von Neumann se acarició la barbilla, oscureciendo el tono de su voz como si se dispusiese a narrar una historia de suspenso—, el mismo que retomó más tarde, con mejor suerte que yo, el profesor Gödel. Al principio, creí haber hallado el camino correcto... Mi intuición me señalaba que la meta no era tan imposible de alcanzar como había previsto... ¿Nunca ha tenido usted esa sensación que le eriza a uno la piel, como si alguien rasgase una pizarra con las uñas? Era *grandioso*...

—¿Y qué sucedió entonces?

—De repente, me detuve en seco, como si un muro se hubiese atravesado en la carretera —Von Neumann agitaba las manos como si en realidad hubiese estado a punto de estrellarse—. Mi mente quedó en blanco, paralizada... Estaba hecho pedazos. El vacío del fracaso, usted sabe... No me quedó más remedio que meterme en la cama y dormir hasta el día siguiente. Al despertar, me di cuenta de que había sucedido algo maravilloso: en sueños, había descubierto la forma de continuar mis demostraciones. ¡Lo había *soñado*, Bacon, como un profeta inspirado por la voz del Creador! Me sumí, frenéticamente, en mis papeles... Ahora estaba seguro de que iba a lograrlo —sus manos parecían acariciar un trofeo imaginario—. Pero de nuevo, al llegar a un punto culminante, la inspiración me volvió a abandonar. Así, sin más... Otra vez estaba como al principio. Varado.

—¡Oh! —Bacon adivinó que en ese momento debía hacer una exclamación de entusiasmo y pedirle a Von Neumann que acelerase su relato—: ¿Y entonces?

—Esperé a la noche y, tal como lo suponía, me sumergí en otro profundo sueño...

—¿Y volvió a encontrar el hilo perdido?

—¡Exacto! Era una especie de milagro... Mi demostración seguía un trayecto riguroso y perfecto. Estaba convencido de que sería célebre al apuntar en mi currículo uno de los temas del *Programa de Hilbert*...

—¿Y por qué no ocurrió así, profesor?

—Mi buen amigo Bacon —Von Neumann dibujó una amplia sonrisa con sus labios gruesos y resecos—, ¡fue una verdadera fortuna para las matemáticas que yo no soñara nada aquella noche!

Cuando en 1931 resolvió finalmente el problema, Gödel era un joven matemático prácticamente desconocido. Su artículo, titulado «Sobre proposiciones formalmente indecidibles de los *Principia Mathematica* y sistemas similares. I», cayó como un cubo de agua que destempló para siempre el optimismo de Hilbert. En sus páginas, Gödel no sólo demostraba que en los *Principia Mathematica* podía existir una proposición que al mismo tiempo fuese verdadera e indemostrable —esto es, *indecidible*—, sino que esto ocurriría, *necesariamente*, con cualquier sistema axiomático, con cualquier tipo de matemáticas existente ahora o que fuese a existir en el futuro. En contra de las previsiones de todos los especialistas, las matemáticas eran, sin asomo de duda, *incompletas*.

Con sus sencillos razonamientos, Gödel echó por tierra la idea romántica de que las matemáticas eran capaces de representar completamente al mundo, libres de las contradicciones de la filosofía. Su éxito fue tan rotundo, que ya ni siquiera tuvo la necesidad de escribir el proyectado capítulo II de su artículo. Para él, su misión de dinamitero había concluido. Lo más sorprendente era la sencillez con la cual Gödel había logrado su objetivo. Reformulando la antigua paradoja de Epiménides —y, de hecho, el sustrato de todas las paradojas matemáticas—, había hallado un teorema que probaba sus hipótesis. Era éste:

A cada clase *k* *w*-consistente y recursiva de *formulae* corresponden *signos de clase r* recursivos, de modo que ni *v* Gen *r* ni Neg (*v* Gen *r*) pertenecen a Flg (*k*) (donde *v* es la variante libre de *r*).

Cuya traducción aproximada sería: «Toda formulación axiomática de teoría de los números incluye proposiciones indecidibles.» En términos simples, Gödel decía lo siguiente: «Esta aseveración de teoría de los números no tiene ninguna demostración en el sistema de los *Principia Mathematica*.» Una ampliación posible: «Esta proposición de teoría de los números no tiene ninguna demostración dentro de la teoría de los números.» Lo cual también puede enunciarse de este modo: «Esta proposición de la lógica no es demostrable con las leyes de esta misma lógica.» O incluso, extendiéndola a los vericuetos de la psicología: «Esta idea sobre mí no puede ser demostrada desde el interior de mí mismo.»

En resumen, Gödel afirmaba que en cualquier sistema —en cualquier ciencia, en cualquier lengua, en cualquier mente— existen aseveraciones que son ciertas pero que *no* pueden ser comprobadas. Por más que uno se esfuerce, por más perfecto que sea el sistema que uno haya creado, siempre existirán dentro de él huecos y vacíos indemostrables, argumentos paradójicos que se comportan como termitas y devoran nuestras certezas. Si la teoría de la relatividad de Einstein y la teoría cuántica de Bohr y sus seguidores se habían encargado de demostrar que la física había dejado de ser una ciencia *exacta* —un compendio de afirmaciones absolutas—, ahora Gödel hacía lo mismo con las matemáticas. Nadie estaba a salvo en un mundo que comenzaba a ser dominado por la incertidumbre. Gracias a Gödel, la verdad se tornó más huidiza y caprichosa que nunca.

El cuerpo de Vivien se extendía de nuevo, como una sinuosa mancha parda, sobre las sábanas de Bacon. Había llegado a su apartamento poco después del atardecer. Sus largos brazos desnudos se confundían ya con los restos de la noche, envueltos en una especie de rocío causado por la pertinaz llovizna que caía afuera. Hacía apenas tres días que, después de su áspera discusión telefónica con Elizabeth, Bacon había decidido asistir a las conferencias de Gödel en vez de viajar a Filadelfia. Según recordaba ahora, mientras comenzaba a besarle los lóbulos de las orejas a Vivien, en ese momento también había pensado abandonarla a ella pero, en cuanto la vio llegar, se dio cuenta de que no podía resistir la tentación de poseerla de nuevo.

Como si en realidad se hubiese liberado de una condena, por primera vez en mucho tiempo tenía deseos de ser dulce con su amante. De pronto, le pareció débil e inocente, en vez de dolorida y misteriosa, y quería recompensarla por la traición que durante tantos meses había cometido contra ella. Quizás sólo se tratase de una proyección del cariño que él necesitaba pero, en lugar de mirarla impersonalmente, él mismo se encargó de desnudarla, poco a poco, como si estuviese preparando a una niña para darse un baño. Luego la besó en los labios —un desliz que siempre evitaba—, larga y tiernamente, alisándole el cabello negro y rizado. Al fin, hizo el amor con ella con la delicadeza que sólo se tiene con las vírgenes. Lo único que se preocupó por conservar de su rutina era el obstinado silencio con el cual iba internándose en su cuerpo.

—¿La quieres?

En medio de aquellas sábanas, Vivien parecía un náufrago que trata de protegerse del golpe de una ola gigantesca. Bacon se apoyó en su espalda y la estrechó contra su cuerpo, sin saber que, así, él mismo se había convertido en aquella ola.

—No —balbució Bacon—, no lo sé... Tienes que comprender, Vivien...

—¿Vas a casarte con ella?

—Sí.

—¿Por qué, si no la amas?

—No me hagas esas preguntas... Así debe ser, supongo. Hay cosas que uno tiene que hacer, sin más: casarse, tener hijos, morir... Es bonita, le gusta a mi madre, es rica.

—Y es blanca...

—Eso da igual.

—¡Tú sabes que no da igual!

—Desde el principio, tú eras consciente de que lo nuestro... Nunca te he engañado, Vivien.

—Ni siquiera recuerdas mi verdadero nombre, ¿cómo vas a ser capaz de engañarme? —Vivien se apartó de Bacon y se levantó de la cama. No parecía enojada ni decepcionada. Comenzó a recoger su ropa, extendida a lo largo del suelo—. Olvidémoslo...

Bacon la miraba como quien contempla un cofre olvidado que se abre de pronto, mostrando su interior lleno de fotografías y recuerdos perdidos.

—¿Puedo pedirte algo? —le dijo al fin, con la voz entrecortada, sin siquiera levantarse de la cama—. Sólo por esta vez, Vivien, no te vayas. Quédate conmigo esta noche... Está lloviendo. Y quiero mirar tu rostro por la mañana.

Bacon se despertó muy temprano, doblemente agitado por la insólita presencia de Vivien y por la conferencia que el profesor Gödel dictaría esa misma mañana. Durante unos segundos, se quedó contemplando el cuerpo de Vivien, quien dormía plácidamente. Bajo la luz del amanecer, le pareció más hermosa que nunca. Sin hacer ruido, Bacon se levantó y se preparó para marcharse. Mientras se duchaba, no podía quitarse de encima la extraña sensación de paz que había sentido al abrir los ojos y descubrir a Vivien a su lado. Por más que trataba de convencerse de que debía olvidarla, su perfume se le había pegado a la piel y resultaba imposible desprenderlo con agua y jabón. Se afeitó y se vistió con rapidez y, antes de emprender el camino hacia el Instituto, no resistió la tentación de darle a Vivien un beso en la frente.

A lo largo de los últimos días, Bacon se las había ingeniado para indagar más sobre la vida de Gödel, como si fuese a discutir su biografía más adelante. Todos los profesores del Instituto parecían admirarlo y respetarlo, si bien quienes lo conocían dejaban entrever que su carácter era tan difícil como sus teoremas. Pero era uno de los pocos amigos cercanos de Einstein.

Gödel había estado por primera vez en el Instituto a finales de 1933, en calidad de profesor visitante, cuando todavía era catedrático de la Universidad de Viena. Sus lecciones versaron entonces —obviamente— sobre la incompletitud de las matemáticas y despertaron un interés espectacular, incluso morboso, entre quienes asistían a escucharlo. Pocos hombres de ciencia, con la probable excepción de Einstein, podían jactarse de reunir un público tan atento. Oswald Veblen, el organizador del evento, se sentía feliz con el entusiasmo despertado por Gödel; aunque éste usaba una voz tibia para referirse a los temas capitales de la lógica, los estudiantes descifraban sus sentencias como si fuesen una tarea adicional que les permitiese aprehender, con mayor profundidad, las desconcertantes conclusiones del maestro.

Todo marchó conforme a lo planeado hasta que una mañana, de improviso, Gödel le anunció a Veblen que *debía* regresar a Europa de inmediato y que, por lo tanto, no podría concluir su curso. Sin ser capaz de inventar ningún pretexto, se limitó a decir que sentía unos deseos irrefrenables de volver a su hogar y que lamentaba no poder hacer nada por evitarlo. Tras disculparse con los demás profesores del Instituto, Gödel se embarcó de vuelta a Europa. Un poco más tarde, en el otoño de 1934, se supo que había tenido que ingresar en el Sanatorio Westend, en las afueras de Viena, para recibir un tratamiento psiquiátrico que lo liberase de una profunda depresión clínica.

Un año después de aquel ataque, Gödel se reivindicó con la comunidad académica de Princeton con una nueva serie de conferencias. En 1939, poco después de que Hitler anexionara Austria al Reich alemán, Gödel perdió su puesto en la Universidad de Viena y, peor aún, a pesar de su pobre estado físico, se le convocó al servicio activo. En enero de 1940 decidió partir, en compañía de su esposa, Adèle Nimbursky, con quien acababa de casarse, hacia Estados Unidos. La suya, empero, resultó una de las odiseas más extrañas de aquellos tiempos: en vez de viajar por el Atlántico, que consideraron demasiado peligroso, Gödel y su mujer se dirigieron hacia Rusia, tomaron el tren transiberiano y luego pasaron al Japón. Finalmente, en Yokohama se embarcaron rumbo a San Francisco, donde llegaron el 4 de marzo de 1940. Unos días más tarde, fueron recibidos por Einstein en Princeton.

Al llegar al Instituto, Bacon se sentó en una de las últimas filas del auditorio y aguardó la llegada de Gödel con una inquietud similar a la que sentía antes de las visitas de Vivien. Al verlo entrar, le pareció que el profesor, que no tenía más que treinta y seis años —tres menos que Von Neumann—, era más parecido a un sacerdote o un rabino que a un matemático. Su nariz era idéntica a las protuberancias que cuelgan de los picos de los pavos y sus ojillos, encerrados tras unas gruesas gafas opacas, no presagiaban ninguna chispa de particular inteligencia. Sin embargo, Bacon estaba convencido, como todos los presentes, de que ese hombre delgado y fibroso era un genio, uno de esos sabios melancólicos que deben pagar con su salud mental el talento que les ha sido conferido.

Precisamente, una de las consecuencias impensadas del *Teorema de Gödel* era la imposibilidad de distinguir la locura, del genio. Dado que todos los sistemas poseen proposiciones verdaderas que no pueden ser demostradas, es posible también que existan razonamientos ciertos que tampoco es posible comprobar. La mente, como las matemáticas, es incapaz de cuidar de sí misma frente a la incoherencia. Una persona nunca podrá discernir si está loca o cuerda por el simple hecho de que no tiene un marco externo de referencia fuera de su propio cerebro. El demente sólo puede medirse con la lógica de la demencia y el genio, con la lógica de la genialidad.

En esta ocasión, Gödel pronunció una charla que no era más que una variación compulsiva del mismo tema original que había esbozado en su curso anterior en Princeton. Pronunciaba las palabras con un acento tenue y errático, apenas hacía aspavientos y sus ejemplos eran sólo toscos bosquejos de metáforas brillantes. En resumen, era el extremo opuesto de Von Neumann. Mientras en éste las explicaciones desbordaban humor e ingenio, en aquél eran sombrías reflexiones, tan grises y aburridas como la propia personalidad del conferenciante. Al final de la clase, Bacon se le acercó junto con algunos otros miembros del Instituto. Como le había prometido, Von Neumann se encargó de hacer las presentaciones.

—Kurt —le dijo—, no va a creerme cuando le diga cómo se llama este muchacho.

Gödel hizo un gesto que no demostraba la menor curiosidad. El joven trató de estrecharle la mano, pero el profesor ni siquiera reparó en su movimiento.

—Francis Bacon, ¿lo puede creer? —rió Von Neumann—. Ni más ni menos que Francis Bacon. Sólo que éste, a diferencia del verdadero, es físico...

—Yo no creo en las ciencias naturales —respondió Gödel en un tono que no trataba de ser pedante, sino meramente racional.

—¿Es que no le hace gracia, Kurt?

Los ojos de Gödel se posaron por un segundo en los de Bacon; más que escrutarlo, trataba de comprender la broma que le gastaban sus amigos norteamericanos. Por fin, Von Neumann se lo llevó del brazo, como si tratase con una esfinge de roca prestada por un musco extranjero, y los demás no tardaron en dispersarse. Sólo Bacon se quedó ahí, en medio del pasillo, extrañado por la aparente pasividad del matemático.

Cuando Bacon regresó a su casa por la noche, Vivien estaba ahí de nuevo. Del mismo modo que él la había necesitado profundamente, ahora era como si ella, en contra de su voluntad y del acuerdo que mantenían, hubiese aprovechado la ocasión para echarle en cara su debilidad. Había fregado el suelo y el baño; las paredes ya no tenían las chinchetas con fragmentos de papel, en los cuales Bacon acostumbraba anotar sus ideas diarias; y su escritorio estaba, al fin, libre de polvo. Como otras veces, Vivien permanecía tendida sobre las sábanas —aunque en esta ocasión vestida con una blusa violeta y una falda negra— y esperaba su llegada con la serenidad de la víctima que aguarda a su verdugo. Sabía, porque él mismo lo había repetido hasta el cansancio, cuánto odiaba Bacon que los demás se entrometieran en sus cosas, trastocando el desorden particular que le imponía a su vida pero, en un último desafío, ella se había atrevido a romper esta convención inútil. Si él había incumplido las reglas de la frialdad, ella podía pagarle con la misma moneda. Impertérrito, Bacon advirtió la repentina brillantez que había adquirido su covacha con un rostro que no delataba ni horror ni entusiasmo. Más bien parecía incapaz de comprender lo ocurrido. Oteó lentamente la habitación hasta descubrir la mirada contrita de su amante.

—¿Qué haces aquí? —fue lo único que se atrevió a preguntar, dejando que su maletín cayese al suelo con la delicadeza de un yunque.

—Sabía que te disgustarías.

Bacon se acercó a Vivien con cautela, como una pantera a punto de devorar a un venado. Ella ni siquiera tuvo tiempo de erguirse. Sin poder contenerse, Bacon comenzó a besarle los pies desnudos, luego las piernas y, al fin —tras arrancarle la ropa como si estuviese hecha con la suave cáscara de un fruto tropical—, el vientre y los senos. Estaba seguro de que se equivocaba —peor aún: de que cometía dos veces seguidas el mismo error—, pero no le importó. Se sumergió en la cálida piel de Vivien dispuesto a ahogarse al menos una noche más. Al cabo de un par de horas, fue ella quien terminó por resistirse.

—Es hora de que me vaya —le dijo, sin dejar de abrazarlo.

—¿Por qué?

—Se ha hecho tarde.

—¿Qué más da? Puedes quedarte, si quieres...

—Estás a punto de casarte —le recordó Vivien.

—Precisamente por eso debes quedarte —Bacon no ocultaba la zafiedad de sus argumentos—. Ya no tenemos mucho tiempo. Disfrutémoslo mientras dure...

—¿No te das cuenta de que esto es peor que antes? Sólo conseguirás hacerlo más doloroso...

—Eso será en el futuro, Vivien. Ninguno de nosotros puede saber qué sucederá entonces. Ni siquiera somos capaces de predecir si mañana va a llover o no, ¿por qué preocuparnos ahora? Éste es el presente, *nuestro* presente.

—Ayer no pensabas así...

—¿Lo ves? —exclamó Bacon—. Ésa es una prueba de que no debemos desaprovechar lo que poseemos ahora.

Vivien sabía, tan bien como él, que ambos se mentían y, algo todavía más grave, que se defraudaban, pero nada hay más falso que una verdad que no quiere escucharse. Era mejor creer que el porvenir no es más que una posibilidad entre muchas, un escenario tan inexistente como el pasado. Al menos durante el tiempo que durase el curso de Gödel —el lapso en que tenía pensado no ver a Elizabeth—, Bacon estaba decidido a disfrutar de Vivien como el vagabundo que exprime, hasta el cansancio, su última naranja.

Elizabeth llevaba varias semanas sin poder dormir más que unas pocas horas. Inclementes, las noches se convertían para ella en una prolongada tortura en que, como si estuviese en un cinematógrafo, se le aparecían diversas imágenes de su prometido, enfrascado en mil actividades, todas ellas incompatibles con su matrimonio. Elizabeth empezó a perder el apetito y pronto se dio cuenta de que, si seguía así, iba a convertirse en una mujer flaca y desesperada, justo lo menos apetecible para un hombre que se obstinaba en defender esa absurda entelequia llamada libertad. Los primeros días había querido darle una lección y había resistido cualquier intento de buscarlo: estaba demasiado segura de sí misma como para dudar que, tarde o temprano, él terminaría dejando atrás su orgullo. Cuando se diese cuenta de su testarudez, Frank la perseguiría con desesperación y ése sería el momento en el cual ella podría dejar sentadas, de una vez y para siempre, las condiciones de su vida en común. Valía la pena el ayuno o la cuarentena presentes con tal de asegurar —como enseña el cristianismo— el reino del porvenir.

Nunca se habían dejado de ver tanto tiempo. Conforme más días transcurrían, más difícil le resultaba soportar la prueba. Era una especie de carrera —Bacon pensaría, más tarde, que se trataba de la competencia entre Aquiles y la Tortuga, teniendo él la suerte de esta última—, en la cual el vencedor sería, simplemente, quien lograse mantener su decisión y su voluntad sobre la del otro. Consciente de que este desafío marcaría toda su vida, Elizabeth no estaba dispuesta a dejarse ganar. Cada vez que, sometida a un ataque de angustia, se disponía a llamarlo, se consolaba pensando que seguramente él estaría padeciendo su separación con la misma intensidad.

Una pesadilla derrumbó su resistencia. Después de ser presa de una enfermedad terrible, ella fallecía y Bacon, en vez de acongojarse, lo celebraba. Elizabeth se despertó llorando, convencida de que su sueño era una señal de que su estrategia estaba fallando. ¿Y si no volvía a buscarla nunca? ¿Si en realidad nunca la había querido? Por primera vez se arrepintió de su terquedad y su violencia: quizás le había exigido demasiado. Lo amaba. Lo amaba más que antes, más que nunca. Pensaba en lo tonta que había sido. ¿Por qué amargarse con su ausencia, por qué poner a prueba su amor, cuando lo único que deseaba era tenerlo a su lado? El orgullo y la vanidad no debían separarlos. Aún estaba a tiempo de enmendar su error.

Cuando llegó a la casa de Bacon —eran las once de la mañana y él seguramente estaría en el Instituto—, Elizabeth cargaba con dificultad numerosos paquetes, apilados uno sobre otro, que apenas le permitían moverse. De lejos, su andar lento y trastabillante la hacía similar a los autómatas que aparecían en las películas. Había comprado queso y vino, frutas, globos y un excéntrico tren en miniatura. Aunque nunca antes había visitado el apartamento de Bacon —prefería que fuese él quien acudiese a su casa o se citaban en cafeterías y restaurantes—, se había asegurado desde el principio de que él le diese una llave. Ahora se disponía a utilizar aquel artilugio para darle una sorpresa y convencerlo de que había llegado el momento de la reconciliación.

El salón estaba prácticamente lleno. No obstante, Bacon estaba convencido de que muy pocos de los oyentes —Veblen y Von Neumann, que se encontraban en las primeras filas— eran capaces de comprender el verdadero significado de las palabras que, con asombrosa calma, iban desgranando los labios de Kurt Gödel. El profesor se movía en torno a la pizarra con la agilidad de un hipopótamo, anotando las fórmulas como un cavernícola que dibuja un bisonte en el interior de una caverna. Temeroso, Gödel hacía lo posible para no fijarse en los ojos de su público, perdiéndose en el infinito que se colaba en el muro trasero del recinto. La cuestión que se afanaba en resolver Gödel ese día frente a su auditorio era la llamada «hipótesis del continuo», esbozado por el matemático Georg Cantor en su teoría de conjuntos.

—La hipótesis del continuo de Cantor —comenzó a explicar, como si no hubiese nadie más en la sala excepto él— se reduce, simplemente, a esta cuestión: ¿cuántos puntos hay en una línea recta en el espacio euclidiano? Una pregunta equivalente es: ¿cuántos conjuntos diferentes de enteros existen? —Gödel guardó silencio un momento, como si necesitase que el problema se sedimentase en su mente antes de comenzar a despedazarlo como si fuese una gran roca de mármol—. Evidentemente, esta pregunta sólo aparece luego de extender la idea de «número» a los conjuntos infinitos...

De pronto, Gödel se detuvo en seco, incapaz de comprender los motivos que llevarían a alguien a interrumpirlo. Una pesada puerta de madera se abrió y se cerró violentamente, produciendo un estrépito que rompió la calma inmemorial que Gödel había logrado transmitir al público. Veblen y otros profesores se levantaron de su asiento, mientras todas las miradas se concentraban en la mujer que, sin contemplaciones, había irrumpido en el auditorio.

—¿Dónde estás? —gritó la joven, sin importarle que tantos desconocidos escuchasen sus reclamos—. ¡Me has mentido! ¿Ni siquiera vas a reconocerlo?

Sentado en la última fila, Bacon distinguió la turbia silueta de Elizabeth. No sabía si debía levantarse y tranquilizarla o si, por el contrario, debía esconderse de su rabia. En tanto, ella se mantenía indiferente a la incomodidad que había sembrado en la sala. Gödel estaba horrorizado. Toda la belleza de Elizabeth se había disuelto en un rictus gélido con el cual hurgaba, entre los asistentes, el semblante traicionero y culpable de su prometido.

—Por Dios, señorita, no sé quién será usted ni qué busca, pero estamos en un acto académico —se apresuró a recitar Veblen—. Debo exigirle que abandone el aula y permita que el profesor continúe con su exposición...

Elizabeth ni siquiera escuchó sus palabras. En vez de eso, descubrió, al fin, los ojos aterrorizados de su víctima.

—¡No te escondas! —volvió a exclamar—. ¿Creías que nunca me daría cuenta? ¿Que ibas a poder seguir con esa puta negra? ¿Me creías tan estúpida?

—Elizabeth, por favor —le suplicó Bacon quien, ante la irritación de los demás asistentes, no tuvo más remedio que encarar a su novia—, arreglemos esto después...

—¡Nada de después! ¡No pienso callarme hasta que me expliques todo! —y empezó a avanzar hacia él, envuelta en unas lágrimas tan ardientes como el coraje que también se iba apoderando de Bacon.

—Señor Bacon —le dijo Veblen con vehemencia, señalándole con un dedo la salida—, explíquele a la señorita que está en medio de una conferencia de la mayor importancia... *¿Me comprende?*

Para entonces, Elizabeth ya había llegado hasta donde se encontraba su prometido. Cuando éste la tomó del brazo y trató de impulsarla hacia el exterior, ella le correspondió con una sonora bofetada en la mejilla. Todos los asistentes, con la probable excepción de Gödel, lanzaron un prolongado *¡oh!* al escuchar la palmada que se oyó como si un matamoscas se estrellase contra el cristal de una ventana. Incapaz de soportar por más tiempo aquella humillación, Bacon le devolvió, sin pensarlo, un golpe de menor intensidad pero que, por una trampa de la acústica, se oyó aún más fuerte que el anterior.

—¡Esto es inadmisible, señor Bacon! —estalló Veblen, aunque Von Neumann, a su lado, no pudo contener una débil carcajada—. ¿Es que debo pedirle una vez más que se vaya de aquí y nos permita continuar?

Elizabeth, aturdida por el golpe, ya no se percataba de cuanto ocurría a su alrededor. El desastre que había provocado se perdía en una confusión parecida a la somnolencia. Lo único que deseaba era abrazar a Bacon y dormir largamente junto a él. Al frente de la sala, el profesor Gödel contemplaba el espectáculo con asombro.

—La tenías en tu casa —sollozaba Elizabeth mientras Bacon la conducía hacia afuera entre las miradas de sus compañeros—. Tenías a esa puta negra en tu casa...

Lo último que alcanzó a distinguir Bacon, antes de abandonar la sala, fue la turbia mirada de Veblen que le decía, sin palabras, que acababa de arruinar su brillante carrera y su no menos brillante porvenir en el Instituto. Sosteniendo el cuerpo casi exangüe de su prometida —de quien *había sido* su prometida, pensó con sarcasmo—, Bacon apenas calibraba las consecuencias de aquella escena: de pronto, los tres asideros de su vida —Elizabeth, el Instituto e incluso Vivien— habían chocado entre sí como trenes desbocados. ¿Qué pensaría Von Neumann de este resultado imprevisible del juego del amor? Bacon llevó a Elizabeth a una de las aulas vecinas y la sentó en una silla; permaneció así, sin tocarla ni abrazarla, hasta que, al cabo de unos minutos, ella se recuperó, lo insultó nuevamente y salió sola, todavía tambaleándose, de las instalaciones del Instituto.

Mientras tanto, en medio de la sala de conferencias, el profesor Gödel anunció que no podría continuar con la clase y comenzó a llorar, irrefrenablemente, hasta que Von Neumann se acercó a él para consolarlo.

HIPÓTESIS 5

Sobre cómo Bacon partió rumbo a Alemania

Cuando Bacon regresó al Instituto, unos días más tarde, se presentó directamente en la oficina del director, Frank Aydelotte —el sucesor de Flexner—, quien había insistido en localizarlo por todos los medios posibles. Bacon no sabía qué destino iba a depararle aquella cita, pero en cualquier caso sería negativo, en un rango que se extendía entre una fuerte reprimenda y la expulsión definitiva. Para colmo, tenía otra de las fuertes migrañas que, como un cuchillo clavado en medio de la frente, le dividía el cráneo en dos mitades: una sana e insensible, y otra en cuyo interior se estremecía con la frenética y angustiosa actividad de un émbolo a toda marcha. Los ataques se iniciaban siempre que estaba nervioso o había sufrido una fuerte impresión, con un relampagueo semejante al que se observa cuando caen estrellas fugaces; en cuanto avistaba estas luces, seguidas por vértigos y náuseas —funestos mensajeros—, podía estar seguro de que el dolor se presentaría puntualmente. Era inútil resistirse: los remedios caseros —tazas de café que sólo conseguían destrozarle los nervios, bolsas de hielo en la nuca que lo hacían imaginarse como una merluza expuesta en una pescadería, o inútiles masajes en los lóbulos de las orejas o en el meñique— ni siquiera lograban un alivio momentáneo. Entonces el dolor se volvía cierto e inevitable. Tan inevitable, al menos, como las temibles increpaciones que Aydelotte estaba a punto de dirigirle.

Eran las diez de la mañana y su cuerpo lo vencía. Los rayos de luz atravesaban sus pupilas contraídas como astillas y los lejanos ruidos de la ciudad se magnificaban en sus oídos atrofiados. Los muros bermejos de Fuld Hall parecían haber sido edificados con un material gelatinoso. Tomó aire, trató de peinarse un poco y al fin se anunció a la obesa secretaria del director. Éste lo recibió de inmediato; sin levantarse de su escritorio, se limitó a señalarle una silla como si fuese el lugar de su próxima tortura. Detrás de Aydelotte, un hombre alto y fornido como un jugador de fútbol, vestido de gris, lo miraba expectante.

—Siéntese —le repitió Aydelotte.

Bacon obedeció. No quería que su malestar fuese evidente, pero tampoco deseaba mostrarse demasiado inhibido. Su papel de niño castigado era ya demasiado incómodo para agravarlo con una explicación sobre sus padecimientos.

—Relájese, Bacon —le dijo el director, ampuloso—, esto no es un tribunal ni un paredón de fusilamiento.

—Quiero pedirle perdón —interrumpió Bacon con vehemencia—. No era mi intención que un problema personal... ¿Al menos podría ver al profesor Gödel para disculparme personalmente con él?

Aydelotte le dirigió una mirada de reprobación.

—No tan rápido, Bacon. Lamentablemente, no será tan sencillo... El profesor Gödel tuvo otra de sus... de sus recaídas nerviosas. Es un hombre extremadamente sensible.

—¿Está muy mal?

—Digamos que no es uno de sus mejores momentos. Supongo que se le pasará. Por lo pronto, ha decidido quedarse en casa esta semana. —Aydelotte tosió a propósito, para indicar que esa parte de la conversación había terminado—. Le decía, Bacon, que el incidente fue realmente lamentable. ¿Se imagina la impresión que han de haberse llevado los asistentes? El profesor Veblen ha presentado una airada protesta en su contra, Bacon. ¿Me ha comprendido?

—Estoy muy avergonzado. Haría lo que fuera para enmendar lo ocurrido...

—*Lo que fuera* —repitió Aydelotte con tono marcial—. Es una lástima, Bacon. He revisado cuidadosamente su historial y la verdad es que *resultaba* impresionante. Tanto en la Universidad como aquí, ha desarrollado su trabajo con brillantez y discreción, dos virtudes que aprecio especialmente en los hombres de ciencia... —a Bacon le parecía que, al hablar, Aydelotte movía excesivamente los labios, como si se hubiesen convertido en dos anguilas peleando entre sí—. Además, el profesor Von Neumann se ha encargado de defenderlo. Dice que usted es uno de nuestros trabajadores más dotados...

Bacon se sintió halagado por los comentarios de su maestro. Siempre había pensado que el matemático húngaro se limitaba a soportarlo, como le había advertido en un principio, y no pensaba que en realidad sintiese aprecio por él.

—Incluso, me ha dicho que está seguro de que más tarde, cuando haya alcanzado la madurez que sólo concede el tiempo, usted realizará importantes avances en el terreno de la física —a Bacon esta opinión le pareció ya francamente excesiva—. Como puede ver, su situación es difícil pero no desesperada. Hay tantos puntos a su favor, que un pequeño detalle, como el del otro día, es como una aguja perdida en el pajar de sus méritos...

Bacon no comprendía si aquella solemnidad era producto de su imaginación o si Aydelotte empleaba ese tono para desembarazarse de él sin remordimientos.

—No se asuste, Bacon, no le digo todo esto para luego despedirlo sin más —se adelantó Aydelotte; había dejado de mirarlo y se concentraba en enroscar y desenroscar la tapa de su estilográfica—. Sin embargo, esto tampoco debe impedirnos ser sinceros, muchacho: usted no pertenece al mundo del Instituto. Su conducta del otro día sólo confirma esta verdad indudable —Bacon sintió un estremecimiento, como si el director le hubiese pinchado el ojo que tanto le dolía—. A nosotros nos complace contar con su presencia; no obstante, creo (y corríjame si me equivoco) que usted mismo se siente desperdiciado. Curiosamente, nosotros sentimos que lo desperdiciamos a usted. Su talento no se adapta al trabajo rutinario —Aydelotte se volvió un momento a mirar el rostro de aprobación del hombre de gris que, imperturbable, seguía a sus espaldas—. Con ello no quiero decirle que usted debe convertirse en físico experimental, sino que su carácter es, ¿cómo expresarlo?, demasiado *inquieto*... Creemos que si las cosas siguen como hasta ahora, usted terminará abandonándonos sin haber realizado las grandes cosas que todos esperamos... Usted necesita más actividad, muchacho. *Más vida.*

—No sé qué responder —tartamudeó Bacon—. Le juro que si me permite...

—Ya le he explicado que lo sucedido durante la conferencia del profesor Gödel fue un hecho lamentable, pero no determinante —Aydelotte comenzaba a mostrar cierta irritación—. Déjeme presentarle al señor Bird —al fin el hombre esbozó un asomo de sonrisa—. El señor Bird trabaja para el gobierno. Hace unas semanas me fue solicitado que recomendase a alguien con las características necesarias para cumplir una misión especial. Necesitaban a un joven que además fuese un físico competente. En cuanto escuché la propuesta, la comenté con el profesor Von Neumann y a él no se le ocurrió pensar en otro candidato mejor que usted.

La estocada de Aydelotte le escaldó los oídos. Tras esa ambigua presentación, Bacon pudo mirar sin empacho la recia constitución de aquel hombre. Más que corpulento, llegaba a ser ligeramente gordo, como si hubiese sido un atleta que lleva varios años de retiro. Bacon pensó que se trataría de un militar o, en el mejor de los casos, de un *marine*.

—Quiero que sepa, querido Bacon —Aydelotte parecía incómodo con aquella cortesía tan impropia de él—, que nos complacería mucho que usted aceptase colaborar con el señor Bird, pero desde luego no se trata de una orden. Sólo le pido que escuche sus propuestas y decida, sin presiones, lo más conveniente. Creo que ésta podría ser una salida digna para *todos*...

Al terminar su alocución, Aydelotte se levantó y ahora sí, con un entusiasmo forzado, le estrechó la mano a Bacon. El señor Bird tosió levemente, indicando el fin de aquella parte de la entrevista, y se encaminó hacia la salida.

—Demos un paseo —le dijo a Bacon con una voz que no admitía contradicciones.

Bacon lo siguió, un poco repuesto. Las palabras de Aydelotte habían sido como una descarga eléctrica que le había hecho olvidarse de su malestar.

—Buena suerte, Bacon —se despidió el director.

Como le sucedía con el aura de la migraña, aquella frase le pareció a Bacon un signo inequívoco de que no volvería a ver a Aydelotte —ni al Instituto— en mucho tiempo.

—¿Nunca había estado aquí antes? —le dijo Bacon para romper el hielo.

—Alguna vez, sí.

Habían comenzado el paseo como buenos amigos, sin dirigirse a ninguna dirección en particular. El señor Bird parecía no tener prisa y se detenía a contemplar las margaritas y las zarzas ornamentales como si fuese un horticultor aficionado.

—¿Entonces trabaja para el gobierno? —Bacon volvía a sentir la necesidad de vaciar el estómago—. ¿Quiere que vayamos a algún sitio determinado?

—No.

Dieron una vuelta completa al campus; luego, reiniciaron el camino. Una cosa era segura: el señor Bird tenía todo el tiempo del mundo. De pronto se detuvo y miró a Bacon fijamente como si por fin quisiese revelarle el motivo de su visita.

—¿Es cierto que el profesor Einstein descubrió la cuarta dimensión?

Al principio, Bacon creyó no haber comprendido la pregunta. Por un momento pensó que el dolor de cabeza le hacía tener alucinaciones auditivas.

—No, no exactamente —balbució al cabo de unos segundos—. En su teoría, el tiempo es la cuarta dimensión... Los seres humanos vivimos en el interior de un universo de cuatro dimensiones, el *espaciotiempo*.

—Y esa fórmula que aparece en los diarios, ¿prueba la existencia del alma?

—Vaya, no. Quiere decir que la energía es igual a la masa por la velocidad de la luz al cuadrado.

El señor Bird se rascó la cabeza con un gesto teatral. Luego, como si sólo hubiese preparado el escenario para un monólogo, comenzó a despepitar su propia teoría.

—A mí no acaba de gustarme eso de la relatividad. Yo creo que hay cosas que no son relativas. Lo bueno y lo malo no es relativo. Pensar así sólo lleva al crimen, ¿no cree? Yo conozco muchos granujas que, alegando la relatividad, quieren salvarse de sus condenas. ¿Se imagina usted qué sucedería si todos pensásemos que todo es relativo y que cada uno puede hacer su voluntad? Ser un traidor no es relativo. Matar a alguien no es relativo. Asesinar a miles de personas, como Hitler, no es relativo.

Bacon se sintió intimidado.

—Estoy de acuerdo con usted... Pero lo que me ha dicho no tiene que ver con la teoría de la relatividad ni con Einstein —se atrevió a explicarle—. Él habla en términos físicos, no sociales...

—Pues para mí es igual.

—No. Einstein sólo afirma que el movimiento es relativo para los observadores en movimiento (a nosotros, que estamos caminando, nos parece que aquellas muchachas que vienen hacia acá tienen una velocidad mayor) y que el único punto de referencia es la luz, cuya velocidad se mantiene constante sin importar desde dónde se la observe. Las cuestiones morales no tienen nada que ver con estos hechos, señor Bird...

—¿Y considera que éste es un descubrimiento realmente importante?

—Sí, claro que sí.

—Perdóneme que insista, pero no lo creo. Si fuera así, todos nos daríamos cuenta de ello... Yo no creo que exista ninguna cuarta dimensión porque nunca la he visto, como tampoco creo en los átomos ni en nada de eso.

—No es usted el único... —ironizó Bacon, quien comenzaba a cansarse. Hablar de física con un hombre que no parecía saber cuál era el valor de *pi* no sólo era estéril, sino absurdo. Por el contrario, el señor Bird se mostraba lo suficientemente convencido de sus propias creencias como para aceptar que Einstein podía tener más razón que él.

—¿De esto quería hablar conmigo?

—Oh, desde luego que no. Disculpe, sólo era una curiosidad mía —el señor Bird casi parecía atribulado por sus divagaciones anteriores—. He visto a tantos hombres como usted que tenía curiosidad por saber en qué diablos piensan todo el tiempo... Durante horas y horas los físicos no hacen otra cosa que meditar. Actúan así cuando recorren sus despachos y sus casas, después de ducharse, antes de dormir... Incluso he llegado a creer que siguen concentrados en sus números y sus teorías mientras hacen el amor con sus esposas...

—Le aseguro que no todos somos así —interrumpió Bacon, buscando su simpatía—. Pero ¿usted por qué sabe tanto de los físicos y sus hábitos?

—He tenido que familiarizarme con ustedes. Es mi trabajo.

—Aún no me ha dicho a qué se dedica exactamente, señor Bird.

—Ya lo sabrá, no se apresure. Mejor dígame, por favor, qué motivos tiene usted para seguir a diario al profesor Einstein.

Muchas veces, en sueños, Bacon imaginó que alguien le hacía esta pregunta; incluso había inventado muchas respuestas posibles, pero ahora no se le ocurrió ninguna.

—No tiene sentido que lo niegue —insistió el señor Bird con una voz meliflua y aterciopelada que Bacon sólo había escuchado en las películas—. Usted ha seguido al profesor Einstein y nosotros lo hemos seguido a usted.

—¿Y quiénes son ustedes?

—No ha respondido a mi pregunta, profesor —el señor Bird se volvía más sombrío.

—No lo va a creer —musitó Bacon, tratando de sonreír.

—Déjeme que sea yo quien lo decida.

—Le juro que no lo sé. Un día pensé en hablar con él de camino a su casa, no me atreví y me limité a acompañarlo a lo lejos.

—Acompañarlo a lo lejos. ¿Y luego decidió hacerlo todos los días?

—Así es. Sé que suena absurdo, pero así es.

—¿Y usted imagina que el profesor Einstein nunca reparó en su presencia?

—Bueno, una vez, pero supuse que no le había dado importancia.

—¿Y qué pensaría usted si le dijera que el profesor Einstein avisó a la policía?

—No puede ser —Bacon sudaba—. Era una especie de broma, nunca quise...

—Son tiempos difíciles, profesor —Bird volvió a su cortesía previa—. Usted sabe, los nazis odian al profesor Einstein... Y no sólo ellos. Hay muchos locos en el mundo. Estados Unidos es su nuevo hogar y Estados Unidos debe preocuparse por la seguridad de sus ciudadanos. Mucho más por la seguridad del profesor Einstein, ¿no lo cree?

—¿Usted es policía? —se alarmó Bacon.

—No exactamente —Bird trataba de sonar confiable—. Al menos no en el sentido habitual. Digamos que soy el encargado de vigilar que el profesor Einstein se sienta como en casa. Que nadie lo moleste. Soy su sombra.

—¿Usted me vio? Entonces sabrá que fue un juego, nada más.

—Sí, lo sé. Pero de cualquier modo había que tomar algunas precauciones. Me llevó algún tiempo investigarlo. Por suerte, no encontramos nada sospechoso.

—Ahora que se ha convencido de que no soy un asesino, ¿puedo marcharme?

—Temo que no —el señor Bird se mantuvo firme—. En efecto, dicen que usted es un buen físico. Excelentes notas. Excelente comportamiento. Bueno, hecha la excepción de sus problemas con las mujeres, aunque a mí eso no me incumbe... Justo por este motivo estuvimos de acuerdo en apoyar la propuesta de los profesores Aydelotte y Von Neumann sobre usted. Nos parece que es la persona que necesitamos para emprender una delicada tarea que nos tiene muy preocupados.

—¿Y qué puedo hacer yo?

—Mucho, profesor. Es joven, es un científico competente, le gusta el peligro, habla alemán con fluidez y, por si fuera poco, de pronto se ha quedado sin empleo y sin compromisos. Creemos que es la persona idónea...

—Idónea, ¿para qué?

—Ya se lo he dicho: para colaborar con nosotros. Una *investigación*, si prefiere llamarla así... ¿Usted ama a su patria, verdad?

—Desde luego.

—Pues es tiempo de que haga algo por ella. Estamos en guerra, profesor, no lo olvide. Las prioridades se invierten en situaciones como ésta.

—Supongo que no puedo negarme.

—Usted no lo haría. Le debe mucho a este país y por fin ha llegado la hora de que devuelva un poco de lo recibido, ¿no le parece justo? Además, como le ha dicho el profesor Aydelotte, usted ya no pertenece a este lugar. Quedándose, sólo provocaría más problemas, por no hablar de los que usted mismo tendría que enfrentar; creo que me entiende... —El señor Bird le hablaba como si se dirigiese a un niño explicándole la necesidad de hacer sus deberes—. Obviamente, debo pedirle discreción absoluta. No lo comente con nadie y despídase únicamente de las personas indispensables, aunque sin abundar sobre el motivo de su partida...

—¿Cómo he de contarles si yo mismo no sé nada? —reclamó Bacon.

—Dígales que se alistará en el ejército. Que al fin se ha decidido. Más tarde, si las cosas están tranquilas, podrá escribirles para contarles la verdad.

—Esto es demasiado extraño. Quisiera pensarlo.

—Lo siento, profesor Bacon, pero ya no hay tiempo para eso. Debe confiar en nosotros tanto como su patria confía en usted.

Bacon llamó a la puerta de Von Neumann con la agitación de un moribundo que requiriese la absolución de un sacerdote. El dolor de cabeza había desaparecido por completo, pero en su lugar quedaba una sensación de irrealidad provocada por la fiebre.

—¿Qué ha sucedido? —lo recibió Von Neumann con su incomodidad habitual. Bacon se introdujo en su despacho sin esperar a que éste lo invitase.

—Vengo a agradecerle su *recomendación* —respondió Bacon—. Y a despedirme.

Von Neumann se sentó en su silla y lo contempló con una expresión paternal. Como de costumbre, su mal humor había dado paso a su típica bonhomía.

—Me alegro de que haya aceptado, muchacho. Ha sido una buena decisión.

—Usted ya lo sabía, ¿verdad?

—Después del escándalo, Aydelotte me mandó llamar. Veblen insistía en expulsarlo del Instituto sin miramientos. Yo me limité a decirles la verdad: que usted es un buen físico pero su camino no se encuentra aquí. Después de mucho pensarlo, Aydelotte me dijo que quizás existiese una mejor opción para usted... Un viaje de estudios, lo llamó —Von Neumann esbozó una sonrisa ácida—. En tiempos como los que nos ha tocado vivir, querido Bacon, *todos* tenemos que sacrificarnos. Al principio pensé que su decisión de quedarse aquí era la mejor, pero ahora creo lo contrario. Usted es un hombre inteligente que puede hacerle mucho bien a su país estando en otra parte y no en esta pequeña y maravillosa prisión que es Princeton... Sé que está ansioso e irritado, sin embargo, no puedo decirle mucho más que esto: fue escogido para colaborar en una misión importante justo porque es físico. No va a ser usted un soldado raso: su tarea va a ser importante.

—Hubiese preferido decidirlo sin presiones.

—De alguna manera usted lo ha decidido, muchacho. Las circunstancias han obrado a su favor. ¿Recuerda nuestra última conversación? —Von Neumann le dio a Bacon una afectuosa palmada en el hombro—. Usted me contó su vida sentimental y me reveló su conflicto entre esas dos mujeres... Entonces yo traté de explicarle que la teoría de juegos también servía para diseñar las estrategias que deben seguir los enamorados. ¿Me sigue?

—Sí, claro.

—Desde entonces yo sabía que, si usted se obstinaba en mantener su vida sin cambios, tarde o temprano terminaría echándolo todo a perder; en vez de resolver su *problema*, sólo lo agravaría... Si no me equivoco, eso ha ocurrido justamente.

—Supongo que tiene razón: usted me dijo que yo estaba en medio de una rivalidad entre Elizabeth y Vivien y que, inevitablemente, habría de llegar el momento en el cual tendría que escoger a una de ellas... O, en el caso inverso, una de ellas me abandonaría a mí.

—Lamento decirlo, pero no erraba.

—Temo que incluso se quedó corto. Usted lo vio. Al fin se encontraron... Y, a la postre, creo que las he perdido a las dos.

—Lo suponía —en la voz de Von Neumann había una chispa de compasión que Bacon no había advertido nunca antes—. Era lógico. Amar a dos mujeres (que no es lo mismo que acostarse con dos mujeres), es la peor desgracia que puede ocurrirle a alguien. Uno piensa que es una bendición o una prueba de virilidad, pero más bien es una calamidad bíblica... Al final, la verdad siempre termina saliendo a la luz y entonces uno no sabe por qué diablos se metió en un juego semejante. Bastante difícil es amar a una sola persona como para intentarlo con dos —Von Neumann parecía adentrarse en su propio pasado—. La competencia que se establece entre dos mujeres que quieren al mismo hombre es uno de los juegos que he llamado de «suma cero». Lo que gana una lo pierde la otra necesariamente, y viceversa; no hay posibilidad de compensarlas. Por más equitativo que intente ser, el hombre en disputa siempre terminará traicionándolas a las dos... A la larga, eso despierta sospechas y, en los peores casos, como el suyo, el encuentro de las rivales. No quisiera estar en su pellejo, Bacon.

—Pero usted me dijo que quizás existiese una solución lógica a este enredo.

—Exacto —Von Neumann se solazaba al aparecer como un *deus ex machina*, capaz de salvarlo en el último momento—. Una vez que los trenes han chocado, la única estrategia legítima es abandonar el juego y emprender otro. Así de sencillo.

—¿Dejarlas a las dos?

—De una buena vez y para siempre.

—¡Por eso me recomendó!

—Simplemente fue el detonador. Espero que no le moleste. Considero, con toda sinceridad, que es su única opción. No se trata de huir, sino de salvar lo poco que le queda. ¿O prefiere quedarse en el pequeño infierno que se ha construido con tanta imprevisión?

Bacon guardó silencio. Todavía estaba demasiado afectado por el dolor y la furia de Elizabeth, por la repentina huida de Vivien, por el escándalo en los pasillos del Instituto. Apenas acertaba a descubrir qué quería hacer con su vida. Quizás Aydelotte, Von Neumann y el señor Bird tuviesen razón. Quizás lo único que podía hacer era olvidarse de ambas antes de que ellas lo olvidasen a él o, peor aún, antes de que —sin perder la ira y el rencor— volviesen a buscarlo.

—¿Debo agradecérselo? —preguntó Bacon, incrédulo.

—No ahora, pero sí a la larga. Pocas veces uno tiene la oportunidad de servir a una buena causa. Pero no se ponga triste. Temo que no me va a quedar otro remedio que seguir viéndolo.

—¿A qué se refiere? —saltó Bacon.

—El señor Bird no es precisamente un dechado de sabiduría, pero es un buen agente de la Marina.

—¿Usted lo conoce?

—¡Claro que lo conozco! Pero eso no es lo importante. Le voy a contar un secreto, Bacon, confío en su discreción. Yo también trabajo para ellos.

—¿Usted?

—Es uno de mis trabajos extra. No el más interesante quizás, pero uno de ellos. En mi casa tengo siempre una pequeña maleta con ropa y, claro, un casco antibalas. Sólo está permitido llevar lo indispensable. Sin embargo, a escondidas de Klara, yo me encargo de meter ahí un buen libro de historia medieval. En cualquier momento pueden avisarme que tengo que emprender el viaje y en esta época los vuelos a Londres tienden a ser inmensamente largos y aburridos...

—¡Londres!

—Quizás sea el próximo lugar en el que nos veamos, Bacon. Es su próximo destino. Al menos podremos tomarnos un buen té.

—¿Voy a ir a Londres?

—Me sorprende su perspicacia, muchacho. Sí, irá a Londres. Conocerá la guerra. Conocerá el mundo. Y, se lo prometo, será mucho más feliz que aquí.

Bacon se quedó callado un buen rato, asimilando las palabras que Von Neumann acababa de decirle. Iba a ser un agente al servicio de la Marina norteamericana en Londres. Trató de repetir esta frase en su mente varias veces, hasta que logró creérsela.

—Lo único que me sigue incomodando es el estado del profesor Gödel —dijo de pronto; era una parte de la conversación que había olvidado mencionar—. Supongo que mi exabrupto lo habrá incordiado profundamente...

—¡Qué va! —Von Neumann mostraba una sonrisa pícara—. Al contrario, Bacon, quizás Kurt fue el único capaz de comprenderlo.

—¿A qué se refiere?

—¿Usted piensa que Gödel estaba escandalizado por la conducta de su prometida? —su risa era como un graznido—. No sea ingenuo, Bacon. Sus motivos fueron otros: igual que usted, los grandes problemas del profesor Gödel están relacionados con el amor.

—¿Con el *amor*? ¿Gödel?

—Nadie lo diría, ¿verdad? Así es: el tímido y afectado Kurt Gödel está loco de amor por su mujer. Ha hecho mil cosas por ella, Bacon. La persiguió hasta el cansancio, la llenó de regalos, hasta que al fin ella decidió casarse con él... Sólo las mujeres son capaces de lograr que un genio se transforme en una bestia.

—¿Y qué pasó entonces?

—Le responderé, Bacon, siempre y cuando prometa ser discreto. Lo que voy a decirle lo saben muy pocas personas aquí en América. Es un secreto más grande que todos los que va a conocer durante la guerra. En Viena, Adèle era bailarina en un club nocturno de mala fama. Los padres de Gödel siempre se opusieron a que su pequeño hijo se relacionase con una mujer como ella...

—Pero si el profesor Gödel debía de tener casi treinta años entonces...

—Sus padres eran muy conservadores, Bacon, y ejercían mucha influencia sobre él. Fue una verdadera tragedia. Durante muchos años Kurt no se atrevió a desafiar a su familia... ¿Se da cuenta? Al verlo a usted peleando con su novia, el profesor recordó su propia pasión... Eso le hizo llorar.

—Me cuesta trabajo creerlo.

—A mí también me sorprende —Von Neumann monologaba con lirismo, como si compartiese la profunda emoción que sentía Bacon al escuchar aquella muestra de debilidad humana que tanto se parecía a la suya—. Él y usted tienen algo en común. El gran conflicto del profesor Gödel no es el problema del continuo, ni la incompletitud de las matemáticas, ni las proposiciones formalmente indecidibles, sino su amor desgarrado y turbulento por una prostituta: su propia esposa.

BREVE DISQUISICIÓN AUTOBIOGRÁFICA: DE LA TEORÍA DE CONJUNTOS AL TOTALITARISMO

DISQUISICIÓN 1

La infancia y el fin de una era

No me es difícil suponer que, después de la historia que he expuesto sobre el teniente Francis P. Bacon, una incómoda pregunta queda en el aire: si este señor Gustav Links, matemático de la Universidad de Leipzig, ha insistido en decir que es el narrador de los hechos, ¿cómo es posible que conozca hasta los detalles más inconcebibles sobre otra persona, esto es, sobre el teniente Bacon?

La inquietud me parece legítima y por eso me he tomado la libertad de incluir este apartado. Se trata de una duda razonable, porque de su resolución depende la *credibilidad* de mi relato. Un hombre de ciencia como yo, sabe que, sin pruebas, cualquier teoría se desmorona en el aire. He aquí mi réplica: no puedo decir que todos los hechos que he descrito sean verdaderos —de ahí que los haya denominado *hipótesis*—, pues lo cierto es que no me tocó presenciarlos. ¿Entonces qué puedo alegar a mi favor? Algo muy sencillo: el propio teniente Francis P. Bacon se encargó de hablarme de su pasado durante las largas horas que pasamos juntos. Por momentos, él dejaba a un lado su papel de interrogador, yo abandonaba mis peroratas, y entonces se establecía entre nosotros una complicidad sorprendente, una liga íntima no sólo entre nuestros cerebros, sino también entre nuestros corazones. En esos instantes de calma y empatía, yo escuchaba su confesión con un celo que ya quisieran muchos psicoanalistas y no pocos sacerdotes. Intercambiábamos papeles y, al menos durante unos minutos, él se convertía en mi objeto de estudio.

Una pregunta lleva a otra, qué remedio. ¿Por qué estábamos juntos el teniente Bacon y yo? ¿Cuándo nos encontramos por primera vez? ¿Cuál era *nuestra* misión? ¿Cómo se cruzaron, en fin, nuestras vidas paralelas? Para responder a estos cuestionamientos no me queda más remedio que hablar un poco de mí.

Ubico mi nacimiento en el mapa de mi imaginación como un pequeño punto dibujado en el centro de un plano cartesiano. Hacia arriba, en el eje de las *y*, está todo lo positivo que me ha ocurrido; en contraposición, hacia abajo descubro mis desventuras, mis retrocesos y mis requiebros. A la derecha, en el eje de las *x*, encuentro los actos que me definen, aquellos que voluntariamente he convertido en el centro de mi vida —deseos, anhelos, obsesiones—, mientras que, a la izquierda, yacen esas porciones de mi ser que me han modelado contra mi voluntad o mi conciencia, esas partes aparentemente impredecibles o espontáneas que, no puedo negarlo, también me han llevado adonde estoy ahora. ¿Cuál sería el resultado final de un ejercicio como éste? ¿Qué forma aparecería en medio de la hoja? ¿Sería posible trazar las coordenadas que he recorrido a lo largo de mi trayecto? ¿Y obtener, a partir de esa línea, la fórmula que me resuma en cuerpo y alma?

Al contemplar mi vida desde la distancia que otorga el tiempo —es decir, al mirarme como un problema abstracto o, mejor, como una bacteria que se desplaza penosamente bajo la luz del microscopio—, me doy cuenta de que, desde mi nacimiento, mi destino ha estado ligado a la historia del siglo como una lamprea está unida fatalmente al cetáceo que le sirve de hogar y compañía. La mía es una existencia marcada por la turbulenta época que me tocó padecer y, sobre todo, por las personas que la fortuna puso en mi camino durante la primera mitad de este siglo. Comparto, pues, sólo por casualidad, el interés de algunos de los momentos más admirables y ruinosos de la humanidad: dos guerras mundiales, Auschwitz e Hiroshima, y el nacimiento de la nueva ciencia.

Divago. Intento concentrarme para ofrecer una primera frase que alcance a retratarme, un inicio inquietante que despierte la curiosidad, un golpe de efecto capaz de atrapar a mis lectores: por desgracia, no lo consigo. Empiezo, pues, con lo obvio. Mi nombre —ya lo he dicho— es Gustav Links, y nací el 21 de marzo de 1905 en Múnich, capital de Baviera. No es necesario referir la grandeza de mi ciudad natal; baste decir que, además de la tradición de locura instaurada por el rey Luis II y su hermano Otto, la región conoció un momento de esplendor del que participaron hombres como Thomas Mann, Richard Strauss, Franz Wedekind y Werner Heisenberg, entre muchos otros.

Mi padre, Jürgen Links, era catedrático de Historia medieval en la Universidad. Nuestro linaje se remonta al menos hasta el siglo XVII, tal como demuestra el árbol genealógico que él guardaba, y que fue revisado una y otra vez por las autoridades nazis en busca de un antepasado judío que pudiese comprometernos; entre mis antecesores figuran, por el contrario, un maestro de música en la corte de Berlín, un farmacéutico de Soest y, en fin, un talabartero de Múnich al servicio del rey Max Joseph de Baviera, en plena era napoleónica.

El nombre de mi madre era Else Schwartz, pero el recuerdo que poseo de ella es muy borroso debido a que, por culpa de un embarazo fallido, murió cuando yo tenía tres años. No puedo hablar de ella: lo único que sé, por las escasas fotografías que alguna vez me mostró mi padre, es que tenía una frente amplia y poderosa, una cabellera de color rubio pálido, casi blanca, que le llegaba hasta donde empiezan los pechos, y una mirada severa que no dejaba traslucir la bondad que, según decían, era su principal virtud. Debido a este desafortunado incidente, fui hijo único y, contra la costumbre de entonces, no tuve que compartir mis escasos privilegios con una larga lista de hermanastros: aunque nadie pudiese pensar que a mi padre le afectó su temprana viudez, nunca volvió a casarse.

En esto, como en muchas otras cosas, mi padre era distinto al común de los mortales. A él sí que lo conocí, a pesar de que era el vivo ejemplo de esa tradición ancestral de los Links que es la de jamás mostrarse tal como uno es. Nació en Múnich, como yo, en 1871, justo en el momento en que Baviera pasó a formar parte del Reich alemán con el emperador Guillermo I y su ministro Bismarck. Prácticamente la mitad de su vida transcurrió en la férrea sociedad formada por estos hombres y era un convencido entusiasta del Imperio. Aunque era fuerte y arrogante, adusto y rígido, tenía una de las personalidades que yo más he admirado. Desde pequeño se interesó por la historia de los antiguos germanos, cuya progenie estudió toda su vida. Era el más sabio en un ambiente de hombres sabios y era capaz de recitarme de memoria fragmentos enteros de las gestas medievales: *Tristán e Isolda*, el *Cantar de los Nibelungos* o el *Perceval* de Wolfram von Eschenbach. Sin embargo, a lo largo de mi niñez, apenas tuve otro contacto con él. En nuestro ambiente de *Bildungbürger* —de burgueses ilustrados—, los hijos ocupaban el lugar más bajo de la jerarquía social, siempre separados de los adultos.

Cuando nací, el mundo era un sitio ordenado, un cosmos serio y meticuloso en el cual los errores —las guerras, el dolor, el miedo— no eran más que lamentables excepciones debidas a la impericia. Mis padres, y los padres de mis padres, creían que la humanidad progresaba linealmente, desde el horror de la edad de las cavernas, hasta la brillantez del futuro, como si la historia no fuese más que un cable tendido entre dos postes de luz o, para utilizar la metáfora que mejor define al siglo XIX, como una vía férrea que une, al fin, dos poblados remotos. En medio de este escenario, nacer era poco más que un trámite. A partir de ahí, la severa educación que se nos impartía bastaba para modelarnos, para hacernos hombres de bien y para asegurar nuestro porvenir... Los valores que se nos enseñaban entonces eran muy simples: disciplina, austeridad, nacionalismo. ¡Esta empresa parecía tan hermosa y, a la vez, tan simple! Si la regla del mundo era el progreso, las existencias individuales debían plegarse al mismo esquema. ¿Por qué algo habría de fallar? Si se planeaba con suficiente cuidado la formación de un niño, si se le proporcionaban las herramientas que asegurasen su desarrollo, su crecimiento físico y espiritual, y si se forjaba su carácter como si fuese, en efecto, una lámina de bronce sobre el yunque de la moral, poco a poco la sociedad podría deshacerse de los locos, los criminales y los mendigos, asegurándose una comunidad de hombres honrados, ricos, alegres y piadosos.

Por fortuna, mi infancia no sólo estuvo bañada por el rigor científico. Una actividad transformó mi niñez: mi ingreso a los *Wandervogel*, «pájaros errantes», como se llamaba entonces a los integrantes del movimiento juvenil que, a semejanza de los *boy scouts* de otros países, eran una parte destacada de la formación de los jóvenes alemanes de entonces. Gracias al movimiento, conocí a Heinrich von Lütz, mi mejor amigo durante muchos años, una de las influencias capitales de mi vida, y a Werner Heisenberg, el cual, como era cuatro años mayor que nosotros, dirigía ya su propio grupo de muchachos.

En cualquier caso, aún conservo hermosos recuerdos de esa época: las farolas de gas que pendían de los postes de las calles; los paseos por la Marienplatz atestada de gente; la larga espera para mirar el *Glockenspiel*, el hermoso reloj mecánico instalado en la torre del Neues Rathaus; la sorpresa de mirar el paso de un automóvil cerca de la Alte Pinakothek;

la mujer que llevaba la leche a nuestra casa y a la que todos los niños le gritaban «*Millimadl, Millimadl, mit'n dicken Wadl!*» («¡Lechera, lechera, con las piernas gordas!»); las canciones de los músicos ambulantes... Supongo que ya no queda nada de esto. Quizás la imagen que más vivamente llega a mis ojos es la de los soldados bávaros que marchaban a lo largo de la Hohenzollernstraße, al ritmo de tambores, acompañados por entusiastas bandas militares, rumbo a su campamento a lo largo del Oberwiesenfeld. Yo no sospechaba que pronto esta escena idílica iba a convertirse en una pesadilla.

En julio de 1914, cuando yo tenía diez años, un extremista serbio asesinó, en Sarajevo, al heredero de la corona real e imperial de nuestros vecinos del Imperio Austro-Húngaro. Días más tarde, Alemania entró en la guerra debido a su alianza con el viejo Francisco José. Ninguna de estas cosas me hubiese importado de no ser porque mi padre tuvo que alistarse en el servicio activo y partir hacia el frente, y me dejó con su madre. La anciana Ute Links era una mujer extraordinaria: a sus setenta años era capaz de realizar excursiones a las montañas cercanas y estaba dispuesta a defender su casa si alguna vez los odiados franceses —o ingleses o rusos— llegaban a atacarla. A su lado pasé todos los meses que duró la guerra.

A principios de 1915, mi padre hizo que mi abuela me inscribiese en el Maximilians-Gymnasium, dirigido en alguna época por el doctor Wecklein, el abuelo materno de Heisenberg. Era uno de los centros de enseñanza más prestigiosos de Baviera y paso obligado para los miembros de la burguesía que querían realizar estudios universitarios. Originalmente, el Max-Gymnasium —como solíamos llamarlo—, ocupaba un enorme edificio en la esquina de la Morawitzkystraße y la Karl-Theodor-Straße, pero cuando comenzó la guerra, el ejército bávaro lo requisó para acuartelar parte de las tropas. En la época en que yo ingresé, los cerca de trescientos alumnos matriculados en sus aulas recibíamos clase en el Ludwig-Gymnasium, no lejos de la Marienplatz. (Un año después de concluida la guerra pudimos regresar a nuestro viejo edificio.)

Mis primeros años en el Max-Gymnasium no sólo fueron difíciles, sino prácticamente inútiles. Desde mediados de 1915, varios de los profesores y de los alumnos de los grados más avanzados, inscritos en la asociación paramilitar de la escuela, la *Wehrkraftverein*, partieron al frente; muchos de ellos no regresaron jamás. Para ocupar las horas vacantes, recibíamos interminables clases de *Vaterlandsliebe*, lecciones de amor patrio que tenían como objetivo proporcionarnos la fortaleza necesaria para sufrir estoicamente las penalidades del momento. Más tarde, la escasez de carbón e incluso de alimentos obligó a recortar aún más los horarios. A veces sólo acudíamos al Gymnasium una vez por semana para que los maestros nos entregasen una lista con nuestros deberes.

El armisticio del 11 de noviembre de 1918 dejó a todos los alemanes estupefactos: cuando creímos que íbamos a ganar la guerra —gran parte de nuestro ejército seguía ocupando localidades francesas y, a pesar de las bajas, se conservaba prácticamente intacto—, se nos informó de la capitulación de nuestros generales. Era increíble. El día 9 del mismo mes, el emperador Guillermo II abdicó en Berlín. Un día antes, el líder de los socialistas de Baviera, el judío Kurt Eisner, había proclamado en Múnich el fin del Imperio y el establecimiento de una *Räterepublik* (una república de consejos según el modelo soviético). Para nosotros, era el principio de una era de caos.

En las siguientes semanas, Múnich se convirtió en un campo de batalla. El nuevo régimen alentó el odio entre los trabajadores de izquierda y las clases acomodadas. Como primer ministro de Baviera, Eisner trató de licenciar al ejército, siguiendo uno de los puntos señalados en el Tratado de Versalles, pero sólo consiguió perder el apoyo de los militares. La burguesía y la aristocracia, temiendo que sus privilegios fuesen derribados por los bolcheviques de Eisner, se dedicaron a armar ejércitos privados para defenderse en caso de ser necesario. Prácticamente todos los grupos de derecha participaron en este movimiento, de modo particular las sociedades secretas, ultranacionalistas, que proliferaban en Baviera, como la Thule Bund, que pronto habría de desempeñar un papel de primera magnitud en la historia alemana. El 21 de febrero de 1919, un miembro de esta sociedad, el conde de Arco-Valley, disparó en plena calle contra Eisner.

Los combates entre comunistas y miembros de los ejércitos privados se sucedieron a lo largo de las principales calles de Múnich. En medio de la zozobra general, el SPD, el Partido Socialdemócrata, obtuvo el control en el nuevo gobierno. Entre las primeras medidas que tomó estuvieron la eliminación de la monarquía y de los títulos nobiliarios, la clausura de gimnasios, universidades y periódicos —que se consideraban focos de conservadurismo— y la confiscación de las armas: era el «terror rojo». En abril de 1919 —¡y pensar que en esos momentos el teniente

Francis P. Bacon aún no había nacido!—, el gobierno central de Berlín decidió intervenir para pacificar Baviera. El ministro socialista de guerra, Gustav Noske, organizó un ejército de *Freikorps* —soldados voluntarios— y lo envió hacia Múnich al mando del general Von Oven. Después de numerosos enfrentamientos, Von Oven ocupó la ciudad y ordenó que cualquier persona a la que se hallara con un arma fuese fusilada sumariamente. Los ejércitos «blancos» aprovecharon la ocasión para vengarse de sus enemigos «rojos» en una masacre que se prolongó durante varios días. Las fuerzas berlinesas permanecieron en la ciudad hasta el primero de julio, cuando la situación quedó bajo su control. La República de Weimar —y, con ella, los restos de un universo ordenado— apenas conseguía mantenerse en pie.

DISQUISICIÓN 2

Juventud e irracionalidad

Como yo, Heinrich también asistía al Max-Gymnasium y era miembro del mismo grupo de *Wandervogel* al que yo pertenecía. Como los *boy scouts* ingleses, éramos conservadores y puritanos, llenos de entusiasmo por la vida y por nuestros semejantes, y nuestra principal tarea era prepararnos para ingresar en el mundo de los adultos. En 1919, el movimiento juvenil de Baviera consideró que muchos de estos ideales habían sido traicionados por los adultos que perdieron la guerra. Sus jóvenes guías decidieron entonces formar un nuevo movimiento capaz de volver a los orígenes, que adquirió el nuevo nombre de *Jungbayernbund* (Liga de la Juventud Bávara).

El primero de agosto de 1919, cientos de jóvenes de Alemania y Austria nos reunimos en el castillo de Prunn, en el valle de Altmühl, para decidir el futuro del movimiento juvenil. Tras la debacle ocasionada por la guerra, era necesario revisar los fundamentos de nuestra organización. Heinrich y yo, que a la sazón teníamos catorce años, asistimos acompañando a nuestro *Gruppenführer*, y pudimos ver aquella maravillosa concentración de más de doscientos cincuenta chicos provenientes de todos los confines del ámbito cultural alemán. Durante tres días, debía discutirse la manera en que los jóvenes debíamos encarar la cruda realidad política que nos había tocado vivir. Los resultados de este examen de conciencia se publicaron en *Der Weiße Ritter*, el órgano oficial del movimiento. Sus conclusiones eran que los jóvenes de entonces sentíamos un profundo rechazo por la civilización moderna y su proceso de industrialización, pues considerábamos que nos había llevado a la confrontación armada y a la subsecuente derrota que habíamos sufrido. Por eso, los jóvenes debíamos luchar para obtener una sociedad más armónica con sus antiguas tradiciones. Siguiendo ideas que entonces flotaban en el aire —como las escritas por Spengler en *La decadencia de Occidente*—, estábamos convencidos de que nuestra civilización atravesaba por un período de declive que nos condenaba a un mecanicismo sin límites. Como escribió uno de nuestros dirigentes en *Der Weiße Ritter*: «El movimiento juvenil es un movimiento de libertad. Se ha liberado del mecanicismo y del materialismo sin alma de la civilización moderna y ha defendido, victoriosamente, su valor y el derecho de los jóvenes a vivir contra las limitaciones de la tradición y de la autoridad.»

A los catorce años, Heinrich y yo apenas estábamos en condiciones de comprender el alcance de aquellas palabras pero, con la distancia, me parece que contenían el germen de todas las discusiones intelectuales que se llevaron a cabo en Alemania desde entonces hasta la derrota final de 1945. En 1920, los sentimientos despertados durante la reunión de Schloß Prunn se volvieron aún más extremos: un ala inconforme con el dictado general de no participar en las cuestiones políticas inmediatas —a la cual Heinrich y yo no dudamos en unirnos—, se separó de la corriente general y tomó el nombre de Neudeutsche Pfadfinderschaft (Nuevos Exploradores Alemanes). Las ideas fundamentales de la nueva organización quedaron resumidas en tres principios rectores: *Gemeinschaft, Führer* y *Reich*: Comunidad, Guía e Imperio. Nuestro emblema era, desde luego, un caballero blanco: simbolizaba la batalla que cada uno de nosotros debía emprender —como San Jorge contra el dragón— para derrotar a la corrupción moral de nuestro entorno y crear un nuevo Reich alemán, puro y virtuoso, donde primaran la rectitud y la verdad.

Si ahora tuviese que resumir mi experiencia de aquella época, tendría que decir que en realidad viví dos infancias y dos adolescencias distintas y a la vez complementarias. Me explico: mi amistad con Heinrich era tan intensa, tan cercana, que era como si cada uno viviese también la vida del otro. Conocíamos cada uno de nuestros gustos, de nuestros apetitos, de nuestras manías; prácticamente hubiésemos podido hacernos pasar el uno por el otro, sin que nadie lo notase, de no ser porque él era sólido y robusto y yo, ya desde entonces, alto, espigado como una serpiente. Contra las costumbres de aquellos días —uno debía ser reservado con todos a fin de conservar su dignidad—, Heinrich y yo no teníamos ningún secreto entre nosotros: una luz de transparencia nos ligaba como hermanos. Nunca, antes o después, he vuelto a experimentar una amistad tan noble y tan pura como la que tuve entonces con él.

Heini, es necesario advertirlo, era hijo de un rico, *muy* rico empresario de Turingia (creo que poseía una siderúrgica) que, aprovechando la perpetua devaluación del marco, había llegado a amasar una enorme fortuna. Casi todo el tiempo viajaba junto con su mujer, una holandesa de modales corteses —sólo dos veces al mes estaban en Múnich—, y Heini crecía desordenadamente, lejos de la férrea disciplina que puede imponer un padre cercano como el mío. Aunque en la escuela yo no era el mejor alumno de mi clase, el miedo que tenía de entregarle malas notas a mi padre era suficiente para mantenerme entre los diez primeros puestos. A Heini, en cambio, el griego, el latín y las matemáticas lo tenían sin cuidado: no era tonto ni mucho menos, pero prefería dedicar toda su atención a los temas que realmente le importaban —la historia, la filosofía—, dejando de lado cualquier interrupción superflua.

Mi padre llegó a apreciarlo; como yo estaba demasiado ocupado con mis matemáticas, que ya se habían convertido en el centro de mi atención, Heini se convirtió un poco en el hijo que sí estaba dispuesto a proseguir su camino. Muchas veces acudía a mi casa, incluso si yo no estaba, y se quedaba largas horas charlando con el viejo, algo que para mí resultaba inimaginable. Yo no era celoso: así como él podía rondar por mi casa sin invitación, yo también tenía la libertad de presentarme en la suya, en la cual su madre —que tenía uno de los rostros más bellos que he visto jamás— toleraba mis flirteos adolescentes con una sonrisa y me invitaba a su espléndida tarta de manzana (a mí me parecía increíble que Heini no pudiese dejar de discutir con aquella mujer encantadora). Mediante este acuerdo tácito en el que intercambiábamos padres, Heinrich y yo llevábamos a sus últimas consecuencias los postulados de nuestra personalidad compartida.

Desde pequeño, podía advertirse en Heinrich esa aura de misterio que habría de llevarlo a convertirse en filósofo. Era inquieto y salvaje, pero estaba dotado de una inusual capacidad de observación. Le bastaba con otear un gesto, con estudiar un ademán, para adivinar el carácter o el temperamento de una persona. Me dejó muy impresionado la primera vez que, al toparnos en la calle con una joven alta y sombría, de unos treinta años, Heini me dijo al oído que seguramente era virgen. Lo mismo ocurrió una semana más tarde, cuando, según él, encontramos la cara opuesta de la moneda: una polaca un tanto gruesa que nos atendía en una de las cervecerías del centro. «Ésa no se cansa de fornicar todas las noches», me explicó Heini en tono críptico.

Heinrich gozaba de una bien ganada fama de mujeriego. En un ambiente en el cual el contacto con las mujeres era casi un pecado —la mayor parte de mis compañeros de entonces tardaron muchos años en casarse y creo que, en el fondo, nunca pudieron entender a sus esposas—, el caso de Heini era atípico. Tenía varias primas más o menos de su edad, a las que veía con frecuencia, y al parecer una de ellas no resistió la tentación de revelarle los secretos del amor. A partir de entonces, las mujeres se convirtieron en una obsesión para él: no hablaba más que de ellas y, con su talento habitual, las clasificaba de acuerdo con las características más inconcebibles: por el color del cabello o los ojos, en los casos más obvios, y por la manera en que debían hacer el amor, con sumisión o con violencia, o por el tamaño o el color de sus pezones, los que más me aturdían.

Como podrá suponerse en dos amigos tan cercanos como nosotros, su pasión no tardó en volverse mía. Juntos visitamos nuestro primer burdel, a los diecisiete años, y pedimos que la prostituta nos recibiera a los dos juntos: queríamos que nos tocase al mismo tiempo y mirar, de reojo, nuestras propias y ridículas expresiones. Al final, pasamos muchas horas riendo al imitar nuestras absurdas muecas. En contra de la moral en que habíamos sido educados, al cumplir dieciocho años teníamos una historia amorosa mayor que la del resto de nuestros compañeros.

Pero tampoco se crea que lo único que hacíamos entonces era perseguir traseros por las callejuelas de Múnich. A pesar de sus malas notas, Heini era un chico brillante, siempre dispuesto a emprender sesudas reflexiones filosóficas sobre el sentido de la vida. Se entusiasmaba con las ideas patrióticas que nos enseñaban tanto en el gimnasio como en el movimiento juvenil: la sociedad que nos rodeaba estaba en decadencia y nosotros, alemanes, debíamos rastrear en nuestro pasado para encontrar el modo de sobreponernos a la adversidad. En él, estas constantes lo llevaban a emprender especulaciones más profundas: aunque aún no estaba seguro de cuál iba a ser su camino, estaba decidido a convertirse en un hombre famoso, en una especie de líder espiritual de sus contemporáneos. Sus lecturas de sagas medievales lo habían llenado de una especie de misticismo hacia la «raza alemana» y sus ideales. Poco a poco, conforme nos acercábamos al final de los estudios en el Max-Gymnasium, Heini se transformó en un fiero defensor del irracionalismo. Según él, todos los males de nuestra civilización se debían a la obstinada causalidad que se nos enseñaba en la escuela. Como Spengler, pensaba que la causalidad era «rígida como la muerte» y que el único modo de combatirla era por la fuerza.

Estábamos en 1924 y acabábamos de concluir, satisfactoriamente, nuestros estudios en el Max-Gymnasium. A partir de ese momento, nuestros destinos comenzaron a separarse. Yo fui aceptado en la Universidad de Leipzig para estudiar matemáticas, mientras que Heinrich decidió marcharse a Berlín; su objetivo era dedicarse al estudio de quien ya para entonces era su filósofo favorito: Friedrich Nietzsche, sobre cuyos últimos años de lucidez pretendía escribir su tesis.

DISQUISICIÓN 3

La aritmética del infinito

Leipzig se encuentra en la confluencia de los ríos Weiße Elster y Pleiße, y la primera mención que se hace de ella data de los inicios del año 1000: la *Crónica del obispo Thietmar de Merseburg*, escrita en esa época, refiere el trágico deceso del obispo de Meißen en la «*urbs Lipsi*». El *Alma Mater Lipsiensis*, como se le llamaba con pedantería, fundada en 1409, fue una de las primeras de Alemania.

Cuando llegué allí, en septiembre de 1924, la economía había comenzado un período de reajuste capaz de permitir que, durante algunos años, la República de Weimar disfrutase de una relativa tranquilidad en contraste con la agitación pasada. Aunque me hubiese gustado asistir a Gotinga, donde la matemática alemana se encontraba en su nivel más alto gracias a los trabajos de David Hilbert, lo cierto es que me sentía satisfecho de haber ingresado en Leipzig. Acaso no tan hermosa como Dresde, pero igualmente interesante, esta ciudad me ofrecía la posibilidad de desenvolverme por mí mismo, lejos de la rigidez paterna y lejos también, hay que decirlo, de las severas normas del movimiento juvenil. No tenía mucho dinero pero al menos podía decidir en qué gastarlo.

Mi campo de estudio —creo que debo enorgullecerme de ello—

era la lógica matemática y, en especial, la teoría de conjuntos infinitos desarrollada por Georg Cantor a fines del siglo XIX. Se trataba de un trabajo original, pues eran pocos los matemáticos de entonces que se dedicaban, desde tan temprana edad, al estudio de un tema casi contemporáneo. Cuando, en mi último año en el Max-Gymnasium, descubrí las teorías de Cantor, supe de inmediato que quería dedicar mis esfuerzos a completar sus ideas. Como matemático, se había enfrentado a uno de los temas más atrayentes de la historia de la filosofía: el infinito. Desde que comencé a leer sus ideas, me pareció encontrar una mina de oro. Otro de los puntos integrados en el famoso *Programa de Hilbert* tenía que ver justamente con la teoría de los números transfinitos que Cantor no había podido resolver: el llamado «problema del continuo». En cuanto me presenté a Karl Huttenlocher, *Privatdozent* en la Universidad de Leipzig, le dije que quería trabajar en ese espinoso asunto.

—Uno más —se limitó a decir Huttenlocher, con un gesto de resignación.

Georg Ferdinand Ludwig Philipp Cantor nació el 3 de marzo de 1845, cerca de los luminosos hielos del Neva, en San Petersburgo. Era el primogénito de un linaje de origen judío-alemán: el padre, Georg Woldemar, había nacido en Copenhague y se había vuelto luterano, mientras que la madre, Maria Anna Bolm, era una judía rusa cuya madre había adquirido la fe católica. Cuando el pequeño Georg cumplió once años, la familia se trasladó a Alemania, primero a Wiesbaden y luego a Francfort. Tras haber asistido a una escuela elemental en San Petersburgo, prosiguió sus estudios en diversos colegios alemanes; posteriormente se matriculó en la Grand-Ducal Realschule de Darmstadt y más tarde en la prestigiosa Höhere Gewerbeschule, donde permaneció hasta 1862.

Desde pequeño, Cantor se había sentido atraído por la severa religión de sus padres —así como por la música, la pintura y la literatura—, pero había concentrado su atención en una sola disciplina: las matemáticas. Para él, la ciencia era el vehículo de comunicación con la divinidad. A pesar de su fe protestante, se sentía fascinado por los doctores de la Iglesia y sus abstrusos argumentos sobre la existencia y las propiedades del Creador. Estaba convencido de que ellos habían encontrado reglas de pensamiento capaces de conducirnos, de modo natural, hacia Él. Cantor tuvo el genio de hallar, en medio de esas disquisiciones teológicas, las bases de sus ideas matemáticas: *Multitudo est id quod est ex unis quorum unum non est alterum* («Un conjunto es un agregado cuyas unidades son distintas de las otras»), una definición extraída de un tratado de Santo Tomás que no habría de olvidar nunca.

Consciente de las habilidades de su hijo, el padre de Cantor pensaba que la mejor forma de encauzar su talento sería obligándolo a estudiar ingeniería. Georg, en cambio, no compartía esta opinión: a su espíritu no le importaba la construcción de puentes ni el comercio, sino la sutileza de las matemáticas puras y sus derivaciones teológicas. La obsesión luterana por alcanzar el éxito económico, representada en la figura paterna, lo hacía sentirse incapaz de emprender cualquier actividad productiva. Poseído por esta sensación de fracaso, se encerraba sin apenas salir a la calle.

A pesar de la recurrencia de sus ataques de melancolía, en 1862 consiguió matricularse en la Universidad de Zúrich y, a los veintidós años, Cantor se graduó en la Universidad de Berlín. Su tesis doctoral sobre teoría de los números —la cual, con sólo veintiséis páginas, lo hizo merecedor de la distinción *magna cum laude*— apenas adelantaba, sin embargo, el germen de sus investigaciones posteriores. En 1869 se trasladó a la Universidad de Halle. A partir de entonces, trató de armonizar todas sus preocupaciones —la religión, las matemáticas y la filosofía— en una sola: el estudio del infinito. Cantor estaba empeñado en crear una nueva aritmética capaz de desentrañar la relación entre la divinidad y los números. Como si quisiese reconstruir la mente del Eterno, utilizó la vieja idea tomista sobre los agregados de elementos para sentar las bases de una nueva teoría de los conjuntos.

Por esa misma época, un amigo de Cantor, el matemático Richard Dedekind, publicó un libro que habría de estimularlo profundamente, titulado *Continuidad y números irracionales* (1872). Hasta antes de esta obra, el infinito matemático no tenía una definición precisa y los estudiosos debían contentarse con meras suposiciones o con los anticuados términos derivados de la escolástica. Con extrema elegancia, Dedekind ofreció por vez primera una consistente explicación del término. Para él, un conjunto es infinito cuando uno de sus subconjuntos tiene el mismo tamaño que el conjunto original.

En 1874, Cantor contrajo matrimonio con una muchacha de nombre Velle Guttman; para su viaje de bodas, la nueva pareja decidió visitar Interlaken, a fin de encontrarse con Dedekind, quien se hallaba de vacaciones en la pintoresca aldea suiza. La estancia en el cantón bernés resultó para Cantor una experiencia tan estimulante como su lectura adolescente de la teología medieval. Acompañado por su esposa, realizó breves excursiones por las cercanías del río Aare y los pacíficos lagos de Thun. Pero sin duda su actividad preferida consistía en pasear, junto con Dedekind, por las calles principales de Interlaken; mientras charlaban sobre el infinito, se detenían a contemplar, sobrecogidos, la helada belleza del Jungfrau que se asomaba, como un dios vigilante, por encima de sus cabezas.

Unos meses después, iluminado por aquellos días festivos, Cantor comenzó a escribir, sin descanso, los artículos que habrían de hacerlo famoso. Se sentaba a trabajar hasta el anochecer, inspirado por una voz que —estaba seguro— no sólo era la suya. Como los antiguos escribas, trazaba lo inconmensurable en unas cuantas hojas de papel con el mismo convencimiento y la misma fe con que dirigía sus oraciones matinales. Con su nueva teoría de conjuntos, inspirada en las ideas de Dedekind, Cantor estaba ahora en condiciones de intentar su propia aproximación a lo ilimitado. Luego de sumar y restar conjuntos, de tratarlos como abstracciones independientes de la realidad y de amoldarlos al análisis aritmético tradicional, de sacudirlos e insuflarles vida propia como si fuesen sus criaturas, llegó a un callejón sin salida: era una especie de enfermedad o de trastorno que bien podría precipitarlo a la locura. Esta anomalía, este síntoma de insania inscrito en las matemáticas, surgió cuando se dio cuenta de que el infinito *sí* podía ser medido.

A diferencia de Dedekind, Cantor reparó en que los conjuntos infinitos pueden tener distintas magnitudes o «potencias». En otras palabras, Cantor determinó que había infinitos de distintos tamaños. «Gracias a este método», escribió Cantor en 1883, «siempre es posible llegar a nuevas clases de números, y, con ellas, a todas las distintas potencias, sucesivamente crecientes, que se encuentran en la naturaleza material o inmaterial; los nuevos números que se obtienen de esta manera tienen siempre la misma precisión concreta y la misma realidad objetiva que los demás». Al darse cuenta de su descubrimiento, Cantor le escribió a Dedekind como si hubiese abierto una nueva caja de Pandora: *Je le vois mais je ne le crois pas!*

Si él mismo se escandalizaba de sus resultados, sus contemporáneos consideraban que aquella aritmética era delirante. Aunque sus primeros artículos aparecieron con sorprendente rapidez en el célebre *Journal de Crèlle*, pronto los editores comenzaron a retrasar la publicación de sus envíos, temerosos de arriesgar su prestigio académico. Pero el más temible ataque que sufrió Cantor provenía de un influyente hombre de negocios de Berlín, llamado Leopold Kronecker.

Nacido en 1823, Kronecker se convirtió en un próspero empresario después de presentar su tesis sobre teoría algebraica de los números en 1845. Como estudiante, había entrado en contacto con algunos de los mejores matemáticos de la época, como Weierstraß, Jacobi y Steiner, y había encauzado su trabajo hacia la aritmetización universal del análisis matemático con la ciega creencia de que la aritmética debía ser *finita*. «Dios creó los enteros y lo demás es obra del hombre», afirmó en clara alusión a Cantor.

En 1883, después de muchos años de dedicarse a sus propios negocios, Kronecker aceptó una cátedra en la Universidad de Berlín. Desde allí, urdió una oscura campaña contra Cantor, la cual impidió que a éste se le otorgase un nombramiento similar al suyo; a partir de entonces, Kronecker se dedicó a destruir, paulatinamente, su trabajo sobre el infinito. Despreciado, Cantor tuvo que refugiarse hasta el fin de su vida en la modesta Universidad de Halle, del mismo modo que su amigo Dedekind se había conformado con un puesto en un gimnasio de Brunswick.

Azotado por la ira y el rencor de sus enemigos, Cantor sufrió una serie de ataques nerviosos que lo postraron en cama durante semanas. No obstante, en 1884 pudo concluir un largo tratado que contenía la mayor parte de sus aportaciones a las matemáticas, titulado *Fundamentos de una teoría general de las variedades*, cuyo principal objetivo era presentar batalla a las intrigas de Kronecker. En este libro, Cantor volvió a exponer su idea de que los conjuntos infinitos podían tener numeraciones definidas tanto como los finitos. Para demostrarlo, no le importaba rozar las cuestiones teológicas que tanto le habían impresionado desde su juventud e incluso llegaba a sostener que, si bien Dios era inaprehensible por medio de la razón, era posible acercarse a Él, tal como lo habían hecho los místicos, por medio de su teoría.

Kronecker rechazó cualquier confrontación pública con Cantor aunque en una ocasión accedió a recibirlo en su casa. Era el encuentro de dos genios distintos, de dos siglos, de dos temperamentos. Al final, las posiciones se mantuvieron irreductibles y nada cambió en el miserable destino de Cantor. A pesar de todo, siguió confiando en sus descubrimientos. Entonces escribió: «Mi teoría se mantiene firme como una roca; cada flecha dirigida en su contra regresará rápidamente a su arquero. ¿Cómo sé esto? Porque la he estudiado desde todos los ángulos durante muchos años; porque he examinado todas las objeciones que se han hecho en contra de los números infinitos; y, sobre todo, porque he seguido sus raíces, por así decirlo, a la primera causa infalible de todas las cosas creadas.»

Más que los argumentos de Kronecker, fue uno de sus propios descubrimientos el que terminó arrinconándolo definitivamente en la locura. Era la «hipótesis del continuo». En su aritmética del infinito, Cantor pensaba que *debía* existir un conjunto infinito con una potencia «mayor» que la de los números naturales y «menor» que la de los números reales. Por desgracia, nunca fue capaz de comprobarlo: como si se tratase de una bofetada de Dios, la «hipótesis del continuo» se convirtió en una especie de maldición, una muestra de la estrechez humana, que nunca llegó a solucionarse.

Desilusionado, Cantor abandonó las matemáticas y comenzó a enseñar filosofía en los escasos momentos de paz que disfrutaba. Tembloroso y abatido, caía en frecuentes ataques depresivos que cada vez se prolongaban más. Creía que el ángel de las matemáticas lo había abandonado para siempre a pesar de que, como le escribió a un amigo, Dios fuese el único centro de su trabajo. Desesperado por la falta de pruebas a su hipótesis del continuo, en 1899 solicitó una licencia que le permitiese seguir recibiendo su pago sin la obligación de dar clases, a fin de consagrar todo su tiempo a solucionar este problema. Por fin, en 1905 se dio por vencido. *Nunca* resolvería este último acertijo, la sublime tortura que había caído sobre su alma.

DISQUISICIÓN 4

La libertad y la lujuria

A mediados de octubre de 1926, recibí una carta de Heinrich. Sus noticias eran sorprendentes: no sólo le iba maravillosamente bien en sus asignaturas, sino que había encontrado a la chica de sus sueños y pensaba casarse con ella. Según contaba, Natalia no sólo era una mujer inteligente y hermosa, sino que estaba absolutamente enamorada de él. Era un poco más joven que él —si no me falla la memoria, Heinrich estaba a punto de cumplir veintidós— y, en sus propias palabras, no podía describirla con otro adjetivo que no fuese «perfecta». Me pedía que con la mayor brevedad nos reuniésemos para que yo la conociese.

En una carta igualmente entusiasta le dije que haría lo posible por recorrer la distancia entre las dos ciudades y que sería un honor para mí conocer a su «amada». Por fin, después de un par de intercambios epistolares, Heinrich me indicó la fecha en la cual podríamos encontrarnos en Berlín, donde prometía llevarnos a ver «uno de los mejores espectáculos del mundo»: ni más ni menos que la actuación de la famosa cantante negra Josephine Baker. «Un pequeño simio sin jaula», anotaba con cinismo. «Además», me escribió, «Natalia se encargará de llevar una amiga *para ti*». No hubiera podido recibir una mejor noticia en aquellos días en que no hacía otra cosa que ir de la pensión en donde me alojaba a la Universidad y de la Universidad a la pensión sin otra compañía que la de Cantor. «¿Cómo vamos a colarnos en un espectáculo como *ése*?», me limité a contestarle. «¿Y cómo vamos a pagarlo?» «Tú acicálate», se limitaba a decir en un telegrama, y me citaba en la estación de tren de Berlín para el siguiente sábado a las doce del mediodía.

Yo nunca antes había estado en la capital del Reich. Imaginaba que sería similar a Múnich, pero estaba completamente equivocado: en aquella época Berlín era el centro del mundo o, como escribió el novelista Stefan Zweig, la nueva Babel. De hecho, en 1926 era la tercera ciudad más grande del planeta. Me había puesto mi mejor levita y, en cuanto llegué a la estación, me percaté de lo extraño que debía verme en medio de la mayor parte de los viajeros. Me senté en un banco y esperé, angustiado, hasta que Heinrich y dos hermosas jóvenes se acercaron a mí. Al principio no sabía cuál de las dos sería mi acompañante, pero mi timidez me impidió preguntarlo. Una era rubia y pecosa, con un cuerpo que no parecía el de una chica de dieciocho años, perfectamente torneado; sin embargo, la otra era aún más deslumbrante: pelirroja, con esa mirada tímida que sólo tienen las mujeres que se sienten inseguras de sí mismas. Recé en mi interior para que ella fuese la que me correspondía pero, como debí haber supuesto, no fue así.

—Déjame que te presente —dijo Heini—: éste es el amor de mi vida, Natalia —no dudé que el adjetivo «perfecta» era el único que le convenía—, y esta preciosidad responde al nombre de Marianne.

—*Enchanté* —dije y procedí a besar sus manos.

Ambas me miraron con una risa contenida.

—Mi amigo siempre ha sido muy formal —Heini se disculpó por mí—. Bueno, andando, que no tenemos mucho tiempo...

Natalia y Marianne se adelantaron unos pasos y yo me acerqué a Heinrich.

—¿No son hermosas? —me susurró al oído.

—¿De dónde has sacado el dinero para todo esto? —me apresuré a preguntarle—. Y sus padres, ¿cómo les permiten...?

—Olvídate ya de nuestras lecciones de moral cristiana —terminó Heinrich—. Limítate a disfrutar de una velada como no volverás a tener en mucho tiempo.

Heini pidió un taxi y le indicó que nos llevara al Café Bauer, en la Friedrichstraße. Disfrutamos ahí de un modesto almuerzo —el ambiente del lugar mejoraba conforme se acercaba el atardecer—, durante el cual pude hacerme una mejor idea del carácter de nuestras invitadas. Como sospeché, Marianne en realidad era dos años mayor que nosotros, pero se comportaba como una niña mimada; pidió doble ración de postre y, durante las dos horas que permanecimos ahí, apenas me dirigió la palabra. Todo el tiempo charlaba con Natalia para comentarle la elegancia del lugar, los vestidos de las señoras o la atención de los camareros. Natalia, por su parte, se limitaba a escucharla casi sin decir nada. Sólo en algún momento se atrevió a preguntarme si yo estudiaba matemáticas —me sentí profundamente halagado por su interés—, a lo cual traté de responderle con un discurso sobre Cantor y el infinito, pero Heinrich me interrumpió para hacer alguno de sus comentarios impertinentes.

—Esta ciudad está llena de espectáculos degenerados —se dirigió a las muchachas—. ¿No les molesta que las traigamos a un mundo de perdición?

—¡Claro que no! —respondió Marianne de inmediato, y por primera vez se volvió hacia mí con una mirada insinuante. Sentí que el color me subía a las mejillas.

—Debe ser el sitio con más cabarets de toda Europa —prosiguió Heini—. En el Café Nationale las camareras sirven desnudas de la cintura para arriba —esperó a que las chicas hicieran un gesto de sorpresa—. En el Apollo, uno puede bailar desnudo, sea con un hombre o con una mujer, según tus gustos. Pero el mejor de todos es el Siempre Fiel: ahí se puede encontrar hombres vestidos de mujer, mujeres vestidas de hombre... En fin, quizás luego les apetezca ir al Kabaret der Komiken, al Kata Kombe o al Megalomanía...

Yo estaba sorprendido por los conocimientos de Heinrich, como si de la noche a la mañana hubiese hecho un cursillo sobre depravación berlinesa. Luego pensé que toda la información debía provenir de su padre, aunque tampoco imaginaba a Heini hablando con él sobre estos temas. A las chicas, por el contrario, les parecía encantador.

—Sigue contando —dijo, previsiblemente, Marianne.

—En Berlín están las mejores cantantes del mundo. ¿Han escuchado a Renate Müller? ¿O a Evelyn Künnecke? Pero la mejor de todas es una mujer fea y bajita, similar a un barril, de nombre Claire Waldoff. Por cierto, este año ha aparecido una nueva actriz de moda, se llama Marlene Dietrich y toda la gente habla de su aparición en *De boca a boca*...

Aquél era un universo nuevo para mí. De pronto, supe que me gustaba; que me gustaba mucho.

—Por desgracia —continuó Heini, poniéndome un brazo por el hombro—, esas princesas jamás nos harían caso a Gustav o a mí... ¿Saben por qué? Les voy a dar una clave: siempre que vean que alguien lleva prendida una varita de lavanda en la solapa significa que prefiere la compañía de su propio sexo...

Todos reímos. Nos levantamos eufóricos. Yo tenía ganas de amar a aquella desinhibida Marianne que, después de su indiferencia inicial, ahora se me había colgado del brazo.

—Muy bien, muy bien —le dije a Heini—, explícanos quién es esa mujer a la que vamos a ir a ver...

—¡Josephine Baker es lo último de lo último! —mi amigo adoptó un tono cómico; yo sentía el cuerpo de Marianne junto al mío—. El propio Max Reinhardt, el director del Deutsche Theater, se quedó atónito al verla. ¿Quieren que les cuente una historia sobre ella?

—¡Sí! —aullamos al unísono.

—Se dice que Reinhardt fue a verla al final de su función, azorado por su belleza. La Baker acababa de llegar de París —Heini disfrutaba siendo el centro de atención—. Y ahí lo tienen, «oh, mademoiselle, qué placer el conocerla» y todas esas tonterías... Josephine le devuelve las mismas reverencias, «señor, el gusto es mío», etcétera... De pronto, una negra es la mujer más famosa de Berlín. Todos los aristócratas se pelean por llevarla a su casa, como si se tratase de un espectáculo itinerante. La Baker, cínicamente, se deja llevar... Un día, Reinhardt le presenta a unos amigos suyos, y éstos a otros, hasta que en una de las interminables fiestas berlinesas se presenta ni más ni menos que el conde Harry Kessler.

Kessler, el *Conde Rojo*. Me sonaba su nombre. Un millonario excéntrico, simpatizante de los comunistas, amigo del padre de Heinrich. Ahora ataba cabos.

—Imaginen la escena: Kessler llega a la fiesta y ¿qué es lo primero que ve? Aciertan: a Josephine bailando desnuda, completamente desnuda, para todos los presentes. En ese mismo momento el conde decidió que esa mujer, que ese *animal salvaje* (éstas fueron sus palabras) tenía que ser suyo.

—¿Y lo consiguió? —preguntó Marianne.

—¿Tú qué crees? —Heini acentuaba la tensión—. Pero no fue tan sencillo. Como cualquier estrella, la Baker tiene su carácter. Puede desnudarse frente a mil hombres y luego negarse a hacer el amor con uno sólo. Claro que asistió a la fiesta que el conde dio en su honor, pero se resistió a bailar durante toda la noche. Kessler, que ya le había prometido a sus demás invitados una experiencia sin límites, no sabía dónde meterse. Pero como buen aristócrata se las ingenió para distraer a sus amigos con su colección de escultura. «Admiren este Rodin» y cosas como ésa... De pronto, llegaron frente a la *Mujer en cuclillas* de Aristide Maillol. Para Josephine fue como una revelación. Sin decir nada, se quitó la ropa y comenzó a bailar frente a la escultura. El mármol blanco y la piel negra de la Baker se confundían por obra del movimiento. ¡La unión de los contrarios, amigos míos! Según dicen quienes la vieron —sólo yo sabía que se refería a su padre—, fue uno de los espectáculos más apasionantes de la escena berlinesa...

Todos quedamos encantados con la historia. Nos introducía en un ambiente que ni las muchachas ni yo soñábamos con llegar a conocer. Heinrich nos condujo al lugar donde se llevaría a cabo el espectáculo —ahora se me escapa el nombre— y se dirigió directamente al administrador. Todo estaba arreglado. Heini consiguió que nos diesen una pequeña mesa no muy lejos del escenario. Una camarera nos llevó una botella de champán.

El *show* se titulaba, muy apropiadamente, *The Chocolate Kiddies*, y la música había sido compuesta por Duke Ellington. En cuanto comenzó, quedé fascinado: jamás pensé que Josephine Baker fuese una mujer tan hermosa, la más hermosa que hubiese visto jamás. Excedía todas las descripciones de Heinrich. Frenética, danzaba envuelta en una falda hecha con plátanos, mostrando sus senos pequeños y sus pezones color marrón. La Baker poseía, en efecto, un atractivo salvaje, pero al mismo tiempo era una sutil encarnación del movimiento: ni una sola parte de su cuerpo se sustraía a las resonancias de los tambores.

—Disfrútala —me susurró Heini al oído—, en Leipzig no encontrarás nada semejante.

Yo no tenía disposición para charlar con él; estaba demasiado extasiado, demasiado concentrado en el cabello relamido y en la piel lustrosa, llena de sudor, de Josephine Baker. A mi lado, las muchachas también parecían hipnotizadas.

—Todo el mundo sabe que es sólo una puta —me susurró Heinrich—, una puta cara. Estos berlineses se vuelven locos con ella, pero en cualquier descuido la meterían en una jaula... Lo que me gusta de esta ciudad es que aquí sí saben divertirse —añadió en el momento de brindar.

—¿Podríamos hablar con ella? —le pregunté.

—Lo dudo mucho —rió Heinrich—. Además, éstas nos matarían...

Al final, el público aplaudió rabiosamente. Había gritos y muestras de histeria, como si hubiesen contemplado un asesinato. La Baker salió a despedirse con una expresión que no denotaba alegría. Se había limitado a cumplir con su trabajo. Yo estaba verdaderamente excitado. Supongo que nos sucedía a todos, porque Natalia propuso que fuésemos a otro lugar. Después de ponernos de acuerdo, terminamos por elegir el Siempre Fiel. Marianne, que ya estaba algo bebida, quería ver a aquellas mujeres vestidas de hombres. En el camino, esperó a que Heini y Natalia se adelantasen para besarme en la boca y decirme que yo le fascinaba. Me sentí orgulloso y la abracé por la cintura.

El Siempre Fiel nos defraudó un poco. De cualquier modo, era cierto que algunas de las mesas estaban ocupadas por jóvenes robustas con el cabello relamido, vestidas con *smokings* negros y pajaritas blancas... Por otro lado, era obvio que el resto de las mujeres que vestían como tales, no usaban ni bragas ni sostenes...

—¿Te gustan? —me preguntó Marianne.

—Supongo que sí.

—¿Y yo?

—Mucho —tomé su rostro entre mis manos y la besé largamente.

—¿Cuánto?

—De aquí a las estrellas —dije.

—¿Te casarías conmigo?

No sabía qué responder. Supuse que al día siguiente quizás no recordase nada.

—Desde luego.

No volvimos a hablar en toda la noche. Simplemente nos dedicamos a beber, a besarnos y a acariciarnos por debajo de la mesa. Yo hacía lo posible para cubrirme con su cuerpo y no ver a Heini con Natalia.

Regresé a Leipzig con una extraña sensación en mi interior: era como si lo sucedido en Berlín hubiese sido parte de un sueño. Reinicié mi vida diaria con un profundo malestar: todo volvía a ser gris, rutinario, preciso... Aunque sin mucho entusiasmo, traté de regresar a mis clases y al estudio de la hipótesis del continuo.

Una mañana me llegó una carta de Berlín. Resultó ser de Marianne:

> Querido Gustav: Heini me dijo que te disponías a pasar unas tristes Navidades en Leipzig, puesto que tu padre no estará en Múnich y tú crees que no vale la pena ir para allá. Curiosamente, a mí me ocurre algo similar: mi madre ha viajado a América para ver a su hermano, y yo tengo que quedarme sola en Berlín. En tal caso, si a ti te parece bien, he pensado que podríamos pasar juntos las vacaciones y entrar de la mano en 1927. Si no altera tus planes, y estás de acuerdo, házmelo saber. MARIANNE.

Sopesé la propuesta durante unos instantes —tenía mucho trabajo retrasado, debía preparar mis exámenes, Huttenlocher me tenía entre ceja y ceja—, y terminé resolviendo lo obvio: le escribí a Marianne para decirle que estaría encantado de verla y que conocía un pequeño pueblo a mitad de camino entre Berlín y Leipzig donde podríamos quedarnos. Quizás después podríamos ir a esquiar. Aceptó de inmediato.

Yo no podía saber que de aquel minúsculo acto —escribir o no escribir una carta—, iban a depender tantas cosas en mi futuro. En la intimidad, Marianne resultó ser mucho más inteligente y despierta de lo que yo había supuesto en un principio. Además de cálida y afectuosa, tenía el supremo don de saber escuchar a los hombres. No sólo se interesó por mis estudios de matemáticas —algo que yo consideraba increíble en una chica—, sino que incluso me pidió que le hablase de Cantor: quería enterarse de la historia de un hombre que entonces era tan importante para mí.

—Era un sujeto curioso. Alguien que buscaba encontrar a Dios por medio del conocimiento matemático —le expliqué sin poder quitar la vista de sus senos.

Estábamos en una cabaña y el fuego crepitaba en el hogar como un pequeño ejército de duendes marchando a paso veloz.

—¿Y lo consiguió?

—No podría decírtelo —respondí, dándole un beso—. Tenía muchos enemigos que le hacían la vida imposible. Pensaban que estaba loco.

—¿Y realmente lo estaba?

—Era un tipo de una constitución mental muy débil. Pasó mucho tiempo en hospitales y clínicas de reposo tratando de superar su angustia.

—¡Pobre hombre! ¡Qué existencia tan desgraciada!

—Sólo poco antes de su muerte comenzó a ser valorado por la nueva generación de matemáticos —me parecía como si estuviésemos siguiendo un guión predeterminado, pero ello no eliminaba el encanto que me producía hablar de matemáticas con una mujer desnuda—. Comenzó a recibir medallas y diplomas, pero el tiempo se había agotado para él. La fama le llegó demasiado tarde. Embrutecido por la extrañeza de sus descubrimientos y asfixiado por la envidia de sus detractores, Cantor falleció en un manicomio de Halle el 6 de junio de 1918, unos meses antes de que concluyese la Gran Guerra.

Me parecía increíble que aquella escena estuviese ocurriendo. Para mí, era una especie de paraíso al que nunca creí tener acceso. Al final de las vacaciones, me di cuenta de que estaba completamente enamorado de aquella mujer. No soportaba sus largas ausencias, necesitaba su olor, su comprensión, su ternura. Algo me indicaba que, tal como le había dicho en estado de ebriedad en Berlín, realmente estaba dispuesto a pasar mi vida a su lado. No me equivoqué. El 30 de octubre de 1928, Marianne Sieber se convirtió en mi esposa. Un par de meses antes, el 7 de agosto, Heinrich le había jurado fidelidad eterna a Natalia Webern. La felicidad parecía tan simple como un cuento de hadas o el resultado de una ecuación algebraica.

DISQUISICIÓN 5

La búsqueda del absoluto

Entre 1928 y 1932 incontables acontecimientos sacudieron las estructuras de la República de Weimar: Bertolt Brecht y Kurt Weill estrenaron su *Ópera de los tres centavos*; el filósofo Rudolf Carnap publicó *La estructura lógica del mundo*; Marlene Dietrich se convirtió —como Heini había pronosticado— en una gran estrella gracias a su aparición en *El ángel azul*; el Graf Zeppelin dio la vuelta al mundo; Alfred Döblin escribió *Berlin-Alexanderplatz*; en Múnich las autoridades prohibieron que Josephine Baker se presentara en un teatro; en las elecciones al Reichstag de 1930, Hitler consiguió una alta representación; Gödel diseñó su famoso Teorema; el mariscal Hindenburg fue reelegido presidente del Reich en 1932 y por fin ese mismo año, cumpliendo el anhelado sueño de Hitler, doscientos treinta diputados nazis tomaron el control del Reichstag.

Esta rápida enumeración no refleja, desde luego, el ambiente de sobresalto, tensión y furia que comenzaba a vivirse en Alemania. ¿Por qué me he decidido, entonces, a hablar de esta época como si no valiese la pena detenerme en sus detalles, saborear sus contradicciones, adelantar las causas por las cuales el régimen nazi estaba a punto de gobernarnos? Respondo casi avergonzado: porque esos cuatro años fueron los más tranquilos de mi vida. A veces, cuando rememoro mi pasado, me parece como si esa época hubiese estado vacía: repaso mentalmente esos días, uno a uno, y me sonrojo al no encontrar ningún episodio trascendente. Durante cuatro años —¡cuatro años!— no encuentro sino minucias cotidianas, nimios capítulos de la vida en pareja, descripciones de veladas sociales, encendidas escenas de amor conyugal y plácidas vacaciones en los Alpes. Justo cuando el mundo estaba a punto de transformarse, cuando la física cuántica alteraba nuestra idea de la realidad, cuando Europa se preparaba para encarar el fascismo, cuando el arte, la música y la literatura se alzaban a alturas inimaginables, mi mayor preocupación era besar el tierno vientre de mi esposa, realizar mis tareas en el departamento de matemáticas de la Universidad y prepararme para mi futura *Habilitationschrift*. Nada que merezca ser contado aquí. Profesionalmente, no llegué a resolver el problema del continuo, por más que me esforcé en lograrlo, pero encontré otros problemas —sobre todo de física— que llegaron a satisfacerme y, aún más, a conseguir el favor de mis profesores.

Desde luego, algo tengo que decir de Marianne. Después del deslumbramiento inicial, aprendí a amarla con convicción y sin lamentaciones. ¿Por qué lo digo de esta forma? Después de una etapa de furiosa pasión —en la cual hacíamos el amor todos los días, a todas horas, y apenas podíamos esperar para estar solos—, pronto caímos en una rutina que no era maligna mientras no intentáramos confundirla con el entusiasmo inicial. Queríamos estar juntos para siempre y, para lograrlo, sabíamos que no podíamos seguir basando nuestra vida en común en la entrega sexual: de hacerlo, terminaríamos ardiendo en nuestro propio fuego y, a la postre, hartándonos mutuamente. Optamos, pues, por una moderación que escondía cierta perversidad: dejábamos que el deseo se prolongara durante días a fin de poder consumirlo, con mayor vitalidad, en noches que se tornaban especiales.

El rostro de Marianne era afilado, casi me atrevería a decir felino, si no fuera porque este género de animales suele asociarse con la inteligencia despierta y con la arrogancia, atributos que mi Marianne no compartía. Al contrario, era sutilmente tierna, sobre todo en la cama, como si el exceso de vitalidad del que hacía gala frente a los demás ocultase una timidez íntima. Era tan consciente de su carácter introvertido que hacía lo posible por llegar al extremo contrario: todas las aventuras, más o menos osadas, que llegamos a emprender en aquellos años se debían a su iniciativa. Ella *necesitaba* sobrepasar sus límites, probarse constantemente. Muchas veces con Heini y Natalia, y otras tantas solos, regresábamos a Berlín, el lugar en donde nos habíamos conocido, para seguir explorando ese tortuoso y oscuro universo nocturno que apenas habíamos alcanzado a probar. Ella disfrutaba aún más que yo, si cabe, con el descubrimiento de un cabaret más violento o de una nueva transgresión.

En cuanto a nuestra amistad con Heini y Natalia, también fue la mejor época. Los cuatro compartíamos las mismas inquietudes, sueños, confusiones. Hasta en la decisión de casarnos casi simultáneamente podía verse nuestra voluntad de compartirlo todo. En realidad, Natalia y Marianne estaban tan unidas como nosotros. Ambas habían nacido y se habían criado en Hamburgo y desde entonces se habían prometido una a la otra un pacto de amistad que las llevaría a mantenerse juntas contra viento y marea. Al desposarnos, habían confirmado aquel trato y nosotros las complacíamos reuniéndonos con frecuencia. Nuestras veladas eran inolvidables. Nuestros lazos eran tan cercanos y tan afectuosos, que afirmar que éramos una familia no es una exageración, sino la única forma de explicar las relaciones que nos mantenían juntos.

Los estudios de Heinrich no podían ir mejor —por momentos llegaba a envidiarlo— y parecía seguro que, después de terminar sus estudios en Berlín, sería aceptado en el programa de doctorado en Heidelberg, presidido por Martin Heidegger. El horizonte no podía ser más alentador. Así llegamos al año crucial de 1933, cuando todos nuestros planes cambiaron drásticamente, tanto como se consumía, sin que nosotros lo advirtiésemos, la sociedad que nos había prohijado.

Tras las elecciones del año anterior, en las cuales su partido obtuvo cerca del cuarenta por ciento de los votos, y después de una serie de disturbios entre comunistas y nazis en Berlín, Hitler logró que el 30 de enero de 1933, el mariscal Paul von Hindenburg, presidente del Reich, accediese a nombrarlo canciller. A pesar de que se encontraba en un gabinete mayoritariamente opuesto a él —sólo otros dos nazis, Wilhelm Frick y Hermann Göring, ocupaban ministerios en el gobierno—, fue uno de sus triunfos más sorprendentes y el inicio de su ascenso hacia el poder. Era el principio del fin.

Apenas un mes después de su nombramiento, el 27 de febrero, un acontecimiento inesperado contribuyó a acelerar el triunfo absoluto de los nazis. Sin ninguna razón aparente, el Reichstag había sido incendiado. Al día siguiente del atentado, Hitler publicó un *Decreto de Emergencia* que le concedía poderes extraordinarios para enfrentar la agitación provocada por los comunistas: «Los artículos 114-118, 123-124 y 153 de la Constitución del Reich alemán quedan momentáneamente suspendidos. Por consiguiente, la restricción de la libertad personal, del derecho de libre expresión de la opinión —incluida la libertad de prensa y de asociación y de reunión—, así como la vigilancia de las cartas, los telegramas y las comunicaciones telefónicas, los allanamientos de los domicilios y las confiscaciones y las restricciones sobre propiedades, en adelante quedan autorizados más allá de los límites hasta ahora establecidos por la ley.»

De entre las llamas, la policía había extraído a un hombre alto y desgarbado que se limitaba a gritar: «¡Protesto, protesto!» Su largo rostro, hinchado y negro por el tizne, era el de un demente. Más tarde fue identificado como Marinus van der Lubbe, un joven holandés que simpatizaba con el comunismo. Desde su arresto hasta el día del juicio fue incapaz de explicar por qué razón había provocado aquella tragedia. En todo momento dijo haber actuado solo. Como cómplice o instigador de Van der Lubbe, esa misma noche también había sido detenido el diputado comunista Ernst Torgler y diez días después, gracias a un golpe de suerte, le acompañaron los dirigentes de la Internacional Comunista Guiorgui Dimítrov, Simon Popov y Vassili Tanev. El Führer resplandecía.

Yo me encontraba en Leipzig cuando, el 20 de septiembre de 1933, dio inicio el proceso oficial contra Van der Lubbe, Torgler, Dimítrov, Popov y Tanev. Los diarios no hablaban de otra cosa. Durante varias semanas, el proceso se prolongó a lo largo de prolijas sesiones, sólo interrumpidas de vez en cuando por la presencia de Göring o Goebbels y por las encendidas y melodramáticas arengas de Dimítrov. Después de unas semanas, el veredicto sorprendió a todas las partes: los cuatro dirigentes comunistas fueron absueltos y sólo se consideró culpable a Van der Lubbe, el cual fue ejecutado poco después.

En cualquier caso, no presté mucha atención al proceso porque se llevó a cabo justo cuando yo debía preparar una interminable serie de exámenes, pruebas y trámites para ser aceptado en los cursos de doctorado de la Universidad de Berlín. En enero de 1934 recibí una misiva que autorizaba mi ingreso. Era maravilloso. A pesar de todo, al fin íbamos a poder estar de nuevo juntos los cuatro amigos, ya que, desde hacía un par de meses, Heinrich y Natalia también habían regresado a la capital del Reich.

Casi al llegar, pude darme cuenta de que la ciudad ya no era la misma que nos había recibido unos años antes. El desenfreno y la euforia, si bien no habían desaparecido, habían dado lugar a una especie de resignación que podía respirarse en todas partes, en la Alexanderplatz y en los palcos de la Ópera Alemana, en la Universidad y en el Instituto Kaiser Wilhelm, en la Academia de Ciencias de Prusia y en la *Ku-damm*. Para dar una idea de la transformación que vivía la ciudad, baste decir que, siguiendo nuestra costumbre de recorrer cabarets, una noche Heini, Natalia, Marianne y yo visitamos el Tanzfest, uno de los lugares de moda, al que solían asistir diplomáticos extranjeros y turistas: el ambiente era tan decadente o quizás más aún que en los tiempos de Weimar, pero el efecto que producía en el visitante era el opuesto a la impertinente y frívola algarabía de otrora. En vez de mujeres desnudas o vestidas de hombres, eran muchachos disfrazados de esqueletos —acaso una burda parodia de las *Totenkopfverbände*, las Unidades de la Calavera de Himmler, encargadas de vigilar los campos de concentración—, quienes cantaban al unísono *Berlin, dein Tänzer ist der Tod*, un fragmento de la pieza más tocada de entonces, el *fox-trot* macabro titulado *Totentanz*, la Danza de la Muerte. Sin embargo, a mí todavía me parecía que se trataba de alteraciones menores, alejadas de nuestras vidas. Desde luego, yo era consciente de que los nazis exacerbaban el nacionalismo y el antisemitismo connaturales a los sectores más conservadores de la sociedad alemana pero, como la mayor parte de la población, suponía que se trataba de medidas transitorias que sólo buscaban incrementar el prestigio de Hitler. Aquella parafernalia no tardaría en pasar al olvido.

En la primavera de 1934, descubrí lo equivocado que estaba. Para mí, fue algo mucho más doloroso que todos los acontecimientos que nos rodeaban. Mucho peor que las purgas llevadas a cabo por Hitler contra Röhm o la Ley de Habilitación que le concedía plenos poderes al Führer. Peor incluso que el boicot orquestado contra los comercios judíos o que la Ley de Reforma del Servicio Civil que eliminaba a los no arios de los cargos burocráticos.

Marianne y yo estábamos en casa de Heini y Natalia. Habíamos pasado un par de horas tratando de ofrecer una versión audible del trío del Archiduque de Beethoven. No sé si lo he contado pero Heini tocaba el violín; Natalia, el piano, y yo el cello. Marianne era nuestro único público, pero sus aplausos bastaban para hacernos creer que no lo habíamos hecho tan mal. Era una de las tantas veladas que pasábamos los cuatro. Al terminar, Natalia se marchó a la cocina para preparar la cena. Los demás regresamos a nuestros asientos con esa sensación de paz que sólo la música es capaz de infundir. De pronto, sin ninguna transición, sin aviso previo —como si se hablase del clima o de la enfermedad de un pariente lejano—, Heinrich nos anunció que acababa de decidir su ingreso en la Wehrmacht.

Creí escuchar mal, pero el rostro seco y firme de Heini me hizo darme cuenta de que no había sido así. La sangre se agolpaba en mis sienes como un batallón listo para disparar. Estaba horrorizado. No podía entenderlo.

—¿Cómo has dicho?

—He decidido incorporarme a la Wehrmacht —repitió con un tono neutro.

—¿Me estás diciendo que un hombre civilizado, un filósofo para colmo, prefiere convertirse en soldado? ¿Y, lo peor de todo, en miembro de un ejército controlado por los nazis? No puedo creerlo.

Marianne trataba de calmarme; en tanto, Natalia había regresado junto a su marido. Era obvio que el objetivo de la cena era comunicarme esta noticia.

—Dios mío, Heinrich, ¿por qué? —insistí.

—No lo entenderías, Gustav. Ésta es la decisión más filosófica que he tomado.

—¡No puedo creerlo! Es una locura. Hitler es un demente que sólo quiere la guerra. ¿Es que quieres ir al frente? ¿Quieres que una bala te parta el cráneo? —Me sentía en medio de una pesadilla.

—Ya te lo he dicho —respondió, implacable—. Después de mucho reflexionar sobre el asunto, me he dado cuenta de lo que debo hacer.

No podía dejar de mirar a Natalia; ella, por el contrario, bajaba la vista y se limitaba a sostener el brazo de Heinrich. Era monstruoso.

—No es posible —proseguí yo, desesperado—. No puedes haber cambiado de opinión de la noche a la mañana: tú no. Dime la verdad: lo haces para conservar tus privilegios, ¿no es así?

—Me insultas —no reconocía su voz ni su gesto; era otro hombre, no el amigo con el que había compartido mi juventud—. Soy un hombre íntegro, Gustav. ¿Cuántas veces quieres que te lo repita? He descubierto que tengo que hacerlo. ¿Es que no lo comprendes? Se trata de un acto de honestidad intelectual.

—Pero ¿quién te ha metido esas ideas en la cabeza, Heini? ¿Ha sido ese imbécil de Schmitt? Él es uno de los «viejos luchadores» del Partido, ¿no es cierto? Respóndemelo tú, Natalia, por favor —ella siguió sin mirarme de frente.

—Soy su mujer —me contestó ella, inalterada, como una víctima instruida para disfrutar del martirio—. Si Heinrich ha dicho que es lo mejor, yo le creo.

Tenía ganas de golpearlo. Sentía como si un demonio lo hubiese poseído de pronto. Nunca habíamos hablado del tema, pero siempre me pareció tan lógico suponer que él pensaba como yo... ¿Cómo podía traicionarme, cómo podía traicionarnos así? Éramos hermanos, más que hermanos... No podía ser cierto.

—Será mejor que nos vayamos —se disculpó Marianne—. Quizás en otro momento, cuando ambos se calmen, puedan hablar con calma.

—¡Ya no tenemos nada de qué hablar! —grité.

Marianne y yo tomamos apresuradamente nuestras cosas y nos dispusimos a salir. La rabia casi me provocaba convulsiones.

—Gustav, por el amor de Dios —me imploró Natalia todavía.

—Que Dios los perdone —terminé.

EL CÍRCULO DEL URANIO

«Klingsor», volvió a leer el teniente Francis P. Bacon sin lograr que esta palabra le revelase su misterio. Para ser sincero consigo mismo, nada significaba para él: no tenía la menor idea de lo que tenía que hallar y tampoco sabía cómo buscarlo. A pesar de la determinación con la cual había accedido a hacerse cargo de la empresa, y de la experiencia que había adquirido durante su trabajo previo, no sabía por dónde comenzar. En teoría, él era el experto en cuestiones científicas del ejército norteamericano, de modo que no tenía a quién recurrir para que lo guiara en medio de aquel laberinto. Más que a un problema científico, se enfrentaba a un enigma expresamente dirigido contra él. ¿Cuántos archivos tendría que recorrer? ¿A cuántas personas tendría que localizar e interrogar? Y todo para que quizás no mereciese la pena el esfuerzo: lo más probable es que se tratase de una cuestión menor, acaso uno de los incontables proyectos emprendidos por la telaraña burocrática nazi que nunca se había llevado a término.

Bacon bajó de su habitación del Gran Hotel y se dirigió a la comandancia de la ciudad. Desde la oficina del general Watson, podría enviar un cable a la oficina de información del ejército, en Washington, para ver si ahí existía alguna información sobre Klingsor. Era una tarea ingrata. Los órganos de inteligencia de Estados Unidos estaban desquiciados desde la disolución de la OSS, decretada el 20 de noviembre de 1945. Según el rumor más extendido, y a pesar de la oposición de Edgar J. Hoover, el todopoderoso director del FBI, el presidente Truman estaba dispuesto a aprobar la creación de un nuevo instituto, pero a fines de 1946 aún no había nada definido. En tanto, los antiguos agentes de la OSS como Bacon, debían someterse a la inteligencia militar, a la comandancia de las fuerzas armadas en Europa o al Departamento de Estado.

En medio de este caos, a nadie le importaba demasiado la verdadera identidad de Klingsor.

¿Por dónde comenzar?, se preguntó Bacon otra vez, de camino a la comandancia. Volvió a leer la transcripción del testimonio de Wolfram von Sievers: «Para que el dinero nos fuese entregado, cada proyecto contaba con el visto bueno del asesor científico del Führer. Nunca llegué a saber de quién se trataba, pero se murmuraba que era una personalidad reconocida. Un hombre que gozaba del favor de la comunidad científica. Se le conocía con el nombre clave de Klingsor.» ¿Debía entrevistarlo de nuevo? Quizás lo haría más tarde, aunque en el fondo sabía que no obtendría mucho: después de aquella referencia, Sievers había negado, una y otra vez, haberla hecho. Según él, nunca había pronunciado este nombre.

Bacon meditó unos segundos. Se dio cuenta de que en ocasiones, las grandes ideas son las más sencillas, las más evidentes. En vez de escribir a Washington, donde lo atendería un militar anodino y malencarado, incapaz de resolver sus dudas, era mejor idea dirigirse a Samuel I. Goudsmit, su antiguo jefe durante la guerra, acaso uno de los hombres mejor enterados del desarrollo científico de la Alemania nazi.

Hasta fines de 1945, Bacon había formado parte de la misión *Alsos*, cuya sección científica era coordinada por Goudsmit. En los años veinte, Goudsmit había sido uno de los prominentes físicos jóvenes que se encargaron de desarrollar la naciente física cuántica; a él se debía, en gran parte, el descubrimiento del espín de los electrones. Después de titularse bajo la dirección de Paul Ehrenfest, Goudsmit —judío holandés— consiguió un puesto de trabajo en la Universidad de Michigan. Por desgracia, sus padres no pudieron seguirlo y tuvieron que permanecer en La Haya incluso después del estallido de la guerra. Cuando los nazis invadieron Holanda, Goudsmit realizó todos los esfuerzos posibles hasta que al fin, después de numerosos trámites, logró obtener los papeles necesarios para trasladarlos a América. Pero era demasiado tarde: en 1943, durante una de las deportaciones masivas de judíos, los ancianos fueron arrestados y enviados a Auschwitz.

Desesperado, Goudsmit se dirigió al físico Dirk Coster, quien ya se había encargado de salvar a Lise Meitner en 1938, para que solicitase la intervención de Werner Heisenberg. Éste le respondió a Coster con una carta, en la cual se refería a la hospitalidad que la familia Goudsmit había mostrado hacia los físicos alemanes que visitaban Holanda, de modo que pudiese enseñarla a las autoridades nazis. Esta ayuda no sirvió de mucho: cinco días antes de que Heisenberg enviase su carta, el padre y la madre de Goudsmit murieron en una cámara de gas de Auschwitz, justo el día en que el anciano cumplía setenta años. Goudsmit nunca pudo perdonar a Heisenberg el no haber hecho lo suficiente para salvarlos.

Gracias a los oficios de John von Neumann, el cual a partir de 1943 había comenzado a viajar a Londres regularmente, desde su llegada a la capital inglesa Bacon se incorporó al equipo de científicos norteamericanos y británicos encargado de estudiar el programa atómico alemán. A fines de ese año, Bacon se integró en la misión *Alsos,* coordinada por la OSS, la cual contaba por primera vez con una sección científica. Ésta había sido encomendada a Goudsmit por su conocimiento del tema nuclear, de los idiomas europeos y de los físicos alemanes y, adicionalmente, porque no tenía conocimiento del Proyecto Manhattan, lo cual podía resultar muy útil en caso de ser capturado por los nazis.

Alsos desembarcó en Normandía poco después del *D-day.* Su principal objetivo era capturar a diez científicos relacionados con el proyecto atómico alemán: Walter Gerlach, Kurt Diebner, Erich Bagge, Otto Hahn, Paul Harteck, Horst Korsching, Max von Laue, Carl Friedrich von Weizsäcker, Karl Wirtz y, desde luego, Werner Heisenberg.

Durante varios días, Goudsmit y Bacon recorrieron las devastadas comarcas del norte de Francia y Bélgica, hasta que al fin llegaron a Holanda. Goudsmit había insistido en dirigirse a La Haya. Bacon lo acompañó a visitar los restos de la que había sido su casa. Lágrimas de ira e impotencia, incluso de culpa, comenzaron a correr por las mejillas del físico. Bacon no sabía cómo consolarlo. Una de las tantas imágenes que podían resumir la guerra —y que se quedó incrustada en su alma para siempre— era la de aquel hombre alto y robusto, ligeramente estrábico, llorando frente a los restos de su hogar, evocando la muerte de sus ancianos padres. ¿Cómo no odiar al enemigo? ¿Cómo no sentirse superior a los nazis? ¿Cómo no querer vengarse?

De La Haya, la misión partió rumbo a París, donde *Alsos* estableció su comandancia general. En esta ciudad sus miembros se encargaron de recabar información en el laboratorio de Frédéric Joliot-Curie —el cual había sido utilizado por los alemanes durante la ocupación— y posteriormente marcharon hacia Estrasburgo, donde se había montado una universidad según el modelo alemán cuyo instituto de física había sido dirigido por Carl Friedrich von Weizsäcker, uno de los amigos más cercanos de Heisenberg. En febrero de 1945, Goudsmit y Bacon —junto con el coronel Pash, el responsable militar de la misión— cruzaron el Rin al lado de las tropas aliadas. A fines de marzo, habían llegado a la antigua ciudad universitaria de Heidelberg, donde se encargaron de detener a los físicos Walter Bothe y Walter Genter y establecieron su Base de Avanzada Meridional.

Goudsmit y los demás integrantes de *Alsos* sabían que, originalmente, el programa nuclear nazi se había concentrado en Berlín pero, a partir del momento en que los bombardeos aliados arreciaron, se había trasladado a un lugar más seguro. Mientras un equipo comandado por Diebner se había mantenido en Stadtilm, la parte principal de la operación se había movido a Hechingen, con Heisenberg a la cabeza. Después de interrogar exhaustivamente a Bothe y a Genter, Goudsmit y Bacon sabían cuál era la ubicación precisa de cada uno de los físicos alemanes relacionados con el proyecto nuclear, así como los lugares en que desarrollaban sus investigaciones. Además, habían confirmado una de las sospechas más importantes de toda la guerra: entre las pretendidas armas secretas de Hitler, era prácticamente seguro que no se hallaba una bomba atómica.

Un poco más tranquilo, desde Washington, el general Groves alteró las prioridades de la misión: dado que muchos de los científicos alemanes se encontraban en zonas que al término de la guerra quedarían bajo el control de las tropas francesas y rusas, era imprescindible capturarlos cuanto antes. Goudsmit estaba más excitado que nunca. Por su parte, Bacon tenía sentimientos encontrados: siempre se imaginó como un investigador, pero el trabajo que ahora desarrollaba lo había convertido más en un espía que en un científico; en vez de buscar resultados teóricos, perseguía a sus colegas, los cuales no dejaban de ser científicos por el hecho de haber combatido en el bando contrario.

—Toda la zona al sur de Stuttgart quedará bajo control francés —explicó el coronel Landsdale, agregado militar de la misión—. Nuestra tarea, pues, es atrapar a los físicos y recoger el material que hayan empleado antes de que lo hagan los franchutes. Si no es posible, habrá que destruirlo todo.

En Washington se llegó a considerar la idea de invadir el sur de Alemania, pero el avance del reconstituido ejército francés era demasiado rápido para intentarlo. Por fin, se tomó la decisión de que un comando de asalto, al frente del cual quedaría el coronel Pash, se dirigiese directamente hacia Haigerloch —donde los alemanes habían construido una pila atómica— y Hechingen. En esta ocasión Goudsmit no participó en la empresa —se consideraba demasiado arriesgada—, y Bacon fue asignado al equipo de Pash.

Por primera vez en su vida, Bacon estaba a punto de enfrentarse a la vida real. Su horror a los problemas cotidianos había desaparecido por completo. Ahora no tendría tiempo de meditar cuidadosamente una decisión o de calcular las probabilidades de sus acciones: convertido en un soldado como tantos otros, debía acatar órdenes y, en el mejor de los casos, confiar en su intuición a la hora de los enfrentamientos. Durante todo el tiempo anterior, Bacon se había acostumbrado a la idea de librar una guerra de ideas, lejos del frente; pero una cosa era reunir información en ciudades previamente tomadas por el ejército, y otra muy distinta, abrirse paso por la Selva Negra con la tarea de capturar a Heisenberg y su equipo. Bacon siempre creyó que no era un hombre cobarde, pero en esta ocasión descubrió el verdadero significado del miedo. No era una sensación ni un estado de ánimo —a fin de cuentas, lo más peligroso que le había ocurrido antes eran las amenazas de bombardeo que había sufrido en Londres—, sino una especie de fiebre que se apoderaba de su cuerpo.

—No sé si esto es una ley física, teniente —le dijo Pash alguna vez—, pero cuando uno tiene miedo lo peor que puede hacer es mantenerse impávido. El miedo siempre crece, eso es lo terrible. Hay que combatirlo en cuanto se presenta. Al primer ataque hay que vencerlo, porque de otro modo puede ir acabando con nosotros.

Dirigido sabiamente por Pash, el 23 de abril —día de San Jorge—, apenas una hora antes de que las tropas francesas avanzasen hacia el lugar, el comando *Alsos* llegó a Haigerloch, donde sin muchas complicaciones se procedió al arresto de Karl Wirtz, Erich Bagge, Carl Friedrich von Weiszäcker y Max von Laue, el último de los cuales, por cierto, nada había tenido que ver con el proyecto atómico. Después de desmantelar la pila, Pash y Bacon se dirigieron a la población vecina de Tailfingen, donde hallaron a Otto Hahn, el descubridor de la fisión atómica. Tanto los científicos, como los restos de sus laboratorios fueron enviados a Heidelberg.

Pero aún faltaba la parte más delicada de la operación. Quedaban tres importantes científicos libres: Diebner y Gerlach en Múnich y Heisenberg, quien, poco despúes de la llegada de Pash y Bacon a Hechingen, se había marchado en busca de su familia a Urfeld, recorriendo unos 250 kilómetros de distancia. La misión *Alsos* hubo de dividirse en dos. Mientras una escuadra se dirigió a Múnich en busca de Diebner y Gerlach, otra, al mando de Pash —y en la cual continuó Bacon—, se dirigió hacia Urfeld. La primera parte de la misión fue cumplida el 30 de abril, el mismo día que Hitler se suicidaba en Berlín.

—Ésta es la tarea más importante que nos han encomendado —explicó Pash a sus hombres.

Bacon repetía esta frase una y otra vez, como si se tratase de una oración, cuando los diez hombres y cuatro vehículos con que contaba Pash llegaron al pequeño poblado de Kochel, en Baviera, el primero de mayo. Justo al otro lado de una pequeña colina, el Kesselberg, se encontraba Urfeld, pero se trataba de una zona que no había sido pacificada aún por el ejército aliado, así que era posible toparse con restos de las tropas alemanas o de las *Waffen-SS* que aún pudiesen estar en activo.

Cuando llegaron al Kesselberg, los integrantes de la misión se dieron cuenta de que el pequeño puente que llevaba al poblado había sido destruido durante los bombardeos, por lo cual el único modo de llegar a Urfeld era a pie. Pash decidió guiar una patrulla a través de la colina completamente cubierta de nieve. Bacon no sólo sentía el frío que atravesaba sus botas y su uniforme, sino una especie de sospechosa calma que lo mantenía en un permanente estado de excitación. La adrenalina le llenaba la cabeza y los músculos, impidiéndole razonar, lo cual en aquellos momentos casi parecía una ventaja. Las rocas blanquecinas eran una metáfora de su estado de ánimo: estaba exhausto y, a la vez, dispuesto a continuar hasta el final. Después de bordear una saliente rocosa, la patrulla divisó las primeras casas de Urfeld. Era un pueblecito pequeño e inofensivo, una típica muestra del folclore germano. Fatigados y hambrientos, los diez hombres de Pash comenzaron a descender la colina. De pronto, Bacon escuchó unos ruidos que rompían la tranquilidad del paisaje. Eran balas. Balas verdaderas. Bacon se echó a tierra y se preparó para disparar. ¿Cuántas probabilidades existían de ser alcanzado? Y, aún peor, ¿cuántas de que él se encargase de matar a alguien? Aunque había recibido un rápido entrenamiento antes de embarcarse hacia Londres, era la primera vez que usaba un arma contra un ser humano. Temblaba. Estaba a punto de convertirse en otro hombre.

En medio de la refriega, se dio cuenta de que, si no quería morir, debía dejar de pensar en todo aquello. Ahora no importaba la ciencia ni el recuento de probabilidades: la teoría era una basura que sólo les servía a los hombres que, pulcramente sentados en sus escritorios, analizaban los actos de los demás sin haberse enfrentado nunca a una batalla *real*. Sin dudarlo, convencido de que era la única manera de resolver el problema, Bacon disparó una y otra vez, tratando de guiarse por sus reflejos, hasta que un prolongado silencio volvió a llenar el aire frío de Baviera. Todo sucedía demasiado deprisa. Oyó a lo lejos la voz marcial de Pash, la de algún otro de sus compañeros, y al fin salió de los matorrales entre los cuales se había parapetado. Caminó unos pasos: a lo lejos se veían los cuerpos ensangrentados de dos soldados alemanes. Indiferente a tales querellas, un hermoso crepúsculo anunciaba la diaria muerte del sol.

Pash se acercó para ver si aún respiraban. Negativo. Bacon llegó unos instantes después. Desde la muerte de su padre, muchos años atrás, no había vuelto a contemplar un cadáver. Sintió ganas de vaciar el estómago, pero se contuvo ante la inmutable presencia de su superior.

—Vamos, teniente —Pash pareció leerle el pensamiento—. No hay tiempo que perder. Quedan muy pocas horas de luz.

Pasaron por encima de los cuerpos como si se tratase de un par de ratas atropelladas en la carretera. El silencio se había tornado molesto, aborrecible.

—¿Y los demás, señor? —preguntó Bacon.

—Deben de haber huido, pero hay que estar alerta.

¿Cómo saber si una de sus balas había terminado con la vida de alguno de aquellos hombres? Pero ¿en realidad importaba? Era probable que, de haber sido así, lo condecoraran por ello. Se odiaba tanto a sí mismo en aquellos momentos, que no le quedó otro remedio que trasladar el odio hacia sus víctimas. Se esforzó por recordar el rostro lloroso de Goudsmit frente a su casa de La Haya. Esos alemanes lo merecían. Claro que lo merecían. De inmediato, los diez hombres de Pash se dispersaron por la ciudad para fijar sus posiciones. Bacon le recordó al coronel que la villa de Heisenberg debía estar a unos pocos kilómetros, a las orillas del río.

—No se desespere, teniente —le respondió éste—. Todo a su tiempo —y procedió a inspeccionar los edificios públicos en busca de posibles francotiradores.

De pronto, dos oficiales alemanes se presentaron, sin armas, frente a Pash. ¿De dónde habían salido? Bacon se encargó de traducir sus palabras.

—Es un batallón completo —explicó—. No están lejos de aquí. Y quieren rendirse.

Pash no dudó un solo segundo.

—Dígales que se presenten aquí mañana mismo, teniente.

—Pero, coronel...

—Obedezca.

Bacon se apresuró a traducir y luego permitió que los dos oficiales se marcharan.

—¿Qué otra cosa podía hacer? —explicó Pash—. ¿Decirles que no somos más de diez hombres cuando ellos quizás sean un centenar? No podía permitir que pensasen que somos más débiles, teniente.

Por primera vez, Bacon sintió admiración por aquel hombre rudo y sudoroso que, por lo poco que había podido observar, siempre se salía con la suya.

—Ahora vamos por el otro hijo de puta —sentenció Pash. Por alguna razón desconocida, a Bacon le dolió que el coronel se refiriese así a uno de sus ídolos de juventud, al ganador de un Premio Nobel.

Durante la noche, la patrulla se encargó de reconstruir el puente que comunicaba con la carretera principal. A las seis de la mañana, la unidad de combate entró en Urfeld, seguida unas horas después por un batallón de infantería del área de Kochel. Cuando al fin llegaron a la pequeña villa de Heisenberg a la mañana siguiente, el físico se encontraba sentado en una silla, mirando la inmutable placidez del lago. En su rostro no parecía haber ira ni resentimiento, sólo una aparente calma que no dejó de turbar a Bacon. Era alto y delgado, con un rostro que casi podría haber sido el de un niño. Su cabello rubio, tan típicamente alemán, le confería una imagen de incómoda inocencia. Heisenberg poseía la callada dignidad de los héroes que se saben vencidos. Bacon nunca olvidaría su rostro adolescente, impávido y sereno, ni sus pupilas azules que parecían diminutas copias del lago.

—¿Desean pasar, caballeros? —los saludó Heisenberg en cuanto Pash y Bacon se presentaron ante él.

En el interior de la casa permanecía Elisabeth, la esposa de Heisenberg, muy delgada y con el rostro visiblemente alterado por el temor y la escasez de alimentos, así como sus seis hijos pequeños. Después de las mínimas medidas de cortesía, Pash le informó a Heisenberg que quedaba arrestado en nombre del ejército de Estados Unidos. El físico lo escuchó con sorpresa —no suponía que fuesen a llevárselo tan pronto, esperaba que los Aliados ya tuviesen el control de toda la zona—, pero no dijo nada.

A lo lejos se escuchó el rumor de algunos disparos. Pash se imaginó que podían ser francotiradores o miembros del batallón que el día anterior se había rendido. Ya no había tiempo de ser civilizado: le pidió a Heisenberg que se apresurase a recoger sus objetos personales y le indicó a Bacon que condujese al prisionero al interior de un coche blindado. La orden era no correr riesgos y llevarlo inmediatamente a Kochel.

Después de aquel viaje en el coche blindado, Bacon no volvió a estar a solas con Heisenberg, pero le bastaron esas pocas horas para darse cuenta de quién era y de qué pensaba sobre lo ocurrido en aquellos años. Durante el trayecto estuvo sentado frente a él, esperando el momento de decir algo, sin poder hallar las palabras oportunas. ¿Cómo explicarle que él también era físico, que había estado al tanto de su obra desde hacía muchos años, que lo admiraba profundamente? Le parecía que, en aquellas circunstancias, cualquier comentario sería impertinente. ¡Recorrían los campos devastados de Baviera, la patria de Heisenberg, y él pensaba hablarle de ciencia! Trataba de no mirarlo a los ojos —de no reflejarse en el azul de sus ojos—, casi avergonzado. Así transcurrieron varios minutos hasta que, al fin, Heisenberg se decidió a hablar.

—¿Les costó mucho trabajo encontrarme? —preguntó en inglés con una voz trémula, hermosa, que apenas escondía cierta dosis de orgullo.

—Nos dio bastante trabajo, sí —le respondió Bacon, en alemán.

—Ah —se sorprendió Heisenberg, aunque sin mostrar ninguna emoción—. ¿Estudió alemán en el ejército?

El coche trastabilló un poco.

—No, señor. En la Universidad de Princeton.

—¿Princeton? —repitió Heisenberg—. ¿En qué se graduó?

Bacon no tenía demasiadas ganas de decirle la verdad.

—Económicas —fue lo primero que se le ocurrió.

Después de unos minutos, Heisenberg continuó:

—Es una hermosa ciudad. Princeton, quiero decir... He estado ahí un par de veces. Reuniones científicas, usted sabe...

—¿Cuándo fue la última vez que estuvo en Estados Unidos?

—En 1939, poco antes del inicio de la guerra —se detuvo de pronto, como si reflexionara sobre lo ocurrido desde entonces—. Son apenas seis años y ahora parece una eternidad, ¿no es así? Varias veces estuve tentado de vivir en su país, ¿sabe?

Bacon no quería ser grosero, pero le parecía que sus palabras sobraban; después de pensarlo un poco, se atrevió a preguntarle:

—¿Y por qué no lo hizo?

Heisenberg volvió a quedarse callado. Se alisó el cabello y entrelazó los dedos de sus manos blancas y lisas, como de mujer, formando un ovillo.

—Uno puede tomar cerveza en casi cualquier parte del mundo —explicó—. Hay cervezas buenas, malas, oscuras, con sabor a malta o incluso a pimienta, en fin, cientos de ellas. Sin embargo, uno no puede evitar preferir la que se hace en Baviera. Y, aun si la cerveza bávara se vuelve mala, peor que la belga o la holandesa, uno debe tratar de mejorarla. Y si los políticos dañan la industria, de cualquier modo uno debe resistir y hacer lo posible para que cada día sea mejor. ¿Me comprende?

—Supongo que sí —musitó Bacon.

En realidad no lo comprendía. Podía entender que un hombre fuese nacionalista, que amase a su patria, que se sintiera íntimamente ligado a ella y que, por tanto, rehusase abandonarla incluso en las peores circunstancias, pero *no* podía aceptar que alguien trabajase, sin oponerse, para un gobierno de criminales, que alguien pusiese su ciencia y su sabiduría al servicio del mal —sí, se repitió: *del mal*— y que ni siquiera se plantease dudas sobre la moralidad de sus actos. Aunque lo admiraba, sentía repulsión por la obtusa tranquilidad con la cual Heisenberg había callado frente a Hitler. El recuerdo de los padres de Goudsmit era una catapulta contra la conmiseración.

El silencio volvió a introducirse en el coche blindado. Heisenberg miraba al suelo como si buscase una moneda perdida o, quizás, una disculpa. El principio de incertidumbre que él había descubierto y bautizado se resolvía ahora en la imposibilidad de saber si su creador había cumplido con su deber moral o si, simple y llanamente, era culpable.

Al día siguiente, Heisenberg y Bacon se presentaron en la Base de Avanzada Meridional de la misión *Alsos*, en Heidelberg. La antigua ciudad universitaria, una de las más prestigiosas del mundo, ofrecía un aspecto macabro: los reflejos del Neckar le parecían a Bacon irritantes, lo mismo que el célebre castillo que se erguía sobre una de las colinas que dominaban la ciudad. Atrás, los bosques ofrecían una sombra amenazante y triste. Como nunca, Bacon estaba seguro de que en realidad el mundo es neutro y su belleza o su fealdad, sólo depende del estado interior de quien lo observa.

En la base, Goudsmit se encargó de recibir a los recién llegados. A Heisenberg le dirigió un gélido saludo; la imperturbabilidad de éste, por su parte, lo hacía parecer orgulloso e impenitente. Goudsmit le agradeció a Bacon su trabajo, e invitó a Heisenberg a acompañarlo al interior de la Base, donde se encargó de interrogarlo durante varias horas. La última vez que se habían visto había sido en la Universidad de Ann Arbor, en Michigan, durante el último viaje de Heisenberg antes del inicio de la guerra. No sólo los separaba el tiempo —falaz construcción de la mente—, sino un abismo moral entre la víctima y el verdugo, entre el acusado y su juez, entre el amigo que se siente traicionado y el que, muy probablemente, se reconoce como traidor. Bacon no estuvo presente durante la entrevista, pero al final del día, durante la cena, Goudsmit no evitó hablar sobre el prisionero.

—Lo invité a trabajar en Estados Unidos, con nosotros —confesó Goudsmit, sarcástico; durante la visita del ahora prisionero a Ann Arbor, le había hecho la misma oferta—. ¿Y sabe qué contestó, teniente?

—No, señor.

—Con ese rostro de superioridad de todos los alemanes, se limitó a decirme: «No quiero ir. Alemania me necesita.» —Goudsmit se llevó la mano a la frente y cerró los ojos—. *Alemania me necesita*. ¿Puede creerlo, teniente?

Después de aquella tarde, Goudsmit entregó a los diez prisioneros —Bagge, Diebner, Gerlach, Hahn, Harteck, Korsching, Von Laue, Von Weizsäcker, Wirtz y Heisenberg— a las autoridades militares estadounidenses. La misión *Alsos* había concluido. Los prisioneros fueron enviados al campo de internamiento Dustbin, cerca de Versalles.

A partir de ese momento, Bacon perdió contacto con los prisioneros pero posteriormente se enteró de que, por mediación del físico escocés R. V. Jones, antiguo profesor de filosofía natural en Aberdeen y jefe de los servicios secretos del Estado Mayor de la aviación británica, unos meses después fueron transferidos a Farm Hall, una casa de campo propiedad del MI6, no lejos de Godmanchester. Ahí permanecieron hasta fines de año y ahí se enteraron, por la prensa británica y por las transmisiones radiales de la BBC, del lanzamiento de la primera bomba atómica sobre Hiroshima el 6 de agosto de 1945. Los Aliados los habían superado. Para ellos, fue una derrota aún más grande que la militar. Según le contó Goudsmit a Bacon en una carta, al enterarse de la noticia, Walter Gerlach, el jefe del proyecto atómico alemán, se encerró en su habitación como un general derrotado y lloró toda la noche. Lo que Bacon no sabía era que, durante el internamiento de los diez físicos alemanes en Farm Hall, R. V. Jones se encargó de grabar todas las conversaciones privadas que ellos sostuvieron allí, gracias a una serie de micrófonos previamente escondidos en los muros.

Como respuesta a su solicitud de ayuda, Goudsmit le reveló a Bacon la existencia de la llamada Operación Épsilon y se encargó de enviarle parte de las transcripciones a la jefatura del enclave militar norteamericano en Núremberg. El mensaje contenía fragmentos de las grabaciones de Farm Hall. Según Goudsmit, era probable que en ellas pudiese hallar alguna pista sobre Klingsor.

Con una sonrisa que apenas podía advertirse en sus labios, Bacon se dio a la agradable tarea de transformar aquellas incomprensibles listas de cinco letras en las palabras de Werner Heisenberg y sus compañeros. Aunque le hubiese gustado tener más detalles sobre las charlas de Farm Hall —suponía que las discusiones entre los diez físicos después de enterarse del éxito atómico norteamericano habrían sido especialmente interesantes—, Goudsmit se encargó de enviarle únicamente aquellas frases que consideró pudieran estar relacionadas con Klingsor. En ellas, tenían un papel preponderante Walter Gerlach, que había sido el último director de la sección de física del Reichsforschungsrat, el Consejo del Reich para la Investigación Científica, y Kurt Diebner, miembro del partido nazi, y no tanto Heisenberg o Hahn. La tarea de Gerlach y Diebner —comprobó Bacon— no era tanto involucrarse con los detalles técnicos del trabajo que desarrollaban los científicos alemanes, sino en las relaciones administrativas entre el Consejo y el resto de los programas secretos desarrollados por órdenes de Hitler. Después de leer por primera vez su transcripción, Bacon quedó un tanto decepcionado. Ni una sola vez se hacía referencia literal a Klingsor, el posible asesor científico de Hitler. Menos entusiasta que al principio, Bacon procedió a revisar el texto con acuciosidad:

[6 de agosto, 1945. Unas horas después de que la BBC confirmara el ataque nuclear sobre Hiroshima.]

HAHN: Si los norteamericanos tienen una bomba de uranio, todos ustedes son científicos de segunda categoría.

WIRTZ: El problema no fueron los conocimientos técnicos, sino la forma en que se llevaban a cabo nuestras investigaciones. La política arruinó la ciencia en Alemania.

GERLACH: Sólo cumplíamos órdenes. Estábamos sometidos a un plan más amplio que no dependía de nosotros.

WIRTZ: Planes, planes... Si nos hubiésemos concentrado en una sola cosa desde el principio... ¿Por qué nosotros no lo logramos? Ésa es la única cuestión importante.

GERLACH: El nuestro sólo era uno de muchos proyectos. Él nunca nos autorizó los recursos para que fuera el más importante.

BAGGE: ¿Qué podía ser más importante?

GERLACH: Para él ciertamente había asuntos prioritarios. Locuras que nunca se llegaron a realizar. Sueños que nos dejaron a nosotros con los recursos indispensables sólo para una investigación en pequeña escala... Todo el dinero lo dedicaba el Reichsforschungsrat para tonterías extracientíficas... Lo mismo ocurría con la Ahnenerbe...

[10 de agosto, 1945.]

HEISENBERG: Nuestros cálculos eran correctos. La masa crítica que estimamos necesaria para producir la reacción en cadena, también.

DIEBNER: Entonces, ¿qué falló?

GERLACH: La decisión de producir el uranio industrialmente, en largas cantidades. En el Consejo para la Investigación Científica nunca se pensó que podríamos tener una bomba lista para ser utilizada antes del término de la guerra. Tuvimos que ir de una oficina a otra, de Himmler a Speer, de Bormann a Göring, para conseguir que siguiesen apoyando el programa. Siempre tuvieron otras prioridades. Él nunca nos hizo caso.

DIEBNER: Nuestro último objetivo era mucho más modesto: la construcción de una pila atómica y la posibilidad de crear una reacción en cadena autosuficiente. Eso era todo.

GERLACH: Lo repito. Él nunca quiso otorgarnos los recursos suficientes, por eso fallamos. Concentraba todo el presupuesto en otras áreas.

Las otras páginas no eran mejores. Quejas, remordimientos, acusaciones mutuas, una ambigua sensación de fracaso: nada más. Leyendo entre líneas, lo único que llamó la atención de Bacon era la constante queja de Gerlach de que muchos de los recursos que podían haber sido utilizados para la investigación atómica iban a parar a otros programas «secretos». Pero ¿quién asignaba esos recursos? ¿Quién era ese *él* al que acusaba tantas veces? Bacon se sentía incómodo. ¿Realmente podía suponer la existencia de Klingsor a partir de estas pocas alusiones? ¿No sería, quizás, una manera de justificar su investigación, asumiendo riesgos inexistentes e inventándose su propia tarea? ¿No sería mejor renunciar y afirmar que Klingsor no era más que uno de tantos nombres, uno de tantos verdugos?

UNIVERSOS PARALELOS

Núremberg, 2 de noviembre de 1946
DE: Tte. Francis P. Bacon
PARA: Prof. John von Neumann

Querido profesor:

No sé por dónde empezar. Hace tanto que no hemos tenido contacto que serían demasiadas las cosas que me gustaría contarle. Hemos vivido en un tiempo que ha producido mucha más historia de la que somos capaces de digerir, como ha dicho (más o menos) Winston Churchill. El juego de la guerra, como solía usted llamarlo, es mucho más aburrido y despiadado —para no caer en el error de los lugares comunes— de lo que cualquiera de nosotros pudo haber supuesto... En fin, no lo distraigo con cosas que seguro conoce mejor que yo. Lo único que puedo añadir es que la solución de un juego como éste parece ser, mal que nos pese, la de no jugar.

Ahora estoy metido en otro juego, mucho menos peligroso pero, quizás por ello mismo, más arduo. ¿Quién iba a decir que yo iba a convertirme en un soldado, qué digo, en un detective encargado de perseguir hombres en lugar de ser un físico que persigue abstracciones? En alguna medida usted tiene la culpa de esta conversión y por ello me atrevo a pedir su ayuda. ¿Puedo explicarle lo que sucede sin temor a que me cierre su puerta en las narices? Gracias. Mi problema es que ya estoy jugando y, por desgracia, no sólo desconozco el nombre del juego, sino que ni siquiera estoy al tanto de sus reglas y, mucho menos, del significado de ganarlo. ¿No sería ésta una nueva perspectiva para su tipología lúdica? Un juego en el cual los participantes luchan entre sí sin conocer cuál será el premio que consigan al final. ¿Y si se trata de un castigo?

¿Ello trastocaría toda la lógica que durante tantos años se ha dedicado a construir? Quizás exagero. Soy un hombre impaciente, usted lo sabe mejor que nadie. Sólo tengo un pequeño cabo del hilo de Ariadna, y un alud de incógnitas, y me resisto a seguirlo en medio de la oscuridad de Alemania en estos días. Se trata, desde luego, de una misión secreta, y se supondría que no debería decir nada al respecto, pero he decidido arriesgarme.

Vuelvo, entonces, al problema inicial. *Klingsor*. ¿Le dice algo esta palabra? Aún no sé si se trata de una tomadura de pelo o, por el contrario, de uno de esos expedientes perdidos que pueden llegar a conducir a algo muy gordo. Sólo puedo decirle que se trata del nombre clave de un científico alemán que, según algunos, fue muy importante. Una especie de espía, de quintacolumna de Hitler en la comunidad científica alemana. ¿Otro de los rumores en torno al viejo Adolf? Lo dudo. Sea como fuere, los de inteligencia militar me han puesto a cargo del caso. De acuerdo, voy al grano. Sabe que voy a pedirle algo, de otra manera no me detendría a contarle estas linduras. Necesito que me oriente. A pesar de mi trabajo previo, no sé por dónde empezar. Espero su respuesta con impaciencia.

Princeton, N. J., 9 de noviembre de 1946
DE: Prof. John von Neumann
PARA: Tte. Francis P. Bacon

Querido Bacon:

Me complace recibir noticias suyas, sobre todo porque ello significa que sigue con vida. Una inferencia razonable, supongo. No había vuelto a saber de usted desde que nos vimos en Londres ¡hace mil años! ¡Qué época tan extraordinaria nos ha tocado vivir! Es como si el tiempo se hubiese acelerado sólo para agradar a los hombres de ciencia. Desde luego, no quiero parecer insensible: sé que las tragedias han sido mayores, quizás, a las que ha conocido la humanidad en toda su historia, pero estoy convencido de que no teníamos otra opción. La guerra debía terminar *ya*. Lo peor es que no hemos acabado con una cuando empieza otra: ahora contra los rusos. Pueden llegar a ser peores que los nazis, se lo aseguro. Yo viví en Hungría durante un gobierno rojo, y era peor que el infierno, muchacho. Así que aquí estaremos de nuevo, querido amigo, aplicando nuestra teoría de juegos para ganarle la partida a Stalin....

Mi querido Bacon, yo también querría contarle decenas de cosas interesantes sobre el trabajo que desarrollamos durante los últimos meses de la guerra en Nuevo México, pero estoy muy fatigado y, como supondrá, tengo prohibido hacer cualquier referencia a aquella labor. Respondo, pues, a su pregunta. ¡Buenas nuevas, muchacho! La suerte, sin duda, está de nuestra parte. ¡He movido cielo, mar y tierra por su culpa! Pero tengo la impresión de que ha valido la pena. Hablé con mis amigos de Washington, de Londres, incluso con gente cercana a Paton y a Eisenhower... Al principio, nada, como suponía. Un silencio hermético. Así que insistí. «Lo sentimos, Johnny», me respondían por todas partes, «no tenemos idea de a quién pueda referirse el apelativo Klingsor». Entonces, yo volvía a la carga. «¡Estamos hartos de ti y de tu Klingsor!» Pues no voy a dejar de molestarlos hasta que encuentren algo para mí, por Dios. Soy asesor de seguridad nacional, ¿saben? Todos los días hacía una llamada y todos los días obtenía el mismo silencio y los mismos reclamos... La burocracia es igual en todas partes. Un burócrata nunca va a resolverte una duda a la primera, ésa es una de las reglas de su código de conducta. Tiene que pedir autorización a su superior, y éste a su vez a su jefe, y así hasta el presidente, el secretario de Estado o el secretario de la Defensa. Si uno quiere vencer a esas alimañas, lo único que se requiere es paciencia... Como preví, al fin se abrió una puerta.

No quiero que se haga ilusiones. No se trata de algo enorme, sino de un resquicio que quizás pueda servir. Pero es un principio. Si uno quiere llegar a algo grande, hay que empezar por lo más pequeño. Seguir la ruta de las partículas elementales, muchacho, porque de ellas está formado el universo. Escuche esta historia: en 1944, un grupo de oficiales del ejército alemán decidió poner fin a la vida de Hitler. Su idea era asesinarlo, dar un golpe de Estado y eliminar a los nazis del gobierno. Tenían la esperanza de que, con esta maniobra, podrían firmar un acuerdo de paz en mejores condiciones. ¡Ilusos! De cualquier manera, siguieron adelante con su plan y, en julio, colocaron una bomba en uno de los cuarteles del Führer. Por desgracia, algo falló. Hitler salió ileso y el golpe fue sofocado con una crueldad sin precedentes por Himmler y las SS, expertos en esas tareas. Hasta aquí, no cuento nada nuevo, aunque en esta época este episodio ha sido casi olvidado. La conjura involucraba a gente en el ejército, la diplomacia y los círculos civiles. Himmler ordenó que cualquiera que hubiese tenido que ver, así fuera lejanamente, con los involucrados en el atentado debía ser detenido, acusado de conspiración y ejecutado. Cientos de personas fueron atrapadas durante los meses de agosto a diciembre. La mayor parte de ellas fueron fusiladas o enviadas a campos de concentración.

Y aquí viene lo interesante. Entre los detenidos figuraba un matemático, amigo de un oficial de la Wehrmacht que había participado en la conspiración. Como tantos acusados, tuvo que afrontar el cargo de alta traición ante una corte de Berlín, pero por alguna razón no fue condenado a muerte, sino trasladado a diversas prisiones hasta que finalmente fue liberado por una patrulla de los nuestros unos días antes del fin de la guerra... No habría nada sorprendente en esta historia si no hubiese dos casualidades que parecen obrar a nuestro favor. La primera es que, al ser interrogado por un oficial norteamericano sobre el motivo de su arresto, respondió que todo había sido culpa de Klingsor. El oficial dijo no comprender a qué se refería y entonces nuestro hombre se limitó a narrar su participación en el atentado de julio del 44... La segunda coincidencia es aún más pasmosa. Yo lo conocí. Así es, querido Bacon: el matemático del que estamos hablando fue amigo mío antes de la guerra. Su nombre es Gustav Links.

Un tipo modesto pero de una inteligencia asombrosa. Lo conocí en Berlín cuando yo era alumno de Hilbert en Gotinga, allá por 1927. Él era casi tan joven como yo, pero ya destacaba en los congresos matemáticos. Estaba obsesionado, según recuerdo, con el dilema del continuo de Cantor. Se había titulado en la Universidad de Leipzig y posteriormente realizó estudios doctorales en Berlín. Nos mantuvimos en contacto con él hasta 1936, más o menos. A partir de entonces no volví a saber de él.

¿Qué le parece? Por fortuna, sigue vivo y con las mejores credenciales posibles, me atrevo a decir. Es nuestro hombre. ¿Dónde puede encontrarlo ahora? Muy sencillo. Donde están todos los científicos alemanes que no tuvieron la mala fortuna de quedarse en la zona de ocupación soviética: en Gotinga. No le será difícil dar con él. Le deseo suerte en su nuevo juego, querido Bacon, y sólo le pido que me mantenga al tanto de sus avances.

Núremberg, 28 de noviembre de 1946
De: Tte. Francis P. Bacon
Para: Prof. Gustav Links

Estimado profesor:

Mi nombre es Francis P. Bacon y soy físico egresado de la Universidad de Princeton. Me encuentro en Alemania realizando un trabajo de investigación para el ejército de Estados Unidos y un amigo común, el profesor John von Neumann, me ha dicho que quizás usted podría ayudarme. Si le parece bien, yo podría visitarlo en Gotinga. Le agradeceré infinitamente su apoyo.

¿Para qué podía servirle yo a un físico que, además, como lo hacía notar groseramente, pertenecía al ejército de Estados Unidos? ¿Qué podía querer de mí? Y, sobre todo, ¿por qué Von Neumann pensaba que yo podía ayudarlo? ¿Es que mi calvario no iba a terminar nunca?

Tras mi liberación en 1945, las posibilidades de volver a una vida normal seguían siendo escasas para mí. Alemania estaba completamente destruida y los aliados se repartían su cadáver como lo habían acordado en las conferencias de Yalta y Teherán. A diferencia de los físicos que habían trabajado en el proyecto atómico, yo era un simple matemático y, aunque había colaborado con Heisenberg en distintas fases del programa, mi participación había sido marginal. Ello me salvó de correr la suerte de los demás miembros del *Uranverein*: nunca fui considerado un botín de guerra, ni llevado a París ni, posteriormente, a Farm Hall. Por el contrario, mi destino resultó más modesto: después de comprobar mi identidad y mi oposición a los nazis, los norteamericanos me dejaron partir. Pocos meses después del fin de la guerra, conseguí trasladarme a Gotinga. Tomé las pocas pertenencias que pude llevar conmigo —de cualquier modo, desde la muerte de Marianne los bienes materiales me importaban muy poco— y me refugié en aquella sombría ciudad universitaria dentro de la zona de ocupación británica.

A diferencia de los franceses y los norteamericanos, demasiado rencorosos, y de los rusos, que no tardarían en centralizar la investigación científica alemana para servir a sus propios fines, los ingleses se mostraron más compasivos. Su tradición antiautoritaria los llevaba a creer que sólo una relativa autonomía de los territorios alemanes bajo su control, podría garantizar la paz y la estabilidad de Europa en el futuro. Apelando a esta convicción, habían decidido convertir a Gotinga en el nuevo centro de la ciencia en Alemania: el único inconveniente de la ciudad era, quizás, su extrema cercanía con la zona soviética cuya frontera estaba sólo a unos kilómetros.

Cuando llegué a Gotinga, estaba deshecho. No me interesaba nada. No deseaba nada. No era nada. En lo único que podía pensar era en la extrema inutilidad de mi vida anterior. Números, fórmulas, teoremas, axiomas: tonterías que me habían condenado, en medio de la vorágine, a un silencio cómplice. En 1946, un científico alemán era peor que un insecto. ¿Quién querría ocuparse de esta escoria en un mundo arruinado? ¿A quién podía servirle un animal que, en vez de apilar ladrillos, meditaba sobre sus formas, describía su longitud o explicaba las leyes que lo hacían sólido? Yo no sólo me sentía inútil, sino superfluo. Si, como llegó a decir más tarde un filósofo, la literatura sc había vuelto imposible después de Auschwitz, era sólo porque cualquier forma de felicidad era imposible después de Auschwitz. Y si la poesía era imposible, ¿qué decir de las matemáticas? ¿A quién podría importarle Cantor o el problema del continuo cuando millones de seres humanos habían sido aniquilados? ¿Con qué rostro podía yo salir a la calle?

Me instalé en uno de los derruidos edificios de apartamentos en las afueras de la ciudad —tenía por vecinos a familias enteras, hacinadas en cuartuchos destartalados—, sin saber qué hacer. A fines de febrero, llegaron a la ciudad Werner Heisenberg y Otto Hahn, quien acababa de enterarse de que le había sido concedido el Premio Nobel por el descubrimiento de la fisión. Ambos tenían el beneplácito británico —que a su vez tenía el de los norteamericanos— para reconstruir el Instituto Kaiser Wilhelm de física y de química, respectivamente. Ello le confería un toque de distinción a la ciudad, pero no bastaba para arrancarme de mi letargo. En aquellos días mi voluntad estaba reducida a cero. Comportándome como autómata, acepté la cátedra de Matemáticas que me ofrecía la Universidad sólo porque me parecía el modo más sencillo de ganarme la vida sin esfuerzo. De cualquier modo, no estaba dispuesto a emprender ninguna investigación o a mezclarme en las actividades académicas.

Mientras tanto, los Aliados emprendían una acelerada política de *desnazificación* de la vida pública del país. Todos los ciudadanos alemanes fuimos obligados a llenar formularios en los cuales se nos preguntaba, una y otra vez, sobre nuestra pertenencia a asociaciones o grupos ligados, de cualquier modo, al partido nazi. Quienes respondían afirmativamente, debían presentarse a declarar ante tribunales militares. Si uno era hallado culpable de haber estado inscrito en el Partido o en alguna organización afín, se le impedía dedicarse a cualquier actividad relacionada con el servicio civil. En Alemania, las cátedras universitarias siempre habían formado parte de la administración central, de modo que muchos profesores habían tenido que ingresar al Partido sólo para no perder sus puestos. Ello provocó que a centenares de buenos científicos les resultase imposible volver a la vida académica y que a muchos profesores de preparación o jerarquía inferior, pero que no habían sido miembros del Partido, se les concediesen las plazas que de otro modo no hubiesen estado a su alcance.

Varias personas conocían mi lejanía de los nazis y rindieron su testimonio a mi favor cuando fui convocado a explicar mi caso. Gracias a este *Persilscheine* —así se les llamaba popularmente a las declaraciones de inocencia, debido a la conocida marca de jabón Persil, cuyo lema era «no sólo limpio, sino inmaculado»—, fui nombrado *Extraordinarius* de lógica matemática en la antigua Universidad Georgia Augusta de Gotinga en octubre de 1946.

En cuanto recibí la carta del teniente Bacon, me di cuenta de que era una especie de aviso, una llamada de la Providencia. Al principio, había tratado de no darle importancia. Quería pensar que se trataba sólo de otra de esas investigaciones de rutina que, en aquella época, eran nuestro pan diario. Sin embargo, el nombre de Von Neumann era una prueba de que no era así. El viejo Johnny no iba a acordarse de mí sólo para que un simple soldado llenase un informe burocrático: detrás de aquellas líneas debía esconderse algo mucho más grande. La cuestión era: ¿quería yo participar en ello? ¿Quería volver a sumergirme en el dolor pretérito, en la larga angustia que, tras doce años de amenaza hitleriana, al fin había concluido? ¿No sería mejor, después de todo, olvidar? Eso hacían todos a mi alrededor, como si hubiese una prohibición expresa de nombrar el infierno.

Según Aristóteles, la causa de la causa es causa de lo causado. ¿Podría culpar a Von Neumann, entonces, de todo lo que vino después sólo porque tuvo la extraña ocurrencia de mencionar mi nombre? ¿O, peor aún, hacerlo responsable por una carta, quizás escrita con prisa y sin demasiada atención, lanzada a uno de sus alumnos? El viejo Von Neumann, experto en el azar, se convertía ahora en su principal instrumento.

El teniente Francis P. Bacon se presentó en mi frío despacho vestido con el uniforme norteamericano, lo cual de entrada me pareció no sólo una descortesía sino una forma de intimidación. Creo que por primera vez voy a permitirme ofrecer una descripción detallada de él, al menos tal como lo vi entonces en Gotinga. Alto, aunque no demasiado, conservaba en el rostro un rictus tenso, como si fuese consciente de que el uniforme no le sentaba demasiado bien. Tenía la espalda algo encorvada y las extremidades un poco largas —cuando me saludó pude observar que la camisa se le arremangaba hasta la mitad del antebrazo—, aunque en conjunto podría decirse que no era feo. Su mirada inteligente, incapaz de detenerse mucho tiempo en una sola cosa —llegué a pensar que quería memorizar los objetos de mi despacho para presentar un informe sobre ellos—, estaba provista de una vida que parecía exceder la aparente torpeza de sus movimientos. Calculé que no tendría más de treinta años (con un margen de error de ±2, lo cual casi resultó exacto), es decir, unos quince menos que yo.

Aún tenía esa soberbia característica de los científicos jóvenes que se creen capaces de hacer un gran descubrimiento, así como la sospechosa amabilidad de quien se reconoce superior a la mayoría pero es lo suficientemente astuto y cínico para ocultarlo. Sus movimientos nerviosos llegaron a alterarme un poco, aunque suponía que a él le sucedía lo mismo con la aparente pasividad de los míos. Seguramente se había afeitado en el trayecto, porque tenía pequeñas cicatrices color granate esparcidas a lo largo de la barbilla y del cuello. Un tic sobre la ceja izquierda delataba un carácter obsesivo, lo mismo que las espinillas que se negaban a separarse de los poros demasiado abiertos de su piel. Por otra parte, sus labios resecos y algo violentos, como si hubiesen sido modelados con descuido intencional, le proporcionaban cierta brusca sensualidad que, supuse, a las mujeres no debía resultar indiferente. Su nariz afilada y su frente amplia y firme eran decididamente hollywoodenses, en el peor sentido del término. Todos estos detalles me hicieron definirlo entonces con una sola frase: «un hombre capaz de matar a otro pero que nunca lo haría por el temor a sentirse culpable».

Desde el primer momento supe que detrás de su mirada sincera y altiva se escondía un muchacho temeroso e introvertido, lo cual me espantó más que si fuese otro de los rudos soldados que nos visitaban a diario. Quizás no fuese consciente de ello, pero su debilidad interior le otorgaba una determinación y una fuerza que podían intimidar a cualquiera menos apático que yo. Se presentó formalmente —como si yo no supiese de quién se trataba— y lo invité a sentarse. Colocó los brazos sobre mi escritorio y desde el principio fue al grano.

—¿Perteneció usted al partido nazi?

Era obvio que conocía la respuesta de antemano.

—No.

—¿Estuvo usted afiliado a alguna de las organizaciones del partido nazi?

—He respondido a esta pregunta mil veces. Y además usted ha leído mi expediente —traté de defenderme—. No, nunca pertenecí a una de esas organizaciones.

—¿Entonces por qué permaneció en Alemania?

—Es mi patria. ¿No hubiera hecho usted lo mismo?

—No lo sé. No en las condiciones que había aquí con Hitler.

Me escuchaba con cierta desgana, como si se tratara de un simple trámite burocrático del que quisiese desprenderse cuanto antes.

—Usted simplifica demasiado las cosas. Quizás no debería decirle esto, estoy harto de tratar de convencer a los demás, pero al principio las cosas no eran tan obvias como ahora. En 1933, Hitler no tenía escrito en su rostro un letrero que dijese «SOY UN ASESINO O VOY A DESENCADENAR LA SEGUNDA GUERRA MUNDIAL O ME PROPONGO MATAR A MILLONES DE PERSONAS...» Nunca fue tan simple.

—Pero conocían sus planes, sabían que quería rearmar al país, y su antisemitismo era uno de sus lemas de campaña... No intente convencerme ahora de que no lo sabían...

—Me da igual si quiere aceptar mis comentarios o no, teniente. Yo no trato de defender a nadie, ni siquiera a mí.

—Muy bien —era un niño: ¡Von Neumann me había enviado a un niño!—. ¿Y por qué nunca se opuso abiertamente a Hitler?

—¿*Abiertamente*? —no pude evitar una sonrisa maliciosa—. Si me hubiese opuesto abiertamente, usted estaría interrogando a otro matemático, no a mí. En la Alemania de Hitler, las oposiciones abiertas, como usted las llama, se pagaban con la muerte.

—Y aun así, usted fue encarcelado y condenado.

—Tratemos de ser claros desde el principio —le dije—. Usted me ha investigado lo suficiente antes de venir aquí. ¿Pretende que le confirme cada una de las afirmaciones que tiene mi expediente?

—No era mi intención...

—Sí, fui hecho prisionero al final de la guerra, después del fallido golpe del 20 de julio de 1944. Decenas de amigos míos, que no cometieron otro delito que repudiar en sus conversaciones privadas la brutalidad de Hitler, tuvieron menos suerte que yo y no han sobrevivido para contarlo. Todas las personas que me importaban han muerto. ¿Qué más quiere, teniente? ¿Pretende que cada uno de los alemanes que quedaron vivos le pida una disculpa al mundo por los errores de Hitler? Usted lo confunde todo. No se da cuenta de que nada es homogéneo. Que en este país hubo tantas víctimas de Hitler como en Polonia o en Rusia.

—Lo siento. Sé que es un tema incómodo.

—*¿Incómodo?*

Nuestra conversación se volvía cada vez más ríspida. Yo no podía dejarme intimidar, debía mostrarle cuáles eran las reglas para iniciar nuestra relación. De otro modo no funcionaría. Traté de suavizar mi tono de voz.

—¿En qué puedo ayudarlo, teniente? —le dije.

—El profesor Von Neumann me dijo que era amigo suyo.

—Así es —mentí—. Aunque es evidente que hace mucho que no nos vemos.

—¿En qué se especializa usted? —por primera vez parecía que, detrás del miembro del ejército de ocupación, podía esconderse un científico.

—Teoría de los números. Al menos a eso me dedicaba *antes*.

—El profesor Von Neumann me dijo que usted era experto en Cantor —añadió.

—Algo ha quedado de eso —confesé; siempre consideré irritante hablar de ciencia con *soldados*, fueran jerarcas nazis o doctos oficiales de ocupación—. Nunca he podido desprenderme del todo de mi pasión por el infinito.

—¿El infinito?

Asentí, sin comprender por qué se mostraba tan extrañado. Parecía como si le hubiese dicho que me dedicaba a analizar la estructura ósea de los babuinos.

—¿Le parece mal?

—No, al contrario —se esforzó por mostrarse amable—. Me parece *muy* interesante —su alemán no era execrable, aunque sí algo desabrido.

Me arrellané en el asiento. Tomé una pluma y comencé a dibujar en una hoja de papel.

—En algún momento me encantaría ver alguna parte de su trabajo.

—Se lo agradezco, teniente, pero supongo que usted no viajó a Gotinga para esto.

—Desde luego que no —tenía esa costumbre copiada de las películas de alentar el suspenso mediante largas y aburridas pausas—. Como le dije en mi carta, vine a solicitar su ayuda.

—¿Y en qué podría servirle un matemático como yo?

—No he venido a consultarlo como matemático...

—¿Entonces como qué? ¿Como prisionero de guerra?

—Como un conocedor de la vida científica de nuestra época, profesor —trató de que su voz sonase metálica y resistente—. Sólo quiero escucharle.

—¿Qué quiere de mí?

—Su voz, su historia, la historia de la ciencia en Alemania...

—No lo comprendo —lo azucé—. Sinceramente, teniente, pienso que a usted no le hace falta que un matemático *alemán* le revele sus confidencias para obtener lo que busca. Su país puede hacer cuanto le viene en gana en nuestro territorio. No me quejo, es la realidad y hay que aceptarla. Con su uniforme y un salvoconducto puede consultar todos los archivos que hay de Gotinga a Múnich. ¿Para qué me necesita a mí?

—Créame que, si no necesitara su ayuda, no habría venido hasta aquí para pedírsela —contraatacó—. Y me gustaría que quedase muy claro lo último que he dicho: *pedírsela*. No es una orden ni un mandato. Vengo a usted como amigo, como *colega*. Necesito alguien en quien confiar, eso es todo.

Sentía la sangre que se agolpaba en las mejillas.

—¿Pretende que me convierta en su chivato, teniente?

—¡Desde luego que no! —estaba sinceramente escandalizado—. Nada más alejado de mis intenciones. No trato de perjudicar a nadie. Yo sólo deseo contribuir a hacer que la verdad salga a la luz. Sólo busco la verdad.

No puedo negar que estaba intrigado. A pesar de su arrogancia, me pareció reconocer en los ojos del teniente Bacon un resplandor que me atraía. Había en él algo de mí, o al menos algo que se parecía a mí en el pasado: el mismo brío, el mismo entusiasmo de mi juventud y que ahora ya era incapaz de sentir. De algún modo, el soberbio teniente Bacon era mi *Doppelgänger*, un alma similar a la mía; de haber nacido en América quince años después, quizás me hubiese visto en una situación como la suya. Si yo no lo ayudaba, era mi problema, él se disponía a continuar con su objetivo, con la meta que se había trazado.

—Temo no haber sido claro al expresarme —volvió a decir—. Le ofrezco una disculpa. ¿Le parece bien si comenzamos de nuevo?

Me gustaba aquella franqueza un tanto ingenua. Adelante, profesor Bacon, teniente Bacon, Frank...

—Lo principal es que haya un ambiente de confianza entre nosotros. Supongo que no será fácil: nuestros países han sido enemigos durante demasiado tiempo.

—Aún no me ha dicho qué podría ganar yo si me decido a ayudarlo —le dije.

Me miró a los ojos, tratando de adivinar mi intención, y respondió:

—Usted siempre fue víctima de la arbitrariedad nazi —paladeó—. Si me lo pregunta, creo que en el fondo usted desea colaborar conmigo tanto como yo con usted. En resumen, le ofrezco la posibilidad de hacer lo correcto. De *actuar*. La guerra ha terminado, pero ello no quiere decir que todos los crímenes deban quedar impunes, en el olvido. No el crimen que los nazis cometieron contra la humanidad. No el crimen que cometieron contra científicos como usted. No le pido que se inmiscuya en alguna misión peligrosa o que comprometa su reputación, sino que se convierta en mi guía por los territorios que aún no conozco del pasado nazi. Es su oportunidad de hacer algo por usted mismo y por sus amigos muertos.

Me quedé meditándolo durante algunos momentos.

—Me parece lógico que dude de mí —prosiguió—: yo también lo haría. Lo que le propongo es que tengamos un período de prueba. Veamos si podemos trabajar juntos.

—De acuerdo —respondí al fin.

Bacon se aclaró la garganta. Le encantaban los efectos teatrales, la emoción, las novelas policíacas. Poco a poco empezaba a conocerlo.

—Muy bien —su rostro adquirió un matiz severo—. ¿Ha oído alguna vez hablar sobre un científico del más alto nivel, asesor del Consejo de Investigaciones del Reich, al que se conocía con el nombre clave de Klingsor?

Me quedé perplejo.

—Nunca escuché nada parecido.

—Al parecer, nadie en Alemania sabe de su existencia —aclaró Bacon, con una ironía que me esforcé en no advertir—. Sin embargo, tenemos motivos para creer que se trataba de alguien cercano al propio Hitler...

Así que se trataba de eso.

—¿Y por qué es tan importante?

—No me pida que responda tan rápido a esta pregunta, profesor Links —se levantó y comenzó a pasearse por la habitación, demostrando haberse apropiado del momento—. Necesito que me ayude a desentrañar el caos burocrático de los nazis para tratar de hallar algo que nos revele quién diablos era ese Klingsor —hizo una nueva pausa—. Vuelvo a preguntarle, entonces, si nunca escuchó hablar de él.

Me había descubierto. Y lo peor era que él lo sabía. Pero no le iba a permitir que me pusiese en evidencia con tanta facilidad. *Klingsor.* ¿Hacía cuánto tiempo que no había escuchado mencionar su nombre? Por un momento llegué a creer que nadie volvería a nombrarlo, que su sombra se desvanecería en la noche de la historia, como un fantasma, como una criatura del pasado, como un espectro agonizante. Y de repente alguien me recordaba su existencia. ¿Cómo se habría enterado? Núremberg. ¡Claro, Núremberg! De esta ciudad me llegó su carta. Alguien había abierto la boca, alguien había dejado escapar el secreto. ¿Y qué debía hacer yo? ¿Contarle a Bacon toda la historia? ¿Guiarlo, como me pedía, por los caminos que podrían conducirlo hacia Klingsor? ¿Es que era yo uno de aquellos que abogaban por el odio, por la sinrazón, por la venganza? De acuerdo, que fuese como él quería.

—Klingsor —dije—. Desde luego que he escuchado hablar de Klingsor.

—¿Y por qué lo negó hace un momento?

—No estaba seguro de querer inmiscuirme...

—¿Ahora lo está?

—Creo que sí.

—Bien. Lo escucho.

—Klingsor es un tema demasiado delicado en las condiciones actuales, teniente. Ahora estamos iniciando una nueva era de paz y reconciliación, o al menos eso nos han dicho. Klingsor, le repito, pondría otra vez sobre la mesa sucesos que van a incomodar a muchas personas... Gente importante piensa que debemos permitir que las heridas comiencen a cerrarse, reconstruir Europa, convertirla en un bastión contra los rojos; nuestros viejos enemigos ahora también son los suyos... Usted debe comprenderme. La bomba, por ejemplo. A nadie le interesa que los rusos se apoderen de ella, ¿no es verdad?

—¿Klingsor estaba relacionado con la bomba?

—Klingsor tenía que ver con *todo*, teniente; ése es el problema y el peligro de esta empresa. Estaba involucrado en demasiados asuntos, militares y científicos, como para que a alguien le interese hacer públicas sus actividades —Bacon no podía ocultar su asombro—. Así es, teniente: Klingsor autorizaba el presupuesto que se entregaba para las investigaciones especiales del Reich. Nadie lo conocía, pero se suponía que era un científico de primer orden que, en la sombra, desde una posición aparentemente apolítica y apartidista, lo asesoró a lo largo de la guerra. ¡Todos los hombres de ciencia queríamos saber quién era! Su labor no es nueva, teniente. Al principio, creímos que se trataba sólo de un rumor. Cuando algo fallaba, o cuando algo salía extraordinariamente bien, cuando un proyecto era aprobado o cuando era rechazado por el Comité de Investigaciones Científicas del Reich, se decía que era porque Klingsor había intervenido, a favor o en contra, a la hora de tomar una decisión. Era una especie de demiurgo detrás de todos los movimientos que veíamos en la superficie, una mezcla de consejero y espía que controlaba una ingente cantidad de información. Un hombre que en su ámbito era todopoderoso y que sólo le respondía a Hitler en persona...

Bacon estaba demasiado atribulado para hablar con coherencia. De pronto, yo le estaba revelando una mina de oro: le daba una razón para seguir adelante.

—Siga, profesor Links...

—Klingsor era tan poderoso que, por este motivo, algunos pensaban que en realidad no existía, que *no podía existir*. Comenzaron a circular diversas teorías sobre su identidad: que era una táctica de Goebbels para mantener a la comunidad científica bajo control, que en realidad Klingsor agrupaba a decenas de personas bajo esa denominación común, que su nombre era una invención de las sociedades secretas que existían en el Reich, e incluso alguien sugirió que Klingsor era el propio Hitler... Rumores y más rumores, teniente, en una época en la que resultaba particularmente difícil hablar de estos temas. La incertidumbre era terrible —me sentía agotado después de esta larga perorata—. ¿Pero quiere que le cuente qué pienso yo?

—Por favor.

—A diferencia de muchos de mis colegas —proseguí—, creo que Klingsor en realidad era una sola persona... ¿Por qué? Por su modo de actuar, por las huellas que iba dejando en el camino, por las coincidencias que iban apareciendo en el campo de la ciencia... Demasiadas como para admitir que Klingsor era una invención producto de nuestro miedo... Casi podría decirle que los actos de Klingsor tenían un carácter propio... Por desgracia, no tengo ninguna prueba que respalde mis suposiciones —hice una pausa—. Por eso me resistía a decirle la verdad, teniente. No tengo un solo argumento definitivo para apoyar mi teoría y no quiero que usted tome una ruta equivocada por mi culpa.

Para entonces, Bacon ya había dejado de escucharme. Se encontraba en un estado que se confundiría con el éxtasis. Había empezado a sudar.

—¿Quiere usted decir que Klingsor era quien controlaba toda la investigación científica secreta en el Reich?

—Así es.

—¿Y por qué no hay ninguna prueba de su existencia? ¿Por qué nadie habla de esto?

—¿Es que Dios o el diablo dejan huellas explícitas de su influencia sobre los hombres, teniente? —repuse—. Desde luego usted no va a hallar ningún documento firmado por Klingsor, ni un informe de sus actividades, ni un memorándum dirigido a su oficina. Mucho menos un expediente con su fotografía. Pero ello no quiere decir que no haya existido o que no exista aún. Por el contrario, yo creo que esta invisibilidad es una de las pruebas de su presencia entre nosotros. Por la naturaleza de sus actividades, debía borrar cuidadosamente sus pasos, eso está claro. Pero ahí están los *hechos*, teniente. Si usted los observa con detenimiento, será capaz de interpretarlos y, a partir de ahí, podrá llegar hasta *él*.

—Le confieso que me deja estupefacto, profesor. No sé qué pensar.

—Tómelo con calma, teniente. Piénselo y volvamos a encontrarnos para que me diga usted si cree que soy un chiflado o si me concede un poco de razón.

—No sé...

—Lo único que le pido es que no comente esto con sus superiores. Usted me ha dicho que lo más importante es la confianza que nos debemos. Si no le hablé antes de mis sospechas, fue porque temía haberme topado con alguien menos capacitado que usted para comprender la situación. Si esto sale a la luz, podemos estar seguros de que lo habremos perdido... Y de que mi futuro como hombre de ciencia en Alemania estará terminado.

—Pero ¿cómo sabe que aún vive? ¿Cómo sabe que no ha muerto o ha huido?

—No lo sé —dije, confiado—, lo *sospecho*.

—¿Y debo basar mi investigación en una sospecha?

—Esa decisión le corresponde a usted. Yo me declaro dispuesto a otorgarle mi tiempo y mis conocimientos con el fin de llegar a revelar la verdadera identidad de Klingsor. Y sólo le pongo una condición.

—Que su nombre no aparezca en mis informes...

—Exacto.

—No puedo hacer eso, profesor.

—Sólo así estoy dispuesto a ayudarlo. Ya he tenido demasiados problemas. Es una prueba de confianza, teniente. Usted la pidió.

Bacon se quedó en silencio unos momentos, inquieto.

—De acuerdo: se convertiría usted en mi guía —dijo al fin, procurando no ser demasiado entusiasta—. Mi Virgilio.

Me gustó su comparación. Comenzábamos a entendernos.

LA DEMANDA DEL SANTO GRIAL

—¿Sabe usted quién era Klingsor? —de algún modo, supuse que esta cuestión, al parecer trivial, se le habría escapado al teniente Bacon.

—Si lo supiera, no se lo habría preguntado.

—No me ha entendido, teniente. Le pregunto si sabe quién era el Klingsor original, el de las leyendas...

—Supongo que alguno de los héroes que aparecen en las óperas de Wagner y que Hitler admiraba tanto —respondió.

Decididamente, la mitología no era su fuerte.

—Temo decepcionarlo, pero no se trata de un héroe sino de un villano. Es uno de los personajes del *Parzîval* de Wolfram von Eschenbach aunque, es cierto, su historia la popularizó Wagner con su *Parsifal*.

—Que seguramente le encantaba a Hitler...

—Me extraña que se deje llevar por los lugares comunes —le dije—. Aunque el Führer adoraba a Wagner, *Parsifal* no era una de sus obras favoritas... Le parecía demasiado cristiana, como a Nietzsche.

—Está bien, Links —era la primera vez que me llamaba con esta familiaridad un tanto cansina—, cuénteme la historia de *ese* Klingsor. Soy todo oídos.

—La acción sucede, como no podía ser de otra manera, en una época inmemorial, en alguna región mágica del mundo que algunos han identificado con Sicilia, otros con Inglaterra (es la misma historia de los caballeros del rey Arturo) y algunos más con la Selva Negra. Primer acto. Estamos en un bosque cercano al castillo de Montsalvat...

—El Monte de Salvación —tradujo Bacon. Apenas hice caso a su banal erudición.

—Ahí se reúne una orden militar y religiosa: los caballeros del Santo Grial. El Grial, según la leyenda, es el cáliz que utilizó Cristo en la última cena y en el cual, unos días después, fue recogida la sangre que salió de su costado cuando fue herido por la lanza de un soldado romano, de nombre Cayo Casio, conocido a partir de entonces como Longinos. Bien: los caballeros tienen la sagrada misión de custodiar el Grial y de honrarlo en una ceremonia. En la versión de Eschenbach, el Grial no tenía que ver con la sangre de Cristo, pero Wagner decidió apropiarse de la tradición cristiana: mientras que para el trovador medieval se trataba de un rito de origen pagano, Wagner lo convierte en algo parecido a la comunión.

—Es un tanto enredado, pero lo sigo.

—Al iniciarse la ópera, nos encontramos junto a un arroyo. Ahí está Gurnemanz, el más viejo de los caballeros del Grial. Está inclinado, rezando. Mediante uno de los típicos recursos del melodrama, que tanto incomoda a algunos, el viejo repasa en voz alta la historia del rey Amfortas.

—Y de paso nos la cuenta a nosotros...

—Amfortas tiene un enemigo que es una especie de perverso doble suyo...

—Klingsor.

—Sí, Klingsor. Cada uno de ellos representa una fuerza contraria. Durante muchos años ambos se enfrentaron sin que ninguno hubiese podido vencer al otro hasta que, al fin, después de muchas jugarretas, el demonio encontró el modo de vencer a Amfortas: obligándolo a pecar...

—Una mujer.

—Me sorprende su perspicacia, teniente —respondí con fastidio—. Así es. El instrumento de la maldad es una mujer de «aterradora belleza». En el jardín encantado de Klingsor, cercano a su palacio de Kolot Embolot, la joven, una «flor del infierno», se encarga de seducir a Amfortas. Perturbado por su hermosura, éste accede a prestarle la sagrada Lanza de Longinos. De inmediato, ella lo traiciona y se la entrega a Klingsor, el cual la utiliza para herir a su antiguo dueño. Desde ese malhadado día, el rey agoniza lentamente, perdiendo sangre a través de esa herida que nunca se cierra. Desde luego, su enfermedad sólo sanará...

—Lo imagino —interrumpió Bacon—. Si cuenta con la ayuda de un joven de buen corazón, limpio de espíritu...

—Wagner es menos generoso y lo llama «inocente», un término que casi se refiere al típico tonto del pueblo. Aquí acaba el relato de Gurnemanz. Justo en ese momento, un cisne cae a sus pies: la blancura de su pecho ha sido mancillada por una flecha que le atraviesa el corazón. No tarda en aparecer un joven cazador reclamando su presa...

—Parsifal.

—Gurnemanz lo reprende por haber dado muerte al cisne: en las inmediaciones de Montsalvat, incluso los animales son sagrados. Al oír las voces del viejo caballero, aparece Kundry, una joven que vive en Monsalvat desde que Titurel, el padre de Amfortas, la recogiese en un claro del bosque. Ella es la mensajera del Grial y trae un bálsamo desde la lejana Arabia para curar al herido. La mujer pide clemencia para el cazador, pues éste no conoce la ley que prohíbe abatir a los animales salvajes. El anciano le pide al joven que diga cuál es su nombre, pero Parsifal responde que no lo sabe. Lo único que recuerda es que fue criado en la inocencia del mundo por su madre, Herzeleide. Al escuchar estas palabras, Gurnemanz piensa que el muchacho puede ser el enviado de la Providencia que tanto ha esperado y procede a invitarlo a la *Liebesmahl*, la fiesta del amor que se celebrará en el castillo.

»En Montsalvat todo está listo para la ceremonia. Los caballeros del Grial, Kundry y Parsifal rodean la piedra en donde se halla depositada la Santa Copa. A instancias de Titurel, el débil Amfortas descubre el Grial para que se produzca el milagro de salvación. Todos disfrutan la magnificencia del momento, excepto el miserable rey, que sólo puede lamentar su herida y su pecado. Al ver los sufrimientos de Amfortas, el joven Parsifal no siente compasión alguna; por el contrario, le parece que el rey *merece* el sufrimiento que lo acosa. Gurnemanz pierde toda esperanza y le ordena a Parsifal que se marche. Con esta declaración, termina el primer acto.

—Gracias a Dios —Bacon sobreactuaba—. Será mejor que vayamos por una *verdadera* copa antes de oír el segundo.

Al terminar aquella charla, Bacon insistió en llevarme a una sucia taberna, no lejos de la Universidad, en la cual todos los clientes eran soldados norteamericanos fuera de servicio. El local era pequeño, con ese encanto que a veces tiene lo desvencijado. Detrás de una barra de madera apolillada, se parapetaban el viejo *barman* y una camarera joven y, si uno olvidaba su corte de cabello, bastante atractiva. Sospeché que era la principal atracción del lugar. Bacon se acercó a saludarla, le guiñó un ojo y de inmediato le pidió un par de *bourbons*. La muchacha se mostró especialmente amable con él. Bacon no le quitaba los ojos de encima. «Se llama Eva», me susurró al oído, «como la amante de Hitler».

Colocamos nuestros abrigos en una percha y nos instalamos en un par de sillas largas junto a la barra. Era agradable sentir el calor del fogón.

—¿Así es la «belleza aterradora» de Kundry? —ironizó Bacon.

—Si le cambiásemos el peinado...

Era obvio que el *bourbon* le alteraba, lo mismo que las mujeres.

—Hábleme de Parsifal y Kundry, yo lo escucho —su mirada se alejaba de mí y se dirigía al busto de la muchacha—. ¿Decía que Klingsor era una especie de demonio?

—Una encarnación del mal o de la perfección, como quiera usted verlo. El castillo de Kolot Embolot estaba en una alta colina que dominaba un valle encantado. Sólo que, en la porción del mundo gobernada por Klingsor, todo son apariencias. La belleza es falsa: detrás de ella se oculta la muerte. No es otra la razón de que, según cuenta la leyenda, Klingsor se haya castrado a sí mismo... Es un demonio, sin duda, pero un demonio impotente, estéril...

—Una tentación, como la de Cristo en el desierto —apuntó Bacon, distraídamente, mientras pedía otros dos tragos.

—Klingsor, como el demonio, promete pero no cumple. Jura que entregará amor y verdad, pero es falso: él mismo está hecho de piedra. Es una criatura con el alma deforme, vacía. En la cima de su castillo no hace otra cosa que mirarse en un enorme espejo... Es un narcisista que sólo puede amarse a sí mismo, pero que necesita comprobar su amor, como un marido celoso, vigilando su propia imagen. O quizás sea que la imagen del espejo resulta tan falsa como quien se refleja en él —me bebí el líquido de un trago—. Es una especie de Mefistófeles, el espíritu que niega, un extraño hijo del caos...

Eva se acercó a Bacon. Supuse que iban a ponerse de acuerdo sobre el precio.

—Y Parsifal es su contrario.

—No —respondí con sequedad—. El verdadero rival de Klingsor es Amfortas, el enfermo. Él es el verdadero centro de la tragedia, el hombre que muere porque no puede morir. Parsifal sólo es el héroe necesario para romper el equilibrio que existe en el mundo entre el bien y el mal. Recuerde. En el universo sólo hay dos zonas mágicas: los alrededores de Montsalvat, dominados por los caballeros del Grial, y los paraísos que esconden el palacio de Kolot Embolot. Parsifal será quien rompa este juego que parece hallarse en un permanente empate.

—¿Le gusta el ajedrez? —por un momento Bacon se volvió directamente hacia mí.

—Hace mucho que no juego.

—Pues ya nos enfrentaremos alguna vez, ¿eh? De niño me fascinaba...

—Sí, jugaremos —contesté y cambié de tema—. Parsifal es un hombre inocente. No encarna el bien, como el herido Amfortas, sino la ignorancia. Parsifal está tranquilo porque no sabe quién es, ni le importa. Gamuret, su padre, murió en combate; su madre, Herzeleide (cuyo nombre significa «pena del corazón»), no le ha permitido conocer el bien o el mal. Es un nuevo Adán, casi un bárbaro que desconoce la lucha primordial que se lleva a cabo en el universo. Y por ello mismo es el único que puede cambiar el destino...

LIBRO SEGUNDO

LEYES DEL MOVIMIENTO CRIMINAL

Ley I

Todo crimen ha sido cometido por un criminal

El origen de este precepto es muy antiguo, aunque su formulación moderna se deriva de las *Leyes del movimiento* de Newton de manera evidente. Pues ¿qué es un crimen sino un movimiento emprendido por alguien, una acción que sucede en el espacio y en el tiempo absolutos, un acontecimiento por el cual un cuerpo escapa de la inmovilidad mientras otro se sumerge en ella, acaso para siempre?

Veamos. Dice sir Isaac: «Todos los cuerpos perseveran en el propio estado de reposo o movimiento uniforme en línea recta, a menos que se vean forzados a cambiar ese estado por una fuerza impresa sobre él.» ¿No es ésta la perfecta definición de los asesinatos, las violaciones, las masacres? Newton podría haber sido un criminólogo experto. Los seres humanos perseveran en su propio estado, de acuerdo con la inercia de su educación, sus costumbres y su temperamento a menos que sean bruscamente sacudidos por una fuerza extraña. La violencia es la nota dominante en este cambio de estado. Uno, por sí mismo, querría permanecer como está, y sólo la fuerza —física o mental— de otro es capaz de trastornarnos, de enloquecernos, de destruirnos. Cuando Caín golpea a Abel, cometiendo ese primer acto fundador de la civilización que es el homicidio, no hace otra cosa que socavar el orden establecido, perturbando la creación pero, al mismo tiempo, permitiéndole avanzar hacia el futuro. Sin esta brutalidad iniciática seguiríamos encerrados en el fondo de nuestras cavernas, esperando que nada cambie a nuestro alrededor.

A continuación, Newton añade: «El cambio de estado es proporcional a la fuerza motriz que se le imprima, y ocurre a lo largo de la línea recta en la cual se imprime esa fuerza.» Para tener una idea precisa de este concepto, basta con imaginar un pelotón de fusilamiento —o miles de ellos— lanzando sus balas en línea recta contra el pecho descubierto de sus enemigos...

Por último, el físico inglés escribe: «A cada acción corresponde una reacción igual y contraria: esto es, las acciones recíprocas de dos cuerpos son siempre iguales entre sí y dirigidas hacia partes contrarias.» Existen pocas frases tan perfectas e influyentes como ésta. Una verdadera muestra de genio. Con ella, no sólo se describe el desplazamiento, sino todas las batallas que se llevan a cabo en el universo. Cada vez que un ser humano toma una decisión, se esfuerza en sobrepasar sus límites o intenta doblegar la voluntad de otro, sea para enamorarlo, convencerlo o asesinarlo, cumple con las leyes de la mecánica clásica.

La confirmación de la *Primera ley del movimiento criminal* se vuelve, pues, un juego de niños: todos los crímenes han sido cometidos porque alguien, desafiando la inercia, se ha lanzado, gracias a su propia energía, contra uno de sus semejantes. Siempre que uno encuentra un cadáver ensangrentado, una mujer desgarrada o una cámara de gas todavía humeante, puede estar seguro de que ha habido una lucha entre dos voluntades opuestas, con acciones y reacciones cuyo dramatismo basta para sobresaltarnos.

Corolario I

¿Cuál era el crimen de Klingsor? ¿Cuál era el crimen que el teniente Bacon, ayudado por mí, se esforzaba en investigar? Ésta debió ser la primera pregunta que el joven físico debió plantearse. Para buscar a un criminal, lo primero que uno debe conocer es el crimen que supuestamente ha cometido. Enfebrecido, el teniente Francis P. Bacon se lanzaba a perseguir a alguien, furioso y obcecado, como si se tratase de una misión divina, de un encargo fatídico, cuando —vaya torpeza, vaya ingenuidad— ni siquiera tenía una idea clara de la razón para buscarlo. ¿Qué había hecho? ¿Qué lo hacía tan codiciable? ¿Por qué debía ser castigado? ¿Cuál era su culpa?

Ley II

Todo crimen es un retrato del criminal

Quien es capaz de asesinar, robar o traicionar, no cesará en su intento de justificarse y de establecer, por tanto, su propio índice de verdad sobre los hechos que ha provocado. Al imprimir una fuerza sobre otro, el criminal no sólo doblega su voluntad, sino que impone sus condiciones. Casi es inútil repetir la formulación coloquial de este precepto: la historia es escrita por los vencedores, del mismo modo que el criminal defiende su inocencia.

Matar o violar no sólo implica ejercer una vejación física, un movimiento que altera a otro ser humano, sino también el deseo, por parte del criminal, de sellar su propia verdad. No hay nada más locuaz que las víctimas, pero no tanto por sus palabras como por el significado de sus llagas o sus cicatrices. Un cadáver, una herida o el fracaso ajeno son los textos —las huellas— con los cuales el criminal expresa su concepto del mundo. Todos los criminales están obsesionados por el recuento de sus actividades, tanto o más que aquellos que los persiguen e intentan castigarlos. Sólo que su verdad es *otra*, elusiva y torva, ajena a la rígida lógica de sus perseguidores. Si uno asesina a alguien —o incluso a millones, como es el caso— procura paliar su culpa con una versión de los hechos que lo redima o, por el contrario, intenta escapar de la historia, perderse en el anonimato de quienes callan. Pero aun ese silencio es *su* verdad. El auténtico investigador, como el auténtico científico, debe leer cuidadosamente los hechos para no dejarse engañar: debe estar preparado para descubrir, en cada caso, los signos que muestran, presuponen o revelan la voluntad del criminal que ha quedado asentada en el mundo.

Corolario II

¿Era posible saber de Klingsor a través de su obra? ¿Adivinar su importancia? ¿Medir su fuerza? ¿Dónde mirarlo? El mundo que nos entrega un criminal prófugo es como un tablero de ajedrez. La metáfora no puede ser más adecuada: mirar su obra es como contemplar una partida a la mitad, de modo que es preciso imaginar cuál ha sido su inicio para poder planear sus posibles finales. ¿Cómo encontrar a Klingsor? Si las pruebas de su existencia no bastaban, por sus propias obras. Por la influencia que ejerció en los demás, por los signos que dejó en su camino, por su propia teoría del mundo impresa en los rostros de sus víctimas.

LEY III

Todo criminal tiene un motivo

Quizás debiera matizar este precepto: sólo los grandes criminales, los *verdaderos* criminales, están dispuestos a defender sus actos hasta las últimas consecuencias. Maquiavelo era uno de estos hombres y no, por cierto, el peor de ellos: el fin justifica los medios o, en otras palabras, un crimen no es un crimen, sino un acto de justicia revolucionaria, de redistribución de la riqueza, de bondad, de legítima defensa, de filantropía... En nombre de las ideas más absurdas e incomprensibles —raza, religión, partido, frontera— se cometen los peores pecados.

El auténtico criminal se considera a sí mismo como un virtuoso y, en cierto sentido, lo es. Robespierre, Hitler o Lenin son sólo los mejores ejemplos de una larga cadena de *puros*, entre los que no hay que descartar los nombres menos mencionados de Truman, de Mahoma o de varios papas. Estos criminales nunca actúan por maldad, perversidad o ligereza sino —vaya paradoja— por *deber*. Su tarea no es sencilla ni divertida: si la llevaban a cabo es porque ésa es su misión en la vida. A estas alturas del siglo, cuesta trabajo creer que Hitler o Stalin estuviesen convencidos de que hacían lo correcto, que no eran unos bellacos pervertidos que gozaban con la tortura ajena (al menos no siempre), sino simples salvadores de la humanidad. Pero lo cierto es que, tanto para los nazis como para los soviéticos, sus actos no eran criminales. Estos hombres lograron una inversión de valores tal que la virtud y el bien, que por naturaleza representan grandes esfuerzos para el ser humano, pasaron a ocupar el sitio que nosotros le concedemos a la aberración. Esta acción, este movimiento, deja de ser egoísta y transforma al criminal en asceta. Y, a su obra, en un abyecto puritanismo del mal.

COROLARIO III

¿Era Klingsor un criminal *verdadero*? ¿Creía, como Hitler, su amo, que su tarea estaba encaminada a salvar a la humanidad? ¿Era otro de esos místicos de la desesperación que se paseaban con uniformes negros e insignias de las SS, dispuestos a llevar a cabo las operaciones más ingratas para servir a un fin superior? ¿Era, como todos los *grandes hombres*, un portador de la fe? ¿Un esclavo del deber?

Formulo las preguntas de otra manera. ¿Dios necesita un motivo para realizar sus actos? Una cuestión interesante, que hizo las delicias de los sutiles doctores medievales. ¿Tiene Dios motivos para ser bueno? ¿Es bondadoso por *algo*? La respuesta de los teólogos es negativa. Dios es la Bondad misma y no necesita de un motivo para otorgar su gracia. De otro modo, se rebajaría, se volvería utilitario y humano, demasiado humano...

¿Y el demonio es perverso por alguna razón? Este problema es aún más complicado. ¿El diablo trama su maledicencia gratuitamente? ¿O persigue una meta? Las teorías, aquí, se disparan. Hay quien afirma que, en efecto, su intención es socavar el plan de la Creación, que su tarea es sembrar el desorden, conducir el universo hacia el caos... Es el Señor de la entropía, diríamos ahora. ¿Y por qué hace todo esto, por qué insiste en llevarnos a la muerte? Fácil: para demostrar que es tan poderoso como su Adversario. Otros demonólogos, sin embargo, piensan otra cosa: Satán es malvado sin causa alguna... Si tuviese motivos, deberíamos aceptar que no es *tan* perverso, que en ese deseo de controlar el cosmos todavía hay algo lógico, comprensible y, por tanto, existe una razón para que en el Juicio Final su soberbia sea perdonada. En cambio, si pensamos que el mal no tiene fundamento, podemos estar seguros de que nos hallamos frente al horror absoluto: la sinrazón. Lucifer, el Ángel Caído, no sólo gobernaría el infierno, sino también el azar. Hitler y Stalin eran, desde luego, encarnaciones de la primera teoría: demonios menores. Actuaban con un fin, creían hacer lo correcto y, aún peor, murieron creyéndolo. Teológicamente, apenas puede calificárseles de herejes. ¿Y Klingsor?

MAX PLANCK, O DE LA FE

Gotinga, diciembre de 1946

Si la importancia de la misión encabezada por el teniente Francis P. Bacon debiera medirse por el tipo de oficina que le había sido asignada por las autoridades de la Comisión Cuatripartita para el Gobierno de Alemania, habría que pensar que se hallaba entre la lista de operaciones con prioridad tres, es decir: poco o nada urgentes. El edificio, que milagrosamente había permanecido intacto como si los bombarderos aliados no se hubieran preocupado por destruir una construcción que iba a terminar cayéndose por sí misma, había servido como imprenta antes de la guerra y posteriormente, para sorpresa de los pilotos norteamericanos, como depósito de municiones.

—Comparado con la vivienda que he conseguido —me dijo Bacon, a modo de saludo—, esto es un palacio.

Reí y me senté en un banco de madera frente a su escritorio. Para colmo, parecía que los ingenieros del ejército no habían logrado recomponer el sistema de calefacción, porque en el interior del despacho hacía un frío polar.

—¿Algún avance, teniente? —le pregunté con diplomacia, tiritando.

—Temo que no. Todo es demasiado vago, profesor —Bacon parecía especialmente nervioso, sus ojos estaban rodeados por dos profundas ojeras color violeta—. Hay demasiados cabos sueltos, demasiada información, demasiados lugares por los cuales empezar. Y esto es un problema, porque el personal que compone la «misión *Klingsor*» se reduce a usted y a mí.

—¿Sus superiores no consideran que se trata de un trabajo relevante?

—Aún no saben si vale la pena. Mientras no obtenga un resultado contundente no están dispuestos a soltar un dólar más —el teniente estrelló un puño sobre el escritorio—. Hay cientos de archivos, cientos de fichas, cientos de personajes... Durante la misión *Alsos*, cerca de veinte personas trabajamos durante más de tres años para recopilar toda la información disponible sobre la ciencia y los científicos alemanes. Se trata de miles de folios que debo consultar y revisar de nuevo...

Me aclaré la garganta.

—En mi opinión, debería estar contento por tener tantos puntos de arranque.

Yo no podía dejar de frotarme las manos, tratando de entrar en calor.

—Han dicho que arreglarán la calefacción en un par de días —se disculpó Bacon—, aunque temo decirle que, según me ha comentado el resto del personal que trabaja en este inmueble, eso les han dicho desde octubre. En fin. Adivino en su mirada, profesor, que ya ha decidido cuál será nuestro plan...

—No lo dude, teniente: en primer lugar, Klingsor existió y, en segundo, Klingsor fue una persona vital para Hitler. Éstos son los dos postulados de nuestra fe. Todas las hipótesis y las teorías que construyamos a partir de ahora deben basarse en estos dos axiomas... Como usted sabe, la mejor forma de comprobar la falsedad de una aseveración es suponiendo que es cierta; si no lo es, las contradicciones no tardan en aparecer...

—Una *reductio ad absurdum*.

—Como en cualquier investigación que se respete, lo primero es plantear el problema y esbozar una teoría. O varias, según vaya conviniendo. En nuestro caso, esto quiere decir que debemos identificar unos cuantos sospechosos —el trabajo de detective empezaba a entusiasmarme—. Hay que elaborar una lista de nombres posibles, hacer un recuento de su historia y seguir su comportamiento a lo largo del Tercer Reich. Sólo cuando la tengamos podremos eliminar algunos y confirmar otros hasta que, con suerte, lleguemos a identificar a nuestro hombre y a reunir pruebas en su contra. He pensado en una tapadera perfecta: usted se presentará como un oficial norteamericano que está escribiendo una historia de la ciencia nazi. Así podremos acercarnos a muchos de los posibles sospechosos sin que puedan negarse a colaborar.

—Supongo que usted ya ha elegido al primer candidato.

—He pensado en algo mejor que eso, teniente —confesé, sin ocultar mi orgullo. Era necesario mostrarle que mis especulaciones no estaban en el aire—. En un juicio normal uno es inocente hasta que se prueba lo contrario, pero nosotros debemos emplear el sistema inverso. *Todos* son culpables mientras no seamos capaces de demostrar su inocencia —los ojos del teniente se abrieron como platos—. No me malinterprete, no estoy proponiéndole nada ilegal. A fin de cuentas, nosotros no somos jueces, sino simples investigadores. No vamos a hacerle daño a nadie.

—¿Debemos desconfiar de todos?

—Salvo una excepción —me saqué el as de la manga—. Hay alguien que conoce mejor que nadie la historia de la ciencia en Alemania: sus protagonistas, su desarrollo, sus glorias y sus tragedias, porque es, de hecho, uno de sus forjadores más respetados. Está más allá del bien y del mal. Es un hombre admirado por tirios y troyanos, de una moralidad a toda prueba. Creo que no sólo podrá ayudarnos, sino quizás pueda convertirse en nuestra piedra de toque. Es un hombre viejo y cansado, pero estoy seguro de que podrá hacer algo por nosotros...

—Fuera de Einstein, sólo hay una persona con el perfil que usted ha dibujado: Max Planck. ¿Cuántos años tendrá ahora? ¿Cerca de cien?

—No exagere, teniente: ochenta y ocho.

—¿Y usted cree que querrá ayudarnos?

—Quizás. Sin embargo, debo advertirle que es un hombre que ha sufrido mucho en los últimos años. Uno de sus hijos murió en el frente. Otro fue condenado por participar en el atentado del 20 de julio... Y, para colmo, su casa de Berlín fue completamente destruida durante un bombardeo...

—Lo sé.

—Ahora reside aquí, en Gotinga. Está enfermo y, según sus propias palabras, ya no tiene ningún motivo para vivir.

—Y por lo tanto, según usted, tampoco nada que perder. Manos a la obra, profesor. Giraré una orden para ponernos en contacto con él...

—No me parece conveniente. Hay que visitarlo como hombres de ciencia, discípulos suyos. De alguna manera todos los científicos vivos somos sus alumnos, ¿no cree? Le debemos cierto respeto. Le propongo otra cosa. Déme un par de días para lograr que nos reciba. Si no lo consigo, usted podrá intervenir.

Al día siguiente volvimos a encontrarnos en su despacho. La única novedad era la carpeta color marrón con el expediente de Planck que descansaba sobre su escritorio. Bacon comenzó a leer en voz alta:

INFORME 322-F
PLANCK, MAX
ALSOS
170645

Max Planck nació el 18 de abril de 1858 en Kiel, Holstein, en el seno de una familia de abogados y teólogos. Aunque realizó sus primeros estudios en la Universidad de Múnich, prácticamente toda su carrera se llevó a cabo en Berlín, en la Universidad Friedrich Wilhelm, de la cual se convirtió en catedrático a partir de 1889. En 1912 fue nombrado para ocupar uno de los dos sillones de secretario permanente de la Academia de Ciencias de Prusia. En 1913 se convirtió en rector de la Universidad de Berlín. Al término de la Primera Guerra Mundial, se le encomendó la dirección de la Fundación de Emergencia para la Ciencia Alemana, encargada de subvencionar la mayor parte de los proyectos científicos del país. A partir de 1930, se convirtió en presidente de la Sociedad Kaiser Wilhelm. Obtuvo el Premio Nobel de física en 1915 por sus trabajos sobre la teoría del «cuerpo negro».

Idealmente, un «cuerpo negro» es un objeto que absorbe toda la radiación que incide en él. Un ejemplo común podría ser un horno. Poco antes de que Planck se dedicase al tema, se había observado que el color rojo incandescente se obtiene a la misma temperatura pero no se habían podido determinar las causas de este fenómeno. En 1893, el físico Wilhelm Wien* creyó encontrar una explicación, pero hacia 1900, diversas pruebas comenzaron a hacer notar evidentes fallos en su teoría.

Después de intensos meses de trabajo, Planck halló la solución al problema, la cual quedó representada con una fórmula capaz de explicar el fenómeno en todas sus magnitudes: había hallado una nueva constante universal, un principio de la naturaleza desconocido hasta entonces. Sin darse cuenta, acababa de trastocar las normas de la mecánica clásica, abriendo el camino a un nuevo tipo de física. Gracias a la «constante de Planck» (representada con la letra h), quedó demostrado que la energía no se distribuye en cantidades aleatorias, sino en números constantes que son múltiplos enteros de h. A estos «paquetes» de energía, Planck los llamó *quanta*.

—¿Usted redactó este informe? —me atreví a preguntarle a Bacon.

—Si debo serle franco, no lo recuerdo, aunque por el estilo creo que no —Bacon dio un respingo—. Sé que no es lo más preciso del mundo, pero la intención de la OSS era que redactásemos páginas que pudiesen ser comprendidas incluso por los militares.

—Suena como una pequeña enciclopedia sobre la ciencia alemana para principiantes —bromeé—. Quizás algún día podría convertirse en el autor de un libro de moda... ¿Los asteriscos significan referencias cruzadas?

Bacon pareció ofenderse con mi comentario.

—No sólo redactamos una enciclopedia, como usted la llama, con fichas de todos los científicos importantes de nuestro tiempo, sino también un sucinto diccionario científico de bolsillo... Por más que uno se esfuerce, llega un momento en que no se le puede hacer comprender a un general la diferencia entre un electrón y un positrón... —se dio un par de palmadas en las mejillas, como si tratase de despertar.

—Prosiga, teniente.

Políticamente, Planck nunca simpatizó con la democracia. Fue uno de los científicos que firmaron la carta pública de apoyo al Kaiser durante la Primera Guerra Mundial. Más tarde, aunque nunca fue partidario de la democracia, se mostró dispuesto a colaborar con la naciente república de Weimar. (Entre los físicos alemanes, Einstein* era el único que la defendía abiertamente.)

Cuando los nazis tomaron el poder, a Planck se le planteó el mismo conflicto. ¿Debía oponerse activamente al nuevo gobierno? Para él, como para la mayor parte de sus colegas, lo único importante era la ciencia. La política no debía mezclarse con ella; su única tarea era seguir la investigación sin importar el régimen político que tuviese el país. De este modo, nunca dudó en permanecer en Alemania, a pesar de los excesos cada vez más evidentes de los nazis.

En 1933, como presidente en funciones de la Academia de Ciencias de Prusia, tuvo que solicitarle a su viejo amigo Einstein, a la sazón en Estados Unidos, que presentase su renuncia para evitar mayores conflictos con los nazis. Einstein lo hizo así, pero esta medida pareció no bastarle a Bernhard Rust, el nuevo ministro de Educación del Reich (*Reichserziehungsministerium,* REM), quien consideraba que Einstein era un símbolo del poder judío. A instancias de Rust, el secretario de la Academia, Ernest Heymann, declaró que ésta no lamentaba la renuncia de Einstein, sino que se felicitaba por ella.

Cuando Planck y los demás miembros de la Academia se reunieron para considerar lo sucedido, se limitaron a aprobar retrospectivamente la acción de Heymann, si bien Max von Laue*, otro de los antiguos amigos de Einstein, insistió en que la minuta indicase que ningún miembro de la comunidad científica de la Academia había sido consultado sobre el particular. Planck lamentó profundamente que la actividad política de Einstein hubiese provocado esta medida, aunque más tarde le agradeció públicamente su contribución a la Academia e incluso llegó a decir que sus investigaciones sólo eran comparables a las de Newton y Kepler.

A lo largo del Tercer Reich, Planck no tuvo otro remedio que transigir con los nazis con tal de mantener cierta independencia. No obstante, el Führer y sus ministros cada vez se mostraban más interesados en dirigir personalmente la vida científica del país. En alguna ocasión, Planck llegó a entrevistarse con el propio Hitler, pero su charla no produjo ningún resultado práctico. Utilizando su influencia, trató de evitar que numerosos científicos judíos perdiesen sus puestos de trabajo en virtud de la Ley de Reforma del Servicio Civil, pero poco pudo lograr. La influencia de Planck en la Academia comenzó a decrecer sobre todo a partir de que científicos adictos al régimen, como los matemáticos Ludwig Bieberbach* y Theodor Vahlen*, se convirtieran en miembros. En 1938, Vahlen fue elegido como nuevo presidente de la Academia por intervención directa del REM. Para entonces, Planck ya había cumplido ochenta años.

—No soporto más, esto es una nevera —exclamé—. Vamos a tener que instalar un brasero. En fin, le tengo preparada una sorpresa, teniente. Gracias a los oficios de Max von Laue, Planck ha accedido a recibirnos un momento. El viernes, a mediodía.

Le estreché la mano y bajé las escaleras lo más rápido que pude. Luego, me alejé pausadamente de aquel sitio, mirando los carámbanos que habían empezado a formarse en los aleros de las ventanas. El día era gris y seco y, más que nada en el mundo, necesitaba una buena copa de vino caliente.

Apenas eran las siete de la tarde pero ya había oscurecido y una espesa neblina cubría la ciudad. Las farolas otorgaban un aspecto fantasmal a las calles, casi vacías, que Bacon debía recorrer para llegar al edificio que le habían asignado como vivienda. A diferencia de otras tardes —en las cuales solía acudir a su bar favorito y flirtear con Eva, la camarera, durante un par de horas hasta que se cansaba o, en el peor de los casos, hasta que ella lo invitaba a pasar la noche—, esta vez se dirigió directamente a su apartamento, dispuesto a dormir.

Bacon subió malhumorado las astrosas escaleras del edificio. En realidad, era aún peor que el casco de imprenta donde se hallaba su despacho: éste sí había sido dañado por los bombardeos, y a pesar de ello decenas de familias se hacinaban en los cuartos que habían quedado indemnes. Cada vez que ascendía por aquellos peldaños desencajados, en medio de los muros mohosos y oscuros, sentía una opresión en las sienes, como si recorriese el camino hacia el infierno.

Distraído, Bacon comenzó a buscar las llaves de su apartamento cuando tropezó violentamente con una joven que llevaba a un niño en brazos. Embebido en sus pensamientos, no había alcanzado a verlos.

—Discúlpeme, ¿se ha hecho daño? —fue lo único que se le ocurrió decir, al tiempo que sostenía el brazo de la mujer.

—No ha sido nada —respondió ella—. Sigue dormido...

—Permítame que la ayude —insistió Bacon, y la acompañó al otro lado del pasillo hasta su propia casa.

La joven abrió la puerta con dificultad y se introdujo deprisa para colocar al niño en su cuna. Bacon se quedó en el vano de la puerta, observándola, como si fuese la primera vez que veía a una madre con su hijo.

—Gracias —replicó ella y, tras una pausa, añadió—: Mi nombre es Irene.

—Frank —le estrechó la mano Bacon, turbado.

Ella le miró a los ojos.

—Debo irme, o Johann se despertará —añadió Irene antes de cerrar la puerta.

Hablar con Max Planck era enfrentarse con un fantasma del siglo XIX. Su rostro apergaminado, lleno de surcos y cicatrices —marcas de sabiduría y dolor, de serenidad e ira—, hacía pensar en una reliquia antigua o en el tronco abierto de un árbol en el cual es posible advertir los círculos del tiempo. Sus mejillas enjutas y las pesadas bolsas que le caían bajo los ojos eran los únicos restos de una era que se negaba a perecer gracias a la voluntad inquebrantable de este hombre inmortal. Más que odio por el presente, su semblante expresaba una profunda decepción por el mundo que aún podía contemplar. Educado durante la época de gloria del imperio guillermino, llegado a su madurez durante la Gran Guerra y a su vejez durante el Tercer Reich, Planck parecía encarnar el espíritu mismo de Alemania, destruido una y otra vez, y reconstruido desde las cenizas. Aunque ahora sus miembros débiles y su cuerpo contrahecho lo obligaban a recluirse en su habitación, aún se podía adivinar en sus modales severos y en su mirada calculadora la recia voluntad que lo había caracterizado siempre. En sus pupilas, diminutas y terribles, seguía escondido el mismo gesto de desprecio que siempre sintió por el mundo azaroso y desproporcionado que había contribuido a modelar.

En contra de todas las predicciones, Planck seguía vivo: había sobrevivido a sus hijos y, de hecho, a millones de alemanes que, a diferencia de él, habían muerto a lo largo de dos guerras mundiales o en los campos de concentración. A pesar de las decepciones y la amargura, de las penurias y la soledad, seguía ahí, firme y sólido, como uno de los pocos puntos de referencia con los cuales contaban sus compatriotas para mirar hacia el futuro. En 1946, su cuerpo se mantenía en el mundo sólo como un recuerdo de la *otra* Alemania, de la Alemania razonable y científica que había coexistido con la Alemania feroz y terrible que había terminado por prevalecer y que se había aniquilado a sí misma.

¿Por qué se obstinaba en perseverar? ¿Qué lo mantenía atado a la tierra? ¿Qué insana voluntad lo hacía despertar por las mañanas cuando el universo se había sumido en el caos, cuando ya no le quedaba ninguna esperanza? ¿Por qué no se había hundido en los escombros de su casa de Berlín, bombardeada por los aliados? ¿De qué materia estaba hecho el corazón que se escondía bajo la devastada piel de Planck? De habérselo preguntado, acaso su respuesta hubiese sido obvia: si se había negado a abandonar su país durante la guerra, ¿cómo iba a hacerlo ahora, cuando apenas quedaba algo en pie? ¿Cómo iba a abandonar a quienes lo necesitaban en un momento como éste? Su obstinación por vivir debía ser un nuevo ejemplo para los jóvenes científicos.

En Gotinga, Planck era contemplado como una especie de ave fénix. Mientras él siguiese con vida, era posible recomponer el enorme y desolado escenario de la ciencia alemana. Por ello, a pesar de su dolor —o quizás justamente por él—, Planck continuaba existiendo, impertérrito, ajeno a la decadencia de su carne o a la descomposición de su memoria. Detrás de la máscara fúnebre en que se había convertido su rostro, había una fuerza capaz de infundir ánimos a los caídos, a los derrotados, a los culpables. Si alguien tenía la estatura moral para mostrar que la razón humana no conducía inexorablemente al abismo, ése era él. Con su sola presencia, con su humilde silencio, alentaba la fe en la razón. No sólo era un capitán que se había hundido con su propio barco, sino que tenía la suficiente fortaleza para ayudar a rescatarlo del fondo de los océanos.

—Le agradezco que haya aceptado recibirnos —le dije.

Ausente y solitario, Planck permanecía sentado en un amplio sillón, cubierto con mantas como un niño agobiado por la fiebre.

—Háblele más fuerte, no oye bien con el oído izquierdo —advirtió un ama de llaves que se encargaba de atenderlo a todas horas. Era una mujer ancha y robusta, de largas trenzas rubias: una típica aya de cuento.

Nos sentamos en un par de sillas que trasladamos desde el comedor. El apartamento era artificialmente confortable, como si alguien se hubiese encargado de decorarlo para hacerle recordar a Planck su casa berlinesa. A un lado de la pequeña sala estaba el estudio, aunque era obvio que ya no debía utilizarlo. Un largo escritorio de caoba presidía la habitación como un sarcófago en un velatorio: limpio y ordenado, sin muestras de actividad humana en su superficie. Encima de una cómoda se apilaban diversos portarretratos; alguno de ellos debía de ser el de su hijo asesinado. Las ventanas estaban cubiertas con espesos cortinajes de lino que, si bien no impedían el paso de la luz, la volvían inofensiva para los gastados ojos de Planck.

—Esperamos no incomodarlo —añadió Bacon.

El sabio tosió con dificultad. Vestía un tradicional traje negro, con corbata, a pesar de que ya no salía a la calle. Hubiese sido indigno de un caballero como él recibirnos en bata. A pesar de la sensación de abandono que transmitía, estaba perfectamente afeitado y su bigote blanquecino parecía un ave posada sobre sus labios.

—Hacía mucho tiempo que no recibía a nadie. ¿A usted lo conozco, verdad? —dijo, dirigiéndose a mí, con una voz apenas audible.

—Así es, profesor. Gustav Links. Matemático.

—Sí, sí —hizo una pausa, tratando en vano de recordar la última vez que nos habíamos visto; al darse por vencido, prosiguió—: ¿Qué puedo hacer por ustedes, caballeros? —su tono era sólido y preciso—. ¿Quieren tomar algo? ¿Un café? Creo que hay café, ¿verdad, Adelaide?

—Sí, profesor —consintió ella.

—Gracias —Frank estaba obviamente nervioso; sostenía una libreta entre las manos y aferraba un lápiz con la fuerza necesaria para partir una nuez.

Adelaide nos dejó solos. Bacon se presentó. Con una voz que aún no recuperaba su firmeza, le contó a Planck que era físico egresado de la Universidad de Princeton; le habló de Einstein y de Von Neumann, y le dijo que estaba profundamente emocionado por tener la posibilidad de conocerlo.

—No quiero pecar de suspicacia, caballeros —Planck tosió de nuevo—, pero supongo que ésta no es sólo una visita de cortesía.

—El profesor Bacon está preparando una monografía sobre la ciencia alemana de los últimos años —me adelanté—, y cree que usted podrá revelarle algunos puntos oscuros.

—Quería conversar sobre un asunto del cual quizás usted tenga noticia, profesor —trastabilló Bacon.

Se hizo un largo silencio. No sabíamos si Planck había escuchado nuestras palabras.

—Hace mucho que yo no sé ya nada de nada —rió Planck y luego se estremeció con un estornudo—. Como Sócrates... Pero dígame, ¿qué busca usted?

—Aunque mi trabajo no es estrictamente científico, profesor —Bacon me pasó la libreta y el lápiz, indicándome que yo me encargase de tomar nota—, trato de aplicar los mismos principios de la ciencia... Me considero, antes que nada, un investigador... Y de pronto estoy aquí, en Alemania, mirándolo a usted, y me doy cuenta de que, en algún sentido, continúo haciendo lo mismo: elaboro hipótesis, realizo pruebas experimentales, compruebo mis resultados, elaboro teorías... Quizás no se trate de teorías físicas sino, ¿cómo decirlo?, de teorías sobre las personas, de teorías sobre la verdad de ciertos hechos que no por ello dejan de lado las reglas de la investigación científica...

¡Qué galimatías!, pensé yo. Con razón Bacon tenía miedo de verse cara a cara con Planck: era consciente de su propensión a las divagaciones filosóficas. Estaba a punto de ofrecer disculpas, cuando me di cuenta de que, contrariamente a mis pronósticos, Planck escuchaba al teniente con interés.

—Creo que lo he comprendido —le dijo, jugueteando con la manta de cuadros que cubría sus piernas—. La ciencia es un poco como la religión. Espero que mi comparación no lo escandalice. Tanto una como la otra persiguen algo con el suficiente ahínco como para convencer a los creyentes de sus bondades. Pero me temo que las iglesias son incapaces de ofrecer ese enraizamiento espiritual que buscan las personas. Por eso la gente busca en otras direcciones. La mayor dificultad con que se encuentra la religión para atraerse afectos proviene de que su llamada exige un espíritu creyente —Planck sonrió—: la fe. En medio del escepticismo general que nos rodea, esa llamada no recibe respuesta.

—¿Considera usted que la ciencia es un sucedáneo de la religión?

—No para alguien escéptico, porque la ciencia también exige un espíritu creyente. Cualquiera que haya trabajado con seriedad en un trabajo científico sabe que a la entrada del templo de la ciencia está escrito sobre la puerta: *Necesitas tener fe*. Los científicos no podemos prescindir de ella. Aquel que maneja una serie de resultados obtenidos de un proceso experimental, debe representar imaginariamente la ley que está buscando. Después, debe encarnarla en una hipótesis mental —yo estaba perdido; no sabía adónde quería llegar o adónde lo había conducido Bacon.

—¿Quiere decir que las hipótesis son una especie de acto de fe?

—Exacto —los ojos de Planck brillaban, como si las palabras que salían de sus labios resecos le concediesen una vida nueva—. La capacidad de razonar por sí misma no le va a ayudar a seguir adelante, pues del caos no puede surgir el orden a menos que intervenga la cualidad creadora de la mente, la cual es capaz de construir el orden por un proceso sistemático de eliminación y selección. Una y otra vez, el plan imaginativo sobre el que se intenta construir ese orden se viene abajo y entonces hay que intentar otro... Esa capacidad de visión y de fe en el éxito final son indispensables...

—¿Entonces debo confiar en mis intuiciones? —Bacon parecía perplejo—. En este proceso de intentar y rectificar, ¿debo hacer que prevalezca mi fe?

—La ciencia es incapaz de resolver por sí sola el misterio último de la naturaleza. Y ello se debe a que nosotros mismos formamos parte de esa naturaleza, y por tanto del misterio que estamos intentando resolver —Planck carraspeó, pero de inmediato continuó con sus ideas—: también la música y el arte son, en cierta medida, intentos de comprender o al menos de expresar este misterio. En mi opinión, cuanto más progresamos en estos campos, tanto más nos ponemos en armonía con la naturaleza. Y éste es uno de los grandes servicios que la ciencia nos presta.

Bacon meditó unos segundos antes de replicar. Su mente se regodeaba con las posibles consecuencias de las explicaciones de Planck. Yo, en tanto, seguía tomando notas.

—La naturaleza siempre va a seguir asombrándonos —dijo—. La

ciencia nos ayuda a comprenderla, pero a veces no es suficiente. Siempre hay algo que se nos escapa...

—Sí —afirmó Planck, implacable—. Una y otra vez nos enfrentamos a lo irracional. De otra forma no podríamos tener fe. Y, si no tuviéramos fe, la vida se convertiría en una carga insoportable. No tendríamos música, ni arte, ni capacidad de asombro. Y tampoco tendríamos ciencia: no sólo porque perdería así su principal atractivo para quienes la cultivamos (es decir, la búsqueda de lo incognoscible), sino también porque habría perdido su piedra angular: la percepción de la vida como una realidad externa por medio de la conciencia.

—Los misterios están ahí para que nosotros los resolvamos. Para darle sentido a nuestra existencia...

—Como decía mi viejo amigo Einstein, nadie podría ser científico si no supiera que el mundo realmente existe, pero ese conocimiento no se deriva de ningún tipo de razonamiento. Es una percepción directa y por tanto de naturaleza semejante a la de la fe. Es una fe metafísica...

—Trataré de explicarme —intervino Bacon—: yo *creo* que hay algo en este mundo que debe ser investigado, un misterio que debe ser resuelto. ¿Es suficiente?

—Si se satisfacen las reglas del método, sí. Si usted tiene fe en que una región del mundo debe ser investigada, utilice esa fe para dirigirse a ella. A lo mejor tropieza y no encuentra nada, pero no será la primera vez que esto le ocurra a un hombre de ciencia. Si sigue creyendo que hay algo oscuro, comience de nuevo, desde otra perspectiva... A la larga, todos los grandes descubrimientos han surgido de esta manera.

Planck parecía agotado pero satisfecho. Quizás sólo estaba deseando que alguien dejase de compadecerlo y, en cambio, le plantease problemas realmente interesantes.

—Ahora dígame —añadió Planck—, ¿cuál es ese hecho en el que usted tiene fe? ¿Qué persigue?

Bacon palideció, como si revelar el motivo de nuestra visita le restase nivel a la discusión teórica previa. Se volvió a mirarme para obtener mi apoyo; yo me limité a hacerle una leve inclinación de cabeza.

—Klingsor.

Se hizo un silencio ominoso, oscuro, inmensurable. Habíamos llegado adonde queríamos, aun cuando no pensé que Frank fuese a plantear la cuestión tan abruptamente.

—No lo comprendo.

—¿Sabe usted quién era, o es, un hombre que respondía al apelativo de Klingsor? —nuestro interlocutor guardó silencio—. Éste es el centro de mis sospechas, profesor. Yo *creo* que detrás de este nombre se oculta un misterio, algo grave que debo resolver. Y espero que usted pueda ayudarme a hacerlo.

Planck estaba lívido. Un ataque de tos interrumpió el hilo de la conversación.

—¡Adelaide! —gritó—. La medicina, por favor.

El ama de llaves regresó con una pequeña botella y una cuchara. Sirvió unas gotas en ella y la llevó directamente a la boca del profesor. Antes de volver a salir de la habitación, nos dirigió una mirada de recelo.

—Lo siento, no he estado muy bien en estos últimos días —tosió Planck—. Me temo que tendremos que continuar nuestra charla en otra ocasión. Les suplico que me perdonen.

—Contésteme, por favor. ¿Sabe usted quién es Klingsor?

Planck lo pensó un momento.

—Tómelo con calma, profesor —intervine.

—Usted ha pronunciado un nombre terrible, caballero —la voz de Planck se volvió siniestra, como si viniese del fondo de una tumba—. Si no es estrictamente indispensable, no quisiera hablar de ello...

¡Ahí estaba! El viejo Planck confirmaba mis sospechas...

—Es muy importante —insistió el teniente.

En el rostro de Planck se dibujó una mueca de dolor.

—Me trae demasiados recuerdos penosos. Y, en el fondo, quizás no valga la pena...

—¿Por qué todo el mundo se niega, profesor?

—Ya he tratado de explicárselo al teniente —intervine yo—. Le he contado que se trataba de un rumor, solamente... Pero ha querido venir para que usted lo confirme...

Planck me dirigió una mirada incomprensible.

—Si el profesor... Links... le ha dicho cuanto sabe, ¿para qué me necesita a mí?

—El método científico, profesor. Necesito una confirmación.

—¿Una confirmación? ¿De qué?

—De que Klingsor existió, o existe...

Planck regresó a su silencio.

—¿Cómo puede probarse algo semejante, querido amigo? ¿Puede usted probarme su existencia? ¿Puedo estar seguro, de algún modo, de que usted está en esta habitación, frente a mí, importunándome con sus preguntas? ¿No será que estoy demasiado viejo y me persigue la demencia senil? ¿No me engañan los sentidos?

—Profesor...

—¿Cómo puedo yo demostrarle la existencia de alguien?

—Usted dijo antes...

—¡Antes, antes! —dos gruesas venas se hinchaban en la frente apergaminada del anciano como dos ríos a punto de reventar—. ¿Es que no me ha escuchado? ¡La fe, amigo mío! La fe es lo único que puede hacernos creer en la existencia de otro ser humano...

—¿Eso equivale a una afirmación?

—Yo no soy un oráculo, no proporciono certezas. Si usted está convencido de su hipótesis, ¡adelante! No seré yo quien se encargue de disuadirlo.

Ahora era Bacon quien no comprendía las palabras de Planck. Demasiado viejo, demasiado cansado... Quizás tenía razón y nunca debió participar en esta charla.

—Se lo preguntaré de otro modo: ¿usted cree que existió?

—Lo que yo crea no tiene la menor importancia. Lo que importa es que lo crea usted. ¿Cuál es su opinión?

—Supongo que sí. *Sí.*

—Entonces no lo dude: búsquelo.

Las ambiguas palabras del viejo resonaron en nuestros oídos como una orden. Bacon comenzaba a sentirse angustiado.

—Dígame una cosa, profesor, ¿tiene alguna idea de quién es? ¿Podría ayudarnos de algún modo? Cualquier cosa que usted nos revele será valiosa. Aunque sean sólo suposiciones, aunque sean sólo sospechas...

—Eso es lo terrible, caballeros. Yo tengo mis propias ideas al respecto, pero ¿se imaginan cómo quedaría mi conciencia si me equivocase? Un desliz de parte de mi vieja memoria podría incriminar a un buen hombre, a un buen científico... No puedo correr el riesgo. No a estas alturas de mi vida, caballeros.

—No le pido que incrimine a nadie, sólo que nos proporcione una luz en medio de esta oscuridad. No un nombre, sino un rastro que podamos seguir.

—Si en verdad existió —era evidente que el anciano se resistía a pronunciar su nombre—, debió ser un científico de primer orden... Alguien familiarizado con la mecánica cuántica, la teoría de la relatividad, las partículas subatómicas, la fisión...

—¿Qué quiere decir, profesor?

—Era uno de nosotros —se lamentó Planck—. Nos conocía a la perfección. Vivía con nosotros... Y nos engañó a todos.

La voz de Planck se quebró repentinamente, como si comprendiese que había dicho demasiado. Volvió a convulsionarse sin poder controlar la opresión que le aplastaba el pecho. Adelaide llegó corriendo hasta él y le ofreció un vaso de agua. El anciano lo bebió con dificultad.

—Debo pedirles que se marchen —nos dijo la mujer—. El profesor no se encuentra bien. Caballeros, por favor...

Bacon se levantó de su asiento, pero insistió.

—¿Quién era, profesor? ¿Cuál era su nombre?

—Ya ha pasado —se disculpó Planck—. Nadie lo conocía por su nombre. Nadie lo vio desempeñar sus funciones. Puede ser cualquiera. Cualquiera de nosotros...

—Caballeros —insistía Adelaide.

Bacon y yo nos dirigimos hacia la puerta.

—¿No puede decirme nada más?

—Usted es físico, ¿no es así? ¡Revise el método de sus contemporáneos! Klingsor es tan elusivo como los átomos... —la voz de Planck surgía de las paredes cavernosas de su pecho—. ¡Aprenda de sus predecesores! Ése es el mejor consejo que puedo darle. Y conserve la fe, amigo mío, sólo ella podrá salvarlo...

Las palabras de Planck continuaron resonando en nuestros oídos mucho después de salir de su casa. Aquella confesión no hacía sino confirmar mis sospechas, pero surtieron un efecto mucho más poderoso en la mente de Bacon. De pronto se había dado cuenta de que Klingsor no era una invención, sino una realidad tangible y peligrosa.

Mucho tiempo después, Bacon trataría de recordar qué le había llamado tanto la atención de la mujer con la que había tropezado la noche anterior. Por alguna razón, no conseguía apartarla de su cabeza. Simplemente, como un capricho, una decisión entre tantas, una moneda lanzada al aire, sentía la necesidad de conocerla.

Había oscurecido y la ciudad se le ofrecía como un lago pardo y solitario. Sus pasos no lo llevaban a ningún lado, lo hacían pasear en círculos, como si su intención fuese confundir el tiempo o escapar del laberinto que él mismo se estaba construyendo entre Klingsor, Planck y aquella chica. Para colmo, se acercaba el fin de año y, aunque hubiese dejado de creer en Dios —y se hubiese olvidado de esa fe que el físico alemán insistía en recordarle—, sentía cierta necesidad de purificarse.

Una fina nevisca comenzó a caer sobre los techos de Gotinga, y Bacon pensó que era hermoso que el cielo tuviese la intención, por una vez, de reflejar su propio estado de ánimo. Se subió las solapas del abrigo, tratando de protegerse del viento polar. Fue entonces cuando la vio. Si hubiese tomado otra ruta, si hubiese ido a la oficina en vez de vagabundear en el invierno, si se hubiese retrasado o adelantado unos minutos, si no hubiese viajado a Europa, si no hubiese trabajado en Princeton, si no hubiese estudiado física..., no la hubiese encontrado ahí, frente a él, en aquel preciso instante. De pronto le pareció que cada una de sus decisiones previas le conducía hacia ella.

Aunque era una calle estrecha y tenebrosa, Bacon reconoció la figura desgarbada de Irene como quien encuentra algo que siempre le ha pertenecido. Llevaba un vestido con flores y un abrigo algo raído y permanecía en medio de la calle, contemplando la nieve, ajena al frío o al tamaño de su desesperanza. Miraba hacia arriba, y Frank imaginó que las estrellas tachonaban su iris como una diminuta lluvia blanca... El viento helado parecía no importarle, como una estatua acostumbrada a las inclemencias y al desinterés de los paseantes. Llevaba las manos entrelazadas, pero apenas temblaba. De pronto comenzó a rebuscar en los bolsillos hasta que sacó un cigarrillo arrugado y roto. Se lo colocó entre los labios, partidos por el hielo, y se dio a la tarea de encenderlo con una cerilla. De haber sido otro el paisaje, bien podría haberse creído que trataba de enhebrar un hilo en una aguja. El cielo dejó de importarle y se concentró en esta labor como si en ella le fuese la vida. Sus finas manos trataban de proteger el fuego pero, en cuanto conseguía encenderlo, éste se apagaba de inmediato.

Bacon vio cómo una débil llama resistía con tenacidad las corrientes de aire. Irene sonrió. En medio de la vivacidad de los colores que iban del azul al amarillo tenue, pasando por el rojo y el naranja, ella había encontrado su propio destino. Bacon creyó descubrir en aquel gesto de satisfacción muchos años de penurias, muchas horas al lado de Johann, enfermo o asustado, infinitos días grises como aquél, incontables noches vacías... En ese breve milagro —la materia que se convertía en energía—

parecía resumirse una existencia sosegada y, sin embargo, altiva. De nuevo, Bacon sintió que así como la cerilla necesitaba el cuidado de aquellas manos limpias, el cuerpo de aquella mujer necesitaba *su* protección. ¿Cuánto dolor cabía en el regazo de Irene, cuántas lágrimas, cuánto desconsuelo? ¿Y no era acaso ese acto insensato de conservar el fuego en medio del frío un trasunto de la voluntad humana de sobrevivir y perdurar —la misma que había advertido en Planck—, de vencer la adversidad y crear, a partir de la nada, el cosmos? Bacon se le acercó en silencio, cuidándose de no asustarla, como si ella fuese un ave que arrastra un ala rota: no quería dejarla escapar. No le costó trabajo disimular su presencia entre las tinieblas; casi podía oler la piel fresca y curtida de la joven, sentir su aliento a vino espeso. Ahora le pareció más hermosa y menos vulnerable.

—¿Qué mira? —le dijo ella a modo de saludo.

Sus ojos. Eran los mismos ojos de la noche anterior y, no obstante, Bacon los encontraba transfigurados, convertidos en brasas ardiendo, más intensos que cualquier llama imaginable. Por eso había encendido el cigarrillo: tenía nostalgia de su origen ígneo.

—A usted —respondió—. ¿Puedo preguntarle qué hace aquí, en medio de la calle, con este frío?

—Pues ya lo ha hecho —en su tono había cierto desparpajo, una ira contenida hacia cualquier cosa que la perturbase.

—¿No piensa contestarme?

—Le esperaba a usted.

—¿A mí?

Irene rió. Le estaba gastando una broma. Luego procedió a darle una buena bocanada al cigarrillo, que parecía a punto de desintegrarse entre sus dedos.

—¿En verdad tiene tanto frío? —dijo ella.

—Me congelo.

—Entonces le vendrá bien una taza de té.

Ambos se precipitaron al interior del edificio y subieron la larga escalera.

—No haga ruido —lo previno antes de entrar—. Johann está durmiendo.

A Bacon, la habitación le pareció más amplia que antes y, desde luego, más confortable que la suya. No obstante, el techo, altísimo, al igual que la parte superior de los muros, también estaba lleno de los caprichosos iconos que la humedad y los hongos habían ido dibujando a lo largo de los años. El centro del salón estaba ocupado por una larga mesa; junto a ella había un armario casi tan alto como la habitación y, al fondo, un lavabo y un fogón que hacían las veces de cocina. Dos puertas conducían, respectivamente, al baño y a la habitación en la que dormía el pequeño.

—Johann me deja muy pocos momentos de descanso —dijo Irene mientras ponía a calentar una vieja olla en el fogón. Del armario sacó una bolsita con hojas secas y la introdujo en el recipiente.

Ahora Bacon no pensaba que ella fuese un ave desvalida, sino más bien una especie de ardilla que almacena toda clase de objetos inservibles. Entonces comenzó a escucharse el llanto de Johann.

—Lo he despertado.

—No, sólo tiene hambre —explicó Irene—. *Siempre* tiene hambre.

La mujer se dirigió a la otra habitación y regresó con el pequeño Johann en brazos. Calentó un poco de leche en el fogón y se apresuró a darle un biberón al pequeño.

—¿Podría ver si el té está listo?

Un poco turbado, Bacon asintió. Sirvió el agua en dos tazas y procedió a colocarlas sobre la mesa.

—¿Cuántos años tiene? —preguntó Bacon para romper un silencio que se le hacía interminable.

—Se ve que usted no sabe nada de niños —rió ella—. Tiene dos años.

Bacon sentía una repulsión ancestral hacia los niños pequeños, era incapaz de comprenderlos: la diminuta perfección de sus miembros le parecía una forma de monstruosidad y no un milagro. Una vez satisfecho, Johann eructó y se quedó tranquilamente dormido entre los brazos de su madre. Irene se levantó para devolverlo a la diminuta celda en que vivía.

—¿A qué se dedicaba usted? Antes de la guerra, me refiero —dijo ella cuando regresó, dando un sorbo al té—. Me ha quedado horrible, ¿verdad?

—Está bien —contestó Bacon.

—¿Entonces?

—Estudié física.

—¿Física? —los ojos de Irene brillaron unos segundos—. Nunca había conocido a un científico. ¿Por eso lo han destinado a Gotinga?

—Supongo que sí. Y usted, ¿de dónde es?

—Siempre viví en Berlín, aunque nací en Dresde. ¿Ha estado ahí?

—Temo que no.

—Pues lo felicito —dijo ella, sin sarcasmo—. Porque Dresde ya no existe, ¿sabe? Los bombardeos no dejaron piedra sobre piedra. Y ahora están los rusos.

—Todo esto ha sido terrible —repuso Bacon, a modo de disculpa.

—Era la ciudad más bella de Alemania. El Zwinger, ¿sabe? Un palacio magnífico, y la ópera, y la catedral... Pero supongo que lo merecíamos. No fuimos lo suficientemente buenos como para tener algo así.

—¿Y usted? —Frank trató de cambiar el tema.

—¿Yo?

—¿A qué se dedicaba?

—¿Antes de la guerra? Nada tan impresionante —en su voz no había nostalgia alguna—. Trabajaba como maestra en una escuela elemental. Y ahora, fíjese usted, en una fábrica...

—¿Y el padre de Johann?

—Prefiero no hablar de eso. Otro día se lo contaré. ¿Más té?

—No, gracias. Debo marcharme. Mañana he de levantarme temprano.

—Le agradezco su compañía —dijo ella, y le extendió la mano.

—¿Alguna nueva idea, profesor Links?

Con estas palabras me saludó Bacon cuando me reuní con él para continuar analizando las palabras de Planck.

—He estado pensando en una de las frases que nos dijo Planck: «Klingsor es tan elusivo como los átomos» —le respondí—. No creo que sea una mera *boutade*. Más bien pienso que se trata de una clave...

—¿A qué se refiere?

—Recuerde lo que nos dijo el viejo. La idea de que existían partículas elementales de las cuales estaban formadas todas las cosas es casi tan antigua como la humanidad. Se remonta, al menos, a la Grecia clásica. Y, sin embargo, los físicos sólo pudieron comprobar su existencia hace unos años. ¡El modelo atómico de Rutherford es de principios de siglo! —exclamé.

—¿Adónde quiere llegar?

—Planck ha querido señalarnos el camino, teniente. ¡Nos está alentando a continuar! Ahora Klingsor sólo es un nombre para nosotros, pero está en nuestras manos probar su existencia y convertirlo en un ser de carne y hueso, como hicieron Thompson, Rutherford y Bohr con el átomo... No sé si podemos generalizar algo así, pero al menos en el pasado el procedimiento funcionó...

—Un mapa —se entusiasmó Bacon—. Lo que tenemos que hacer es diseñar un mapa en cuyo centro estará Klingsor. Como en el modelo atómico de Rutherford, sí. Ahora lo comprendo... Muy bien. Pensemos, ¿cuáles son las partículas que nosotros debemos estudiar? ¿Cuáles, las rutas que debemos seguir para llegar a esa elusiva meta que se llama Klingsor?

—Los físicos y matemáticos alemanes y sus trabajos. Habrá que trazar un esquema que los interrelacione, que muestre su actividad, que esclarezca sus lazos comunes, que desvele sus relaciones con el poder nazi.

—De acuerdo, empecemos a trabajar en ello —exclamó Bacon.

Me detuve a meditar unos momentos.

—¿Qué le parece si comenzamos con el personaje más obvio? —le dije, sabiendo que atraería su atención—. Estoy pensando en un físico de primer nivel, Premio Nobel, que apoyó a Hitler desde el principio, cuando éste no era más que un pobre conspirador austríaco apresado en Múnich: Johannes Stark.

—Sería, como usted ha dicho, *demasiado* obvio... ¿El feroz enemigo de Einstein y de Heisenberg?

—Piénselo: un hombre poderoso en la Alemania nazi, un antisemita pertinaz, un miembro del Partido desde los años veinte.

—Es la primera persona de la que uno sospecharía. ¿No le parece que ésa es una razón suficiente para descartarlo?

—¿Así, sin probar siquiera? —lo amonesté—. ¿Qué clase de científico es usted que se niega a llevar a cabo un experimento sólo porque las conclusiones le parecen evidentes? ¿Es que va a conformarse con un «experimento mental»? Si Stark es inocente, será fácil que nos demos cuenta de ello. Usted me preguntó por quién empezar, y yo le doy una respuesta lógica. Teniente, creo que no ha acabado de comprenderme. Yo no estoy sugiriendo que Stark *necesariamente* sea Klingsor; pero *sí* estoy absolutamente seguro de que alguien como Stark debió mantener algún tipo de relación con él... Sus actividades, su cercanía con Hitler, su posición privilegiada en la ciencia del Reich, todo lleva a suponer que sus caminos debieron cruzarse no una, sino muchas veces... Quizás Stark sea sólo un punto de referencia que a la larga nos conduzca hacia Klingsor. Piénselo como una especie de hipótesis de trabajo.

Bacon se quedó meditando unos segundos que se me hicieron interminables. ¿Es que no quería seguir mis intuiciones? ¿No me había llamado para que lo aconsejara, para que dirigiera su camino?

—Haré que traigan su expediente —asintió.

Cuando los últimos rayos de luz intentaban atravesar, sin éxito, la bruma que precedía a la puesta del sol, Bacon se encontraba ya frente a la única meta que le importaba alcanzar en este momento además de Klingsor: los envejecidos muros que lo separaban de Irene. Corrió hacia ella, como si cada minuto lejos fuese una eternidad. Respiraba agitadamente; hubo de esperar un instante para recobrar el aliento antes de atreverse a llamar a la puerta. Irene lo recibió con una especie de casaca negra y un chal sobre los hombros. Ni siquiera parecía sorprendida.

—Pase —le dijo con un tono que a Bacon le parecía entusiasta—. Té, ¿verdad?

—Gracias.

Frank comenzaba a integrar la rutina que siempre mantiene unidas a las personas: se quitó el abrigo, inspeccionó la habitación, se acercó a Irene, miró sus ojos oscuros y su cabello rubio, recién lavado. Aspiró el perfume que desprendía su cuerpo. Ella le extendió la taza caliente y ambos se sentaron muy cerca uno del otro.

—¿Y Johann?

—Esta tarde lo he llevado con su abuela.

Bacon sonrió.

—Quizás podríamos salir un poco —propuso ella con timidez—. Son pocas las veces que tengo una noche libre.

—Vamos —exclamó Bacon, tomando su abrigo de nuevo.

Ella corrió a peinarse y, como un niño al que se ha prometido ir a la feria, se colgó del brazo del teniente. Afuera había oscurecido pero la tarde no era especialmente fría. La nieve sucia se apilaba en los bordes de las aceras y en las hojas de los árboles, convertida en una excrecencia de la ciudad. Arriba, el cielo se abría, alto y majestuoso, con una pequeña rendija oblonga que dejaba entrever una parte de la luna.

—Murió en la guerra.

—¿Cómo dice?

—El padre de Johann —explicó Irene.

—Lo siento.

En la mirada de Irene había un brillo nuevo, una fuerza juvenil que hacía difícil pensar que fuese madre de un niño. Continuaron caminando hasta llegar a una pequeña taberna.

—No se preocupe —explicó ella—. Cuando pasó realmente ya estábamos muy alejados. No quiero decir que no lo lamente, sólo que no le echo de menos...

Se sentaron al fondo del salón. Hacía un calor intenso y benéfico.

—Sí —dijo Bacon—. A veces la rutina es el fin del amor.

—¿Qué quiere decir?

—Pienso que el amor por una persona empieza a acabarse cuando sabemos, sin asomo de dudas, cómo va a comportarse con nosotros, cuando estamos seguros de que nos ama y nos seguirá amando...

—Eso es terrible —Irene hizo una pausa para pedir dos vasos de vino caliente.

—Quizás me he explicado mal —Bacon improvisaba—. Lo que digo es que, cuando conocemos a una persona, tarde o temprano terminamos por adivinar cuáles van a ser sus reacciones. No digo que el amor sea necesariamente aburrido, sólo que es inevitablemente previsible... El amor es un largo camino de búsqueda pero, cuando finalmente llegamos a la meta, resulta un tanto decepcionante. Si uno quiere algo con desesperación, lo peor que le puede ocurrir es obtenerlo rápidamente...

Irene hizo un gesto de molestia.

—Yo no creo que el amor sea una carrera de caballos —la joven taciturna se había vuelto repentinamente elocuente—. ¿Y si la función del amor fuera convertir un instante aburrido e insignificante en algo lleno de vida?

—Creo que estamos diciendo cosas parecidas, aunque desde puntos de vista contrarios —añadió Frank, tomando un sorbo de vino—. Si yo amo a una mujer, quiero que sea distinta cada día.

—Menudo problema —ironizó ella—. Entonces usted necesita a una actriz o a una escapista. O, peor aún, a una esquizofrénica.

—No se burle de mí...

—Disculpe que se lo diga, pero creo que usted nunca ha amado verdaderamente a nadie —las mejillas de la joven se llenaron con un rubor intenso, solar—. Lo que usted quiere es que cada mujer sea un harén. Eso es imposible. Cuando uno ama a alguien, no quiere que cambie. O ambos quieren cambiar juntos.

A Bacon el alcohol empezaba a subírsele a la cabeza; le encantaba que aquella mujer lo contradijese con tanta energía. Ni siquiera estaba seguro de sus palabras, pero sólo por escuchar aquella vehemencia estaba dispuesto a defenderse hasta el final.

—Me ha gustado su imagen del harén, pero creo que me ha malinterpretado. Yo no quiero una mujer distinta cada noche, sino una Sherezada capaz de inventarse una historia distinta cada vez. *Las mil y una noches* es una metáfora perfecta. Cuando Sherezada es incapaz de inventar una nueva historia (una nueva versión de su amor por el sultán), éste no tiene más remedio que enviarla al verdugo. No se trata de un acto de crueldad, sino de un imperativo del juego que ambos han aceptado jugar. Un imperativo del juego del amor. La moraleja es la siguiente: si ya no hay nuevas maneras de revivir el amor, es mejor que éste muera.

—Es usted insoportablemente machista.

—Se equivoca: mis opiniones valen tanto para los hombres como para las mujeres —Bacon trataba de que los movimientos de su cuerpo se sincronizasen con los de Irene; miraba fijamente sus pupilas, como si quisiese perforarlas—. El sultán y Sherezada intercambian papeles a cada momento.

—¿Y si una no tiene la imaginación que se requiere para satisfacerlo? —a pesar de su aparente humildad, Bacon descubrió una terrible arrogancia en esta pregunta de Irene.

—No es cuestión de imaginación, sino de voluntad. Yo no pido que mi compañera me cuente novelas o me escriba poemas, sino que acepte la pluralidad que hay en cada uno de nosotros y la lleve hasta sus últimas consecuencias. No se trata de fingir o de actuar, sino de transformar el amor de modo que cada día se renueve. Una pizca de incertidumbre no hace mal a nadie, Irene.

Era la primera vez que la llamaba por su nombre. Sintió que un ritmo dulce acompañaba sus sílabas cuando lo pronunciaba.

—A mí me parece que usted no tiene el valor de reconocer que quiere a muchas mujeres —Irene hacía lo posible por pillarlo—. No es nada tan malo. Quizás usted no busca amor, sino simple *diversidad*.

—Me duele que se le ocurra algo semejante. Estamos hablando de amor... Yo no pido cuerpos o caracteres distintos, no soy una especie de don Juan monógamo, lo único que no quiero, que no estoy dispuesto a aceptar, es a una mujer que me ame (o diga amarme) pero que, una vez que me tiene, no esté dispuesta a transformarse. Detesto a quien se conforma y, en especial, al amante que cree haber hallado el amor y entonces simplemente se dispone a disfrutarlo como si fuese eterno. Uno siempre debe seguir buscando...

—¿Y qué le garantiza que esa búsqueda interminable no lo lleve al desamor? ¿O le haga darse cuenta de que en realidad no ama, o de que ama a otro?

Bacon reflexionó un segundo.

—Vale la pena correr el riesgo. Es doloroso, pero a veces el amor se acaba o se consume precisamente porque los involucrados en él no han sido capaces de seguirlo buscando, como al principio. Sólo cuando uno *tiene* algo (en el sentido de ser su propietario, su dueño) puede *perderlo*.

—Eso es espantoso —se escandalizó Irene—. ¿Quién nos puede asegurar, así, que quien nos ama no nos está engañando o que nosotros no engañamos a quien creemos amar?

—¡Nadie! —la voz de Bacon se elevó como un grito—. Esto es lo más importante. Confiamos en el otro y, más todavía, en nuestra propia intuición. Todo se esconde en la *confianza*. ¿Qué es la confianza sino la posibilidad de creer en el otro, aunque sin tener la certeza de que nos diga la verdad? De cualquier modo, siempre ocurre así. Hay que ser realistas, Irene: nunca podemos estar completamente seguros de los demás. *Nunca*.

—Me parece horrible. Suena como si el amor sólo fuese un juego entre dos personas. Cada una trata de sacar ventaja de la otra y a la inversa.

—Una definición perfecta. Sólo que el del amor es un juego en el cual, a la larga, no hay vencedores ni vencidos. Lo único que puede ocurrir es que uno decida no jugar más, y entonces todo se acaba.

—¿Y cómo podemos saber si el otro sigue interesado en jugar?

—No es difícil, Irene. Hay signos por todas partes. Cientos de pruebas que nos invitan a que las interpretemos. Actos externos que debemos asociar a su correspondiente carga afectiva —Bacon tomó una servilleta y se la llevó a los labios—. Una carta de amor, una conversación, un flirteo, una cita, una venganza, un ataque de celos: cada uno de estos actos no es distinto del movimiento de los peones o los caballos en el ajedrez. Yo digo: «Te amo.» Tú respondes: «Pues yo no.» Y así, en adelante, hasta que llegamos a convencernos de que, detrás de todas estas combinaciones, la otra persona siente por nosotros un amplio conjunto de sensaciones que podemos identificar, por comodidad, con la palabra «amor». Los buenos amantes no son más que buenos lectores: hombres y mujeres con la experiencia necesaria para descifrar los mensajes en clave que les envían los demás.

—Usted insiste en ver el amor como una competencia. Yo siempre creí que se trataba de algo espontáneo...

—Su idealismo no es ajeno a mi teoría —replicó Bacon, cortés—. Pero no tiene que ver con la estrategia que seguimos para amar, Irene. Para demostrar nuestro amor. Para requerir amor. Para quejarnos del amor. Para querer más amor. Para alejarnos del amor. Para recobrar el amor.

Bacon sabía que, en esta ocasión, había ganado la partida. Pero no quería dejar a Irene con las manos abiertas. Antes de dejarla ante la puerta de su apartamento, la abrazó durante minutos que le parecían siglos.

LAS CAUSAS DEL DESALIENTO

Berlín, mayo de 1937

Era una calurosa tarde de domingo, como tantas otras, y habíamos ido a pasear por las cercanías del Wannsee. Caminábamos alrededor del lago, contemplando la inestable consistencia de los árboles dibujados por las olas, sumidos en un silencio cuya complicidad se había roto hacía varios meses. Marianne estaba enfadada conmigo porque le había prohibido visitar a Natalia desde que Heinrich nos anunció que se había sumado al ejército, y no dejaba pasar una sola ocasión para reprochármelo.

—Siempre ha sido mi amiga, no puedo imaginarme el resto de mi vida sin ella.

Yo me limitaba a decirle que lo lamentaba, nada más.

—Su esposo también fue amigo mío, pero las actuales circunstancias me impiden cualquier contacto con él. Ha sido su culpa, no la mía.

Marianne no entendía razones, hasta el punto de convertir esta circunstancia en el centro de nuestras charlas.

—Me casé contigo —le replicaba yo, enfadado—, no con ellos.

Para vengarse de mí, por las noches ni siquiera me permitía abrazarla: su enojo se prolongaba aun en sueños, en los cuales repetía el nombre de su amiga como si se tratase de un conjuro. Desde luego, éste no era el primer problema que teníamos, pero se convirtió en uno de los más recurrentes.

El sol le arrancaba a Marianne leves perlas de sudor que rodaban por sus mejillas y por la parte posterior de su cuello. La verdad era que seguía hermosa, aunque entonces no me diese cuenta. Llevaba un vestido blanco, entallado, y una pequeña gorra color malva. Como si se tratase del retrato de Dorian Gray, yo me entretenía mirando su reflejo en el agua, de modo que el estanque pudiese devolvérmela convertida en una bestia borrosa e impertinente.

—Ya lo he decidido, Gustav.

—¿Qué? —me esforzaba en hacerla rabiar.

—Lo sabes perfectamente.

—Te lo he prohibido.

—Es mi amiga, no la tuya.

—La mujer de un enemigo mío, y por tanto también tuyo.

Continuamos andando unos momentos más.

—Regresemos.

—Será lo mejor —dije.

Enfilamos hacia la Bismarckstraße, listos para emprender el regreso a Berlín. El silencio nos pesaba como si estuviésemos en el interior de un mausoleo. Nos detuvimos frente a la tumba de Heinrich von Kleist. La coincidencia entre los nombres era ominosa: en 1811, después de varios intentos previos, y de cantarle a la muerte en sus piezas y relatos, Kleist se quitó la vida al lado de su amada, una mujer que sufría de una enfermedad terminal y con la cual él había establecido un pacto suicida.

—Ya que no me permites visitarla, la he invitado a tomar el té.

De pronto, no tuve ganas de contradecirla. Hasta para la oposición sistemática se necesita una energía que yo había comenzado a perder con Marianne.

—Haz lo que quieras.

—Ya lo he hecho —dijo, pero yo sabía que estaba tan sorprendida como yo.

—Me da igual. Nunca me obedeces.

—Nunca.

—Nunca.

¿Cuánto tiempo hacía que no veía a Natalia? El mismo que a Heini: cerca de dos años. De algún modo, la idea de encontrarla en mi casa, al lado de mi esposa, no me resultaba desagradable.

—La he citado mañana a las cinco, por si quieres marcharte.

—También es mi casa, ¿no? Tengo derecho a estar a la hora que me plazca.

—Lo decía por si te incomoda su presencia.

—Me incomoda que defienda a un nazi, Marianne. ¿Es que no te das cuenta? Nos ha traicionado a todos.

—No sé quién traiciona a quién, Gustav.

—¿Qué insinúas?

—Algunos nazis son menos perversos que sus detractores. A veces ocurre.

—No digas tonterías.

—Al tratar así a tus amigos, te conviertes en algo peor que un nazi.

—No hay nada peor que un nazi, Marianne.

—Claro que sí, Gustav. Te lo puedo asegurar.

JOHANNES STARK, O DE LA INFAMIA

Gotinga, enero de 1947

De nuevo, el teniente Bacon comenzó a leer en voz alta:

INFORME 650-F
STARK, JOHANNES
ALSOS
110744

Se le considera el prototipo del científico nazi. Fue uno de los principales impulsores de la *Deutsche Physik*, creada para oponerse a la «ciencia degenerada» que practicaban Einstein* y otros físicos judíos. Su primer nombramiento como profesor ordinario lo obtuvo en la Universidad de Aachen en 1909. Más o menos desde esa época se sabe de una agria confrontación con Arnold Sommerfeld*, catedrático de la Universidad de Múnich, uno de los defensores de la teoría cuántica. El problema entre los dos hombres se volvió aún más grave cuando la cátedra de Física de la Universidad de Gotinga, que Stark siempre había anhelado, fue entregada al físico holandés Pieter Debye*, uno de los alumnos de Sommerfeld. Furioso, Stark declaró que había sido una conspiración provocada por el «círculo judío y prosemita» encabezado por su «gerente general», Arnold Sommerfeld.

En 1917, Stark se trasladó a la pequeña Universidad de Greifswald, donde recibió la noticia de la derrota alemana en la guerra. Este hecho exacerbó su nacionalismo, e incluso llegó a aceptar las sugerencias de muchos de sus amigos para emprender una campaña contra los socialistas que habían comenzado a ganar terreno en la vida política local.

En 1919, obtuvo el Premio Nobel por su descubrimiento del llamado «efecto Stark», la bifurcación de las líneas espectrales producida por un campo eléctrico, y fue llamado a trabajar en la Universidad de Würzburg, en Baviera. En abril de ese mismo año, fundó la Comunidad Profesional Alemana de Físicos Universitarios, que trataba de oponerse a la más liberal Sociedad Física Alemana, encabezada por los físicos de Berlín, más cosmopolitas y teóricos, y que, en opinión de Stark, discriminaban a quienes trabajaban en las universidades de provincia. Los esfuerzos de Stark para reunir a sus colegas bajo su liderazgo no tuvieron éxito; la Sociedad Física Alemana decidió elegir como nuevo presidente a uno de los antiguos miembros del grupo de Stark, Wilhelm Wien*, con lo cual la fuerza de su asociación terminó por diluirse.

Antes que Stark, otro notable físico alemán, el Premio Nobel Philipp Lenard*, catedrático de Heidelberg, se había lanzado ya contra la «ciencia judía». En 1922, Lenard publicó un manifiesto en el que pedía que se llevase a cabo más «física aria», acusando a los científicos alemanes de traicionar su herencia racial.

—En 1920 se había llevado a cabo el Congreso del Grupo de Científicos Alemanes para la Preservación de la Ciencia Pura en la sala de la Filarmónica de Berlín —intervino Bacon—. La «Compañía Antirrelatividad», como la llamaba Einstein. A partir de entonces las críticas contra él comenzaron a exacerbarse.

—Ese grupo en realidad nunca existió. Fue una invención de Paul Weyland, un acérrimo enemigo de Einstein, creado sólo para darse publicidad a sí mismo —repliqué—. Sin embargo, bastó para desatar los ánimos de muchos físicos que habían permanecido indiferentes a la política. Einstein asistió a una sesión del Congreso y, más tarde, publicó una «Respuesta a la Compañía Antirrelatividad» en el *Berliner Tageblatt*. El escándalo fue mayúsculo.

—¿Odiaban a Einstein sólo por ser judío, o por la teoría de la relatividad en sí misma? —me preguntó Bacon.

—Al principio creo que su judaísmo era lo menos importante, teniente —dije—. Lo peligroso eran sus posiciones políticas. A diferencia de la mayor parte de la comunidad científica alemana, que había apoyado al Kaiser y a sus generales durante la Gran Guerra, Einstein había adoptado la nacionalidad suiza y había enarbolado la bandera de los pacifistas, algo que lo acercaba mucho a la figura del traidor. Luego, se convirtió en uno de los pocos defensores públicos de la República de Weimar, debido a su amistad con Walter Rathenau, también judío, quien fungía como ministro de Asuntos Exteriores... La figura pública de Einstein era demasiado incómoda. No sólo se dedicaba a revolucionar la vida científica, sino que estaba empeñado en apoyar el caótico régimen republicano que había aceptado la derrota alemana. Para muchos, eso lo hacía doblemente detestable... —Bacon se arrellanó en el asiento—. El odio contra él creció con la misma velocidad que su fama mundial... Pronto se convirtió en un símbolo del internacionalismo que tanto molestaba a los nacionalistas alemanes. En esos momentos, todos creíamos que la política no debía mezclarse con la ciencia. Uno no debía mancharse las manos con la realidad.

—Como Einstein...

—Sus detractores trataban de probar, con argumentos racionales, que la relatividad era una farsa. En sus publicaciones, se esforzaban en parecer serios... No querían verse ridiculizados. Al principio, evitaban todo argumento antisemita. El medio científico alemán era muy rígido, no lo olvide. Fue entonces cuando los defensores de Einstein comenzaron a decir que los ataques contra él se debían a su judaísmo. Ellos fueron los primeros en utilizar esta palabra y en convertir la discusión científica en un pleito racial...

—Ahora comprendo. *Ustedes* son los que han introducido la política en la ciencia, *ustedes* utilizan juicios que no son estrictamente científicos, *ustedes* son los que hacen declaraciones públicas. Einstein debió parecerles un monstruo.

—Socavaba todas las reglas de etiqueta empleadas por los físicos alemanes desde hacía generaciones. El propio Planck estaba un poco escandalizado. Los genios siempre resultan molestos, pero Einstein empezaba a exagerar... En vez de reservarse sus opiniones, las repartía a diestro y siniestro como si fuese un miembro del Reichstag.

—En Princeton yo siempre pensé que él odiaba la política.

—Quizás así fuese en América, pero no aquí —dije—. En Alemania siempre estuvo interesado por ella y no dudaba en compartir sus opiniones con los periodistas.

—Sus retratos. Sus entrevistas en los periódicos. La primera plana del *New York Times*. El furor público por la relatividad... Desde luego —Bacon sonreía con esta repentina intrusión de su pasado.

—Lenard no participó en las conferencias de Berlín —indiqué yo—. Pero aun así Einstein se encargó de nombrarlo en su respuesta. Esto lo indignó profundamente. Lenard empezó a atacar a Einstein porque él mismo se veía como víctima.

—¡Vaya víctima!

—Quizás no lo fuera, pero se comportaba como tal. El ambiente era propicio: el desorden sacudía a Alemania de un lado a otro. Revoluciones, asesinatos, saqueos. Todos queríamos un poco de paz y estabilidad, mientras que las posiciones de Einstein parecían representar la ruptura y el caos. Si no recuerdo mal, en 1921 fue asesinado Rathenau, el amigo de Einstein. Lenard se negó a ondear la bandera a media asta en su instituto de Heidelberg. Una turba enfurecida lo atacó y se burló de él. Eso lo volvió loco.

—Bueno, regresemos a Stark —dijo Bacon, y continuó leyendo:

En 1921, uno de los alumnos más queridos de Stark, Ludwig Glaser*, presentó su tesis para la *Habilitationschrift* sobre las propiedades ópticas de la porcelana. Glaser editaba su propia revista sobre aspectos técnicos de la física e incluso poseía su propio laboratorio. El año anterior, había sido uno de los participantes en las conferencias contra la relatividad de Berlín. El jurado consideró que el tema de estudio de Glaser no constituía un punto de vista novedoso sobre la física —algunos llegaron a burlarse de él llamándolo «doctor en porcelana»—, y descalificaron sus trabajos, pero en el fondo existía un manifiesto rencor contra él por parte de los defensores de Einstein. Este incidente ocasionó la renuncia de Stark a la Universidad de Würzburg, pues consideró que la descalificación de Glaser constituía una conspiración.

Stark empleó el dinero de su Premio Nobel en montar diversas industrias y trató de ser nombrado director del Instituto Imperial Físico Técnico, pero nuevamente los defensores de la relatividad desestimaron su candidatura. Ahora Stark no sólo estaba furioso, sino amargado. De pronto, se vio lejos del mundo académico que siempre había ansiado dirigir. Para colmo, en 1921, Einstein recibió el Premio Nobel, lo cual lo convirtió en una celebridad mundial aún mayor.

Ese mismo año, Stark publicó un libro en el que denunciaba el dogmatismo y el excesivo formalismo de la teoría de la relatividad y de la física cuántica, titulado *La crisis contemporánea de la física alemana*. Para él, la ciencia de Einstein no era más que una especulación matemática sin ningún contenido real. Afirmaba, además, que los defensores de Einstein actuaban en bloque, como si estuviesen sosteniendo un ideal político, en vez de permitir la discusión abierta de sus principios. De modo especial, Stark criticaba la forma en que la relatividad había sido difundida: la supuesta «revolución» de la física emprendida por Einstein, aclamada en medios no académicos y en conferencias en el extranjero, no era más que un acto de propaganda política.

A partir de este momento, la batalla en torno a la relatividad comenzó a transformarse. Si al principio sus detractores habían tratado de mantenerse en el campo de la ciencia, mientras sus defensores se referían a temas políticos, ahora abundaban los ataques personales contra Einstein y los juicios antisemitas. En 1922, Lenard y Stark, quienes ya habían iniciado una relación cordial, se unieron para defender la llamada *Deutsche Physik*, cuyo objetivo era eliminar las vertientes «judías» de la ciencia alemana, esto es, su dogmatismo, su abstracción matemática y su falta de utilidad, en favor de una ciencia «aria» más preocupada por los resultados prácticos que por las divagaciones metafísicas. Pronto, al núcleo inicial de Lenard y Stark comenzaron a sumarse numerosos físicos ultraconservadores, antisemitas y nacionalistas que veían en los defensores de la relatividad a enemigos que los alejaban del centro de la vida académica.

Desde 1923, tanto Lenard como Stark comenzaron a acercarse a Hitler. Durante el *putsch* de la Cervecería, Stark y Lenard fueron algunos de los primeros científicos en apoyarlo públicamente, y se mantuvieron en contacto con él durante los dos años de su encierro. Aunque Stark se afilió al Partido en 1930, en realidad comenzó a hacer trabajos en su favor desde la salida de Hitler de la prisión de Landsberg, en 1924. Gracias a esta actitud, más tarde obtendría la categoría de «Viejo Luchador» y, a partir del momento en el cual Hitler se convirtió en Canciller, Stark pudo comenzar a ejercer una abierta influencia en la política científica del Reich.

—La ira —le dije a Bacon—. ¿Se da cuenta de cómo la ira puede transformar a un científico normal, a un hombre de ciencia respetado, a un Premio Nobel, en un defensor de criminales? Ésta era la pregunta que me formuló el otro día, ¿no es así? La ira y la envidia. ¿En realidad importaba que la relatividad fuese verdadera o falsa? Lo dudo. Había una guerra de por medio y, como en toda guerra, los enemigos estaban dispuestos a hacer hasta lo imposible para derrotar a sus adversarios. Sangre, amenazas, traiciones. Stark y Lenard estaban dispuestos a hacer cualquier cosa para vengarse de Einstein.

—¿Quiere decir que la verdad y la ciencia eran lo de menos?

—Digo que, en un ambiente revuelto, la verdad queda por detrás de muchas otras consideraciones —corregí—. Si uno fuera capaz de fiarse de las pruebas, el asunto sería más sencillo, ¿no le parece? Hubiese bastado con comprobar, científicamente, que Einstein tenía razón y que los demás estaban equivocados, o al revés. Pero no fue así. La ciencia había dejado de ser clara y nítida. Unos creían una cosa y los demás, otra. Punto. Unos ofrecían sus pruebas, y los otros las descalificaban diciendo que habían sido manipuladas o que no eran concluyentes. Todo era *político*, teniente. La física apenas tenía que ver.

—Entonces, si Hitler hubiese ganado la guerra, la relatividad no existiría...

—O hubiera sido reinventada por un hombre del régimen. Así es, por más doloroso que nos parezca. Una idea es válida sólo si se tiene poder para afirmar su veracidad. Si los demás lo creen, las *pruebas experimentales* no tardan en aparecer... La ciencia había empezado a ser lo suficientemente ambigua como para que cada uno la interpretase a su antojo. Quizás por eso, Einstein desconfiaba tanto de la teoría cuántica: si una medición no refleja una verdad completa, es como una media mentira... Y entonces nadie sabe qué puede suceder —añadí con dramatismo—. Sólo él tenía la agudeza necesaria para darse cuenta de que había sentado las bases de su propia derrota. Einstein odiaba el azar porque sabía que, en un mundo verdaderamente relativo, que no relativista, el poder podía llegar a demostrar que *él* estaba equivocado. Como un buen cínico de la Antigüedad, amante de las paradojas, pensaba que si todo es relativo, también lo es la relatividad misma...

Frank aún sentía el sabor agridulce de la saliva de Irene entre sus labios. Estaban despidiéndose, con esa sensación de ansiedad que provocan las insinuaciones que no se consuman, cuando ella decidió colocar su rostro frente al suyo, esperando que él hiciese el primer movimiento. Bacon dudó un instante —hacía demasiado tiempo que no sentía emoción frente a una mujer—, y por fin se decidió a besarla con la delicadeza con la que uno acaricia por primera vez a un mastín. Fue un contacto breve y seco, suficiente, por otra parte, para sentirse definitivamente ligado a Irene.

A partir de ese momento, su vida diaria comenzó a seguir un patrón armado con una minuciosidad matemática. Asistía a la oficina por las mañanas, revisaba archivos y documentos, elaboraba fichas e informes, se comunicaba de vez en cuando con sus superiores y vagabundeaba un rato por las antiguas imprentas que aún se mantenían en el edificio como huesos de animales prehistóricos. Luego salía a almorzar, siempre solo, y regresaba a eso de las tres de la tarde. A las cuatro llegaba yo, tomábamos té a las cinco y nos dedicábamos a charlar sobre Klingsor hasta las siete. Entonces nos despedíamos y Frank salía deprisa sólo para tener oportunidad de ver a Irene durante un par de horas.

Ella lo recibía con la acostumbrada taza de té; a veces salían a tomar una copa e invariablemente regresaban al pequeño salón de la joven y se tumbaban en un sillón y conversaban largamente. Un día sí y otro no, Johann se quedaba en casa de la madre de Irene.

—Háblame de ti —le dijo ella en esta ocasión.

—Me temo que no soy un objeto de estudio interesante.

—Te escondes demasiado.

—Sólo soy precavido. Pero, cuando finalmente alguien me interesa, soy transparente.

—¿Yo te intereso?

—De otro modo no te visitaría a diario, ¿no crees?

—¿De qué huyes? —insistió Irene.

—No huyo, busco. Soy un investigador. Antes perseguía resultados científicos y ahora persigo seres humanos, pero la actividad sigue siendo la misma —había cierta inevitable melancolía en su tono.

—No parece gustarte.

—Tampoco me quejo.

—¿Preferirías trabajar en un laboratorio?

—Realmente nunca estuve en uno —rió Bacon—. Sé que ésa es la imagen de los científicos, manipulando sustancias e introduciéndolas en retortas y matraces como alquimistas medievales. En cambio, donde yo trabajaba antes de alistarme no había más que pizarras y tiza. Ésos eran nuestros únicos instrumentos.

—¿Y qué hacían?

—Pensar —admitió Frank, sin orgullo—. O al menos intentarlo. ¿Quieres servirme otra taza, por favor?

—No puedo imaginarme en una situación así. Pensando todo el día, Dios mío. Creo que no podría resistirlo... Terminaría volviéndome loca.

—Yo tampoco lo resistí. Y tienes razón, al final uno termina loco. Por eso hay tantos científicos distraídos, herméticos y solitarios como Einstein. Aunque no todos sean así, por supuesto.

—¿Lo conociste?

—Lo vi un par de veces —mintió Bacon—. Era más pulcro en persona de lo que se cuenta.

—Una profesión que te obliga a pensar todo el tiempo —repitió Irene maquinalmente—. Para mí sería una tortura.

—Una tortura.

—¿Y en qué pensabas tú?

—En las partículas atómicas: electrones, neutrones, protones...

—No te daba tiempo para pensar en ti mismo.

—No comprendo.

—¿Sólo te entretenías con los átomos? ¿Y dónde quedabas tú?

—Dando vueltas alrededor de la física, como si yo también fuese un electrón. Atraído y rechazado por la energía de las mujeres —rió—. Mi madre, mi novia y mi amante. ¿Te sorprende?

—Nunca pensé que fueses tan misógino.

—No lo soy. Me limito a referir un fenómeno. Las mujeres son como las estrellas: brillan y te deslumbran, pero en el fondo, te atraen con esa fuerza superior a la gravedad que se llama enamoramiento. Los hombres, en cambio, son como pequeños asteroides: giran en torno a las estrellas, les rinden pleitesía, se someten a sus designios, pero todos sabemos que, si el campo gravitatorio de las mujeres no fuese tan poderoso, ellos escaparían a la menor oportunidad. ¿Y sabes para qué? Sólo para caer en la órbita de otra estrella...

—Qué patético. Yo pienso lo contrario. Las mujeres son las fuerzas que no tienen otra opción que oponerse al campo gravitatorio al que los hombres quieren someterlas.

Bacon se sentía fascinado con la idea de que ella fuese mayor que él. Se acercó a besarla. Irene lo recibió entre sus brazos como si verdaderamente fuese una madre. Le acarició el cabello y las mejillas. Le dio dos besos en la frente, como hubiera hecho con Johann. Le cantó una canción de cuna y sonrió con los gestos de Frank. Y, por fin, le dejó probar el sabor de sus pezones.

—Tengo una buena noticia —le dije a Bacon, orgulloso.

Él parecía distante, apartado del mundo. Al menos en aquellos instantes, Klingsor parecía haber dejado de ser una de sus prioridades.

—¿Ha estado enamorado, Gustav?

Me sorprendió aquella pregunta. No venía al caso y, además, ¿qué podía importarle?

—Supongo que todos lo hemos estado alguna vez —traté de volver al tema.

—El amor, Gustav. Nos educan para creer que es lo más importante del mundo. Desde el Nuevo Testamento tenemos un Dios que nos ama. *Amaos los unos a los otros.* Y luego nos llenan con novelas y poemas, seriales radiofónicos y películas. Relaciones amorosas dondequiera que volvamos la vista. ¿No le parece sorprendente? La unión de dos personas es el motivo fundamental de nuestra cultura.

—Tonterías —repliqué—. Usted lo ha dicho: nos educan para que pensemos así, aunque en el fondo sepamos que es falso. El amor es una mentira. Al final todos terminamos sabiéndolo.

—¿Habla por experiencia?

—Nos ha pasado a todos, teniente. Todos nos enamoramos y sólo al final nos damos cuenta de que hemos sido engañados. Por desgracia, casi siempre es demasiado tarde para arrepentirnos.

—Yo pensaba como usted, Gustav. Sobre todo a partir de la guerra.

—¿Ya no?

—No lo sé. A veces quiero pensar que el amor sí importa. Se trata de algo tan irracional, tan equívoco, que sólo existe porque nos obstinamos en creer en él.

—Como la religión.

—Como la religión. O como la ciencia.

—¿Está usted enamorado, teniente?

—Yo pregunté primero.

—De acuerdo, qué quiere saber.

—¿Cómo se llamaba?

—¿Quién?

—La mujer de la que estaba enamorado. O las mujeres, en su caso.

—Mi esposa se llamaba Marianne —respondí.

—¿Y estaba enamorado de ella?

—La amaba.

—No le he preguntado eso.

—Era mi mujer.

—Pero habría alguien más...

—No, no había nadie más.

—No sé por qué razón advierto cierta incomodidad por su parte, Gustav. ¿Qué pasó con Marianne?

—Murió al final de la guerra.

—Lo siento —Bacon se avergonzó—. No era mi intención...

—No se preocupe, ya lo he superado. Ahora dígame, ¿usted está enamorado?

—Aún no lo sé.

—¿Cómo se llama?

—Irene —exclamó Frank, arrobado.

—Tenga cuidado —le dije—. ¿Alemana?

—De Dresde.

—Peor aún. Yo que usted me andaría con cuidado. El amor es sólo un anzuelo que ellas lanzan para hacernos cumplir su voluntad.

—Lo sé —rió Bacon—. Pero si no fuese así, no merecería la pena intentarlo. Todo juego entraña sus riesgos. Y, en el juego del amor, quien se enamora primero siempre lleva la peor parte.

—¿Puedo preguntarle cómo la conoció, Frank?

—Es mi vecina.

—Su vecina —repetí—. ¿Acaba de conocerla y ya se pregunta si la quiere?

—Dejémoslo, pues. Mejor dígame cuál es la buena noticia, Gustav. Estoy ansioso.

—Max von Laue nos recibirá hoy mismo para discutir el caso Stark.

Sólo unas horas más tarde nos encontrábamos ya frente al viejo físico.

—Tras el nombramiento de Hitler como Canciller, Stark y Lenard estaban exultantes —empezó a decirnos Von Laue—, parecía que por fin había llegado su tiempo. En una carta de felicitaciones al nuevo ministro nazi del Interior, Wilhelm Frick, Stark le dijo que tanto él como Lenard, estaban dispuestos a ponerse de inmediato al servicio del Reich. Lenard incluso se entrevistó directamente con Hitler.

Max von Laue era un hombre alto y puntilloso, semejante al granito. Tenía una mirada fría y dura, apenas suavizada por sus rasgos equilibrados y severos. Su bigote, sus cejas y su cabello eran de un color cenizo y majestuoso: no cabía duda de que pertenecía a la estirpe de la antigua nobleza germana. Sin embargo, Von Laue había sido una *rara avis* entre los físicos alemanes de su generación: nunca simpatizó con los nazis y fue uno de los pocos científicos que se opuso abiertamente a ellos hasta donde semejante cosa era posible sin poner en peligro la propia vida. Había obtenido el Premio Nobel en 1914, justo cuando estalló la Gran Guerra. Era amigo de Planck y había sido muy cercano a Einstein. Aunque no era uno de los físicos alemanes que colaboraban en el proyecto atómico alemán, había sido capturado por la misión *Alsos* como el resto de sus colegas y —de modo inexplicable para él— trasladado a Farm Hall como «prisionero de Su Majestad», si bien Bacon nunca había tenido oportunidad de encontrarse con él. Ahora, como la mayor parte de los científicos alemanes que vivían en la zona de ocupación inglesa, había sido trasladado a Gotinga, el nuevo núcleo de la ciencia alemana.

—Todos los puestos científicos importantes entraron en el punto de mira de estos dos buitres —continuó—: el Instituto Imperial Físico Técnico, la Fundación de Emergencia para la Ciencia Alemana y la Sociedad Kaiser Wilhelm. Durante la reunión de la Sociedad Alemana de Físicos celebrada en Würzburg, en 1933, Stark se comportó como un pequeño Führer, tratando de convertirse en un dictador para los físicos. Su idea era que un editor general de todas las revistas científicas del Reich debía autorizar cualquier publicación.

—Lo mismo que hacía Goebbels con la prensa —dije yo.

—Trataba de vengarse de todos nosotros por el aislamiento que sintió durante la República. Stark se empeñaba en decir que los científicos alemanes tendríamos, al fin, libertad para investigar pero, para la lógica de aquellos años, sus palabras significaban exactamente lo contrario. Yo no pude hacer otra cosa más que levantarme para decir lo que pensaba. «Usted quiere que se juzgue la teoría de la relatividad con la misma dureza con la cual la Iglesia Católica condenó a Galileo por defender el heliocentrismo de Copérnico», exclamé. «Pero, como dijo el físico italiano, *eppur si muove...*»

—Debió enfurecer —apuntó Bacon.

—No me importaba enfrentarme con él —añadió Von Laue, excitado—. Todo el mundo sabía que éramos enemigos, de modo que lo único digno que yo podía hacer era espetarle la verdad.

—¿Y cuál fue su reacción?

—La de siempre. Dijo que yo era un defensor de los judíos. En cualquier caso, mi protesta no sirvió de mucho. Stark consiguió su objetivo: en mayo de 1933 se convirtió en director del Instituto Imperial Físico Técnico, un cargo que había deseado toda su vida y que Hitler se encargó de entregarle. Stark transformó el Instituto en un partido nazi en miniatura. Los científicos que trabajaban en él tenían una jerarquía específica y debían responder ante sus superiores como soldados, sin cuestionar jamás la línea de mando. Tenía planes megalomaníacos. Quería que el Instituto se convirtiese en el centro de la investigación científica en Alemania, encargado de asesorar el desarrollo de la economía e incluso de la defensa del Reich. Sólo la escasez de recursos le impidió lograr sus fines. Pronto, los ministerios de Educación y de Defensa consideraron que sus objetivos eran poco claros y le negaron el presupuesto que solicitaba.

—¿Entonces perdió influencia?

—Poco a poco, todos comenzaron a darse cuenta de que lo único que Stark deseaba era aumentar su ego. Y, en el régimen nazi, eso era intolerable... Los políticos luchaban unos contra otros y no podían permitir que alguien acumulase tanto poder. Poco después, Stark fue propuesto para convertirse en miembro de la Academia de Ciencias de Prusia...

—Y usted se opuso de modo decidido —intervine.

—Pensé que sería terrible que un hombre como él fuese admitido en la Academia —dijo Von Laue, inflexible—. Intentaría convertirla en un títere más de los nazis, como había hecho con el Instituto Imperial. Pero Stark tenía enemigos más poderosos que yo, de modo que al final su candidatura resultó inviable.

—Usted lo venció —dijo Bacon.

—Digamos que en la Academia se creó el clima necesario para impedir su ingreso. Pero Stark no se dejó vencer tan fácilmente. En 1934, trató de convertirse en un personaje de importancia mundial cuando envió un largo artículo a la revista inglesa *Nature*, explicando las políticas científicas del Reich. Sus argumentos eran una burda combinación de infamias y mentiras. Insistía en que el nuevo régimen impulsaba la libertad científica que la República de Weimar había limitado...

—Cuidándose de atacar a los judíos...

—Por supuesto. Stark se limitó a repetir la excusa tradicional: Hitler no persigue a los científicos judíos, simplemente ha reformado el servicio civil para hacerlo más eficiente. Si los científicos judíos son despedidos es porque no merecen ocupar los puestos que tienen. A las irritadas cartas que llegaron a la redacción de *Nature*, Stark respondió con nuevas falsedades e injurias. Esta vez se atrevió a nombrar a los «defensores de la judería científica»: los profesores Planck y Sommerfeld y, desde luego, yo mismo.

—¿Cómo reaccionó usted ante semejantes ataques?

—Desvelando sus infundios, como de costumbre. Luego intentó un nuevo *coup d'efect*. A solicitud de un alto personaje del ministerio de Propaganda, trató de reunir las firmas de los doce premios Nobel arios en apoyo al Führer. La mayor parte respondimos negativamente.

—¿No temían las represalias, profesor?

—La política no debía mezclarse con la ciencia. Lo habíamos dicho mil veces. Ésta era nuestra única defensa. Stark tuvo que comunicarle su fracaso al propio Goebbels.

—De cualquier modo, Stark fue nombrado director de la Fundación Alemana para la Investigación, el nombre que se le dio a la antigua Fundación de Emergencia para la Ciencia en Alemania —me esforzaba en dirigir la conversación hacia un objetivo claro.

—Bernhard Rust, el ministro de Educación, había despedido al director anterior, Schmidt-Ott, y aceptó nombrar a Stark en su lugar por orden expresa de Hitler. ¿Sabe usted cuál fue la primera medida de Stark como presidente de la Fundación? Cancelar la mayor parte de los subsidios relacionados con proyectos de física teórica, cuyos recursos pasaron a ser entregados a los programas relacionados con objetivos militares.

—Aquí tengo un artículo de Lenard, aparecido en el *Völkische Beobachter*, el periódico del partido nazi, en el cual se congratula por el nombramiento de Stark —indiqué yo; luego, leí unas cuantas frases—: «Einstein ha dado el ejemplo más importante de la dañina influencia de los judíos sobre las ciencias naturales. Los teóricos activos en posiciones relevantes deberían haber vigilado este proceso con más cuidado. Ahora Hitler se encargará de hacerlo. El espectro se ha esfumado; los elementos extraños están abandonando voluntariamente las universidades e incluso el país.» —Luego, en un tono menos pomposo, añadí—: Poco después comenzó la lucha para ocupar el puesto que Arnold Sommerfeld estaba a punto de dejar en la Universidad de Múnich.

—Sommerfeld detestaba a Stark casi tanto como yo. En 1934, Arnold anunció que pensaba jubilarse. El candidato obvio para ocupar la vacante era Heisenberg, uno de sus alumnos más brillantes, quien acababa de obtener el Premio Nobel. Pero, en cuanto se enteró de la noticia, Stark se mostró decidido a impedir su candidatura. A partir de ese momento, Heisenberg se convirtió en el chivo expiatorio de Stark.

—Pero ¿por qué se ensañó precisamente con él? —preguntó Bacon.

—A pesar de su reciente notoriedad, Heisenberg aún era joven. Y, además, no ocupaba ninguna posición importante en el medio académico. Era un profesor en Leipzig como cualquier otro. El blanco perfecto.

—Yo estaba en Leipzig en esa misma época —dije yo—. Recuerdo muy bien el ambiente opresivo que se encargaron de crear allí los nazis.

Si mal no recuerdo, fue en un artículo en el *Das Schwarze Korps*, en el cual Stark llamó a Heisenberg «judío blanco».

—El artículo no era de Stark, sino de uno de sus seguidores, un estudiante de física llamado Willi Menzel —corrigió Von Laue—, pero era como si el propio Stark lo hubiese firmado. ¡Heisenberg judío! Se necesita mucha imaginación o mucha perversidad para expresar algo semejante. Espero que no me malinterpreten. Heisenberg era el prototipo del físico alemán, y no hablo de su religión o de su raza sino de su manera de encarar los problemas físicos. Como Stark no podía decir que era un mal físico, y tampoco podía dudar de la estirpe aria de Heisenberg, lo único que se le ocurrió fue decir que la ciencia que él (y muchos de nosotros) practicábamos, era «judía».

—¿Qué efectos tuvo este ataque, profesor?

—Stark era una serpiente. En esos momentos se sentía más poderoso que nunca. En 1935 había aparecido el libro de Lenard sobre la *Deutsche Physik*. Lenard afirmaba que todas las manifestaciones humanas, y la ciencia no podía ser una excepción, tenían su fundamento en la raza. Así, los judíos poseían su propia física, distinta por completo de la física alemana, aria o nórdica, como él la llamaba. ¿En qué consistía esta diferencia? Buen punto. En realidad, se limitaba a decir que la ciencia judía era la que él y sus colegas decían que era ciencia judía. Así de simple. No había un solo argumento racional. Para colmo, en ese mismo año el instituto de física de la Universidad de Heidelberg fue bautizado con el nombre de Philipp Lenard. Stark, uno de los oradores durante la ceremonia, no desaprovechó la oportunidad para lanzar nuevos dardos. Su veredicto no admitía apelaciones: la relatividad de Einstein, la mecánica ondulatoria de Schrödinger y la mecánica matricial de Heisenberg *eran* ciencia judía. Y, por esta razón, debían desaparecer de la ciencia alemana. Estas mismas afirmaciones fueron publicadas por Menzel en su artículo.

—Heisenberg trató de defenderse... —apuntó Bacon.

—No podía hacer otra cosa. Envió una respuesta al *Völkische Beobachter*, el periódico del Partido. Entonces Stark no pudo contenerse y se encargó de responderle él mismo, acusándolo de envenenar a la juventud alemana con su defensa de la física judía. En su opinión, como en la de los demás seguidores de la *Deutsche Physik* como Alfons Bühl o Rudolf Tomaschek, la relatividad y la teoría cuántica no eran más que fórmulas matemáticas ininteligibles, meras «acrobacias mentales».

—¿Qué hizo Heisenberg entonces?

—Nunca he conocido a nadie que ame tanto a su país como él —dijo Von Laue sin sentimentalismo—. No iba a marcharse de Alemania sólo porque Stark lo injuriase de aquel modo. Decidió pelear, por los canales que permitía el régimen, para limpiar su nombre. La batalla fue lenta y dura. Heisenberg salió profundamente desgastado de ella.

—Pero a fin de cuentas Heisenberg venció —musité yo.

—Una victoria pírrica, profesor Links. Sí, obtuvo el compromiso por parte de las autoridades nazis de impedir nuevos ataques de Stark, e incluso pudo responderle en un nuevo artículo publicado en el *Völkische Beobachter*, pero a la larga nunca le fue asignada la cátedra de Múnich. Stark y Lenard fueron los culpables de esta injusticia, así como de la mayor parte de los males que sacudieron a la ciencia alemana en aquellos años.

—¿Piensa usted que el poder que ejercían ellos bastaba para controlar la vida científica de todo el país? —preguntó Bacon.

—Alemania era un entramado de distintas oficinas que tenían las mismas funciones y que competían entre sí. Desde luego, la influencia de Stark y Lenard, desde el Instituto Imperial Físico Técnico, la Fundación para la Investigación, el Instituto de Heidelberg y las diversas cátedras que controlaban, era muy fuerte, pero se veía contrarrestada por las otras dependencias nazis involucradas en la investigación científica: el ministerio de Educación de Rust, las SS de Himmler, el ministerio del Interior de Frick y, desde luego, el Consejo de Investigaciones Científicas de Göring, por no hablar del esfuerzo que realizamos muchos físicos independientes.

—Pero aun así, ¿usted podría decir que Stark era el físico más cercano al poder nazi? ¿Hitler lo consideraba su asesor científico personal?

—Sin duda.

—¿A pesar de la oposición que se desarrollaba contra él?

—Sí, a pesar de ello. Era el físico más poderoso de Alemania.

Tras la conversación con Von Laue, volví a reunirme con Bacon al día siguiente. Su semblante malhumorado no anunciaba nada bueno. Disfrutaba de un aire de superioridad que me enervaba.

—A pesar de los comentarios de Von Laue, Stark *no* puede ser Klingsor —me recriminó de entrada—. Recuerde las palabras de Planck: *era uno de nosotros.* La mayor parte de la comunidad científica siempre pensó que la *Deutsche Physik* era un invento espurio, una transposición de la política, un ardid y una mezquindad.

—Pero Von Laue nos aseguró que Stark era el hombre de ciencia más importante de Alemania —repuse, convertido en súbito abogado del diablo—. Hitler lo protegía.

—Quizás no lo fuese tanto —sugirió Bacon con suspicacia—. Tenemos que considerar un nuevo elemento. No sé si usted estuvo al tanto, pero poco antes del inicio de la guerra, Stark fue sometido a un proceso para ser expulsado del Partido.

Bacon salió un momento de su oficina y regresó con un joven oficial que llevaba un grueso fajo de papeles.

—Fue una casualidad enterarme de que el sargento Johnson se ha dado a la tarea de recopilar el archivo sobre el partido nazi utilizado durante los juicios de Núremberg —Bacon hizo una pausa—. Sargento, le presento al profesor Gustav Links.

—Encantado —dijo Johnson con una voz aflautada, de niño. No debía de tener más de veinte años. Aún tenía espinillas dispersas sobre el rostro lampiño y terso, y sus modales hacían ver que no estaba acostumbrado a tratar con civiles.

—Siéntese, sargento —le indicó Frank, y él se colocó al otro lado del escritorio—. Léanos su informe, por favor.

Johnson se aclaró la voz, pero aun así no mejoró mucho su entonación. Hablaba con dificultad a pesar de que se notaba que era un muchacho brillante. Cuando se trababa, volvía a mirar las páginas mecanografiadas que sostenía con manos temblorosas como si recitase la *particella* de una ópera.

—Todo el asunto comenzó por culpa de un tal Endrös —comenzó Johnson—. Un tipo deshonesto, no muy distinto de muchos de los *pequeños Hitlers* que habían tomado posiciones importantes en Alemania a partir de 1933. Éste era amigo de otro hombre, llamado Karl Sollinger, un estafador ligado a Adolf Wagner, el *Gauleiter* (líder del Partido) de Traunstein, la región en la que residía Stark. El físico se sentía una especie de portavoz de los pobladores de la zona, de modo que no dudó en enfrentarse a Sollinger y a Wagner por las faltas a la moral y a la ley que éstos cometían, denigrando la imagen del Partido. Pero Wagner no estaba dispuesto a ser ridiculizado y a su vez acusó a Stark de traición al Partido.

—Tome aire, sargento —le dije, tratando de aliviar su tensión.

—¿Se da cuenta, profesor? Stark se creía omnipotente, una especie de enviado especial del Führer, y de pronto un mero líder regional del Partido es capaz de meterlo en apuros —intervino Bacon.

—A Hitler le tenían sin cuidado los pleitos entre sus subordinados, teniente —me defendí—. Pero ello no significaba que Stark perdiese su influencia científica....

—No lo dudo, profesor —insistió Frank—. Pero aún tiene que escuchar otros datos importantes. Continúe, Johnson.

—Al final —prosiguió el sargento—, el asunto fue decidido por la Corte del Partido en Berlín: fue una especie de empate técnico entre Stark y Wagner. Pero lo realmente grave del asunto fueron las consecuencias que la polémica tuvo para Stark: a la larga, le costó su posición en el Fondo para la Investigación del Reich después de un intenso conflicto con la Ahnenerbe, el departamento de investigaciones científicas de las SS.

—Por si no tuviera bastantes problemas, ahora Stark se enfrentaba ni más ni menos que a Himmler —explicó Bacon—. Y el resultado fue desastroso.

—La Ahnenerbe tenía prioridad absoluta en el Reich —concluyó Johnson—. Por ello, era imperativo hacer que Stark renunciase a su puesto. Después de que Himmler expusiese públicamente uno de los proyectos más desastrosos aprobados por la administración de Stark, a éste no le quedó otro remedio que aceptar un trato: renunciar a la presidencia del Fondo con tal de permanecer al frente del Instituto Imperial Técnico Científico. De cualquier modo, era evidente que su influencia había declinado. En las numerosas cartas que le envió a Philipp Lenard, Stark no paraba de quejarse. Según él, se había empeñado en una larga y estéril lucha contra la burocracia nazi y había terminado sucumbiendo ante ella.

—Gracias, sargento, sus palabras han sido muy valiosas para nosotros.

—A sus órdenes, teniente.

Johnson le dirigió un saludo marcial y salió con rapidez.

—De acuerdo, Frank, me ha convencido —acepté—. ¿Y qué vamos a hacer ahora?

—Eso quiero preguntarle yo a usted, profesor —dijo Bacon con un tono amargo—. Estamos otra vez frente a un callejón sin salida.

—Podríamos entrevistarnos con Stark... —sugerí.

—No creo que nos lleve a ninguna parte.

—Opino igual.

—¿Entonces?

—¿Quiere que yo le responda?

—Así es —musitó Bacon—. Sólo usted puede hacerlo, profesor. Así que se lo pregunto de nuevo. ¿Adónde dirigirnos ahora?

—Quizás Stark no sea Klingsor, como usted dice, pero no tenemos que lamentarlo sino alegrarnos por ello.

—Explíquese.

—Se lo dije antes. Desde el principio teníamos dudas de que él fuese nuestro hombre, pero también desde entonces sabíamos que, por la naturaleza de su trabajo, inevitablemente Klingsor y Stark debieron mantener algún tipo de relación. Si Klingsor no era uno de los físicos que defendían la *Deutsche Physik*, necesariamente tiene que ser alguien que pertenecía al bando contrario. Usted acaba de decirlo. La consecuencia lógica de esta parte de nuestra investigación es...

—Que Klingsor era uno de los enemigos de Stark —interrumpió Bacon.

—Eso creo.

—Lo que usted propone es terrible.

—E inevitable, teniente.

—¿Y en quién está pensando, profesor?

—Considere esto, Frank —traté de calmarlo—. ¿Quién era el mayor enemigo de Stark durante todos estos años?

—¿Heisenberg?

—Usted lo ha dicho.

—¿Me amas?

¿Hacía cuánto tiempo que Frank no escuchaba a una mujer exigiéndole que contestase a esta pregunta? ¿Cuántos años habían pasado desde su fallida boda con Elizabeth? ¿Hacía cuánto tiempo que no había vuelto a saber de Vivien? A diferencia de Elizabeth, su convivencia con Irene fluía de modo natural, sin presión alguna. Y lo más importante era que, de modo opuesto a Vivien, su relación se basaba tanto en las palabras que intercambiaban como en el fragor de sus cuerpos sobre el lecho. Irene era inteligente y vivaz, y se mostraba interesada en el trabajo de Bacon, sus progresos, las nuevas rutas que iba tomado su investigación. Él, por su parte, había comenzado a considerarla como una especie de confidente, amiga tanto como amante —algo que no le había sucedido con Elizabeth y mucho menos con Vivien—, y esperaba cada día con impaciencia la hora de encontrarse con ella.

Irene había procurado no agobiar a Frank con preguntas personales y sólo ahora que estaba razonablemente segura de sus sentimientos se había atrevido a enfrentarse a él. Para ella, él no sólo era un consuelo y un apoyo, alguien en quien confiar en los momentos de soledad o de desesperación: Bacon representaba, asimismo, la posibilidad de una vida nueva, mejor, al margen de las privaciones del pasado. Por ello ya no había podido continuar en silencio, ocultando sus dudas en aras de una comodidad que se había vuelto indispensable. En algún momento tenía que atreverse, y cuanto antes mejor. No quería retener a Frank, ni intentaba cazarlo como hacían tantas mujeres alemanas con soldados norteamericanos en aquella época; simplemente necesitaba conocer lo que él sentía.

—¿Me amas? —repitió.

Él se irguió un momento, recostándose sobre la almohada, tratando de ganar tiempo. Temía contestar porque, en el fondo, no conocía la respuesta.

—Habla sin miedo, por favor —insistió ella, acariciándole el cabello—. En caso de que no sea así, me gustaría saberlo, eso es todo...

—Creo que sí... —se esforzó Bacon—. Disculpa, todo ha sido tan rápido... Nunca me había sentido así con alguien, puedo jurarlo, es la primera vez que tengo la confianza suficiente para hablar sin cortapisas, sin temores... No sabes cómo te lo agradezco...

—No quiero tu agradecimiento, sino tu amor. Has dicho que crees que me amas y eso a mí no me basta. ¿Es que no sabes si me amas o no? Quiero una respuesta concreta, Frank, eso es todo. Sólo quiero saber a qué atenerme... Sea lo que fuere, yo seguiré contigo mientras tú quieras... ¿Me amas, Frank?

¿La amaba? ¿Podía saberlo? Es fácil comprobar que uno está enamorado: es una sensación física tan reconocible como el dolor de cabeza, la fiebre o el vómito... Se siente en el cuerpo como una enfermedad o un sobresalto. ¿Pero amar? Eso está más cerca de la fe —y, por lo tanto, de la mentira— que de la convicción.

—Sí —respondió Bacon con el tono más firme que pudo fingir, y procedió a estrechar a Irene entre sus brazos...

—Repítelo.

—Te amo, Irene.

Él comenzó a besarle la frente, la nariz, los párpados, poco a poco la cubrió con su cuerpo, apoderándose de ella, distrayendo su mente con el leve bamboleo de la cama. Las caricias de Bacon eran como mordazas, sutiles formas de implorar silencio, de pedirle que, por favor, no siguiera hablando. Pero, en cuanto volvieron a la calma del principio, ella reincidió.

—¿Estás seguro?

¡Dios mío, qué tortura! ¿Cuántas veces quería que se lo dijera? Frank, agotado, trató de eliminar su incomodidad y volvió a responder con firmeza, como si expresase una verdad evidente.

—Sí, te amo. *Te amo...*

—Entonces quiero que me prometas algo.

Los ojos de Irene se clavaron en las pupilas de Frank. Él sentía que ella lo atravesaba con la mirada, que lo fulminaba como una especie de diosa enfurecida.

—¿Más?

—Si realmente me amas, sí —exclamó Irene, sosteniendo los hombros de Bacon y uniendo su frente con la de él—. Tienes que prometerme una cosa, Frank. Sólo una.

—Te escucho.

—Se trata de algo muy serio —él sentía las uñas de Irene clavadas en su piel.

—De acuerdo.

La joven se quedó en silencio, comprobando la fidelidad de su amante.

—Prométeme que siempre confiarás en mí.

—¿Eso es todo? —sonrió él—. Ya había comenzado a preocuparme...

—Promételo, Frank —suplicó ella.

—Lo prometo, ¿de acuerdo?

—Debes saber que yo te amo —murmuró Irene, entre lágrimas—. Y no te lo digo para retenerte o para que tú me ames a mí, sino porque es verdad. Quiero que lo sepas.

—Yo también te amo, ya te lo he dicho...

—¿Siempre vas a confiar en mi amor?

—Siempre.

Ahora fue ella quien lo cubrió con su cuerpo. Pasó lentamente las manos por su rostro y por su cuello mientras iba acariciándole las piernas con la punta de los pies. Luego lo besó en los labios con fuerza, casi mordiéndolo, sellando un pacto de sangre. Frank sentía cómo los senos de Irene rozaban su pecho, cómo el pubis de ella se adentraba en sus caderas, cómo se disponía a adorarlo en medio de un intenso rito erótico, una antigua ceremonia germánica. Nunca había visto una devoción, una ternura, una fortaleza semejantes. No estaba sorprendido, sino extasiado. Como si se tratase de un cuerpo inerte, de un cadáver, Frank se abandonó completamente a los deseos de su amada. Ahora ella era el único motor del universo, la encarnación misma del movimiento, la armonía de las esferas... Cuidadosa y violenta, Irene se apoderaba de sus fantasías y, dominando cada una de las partes de su cuerpo, extraía placer y dolor de las zonas más insospechadas, convirtiendo a su amante en deseo puro, en energía...

—Te amo —alcanzó a decir Frank antes de que ella terminara de hechizarlo.

Era la primera vez en su vida que lo decía con sinceridad.

—Puede ahorrarse el trabajo de buscar su expediente —le dije a Bacon con aplomo—. Estoy seguro de que yo podré decirle más cosas sobre Heisenberg de las que usted puede encontrar ahí.

—¿Cuánto tiempo trabajó usted como su asistente?

—¡Jamás fui asistente suyo! Yo soy matemático, no lo olvide, así que colaboraba con él, pero nunca estuve bajo sus órdenes.

—No quise ofenderlo...

—Trabajamos juntos para el proyecto atómico desde 1940 hasta 1944...

—Cuando usted fue detenido.

—Así es. Pero mi relación con él es mucho más antigua. Puedo decirle que nos conocimos casi desde niños. Yo nací en Múnich, en 1905 (el 21 de marzo, para ser más preciso y para recordarle mi cumpleaños), y Heisenberg en 1901, en Würzburg, aunque en realidad su familia vivía en Múnich desde hacía mucho tiempo. La diferencia de edad entre nosotros era de poco más de tres años. ¡Podría haber sido mi hermano mayor, teniente!

—¿Eran amigos?

—No soy capaz de afirmar algo semejante. De niño, tres o cuatro años de diferencia son toda una vida —reí, tratando de mostrar un semblante angélico—. Claro que nos conocíamos, la ciudad no era demasiado grande, pero entonces yo siempre lo miré desde abajo, como a uno de mis héroes...

—Exagera...

—No, es cierto —exclamé con seriedad—. El pequeño Werner era un niño modelo. Apuesto, inteligente, estudioso, buen músico, con capacidad de liderazgo, proveniente de una buena familia del Norte, ¿cómo no iba a admirarlo, teniente? Su padre era catedrático de griego, uno de los pocos expertos en arte bizantino de Alemania.

—Un cúmulo de perfección...

—Búrlese si quiere, eso no cambiará las cosas. Pregúntele a cualquiera: nadie le hablará mal de él. Al contrario, sigue conservando esa misma máscara de perfección que entonces. ¡El gran Werner, siempre diligente, siempre atinado, incapaz de hacer una travesura! La virtud y la moderación en persona...

—¿Por qué ha dicho *máscara*? —al fin Bacon comenzaba a mostrarse perspicaz—. ¿No era tan bueno como se decía?

—¿He dicho yo eso? Caramba, teniente, no me he dado cuenta... En fin, lo dicho, dicho está. Pero no quiero que me malinterprete. Werner es un sujeto curioso. Compruébelo usted mismo. ¿Lo ha visto aquí, en Gotinga?

—No, aquí no... —respondió súbitamente inquieto.

—Estará de acuerdo conmigo en que parece haber bebido el elíxir de la eterna juventud. Su apariencia siempre ha sido la misma, desde que puedo recordarlo. Rubio hasta el cansancio, de rasgos precisos, el cutis de una colegiala... Un niño, teniente. Un niño prodigio desde los cinco hasta los cincuenta años.. —yo mismo me sorprendía por la agudeza de mi descripción—. Y, no obstante, en su interior todo lo contrario: siempre un adulto. Maduro, responsable y austero desde que aprendió a hablar... Confírmelo, Frank, si no me cree: un anciano en el cuerpo de un rapaz de parvulario...

—¿Quiere decir que nunca fue inquieto, travieso o mentiroso como todos los niños?

—Nunca. O, si me permite hacer esta observación, quizás era lo suficientemente listo como para hacer todas estas cosas sin que nadie se diese cuenta, o echándole la culpa a los otros...

—¿Recuerda algo más de aquella época?

—Vivimos un tiempo especialmente enredado, teniente. Usted lo sabe: el fin de la Gran Guerra, la crisis económica, la vergüenza y la indignación por la derrota, las revueltas comunistas por las calles. Como yo, Werner tuvo que reaccionar a las desgracias que nos habían tocado.

Recuerde que él era un poco mayor: al final de la guerra tenía dieciocho años... Una edad difícil. Ya para entonces era un destacado estudiante de física, aunque la filosofía no dejaba de apasionarle. Así que, mientras comenzaba a especular con estos temas, Werner ocupaba el resto de su tiempo en una actividad que le permitía alejarse de la opresora civilización que entonces todos detestábamos, hundirse en las antiguas tradiciones germánicas, orientar su rebelión adolescente y explotar su capacidad de liderazgo: el movimiento juvenil.

—¿Una especie de *boy scouts*?

—Podríamos decir que sí —de pronto me di cuenta de que parecía un antropólogo, hablando de una era desaparecida, de un tiempo del que no quedaba ya ningún vestigio—. Sin embargo, a mí siempre me pareció que había algo incómodo en Werner. Detrás de tanta perfección había un vacío, una timidez asfixiante y encubierta, una imposibilidad de abrirse a los demás. Sé que esto no es extraño en el temperamento germánico, pero en Werner parecía llevado a sus últimas consecuencias. Por más jovial que pareciese, había un toque de melancolía en su mirada y en sus palabras...

—¿Y a qué lo adjudica usted?

—No soy psicólogo, teniente. Sólo le digo lo que observo, no lo que imagino. No obstante, me voy a aventurar a proponerle una teoría para no quedar mal con usted: supongo que un espíritu como el de Werner nunca terminó de acostumbrarse a la descomposición que nos tocó vivir. Como muchos de nosotros, añoraba el pasado medieval, la inmovilidad, la serenidad y el estoicismo de los antiguos bardos. Odiaba, en pocas palabras, el desorden contemporáneo. Cualquier cosa que interrumpiese sus actividades le parecía despreciable. Nunca supo adaptarse a nuestro mundo.

—¿Alguna vez charló con él sobre estos temas?

—¿Cuando éramos adolescentes? No, para él yo siempre fui uno de los «pequeños», un alumno a quien enseñarle cosas, no alguien con el cual conversar sobre temas trascendentes —hice un ademán de desprecio—. De cualquier modo, en 1922, Heisenberg se trasladó a Gotinga para continuar sus estudios con Max Born, mientras su maestro de Múnich, Arnold Sommerfeld, realizaba una gira de trabajo por Estados Unidos. Yo sólo lo veía cuando regresaba a Múnich para emprender excursiones con su grupo o visitar a su familia. Déjeme decirle que incluso cuando se enfrentaba ya con algunos de los problemas más profundos de la física, Heisenberg continuaba esperando con ansia el momento de escapar a las montañas con sus muchachos. Era una necesidad vital para él, la única manera que tenía de dirigir una perfecta sociedad en miniatura, su pequeño mundo feliz...

—Un físico que continúa siendo un *boy scout*, alguien que no desea crecer, que añora el pasado, la infancia, la inocencia, la seguridad...

—Sólo recuerde que la imagen idílica de los niños no siempre es cierta.

—Cierto, los niños también pueden ser crueles...

—Más crueles que cualquier adulto. *Mucho* más crueles.

—Sé que voy a extralimitarme con este comentario —dijo Frank, disculpándose de antemano—. Quizás se trate de una obviedad o de una generalización sin fundamento...

—Prosiga, teniente.

—Todo ese gusto por los uniformes, por las jerarquías, por el pasado alemán, la necesidad de ser guiados, de tener un líder...

—Adivino sus pensamientos: ¿observa usted las mismas características en el movimiento juvenil que en, digamos, los miembros de las SS o la Gestapo?

—Sí.

—Creo que no se decepcionará si le digo que no es el primero en notarlo. Así es, teniente, en Alemania se daban las condiciones propicias para un movimiento como el de Hitler desde mucho antes... Aun quienes lo repudiamos debemos reconocer que, en el fondo, no fue una aberración sino una consecuencia extrema de nuestra visión del mundo... Yo trabajé con Heisenberg, teniente, y puedo asegurarle que, detrás del joven idealista, había un carácter de hierro, celoso y tiránico, con una voluntad inquebrantable... Era un verdadero jefe, un Führer en potencia...

—Pero él jamás simpatizó con los nazis —insistió Bacon—. Incluso tuvo numerosos problemas con ellos...

—¿Eso ha leído en su informe?

—Siempre se opuso a los seguidores de la *Deutsche Physik*... Como nos dijo Von Laue, era un seguidor de Einstein y de Bohr, un enemigo natural de los nacionalistas... ¿No lo llamó Stark «judío blanco»?

—Es cierto, Stark atacó brutalmente a Heisenberg en varios artículos... Y Heisenberg se defendió con los dientes... Pero dígame, ¿cuál de los dos resultó vencedor en la contienda? Nuestro amigo Werner, por supuesto...

—¿Insinúa usted que Heisenberg...?

—No nos adelantemos, teniente —cerré el capítulo—. Apenas estamos en 1922 y no hay que dejar lagunas para que después no tengamos que corregir nuestra hipótesis. El ataque de Stark, se lo recuerdo, ocurrió más de diez años después... Es necesario detenernos en el camino previo para comprender lo que sucedió después...

Frank asintió, molesto. Pero mi comentario obtuvo el resultado previsto: se instaló en la mente de Bacon como un virus, una duda que comenzaría a asaltarlo a partir de ese momento... Tenía que irlo preparando para el instante en el cual, por sí mismo, se diese cuenta de la verdad.

—En 1922, Gotinga, era una de las grandes capitales de la ciencia en el mundo. En el Instituto de Matemáticas trabajaban hombres de la talla de Richard Courant, David Hilbert y Edmund Landau, los pilares de mi especialidad... Y, en el de Física, algunos de los grandes nombres de la suya: Pohl, Frank, Born...

—Usted no estudió en Gotinga, si mal no recuerdo...

—No tuve esa suerte, teniente —ahora era él quien me había devuelto la ironía—. Para los matemáticos, Gotinga era como La Meca, sólo que en este caso los elegidos eran muy pocos, y por desgracia yo no me contaba entre ellos. Así que, a diferencia de Werner, yo me marché a Leipzig...

Había conseguido incomodarme.

—Mil novecientos veintitrés es otro año capital, teniente. En uno de sus típicos exabruptos, Max Born se atrevió a decir que era necesario volver a formular toda la física. Fue como colocar una bomba incendiaria en el Reichstag. Unas semanas después, Heisenberg regresó a Múnich para realizar su *Examen rigorosum* bajo la supervisión de Sommerfeld, el cual acababa de desembarcar de América. El 23 de julio (lo recuerdo muy bien porque yo asistí), Werner obtuvo una calificación de III, equivalente al *cum laude*, a pesar de que su maestro de física experimental, Willy Wien, que era un antiguo enemigo de Sommerfeld, lo suspendió en su prueba. Sin detenerse a celebrarlo, Heisenberg regresó de inmediato a Gotinga poco antes que Hitler llevase a cabo su intento de golpe de Estado en Múnich... Heisenberg permaneció ahí hasta mediados de 1924, hasta que Niels Bohr lo invitó a Copenhague a fines de ese año.

Desde entonces se volvieron los mejores aliados: Bohr convirtió a Heisenberg en el mejor de sus generales. Desde su base en el Instituto de Física Teórica de Copenhague, ambos emprenderían una de las más eficaces batallas para convertirse en los pilares de la nueva física...

—Cuéntame —su voz era tersa—. Me importa lo que haces. Me importas *tú*.

—No quiero aburrirte, Irene —respondió Frank y volvió a morderle la oreja.

La mujer se estremeció un segundo, sólo el tiempo necesario para reponerse de ese extraño placer que le proporcionaba Bacon, y de inmediato volvió a lo suyo.

—Por favor, Frank —chilló—. Sentiría que sólo compartimos estos momentos y no el conjunto de nuestra vida si no me hablas de tu trabajo...

—Se supone que es secreto —respondió él, tímidamente.

—Háblame de ese amigo tuyo, el matemático... —insistió ella; luego, comenzó a acariciarle el vientre y el pubis, levemente, como si fuese por descuido.

—¿Links? —preguntó Bacon, estremeciéndose—. Es excéntrico, no puedo negarlo, pero no más que muchos de los científicos con los que me he topado en la vida. Si te contara de especímenes como Von Neumann, mi protector, o Kurt Gödel... Princeton parecía un muestrario de manías, obsesiones, neurosis. Un psicoanalista se hubiese vuelto loco ahí... Eso, sigue, sigue...

Irene, por el contrario, se detuvo.

—¿Te simpatiza?

—Creo que sí —respondió Frank con rapidez, esperando que Irene reanudase las caricias—. A pesar de sus excentricidades, es un tipo inteligente...

—¿Qué excentricidades?

—¡Curiosa! —exclamó Frank, disfrutando de nuevo del placer que le proporcionaba su amada—. No sé cómo describirlo... Simplemente me parece que... No lo sé, no acabo de comprenderlo... Creo que guarda un secreto que no se atreve a revelar...

—¿Y aun así confías en él? —preguntó Irene.

—No te preocupes —condescendió Frank, impaciente—, no creo

que sea nada relacionado con nuestro trabajo. Imagino que se trata más bien de algo que le ocurrió en el pasado.

—Quizás lo atormenta una desgraciada historia de amor —se burló ella.

—Él no ha querido contarme nada. Es muy hermético con su vida personal. A veces charlamos durante horas, pero siempre termino siendo yo quien habla.

—Cuéntame qué hacen ustedes —Irene comenzó a juguetear con el sexo de su enamorado—. ¿Qué buscan?

—Perseguimos a un científico, alguien que al parecer estuvo muy cerca de Hitler y que ha conseguido permanecer en el anonimato, oculto tras una fachada respetable —confesó Frank, jadeando—. ¡Eso es, Irene! ¿Te habían dicho antes que tienes unas manos maravillosas? —y le dio un profundo beso en los labios.

—¿Un físico como tú?

—Eso pensamos. Lo único que sabemos es su nombre clave. Klingsor. ¿Lo habías escuchado alguna vez?

—No.

—Era un demonio de la mitología... germánica. ¡Irene! Te adoro... Aparece también en una ópera de Wagner... *¡Parsifal...!*

Ella hizo una nueva pausa. Dosificaba el placer como una droga peligrosa.

—Así, por favor... —imploró Bacon, sumiso.

—Sigue...

—Lo que tú digas —a empezar otra vez—. Si estamos en lo correcto, Klingsor era el responsable de asignar el presupuesto necesario a todas las investigaciones científicas que se llevaban a cabo en el Tercer Reich, incluyendo el proyecto atómico, los experimentos con prisioneros y esas cosas... ¡Dios, sí...! Por desgracia, no sabemos mucho más. ¿Ves como no iba a interesarte? Links es como mi guía en este asunto... ¡Ahhh!

—¿Él?

Sí, yo. ¿Quién más?

—Sí, *él* —musitó Frank con la voz quebrada—. Conoce mejor que nadie la historia de la ciencia de este país. Fue colaborador de Heisenberg, ¿sabes? Me ha dado pistas invaluables... Sin su ayuda, yo seguiría en blanco —por fin el teniente decía algo sensato—. Encontrarlo ha sido una especie de milagro... Quizás sea un poco moroso y obsesivo, pero sin él yo no habría conseguido nada. Avanzamos lentamente, pero con pasos... firmes. ¡Ah! Al revisar el desarrollo de la física de este siglo a través de sus ojos, más bien parece la historia de una conspiración... De pronto, todos los grandes físicos tienen el perfil de criminales... Cualquiera de ellos puede ser Klingsor.

—¿Y de quién sospechan ahora?

—Ni yo mismo lo creo, a pesar de que nuestras investigaciones comienzan a dirigirnos hacia él... De Heisenberg...

Frank estaba a punto de alcanzar ese instante de autoconocimiento que algunos llaman iluminación; otros, éxtasis religioso; y otros más, con cierta vulgaridad, orgasmo, cuando ella paró en seco.

—Irene, ¿qué sucede ahora?

—Estoy pensando.

—¿Pensando?

—Sí —concedió ella—. Me parece una historia apasionante, Frank. ¿Crees que puedo ayudarte?

—¿A qué?

—A resolver el enigma...

—No veo cómo.

—Confía en mí —le rogó, zalamera—. La intuición femenina... Permite que sea tu ayudante, Frank. A partir de ahora me contarás tus descubrimientos, ¿sí? Puedo darte ideas...

—Pensé que todo esto no te interesaría...

—Al contrario, Frank. ¡Me entusiasma!

—¡Pues a mí sólo me entusiasmas tú! —gritó Bacon, incontenible.

—Gracias —musitó ella y, en vez de utilizar sus manos, bajó lentamente su rostro por el cuerpo de su amado hasta que sus labios se toparon con el impaciente miembro de Frank, dispuesta, por fin, a culminar su labor.

EL JUEGO DE LA GUERRA

Berlín, septiembre de 1939

En *Mein Kampf,* Hitler había escrito: «Alemania debe ser una potencia mundial, o no habrá Alemania», y estaba dispuesto a consumar su lema filosófico. *Tertius non datur,* no había una tercera posibilidad: o la supremacía o la ruina, lo cual en 1939 equivalía, sin duda, al inicio de las hostilidades. Aunque en realidad su principal objetivo fue siempre la destrucción de la Unión Soviética —junto con los judíos—, y así lo había anunciado, durante el segundo semestre de 1939, el Führer decidió realizar una de sus estrategias maestras. El 20 de agosto le dirigió un telegrama a su colega soviético solicitándole que recibiese a su reluciente ministro de Relaciones Exteriores, el excéntrico Joachim von Ribbentrop. Stalin accedió de inmediato. Para Hitler, no sólo era un triunfo diplomático, sino la pieza que faltaba para seguir adelante con sus planes de convertir a Alemania en la dueña de Europa. Su plan era simple: repartirse Polonia con la URSS ante la mirada expectante y atónita de Gran Bretaña y Francia. Cumplido este objetivo, no dudaría en volverse contra su antiguo aliado, dispuesto a machacar a Stalin. Una vez consumada su victoria en el Este, podría pensar en dirigirse hacia Occidente.

El 23 de agosto, Ribbentrop y el ministro de Asuntos Exteriores de la Unión Soviética, Molótov, anunciaron la firma del *Pacto germano-soviético de no agresión y asistencia mutua.* Gran Bretaña y Francia se sintieron traicionadas. Pero los más sorprendidos por la noticia fueron los propios comunistas, los cuales llevaban años oponiéndose al fascismo. De pronto, Stalin no sólo los instaba a claudicar, sino a cooperar con el enemigo.

Sólo una semana después, el primero de septiembre, las tropas de Hitler cruzaron la frontera polaca con el consentimiento de la Unión Soviética, quien a su vez se apresuró a apoderarse de la parte de la nación invadida que le había asignado un protocolo secreto del *Pacto*. Tal como el Führer esperaba, franceses y británicos hicieron poco más que declarar formalmente la guerra y, en el plazo de un par de semanas, Polonia se convirtió en una zona ocupada que incluso perdió su nombre: eliminándola de la historia, Hitler la bautizó con el apelativo neutro de Gobierno General.

A la rápida conquista de Polonia le siguió otra *Blitzkrieg* (guerra relámpago) no menos exitosa: la incorporación al Reich de Dinamarca y Noruega. Nada parecía oponerse a los deseos del Führer. Era hora, pues, de marchar hacia Occidente. Luego de un período de tensa calma, al cual los franceses llamaron con preocupante sentido del humor *drôle de guerre*, Hitler ordenó el ataque contra Francia el 10 de mayo de 1940. Una audaz embestida de carros blindados a través de las Ardenas, dirigida por el general Hans Guderian, logró en unas semanas lo que de otro modo hubiese durado años: la conquista de París. Apenas seis semanas después del inicio de la campaña gala, el 22 de junio Francia firmó el armisticio en el mismo vagón de tren de Versalles —restaurado expresamente para la ocasión— en el cual Alemania se había rendido en 1919. Hitler había consumado su venganza.

Desde el inicio de las hostilidades, Heinrich fue llamado a filas y, tras la invasión de Polonia, pasó a ocupar diversas posiciones, primero en las regiones ocupadas y más tarde en las tropas que entraron triunfalmente en París. Durante cerca de un año, sólo recibió un par de permisos para reunirse con su esposa en Berlín. Fuera de estos breves períodos —en los cuales, desde luego, no quise verlo—, se mantuvo permanentemente alejado de su hogar, dejando a Natalia en una situación de desamparo y tristeza.

Aunque parecía una mujer fuerte, en el fondo no era distinta a una niña desvalida. De algún modo, se veía a sí misma como una especie de Gretchen, muda y solitaria, abandonada incluso por su fiel Hänsel. Como era de esperar, sus visitas a Marianne comenzaron a ser cada vez más regulares. A partir de entonces, Natalia se refugió en nuestra casa como si nos hubiésemos convertido en su único consuelo. Yo intentaba hablarle, tranquilizar sus temores, pero al final ella siempre terminaba llorando en brazos de mi esposa.

¿Cómo iba a imaginar alguien que en estas escenas de amistad, de entrega, de confianza fraterna podría incubarse una pasión sin nombre? ¿Quién podría haber advertido que, en medio de las lágrimas y los abrazos, las caricias y las muestras de afecto, se escondían sentimientos inconfesables y que, en gran medida, las lágrimas de Natalia se debían a esta secreta tortura tanto como a la ausencia de su esposo?

Yo mismo jamás pude haberlo sospechado. A pesar de las correrías juveniles de los cuatro, en las cuales los contactos sexuales rozaban el límite de lo decoroso, hacía mucho que nos habíamos convertido en adultos serios y responsables, en hombres y mujeres de bien, estrictos observantes de las normas de cortesía y honestidad que la sociedad hitleriana se había encargado de imponernos. Yo mismo, aunque había perdido todo entusiasmo por Marianne, podía considerarme como un hombre básicamente fiel. ¿Y quién podría culparme de un par de escapadas nocturnas sin consecuencias? Entonces, ¿de dónde habían surgido emociones tan contradictorias como las que comenzamos a sentir desde el inicio de la guerra? ¿Es que algo había variado entre nosotros, algo se había roto, algo se había corrompido tanto como para que, de pronto, abandonásemos nuestras costumbres, desvergonzadamente, y nos mostrásemos dispuestos a vivir cada día como si fuese el último? ¿Es que la guerra y la inminencia de la muerte podían liberarnos hasta tal punto de nuestras ataduras, de nuestras convicciones, de nuestros miedos?

No sabría cómo describir el inicio de aquello. Aun ahora me duele recordarlo, como si se tratase de una herida que no ha logrado cicatrizar del todo. Por más años que pasen, sigo sintiendo mi carne abierta, eternamente sangrante... No lo sé, quizás si lo hubiésemos dejado pasar, o si hubiésemos fingido un poco más, o si hubiésemos sido más fuertes, o más firmes, nada habría ocurrido... No fue así. Todos, Marianne, Natalia y yo, sucumbimos a nuestros deseos, construyendo nuestro propio mundo al margen de la realidad de la guerra, regido por sus propias leyes y sus propios compromisos. De pronto, dejó de importarnos lo que pensaran los demás —y, algo todavía más grave, lo que pensábamos nosotros mismos—, dispuestos a seguir únicamente nuestros impulsos. Ya no éramos seres sociales, distinguidos y correctos, sino fuerzas en pugna, energías desatadas e incomprensibles arrojadas a un territorio agreste y desconocido. En semejantes circunstancias, nos plegábamos a los dictados de nuestros instintos, a nuestro desesperado anhelo por sobrevivir, a nuestra angustia y a nuestras sensaciones primarias, ajenos a las normas y las convenciones de los demás. Sólo nos dejábamos llevar por nuestras almas y por lo que creíamos entonces que era el amor, el amor verdadero...

Todo comenzó una tarde de julio de 1940, idéntica a tantas otras, calurosa y seca, desprovista de atractivos. Natalia y Marianne permanecían en la biblioteca, como de costumbre, conversando sobre los mismos temas de siempre: la guerra, el temor, la muerte... Mientras tanto, en mi estudio, yo me esforzaba por llevar a buen término unos penosos cálculos que desde hacía varios días me tenían agotado. De pronto, sentí que un silencio desconcertante comenzaba a rodearme. Los ruidos habían cesado, absorbidos por una calma espectral. Tenía la impresión de que podría escuchar una pluma cayendo desde lo alto del techo... Me sentía incómodo, acalorado e intrigado por aquella repentina placidez.

Conservando el mismo sigilo en el que me sentía inmerso, me dirigí a la biblioteca, dispuesto a sorprender a las mujeres. Caminé de puntillas hasta la puerta, la entreabrí con cuidado y, como suele suceder, el sorprendido fui yo. Al principio, creí que se trataba de otro de los accesos de llanto de Natalia, pues Marianne la abrazaba cariñosamente, hasta que pude enfocarlas con mayor precisión: las dos permanecían recostadas sobre el diván, con las manos entrelazadas y las bocas unidas en un beso.

Mis ojos no me habían engañado: ahí estaban sus labios, sus lenguas, su respiración entrecortada para demostrarlo. Era la verdad, pura y desnuda que, sin previo aviso, me había abofeteado. Sentí un vacío en el estómago. ¿Qué debía hacer? ¿Olvidarme del asunto y marcharme como si nada hubiese ocurrido? ¿O hacerles notar mi presencia y desencadenar una incómoda situación de consecuencias impredecibles? Lo peor de todo, debo confesarlo ahora, es que me sentí profundamente excitado al contemplarlas, convertido en un *voyeur* involuntario. No podía evitarlo. Mi cuerpo me desobedecía, tal como debía suceder con los de ellas. Una secreta complicidad se instaló entre nosotros, un lazo más poderoso que el amor o la fraternidad o la culpa... Me retiré discretamente, perturbado y temeroso, sin que ellas se hubiesen dado cuenta de mi intrusión. Esa tarde Natalia se despidió de mí como siempre, pero no pude evitar mirarla de modo distinto, como si de pronto hubiese crecido en mi imaginación, dejando atrás su imagen de niña para transformarse en una mujer adulta, al fin dueña de sus actos y sus pasiones: una transgresora valiente y soberbia.

—Me alegro que podamos hacer algo por ella —le dije a Marianne sin asomo de ironía—. Al menos puede estar segura de que siempre contará con nosotros.

Entonces sólo yo sabía que, a partir de ese momento, nuestra vida no volvería a ser la misma.

WERNER HEISENBERG, O DE LA TRISTEZA

Gotinga, febrero de 1947

Hacía menos de dos años que Bacon lo había visto por última vez, pero sentía como si hubiesen transcurrido siglos desde entonces. Un universo separaba aquella luminosa mañana en que los integrantes de la misión *Alsos* al fin se encontraron con Heisenberg en su villa en las cercanías de Urfeld y procedieron a arrestarlo, y esta otra mañana, más fría, en la cual el teniente Bacon se atrevió a llamar a las puertas de su despacho en el nuevo instituto de física de Gotinga, heredero del antiguo Kaiser Wilhelm, bautizado recientemente con el nombre de Instituto Max Planck. Bacon no sabía si Heisenberg reconocería en él al soldado que le custodió al final de la guerra; aun así, sentía una especie de vergüenza, como si lo hubiese ultrajado en aquella ocasión al apartarlo de su familia como a un vulgar prisionero de guerra, y lanzarlo a un largo y penoso recorrido por las devastadas comarcas de Europa. Quizás ésta fuera la razón por la cual Bacon olvidó decirme que había acordado una cita con el físico.

Aunque yo le había dicho que Heisenberg había bebido el elíxir de la eterna juventud, esta vez le pareció a Bacon que sus rasgos mostraban la evidente descomposición del tiempo. Seguía conservando el cabello rubio, casi blanco, pero su rostro era similar a los de esos niños enfermos que envejecen de la noche a la mañana. Las penurias de la guerra, la derrota y el descubrimiento de que los aliados habían tenido éxito en el proyecto atómico antes que él, le habían afectado profundamente. Desde el final de la guerra, algo había muerto en su interior —la confianza, la sensación de ser un hombre tocado por el dedo de Dios—, y, si antes se le consideraba introvertido y taciturno, ahora era casi imposible arrancarle una confesión, un rasgo de intimidad, un solo detalle espontáneo. Era correcto y cortés, seco y directo, nunca afable. Su amabilidad provenía de una especie de obligación irrenunciable, de una educación altiva, más que del deseo de agradar a sus interlocutores... Sus ojillos azules, apenas entreabiertos, se habían transformado en el espejo mismo de la tristeza: permanecían apagados e inciertos y a duras penas ocultaban el melancólico vacío de su corazón. De haber sido un hombre menos severo, menos orgulloso o menos genial, hace mucho que se hubiese entregado a la desesperación o a la apatía. Sólo su voluntad de hierro, *tan* germánica, lo mantenía en su puesto, trabajando para el futuro de Alemania con la misma ciega obstinación con la cual lo había hecho para Hitler. Heisenberg recibió a Bacon sin entusiasmo, cumpliendo con su deber, sin preámbulos. Ninguno de los dos se atrevió a mencionar que no era la primera vez que se encontraban.

—Estudió en Princeton.

—En la Universidad y luego en el Instituto de Estudios Avanzados —confirmó Bacon.

—Un lugar maravilloso —había cierta nostalgia en las palabras de Heisenberg.

En alguna ocasión barajó la posibilidad de quedarse a trabajar en Estados Unidos, lejos de Hitler y de la guerra; recibió multitud de ofertas, muchos de sus amigos emigrados trataron de convencerlo, pero al final se había resistido: debía permanecer en Alemania, su patria. No era un desertor y, en el fondo, no tenía nada que temer.

—Imagino el privilegio de convivir con Einstein, con Gödel, con Pauli...

—A Pauli no pude conocerlo —admitió Bacon—. Llegó después de que yo me alisté... A los demás, sí. Un gran privilegio. Mi tutor era John von Neumann...

Heisenberg no hizo ningún comentario, como si la sola mención de esos nombres lo condenara al silencio. Cualquier cosa que dijera podía ser utilizada en su contra.

—Profesor, quiero importunarlo lo menos posible. Como le he dicho soy físico, pero mi visita tiene un carácter más bien historiográfico. Estoy preparando una monografía sobre la ciencia en Alemania durante los últimos veinte años —el eufemismo era de lo más burdo; hubiese debido ser claro y decir *durante el régimen nazi*—, y desde luego resulta imposible hablar del tema sin recurrir a usted...

—Estoy a sus órdenes, profesor Bacon. Soy un hombre ocupado, usted lo sabe, pero siempre podré encontrar un lugar en mi agenda para responder a sus preguntas.

—Se lo agradezco. Esta tarea no es fácil para mí. Yo siempre he admirado su trabajo y nunca pensé que fuera a conocerle en estas circunstancias.

—No se preocupe. Ninguno de nosotros podía preverlo.

—Quiero que sepa que valoro infinitamente su comprensión, profesor —Bacon exageraba sus modales—. Si no le parece muy molesto, me gustaría que hablásemos del profesor Stark...

—Ya he dicho todo lo que sé, lo siento... —en el atildado fraseo de Heisenberg podía advertirse una nota de desprecio—. Cuando se llevó a cabo el proceso en su contra serví como testigo; puede leer las minutas, si le interesa...

—Lo he hecho, profesor, y le aseguro que no es mi intención incomodarlo de nuevo. Quisiera conocer la historia directamente de sus labios, por eso me he atrevido a molestarlo en persona.

—¿De verdad es necesario?

—Temo que sí.

Heisenberg se reclinó en su asiento y comenzó a frotarse las manos. ¿Cuántas veces había repetido la misma historia? ¿Cuántas veces había narrado su enemistad con Stark?

—Usted haga las preguntas y yo trataré de responderlas del mejor modo posible.

—De acuerdo —Bacon sacó un lápiz y una libreta, la revisó durante unos segundos, y comenzó—: ¿Cuándo se inició su enemistad con el profesor Stark?

—Querrá decir la enemistad de Stark hacia mí.

—Eso.

—He pensado mucho sobre esta cuestión. Al principio creí que se trataba de algo personal. Eran demasiados los ataques, demasiada la saña en una época en la cual ser descalificado por él podía acarrear serios problemas... —Heisenberg trataba de mostrarse seco y desapasionado—. Una acusación como la suya, publicada en el periódico nazi, equivalía a una muerte en vida... Todas las puertas se me cerraron de pronto, e incluso mi seguridad y la de mi familia se vieron amenazadas.

—Pero ya no piensa lo mismo.

—Ahora creo que la ira de Stark estaba dirigida contra todos los que no pensaban como él. La verdad es que después de obtener el Premio Nobel se convirtió en un físico de segundo orden. Luego de ese éxito, su carrera fue de fracaso en fracaso... Entonces se adhirió al Partido y empezó a apoyar a Hitler... Como todos los nazis, odiaba a quienes, en su opinión, habían perjudicado a Alemania... ¿Y quiénes eran? Para Stark estaba muy claro: los físicos que trabajábamos en la nueva ciencia, en la teoría cuántica, es decir, en un campo que él había dejado de comprender y en el cual, por supuesto, ya no podía destacar...

—¿Cree usted que era una pura cuestión de resentimiento?

—De rencor. Y de amargura. Pero también había algo de fondo. Una visión de la física que no encajaba con la nuestra, y con esto me refiero a la modelada por Planck y Einstein y todos los que seguimos sus pasos... A él le parecían abstracciones matemáticas que no reflejaban la naturaleza del mundo... Lo que pasaba era que no tenía la preparación necesaria para comprenderlo.

—¿Era un mal científico?

—No, era un mal hombre —el propio Heisenberg pareció asustarse de su aseveración—. Su Premio Nobel es una prueba de su talento. Por desgracia, debía competir con su egoísmo y su mezquindad... En su afán por revitalizar la física experimental o pragmática, como él la llamaba, se dedicó a condenar a quienes hacíamos avanzar la física teórica, que para él era sólo dogmática... Y además estaba, desde luego, su antisemitismo. De ahí esa necia invención de la *Deutsche Physik.*

—En julio de 1937 apareció un artículo, sin firma, en *Das Schwarze Korps* donde se le insultaba a usted llamándolo «judío blanco». A continuación aparecieron los artículos de Stark: «La ciencia se ha equivocado políticamente», «Los judíos blancos en la ciencia» y «El espíritu pragmático y el dogmático en la física», este último publicado en la revista inglesa *Nature.* ¿Qué efectos tuvieron sobre su carrera, profesor?

—Entonces yo tenía una cátedra en la Universidad de Leipzig, pero no era un secreto que aspiraba a ocupar la plaza vacante de mi maestro, Arnold Sommerfeld, en la Universidad de Múnich... El ataque de Stark simple y llanamente me eliminó de la pelea. Al final, se salió con la suya. El puesto fue ocupado por Wilhelm Müller, otro de los seguidores de la *Deutsche Physik.* Además, considere la presión que yo comencé a sentir. Imagine el desprestigio, la incertidumbre... Los hombres de las SS iniciaron una investigación contra mí... Fue un infierno, profesor Bacon.

—¿Y qué hizo usted?

—Lo único que podía. Oponerme. Demostrar mis argumentos. Limpiar mi nombre.

—Y finalmente se hizo justicia...

—Por una vez, fue así.

—Gracias al apoyo de Himmler, quien intervino a su favor...

—Gracias a que, por una vez en la historia, un funcionario del gobierno se percató de la injusticia que se estaba cometiendo...

Bacon se dio cuenta de que era el momento de cambiar de tema. No quería molestar a Heisenberg tan pronto.

—Durante los procesos de desnazificación entablados después de la guerra, Stark afirmó que debía ser exonerado de toda culpa. Sin embargo, la corte de desnazificación de Traunstein lo condenó a cuatro años de trabajos forzados. Stark apeló a una corte de Múnich. En ésta, Stark compareció por tres cargos: *primero*, por su actividad política en la región de Traunstein; *segundo*, por su apoyo a Hitler y a los nazis antes de 1933; y, *tercero*, por su desempeño como presidente de la Fundación para la Investigación y como presidente del Instituto Imperial Físico Técnico. La corte de apelaciones desechó las dos primeras acusaciones por falta de elementos, de modo que sólo quedó pendiente la tercera, la cuestión científica. Como ha dicho antes, usted compareció como testigo. ¿Puedo saber qué declaró entonces, profesor?

—¿No me ha dicho que ha leído las actas? —Heisenberg hizo una mueca de disgusto—. Es igual, se lo repetiré. Me preguntaron sobre dos asuntos en concreto. En primer lugar, si la supuesta diferencia entre la física dogmática y la física teórica que defendía Stark se basaba en su antisemitismo y, en segundo, si Stark desempeñó un papel importante en la prohibición de la teoría de la relatividad durante el Tercer Reich. En honor a la verdad, tuve que responder que, en mi opinión, Stark no era un antisemita furibundo, sino un hombre encandilado por el poder.

Bacon consultó sus notas.

—Aquí puedo leer que el tribunal recabó también la opinión de Einstein. Él también admitió que Stark era paranoico y oportunista, pero no sinceramente antisemita.

Heisenberg guardó silencio; no tenía nada que comentar.

—¿Por qué? —insistió Bacon, incrédulo—. ¿Por qué lo defendieron Einstein y usted, profesor?

—Stark fue uno de los pocos científicos que siempre apoyó a Hitler —repuso Heisenberg—. Sus culpas eran evidentes...

—Y por este motivo usted declaró que, en efecto, Stark y Lenard eran los únicos responsables de la creación de la *Deutsche Physik* y, por tanto, de atacar permanentemente la teoría de la relatividad...

—Así es.

—Paradójicamente, la corte de apelaciones de Múnich decidió que no era competente para dirimir un debate científico y rebajó la condena de Stark al pago de una multa de mil marcos...

—Eso he sabido.

—El profesor Stark sigue libre y no sólo no se considera culpable de ninguno de los cargos, sino que incluso afirma que él siempre defendió el uso de la verdadera ciencia contra la burocracia nazi y, específicamente, contra las SS. Se considera a sí mismo como una especie de héroe...

—Siempre fue megalómano y siempre le gustó verse como víctima.

—¿Víctima de quién, profesor?

—Primero de los judíos y luego de los propios nazis, a los cuales nunca cesó de defender. ¿Qué quiere que le diga? Por fortuna, ahora es evidente cuál es la *verdad*...

—Eso quiere decir que, al final, los nazis le dieron la espalda.

—Podría decirse así.

—¿Y por qué razón? —Bacon aparentaba ingenuidad—. ¿Hizo algo que a ellos no les gustase? ¿Se opuso a sus políticas?

—Creo que, después de tolerarlo durante unos años, las propias autoridades del Partido se dieron cuenta de que Stark no era un científico competente.

—¿Qué quiere decir con eso?

—Lo suyo era palabrería. La *Deutsche Physik* no era más que un invento retórico.

—Y ellos querían resultados.

—Desde luego.

—Así que consideraron que Stark ya no era útil, y simplemente se olvidaron de él.

Heisenberg asintió.

—Y entonces se dirigieron a ustedes, los supuestos «seguidores de Einstein», para sustituirlo.

—La verdadera ciencia es una, profesor Bacon. A la larga, cualquiera se hubiese dado cuenta de que nosotros estábamos del lado correcto, no él.

—Su fracaso fue científico, no ideológico.

—Exacto.

—Le agradezco su tiempo, profesor —concluyó Bacon—. Espero no haber sido demasiado inoportuno.

—Desde luego que no. Sólo que, usted estará de acuerdo conmigo, la ciencia tiene ahora preocupaciones más importantes... De cualquier modo, sigo a sus órdenes.

Las olas, tan altas como una torre, se estrellan contra las rocas como un ejército de agua que intenta derrumbar las fortalezas costeras. Millones de moléculas, cientos de millones de átomos combaten, sin cuartel, contra aquellos muros que, a pesar de la violencia del viento y de la tormenta, parecen resistir al asedio. El océano es una vasta tiniebla que se extiende hasta el fin del mundo; sobre él, un cielo grisáceo, levemente hinchado, palpitante, contempla las incontables batallas que se producen en los acantilados. No es extraño que uno asocie el estrépito marino con el canto de las sirenas: al deslizarse por cavernas y promontorios, al caer en picado por las filosas pendientes que parecen cortadas por las manos de un gigante, el viento se desgarra en gañidos casi humanos.

Las costas de la Baja Sajonia se extienden bastante más allá de donde se desplaza, a muchos nudos de velocidad, la furia del temporal. La isla se tambalea como un arca zozobrante, aun cuando posea la misma solidez de la tierra firme: su eterno enemigo, el mar, nunca ha consumado su asalto, deslizándose por este apartado y agreste confín de la tierra. Una mancha de luz plomiza y tenue —apenas un hilo, un delgado perfil modelado por los cuantos— ilumina la bruma y dibuja en ella los contornos de barcos perdidos, de fantasmas errabundos, de monstruos sanguinarios y de piratas a la deriva... Entonces Helgoland parece el vientre de un plácido y gigantesco cetáceo, un ser vivo que sortea los elementos y se nutre, en silencio, de plancton y algas.

La tormenta disminuye poco a poco, reabsorbida por las corrientes náuticas, y el universo comienza su penoso regreso a la calma. Los dos colosos —mar y tierra— recuperan sus posiciones de ataque, dispuestos a concederse una tregua para sanar a los heridos. Como si un dios benevolente quisiese festejar el acuerdo, los nubarrones se abren de pronto y permiten que un atardecer rojizo se cuele entre los pinos de la isla, convirtiéndola —a la vista de los navíos lejanos— en un insólito incendio de colores en el centro mismo de las aguas. Un sol blanquecino y agonizante se tiende, moribundo, en los brazos cristalinos del crepúsculo.

Si uno aguza un poco la vista, puede distinguir, sentado en lo alto de una roca, como un absurdo guardián de los cielos, una silueta con forma humana. Quizás sea un joven provisto de una gabardina que permanece ahí sólo para que haya un testigo capaz de dar testimonio del milagro realizado. Un observador que contempla, impávido, el feroz combate y la serena paz firmada durante el transcurso de unas pocas horas. El verano apenas ha comenzado, pero ello no impide que los meteoros se apoderen de la isla con singular violencia. El joven se frota las manos entumecidas: cualquiera que lo viese pensaría que se dispone a elevar una plegaria. Mucho más modesto, él se limita a impregnarlas con su aliento, produciendo una pequeña nube de rocío que pronto se disipa en el aire. A lo lejos, el sol ha desaparecido de nuevo —¿quién podría estar completamente seguro de que volverá?— y, como recompensa por su paciencia, el negro averno de la noche se llena de tímidas luciérnagas. Pronto, el joven puede contar miles de ellas, expectantes y morosas... ¿Cómo negar que estamos hechos con su misma materia, que en el centro de cada estrella los electrones danzan su propia música celeste, que la verdadera armonía del empíreo está en las transformaciones y las mutaciones que se operan en estos hornos volátiles?

En el rostro del joven, en cuyos rasgos infantiles es posible reconocer ahora a Werner Heisenberg, el *Wunderkind* de Múnich, se dibuja una sonrisa misteriosa. Es su último día en la isla y, a pesar de la melancolía que lo invade, siente que ha cumplido su labor. Él también ha ganado una guerra después de enfrentarse a demonios tan poderosos como los ángeles submarinos que ahora lo rodean. En el interior de su cabeza —incómoda metáfora— se ha operado una transmutación similar a la que ha ocurrido fuera de ella. Un astro ha muerto y, en su lugar, cientos de ellos, más pequeños pero también más hermosos, han nacido a una vida nueva. Durante diez días, Heisenberg se ha enfrentado a su peor enemigo; aquel que encuentra cada vez que se asoma a un espejo: su propia impaciencia. Han sido diez días en los cuales, a imitación de los antiguos eremitas, se ha apartado de las tentaciones del siglo. Si San Simón fue capaz de darse cuenta de que su universo cabía en lo alto de una columna, y si San Jerónimo prefirió la compañía de un león a la de los hombres, fue porque sabían que las grandes revelaciones sólo ocurren en la íntima soledad de los precipicios. La reclusión de Heisenberg en esta minúscula isla del Mar del Norte, a cientos de kilómetros de sus semejantes, es decir, de alguien capaz de comprender los sublimes misterios de la física que él al fin ha resuelto, ha sido su propia caverna y su propio paraíso.

¿Una iluminación? Nunca se atreverá a llamarla así, pero en el fondo de su alma sabe que es la palabra precisa. La brusca luz de aquellas tierras ha sido la causa secreta de sus revelaciones. Por fin es posible completar el rompecabezas de la Creación: cada pieza encaja, los cabos sueltos se desvanecen como si no hubiesen existido, como si sólo se tratase de un error de perspectiva, de una falsa apreciación de las leyes naturales. ¿Puede haber algo más emocionante que el momento en el que uno *sabe*?

Fueron días y noches de trabajo frenético. Las ideas asaltaban su cerebro semejantes a un torbellino, a una enfermedad virulenta que lo convirtió en una máquina de pensar. No durmió un solo minuto: no podía dejar de meditar, de recomponer el universo, de pelearse con las anodinas y extravagantes líneas espectrales de los elementos, de recurrir a uno y mil modelos matemáticos posibles hasta llegar a organizarlo todo en un cosmos preciso y coherente. Y al final, cuando se sentía a punto de desfallecer, con la misma camisa sudada desde hacía varios días, el cabello revuelto y el rostro sin afeitar, se dio cuenta de que había triunfado. Estaba al borde de un colapso nervioso, pero lo había conseguido...

Ahora Heisenberg ríe abiertamente, a carcajadas, como no volverá a hacerlo en presencia de ser humano alguno. Se parte de risa, enloquecido, al comprender el sentido de sus investigaciones, al darse cuenta de que, sin pensarlo, ha sido recompensado con el tesoro que ha buscado desde pequeño... Para muchos se tratará sólo de una excusa matemática, de un golpe de genio, de una fórmula más o menos perfectible; sólo él puede estar seguro de que se trata de algo mucho más grande... De la perfección.

Lentamente emprende el camino de regreso al albergue, en el extremo meridional de la isla. No tiene prisa. Sólo a partir del día siguiente, cuando inicie el camino de regreso a la civilización, sentirá la urgencia de comunicar su descubrimiento. ¿Qué es un profeta sin alguien capaz de escucharlo? Antes de regresar a Copenhague o a Gotinga o a Múnich, se detendrá en Hamburgo para visitar a Pauli y convertirlo en el primero de sus seguidores, en el profeta de la mecánica matricial... Mientras tanto, pasará una última noche solo en Helgoland... Una última velada en su estrecha habitación, resguardado del viento nocturno, a salvo.

—Fue una especie de impulso, Gustav —Bacon continuaba disculpándose por su falta de educación mientras yo continuaba representando mi papel de amigo ofendido—. Recuerde, la última vez que lo vi fue para arrestarlo, sin intercambiar ninguna palabra con él, marcando las distancias, condenándolo con mi silencio... Necesitaba verlo a solas, presentarle una especie de excusa por mi comportamiento previo...

—No creo que tenga usted nada de qué disculparse, teniente —le dije con seriedad—. En cualquier caso, está hecho. ¿Y puedo saber de qué hablaron?

—No quería incomodarlo con sospechas.

—¿Entonces sólo charlaron del clima? ¿O de física?

—De Stark —repuso Frank sin hacer caso a mis provocaciones.

—Supongo que Werner volvió a su cantilena de siempre: Stark, Lenard y sus compinches de la *Deutsche Physik* fueron los únicos científicos en Alemania que colaboraron directamente con Hitler... Los demás nos limitamos a hacer nuestro trabajo, lejos de cualquier cuestión política...

—Noto cierto disgusto en su voz, profesor. ¿Tiene usted otra versión?

—Creo que la verdad es mucho más volátil que la mentira, teniente.

—¿Sigue usted siendo amigo de Heisenberg?

—No he vuelto a hablar con él desde mi arresto, si insiste usted en enterarse. Al menos no como antes.

—¿Puedo preguntarle el motivo?

—Le responderé con un símil matemático —sonreí—. Después de que dos líneas se cruzan en ángulo recto, jamás vuelven a encontrarse por más que alguien las prolongue...

—A menos que ese espacio sea una esfera, profesor —ironizó Bacon.

—Quizás mi parábola no fue la adecuada —acepté—. Aun así, usted ha comprendido la moraleja.

—¿Y él no le ha buscado a usted?

—¿Werner? No, claro que no. Se siente tan incómodo con el pasado que hace lo posible por apartarse de él.

—¿Por qué hay tanta desconfianza en sus palabras?

—La desconfianza no está en las palabras, teniente, sino en los hechos. En la conducta de cada uno. Rastree usted la conducta del intachable profesor Heisenberg durante la guerra y sabrá a qué me refiero...

—¿Por qué no es claro conmigo, profesor? Prometimos confiar el uno en el otro.

Me aclaré la garganta. No estaba dispuesto a contestar a su pregunta.

—¿Werner le dijo cómo terminó el asunto? —dije después de un momento.

—Sí, le pregunté al respecto y admitió haber recibido el apoyo de Himmler. Dijo que era uno de esos raros casos en los cuales un hombre perverso comete un acto de justicia, o algo así...

Permanecí en silencio. Quería que la magnitud de la aseveración fuese evidente por sí misma sin necesidad de que yo añadiese un comentario sarcástico.

—Respóndame con la verdad, profesor —me suplicó Bacon con una voz que invocaba nuestra amistad más que la superioridad de su rango—. ¿Piensa usted que Heisenberg tiene algo que ocultar?

—Frank —medí cuidadosamente mis palabras—, *todos* tenemos algo que ocultar. Incluso usted. O yo. Un secreto, un error cometido en nuestro pasado, una falta que tratamos de expiar en silencio, una culpa que intentamos sepultar en el olvido... ¿Y Werner? Con toda sinceridad, creo que él oculta *muchas* cosas...

—¡Hábleme de ellas, entonces! Necesito saber...

—Pregúntele directamente, ya que tiene acceso a él.

—Gustav, por favor...

—Le he dicho todo lo que sé, teniente —repuse, áspero—. Ahora debo marcharme. Tengo otros asuntos que demandan mi atención. No puedo pasarme toda la vida persiguiendo fantasmas... Con su permiso.

—No consigo entenderlo, Irene —Frank permanecía recostado sobre la cama, boca abajo, completamente desnudo. Irene, por su parte, estaba sentada sobre las nalgas de su amante, y con las manos delgadas y callosas le daba un masaje en el cuello y en los hombros.

—Links no me gusta, ya te lo he dicho —respondió ella.

—Se molestó porque fui a ver a Heisenberg sin avisarle. ¡Como si yo tuviese que pedirle permiso!

Ella comenzó a pasar sus dedos alrededor del cuello del teniente, lo acariciaba con rudeza.

—¿Qué te dijo?

—Me insinuó que Heisenberg tiene cosas que ocultar.

—Quiere provocarte. Está molesto contigo por haberlo ignorado.

—No. Si tu hubieses visto el rostro de Links en ese momento, también habrías creído que decía la verdad. Sospecho que algo pasó entre Heisenberg y él. Quizá cuando Links fue enviado a la cárcel.

—¿Sugieres que Heisenberg lo traicionó de algún modo?

—Puede ser. Goudsmit, mi antiguo jefe, también pensaba que detrás de la figura recta y apacible de Heisenberg había una persona temerosa y mezquina, incapaz de oponerse a los nazis...

—¿De veras piensas que él puede ser Klingsor?

—No lo sé, Irene.

—¿Por qué no hablas con alguien más? Algún otro físico que pueda hablarte de Heisenberg y de su relación con los nazis.

—¿Estás pensando en alguien en particular? —se sorprendió Bacon.

—Tú me contaste que, al mismo tiempo que Heisenberg, otro físico había descubierto la física cuántica...

—Schrödinger. Durante mucho tiempo, fue el mayor enemigo de Heisenberg y de Bohr... Se estableció una especie de competencia entre ellos para saber cuál de sus teorías era la correcta... Heisenberg había descubierto la mecánica matricial en Helgoland y Schrödinger, con sólo una semana de diferencia, la mecánica ondulatoria en Arosa... Fue una lucha a muerte que se dirimió del modo más raro. Justo cuando la polémica estaba en su punto más virulento, el propio Schrödinger, como si fuese un Salomón de la ciencia, descubrió que las teorías de ambos eran equivalentes, sólo que formuladas de modo distinto... De la noche a la mañana, la polémica parecía haber terminado. Aunque no era judío, poco antes de la guerra Schrödinger tuvo problemas con los nazis y después de muchas dificultades pudo marcharse a Dublín, donde fundó un instituto de investigaciones similar al de Princeton...

—¿Aún permanece ahí? —Irene esbozó una sonrisa maliciosa al tiempo que giraba el cuerpo de Bacon.

Lo miró a los ojos con determinación antes de dejar que él la penetrase.

—¿Qué sugieres?

—No conozco Dublín.

—¿Adónde? —le pregunté a Bacon, horrorizado.

—A Dublín, ya se lo he dicho.

—Es una locura... —repetí.

—Yo también lo creo, profesor, pero quizás valga la pena intentarlo.

—¿Cree que Schrödinger tenga algo valioso que decirnos? Usted no lo conoce...

—No lo sé, vamos a intentarlo —Bacon estaba visible, agotadora, estúpidamente enamorado; aun así, añadió—: ¿Quiere acompañarnos?

—¿A quiénes? —me escandalicé.

—A Irene y a mí...

—Teniente, no quiero resultar un aguafiestas... Se trata de una misión oficial, no creo que sea conveniente ir con alguien que no participa directamente en la investigación...

—Responda, profesor —me interrumpió—. ¿Quiere acompañarnos?

—Si no hay otro remedio...

—Si tiene trabajo aquí, no voy a reprochárselo... —me amagó.

—¡No! —capitulé—. Iré con *ustedes*.

—De acuerdo entonces. Haré los preparativos necesarios.

LOS PELIGROS DE LA OBSERVACIÓN

Berlín, julio de 1940

Uno de los más extravagantes problemas derivados de la aplicación de la teoría cuántica es la nueva relación que se establece entre el científico que observa la realidad y la propia realidad observada. Para la física clásica, éste nunca había sido un conflicto: en un lado de la barda estaba el mundo con todos sus misterios y, en el otro, el meticuloso físico que trataba de desvelarlos. ¿Qué podía salir mal? Mientras la misión de uno era medir, calcular, predecir, remediar, la del otro —es decir, la del universo— era básicamente pasiva: permitir las mediciones, los cálculos, las predicciones y los remedios. *E tutti contenti.*

A partir de 1925, este esquema comenzó a desplomarse. De acuerdo con los descubrimientos de la teoría cuántica, era necesario reformular algo en apariencia tan poco conflictivo como la medición de la realidad. Según la nueva física, la relación entre el observador y lo observado no seguía las normas de independencia de la mecánica newtoniana. En vez de que el físico se limitase a admirar el mundo subatómico, se descubrió que su medición transformaba lo medido. En otras palabras, cuando un científico exploraba la realidad, ésta se modificaba, de modo que era muy distinta *después* de haber sido medida. ¡Horror de horrores! El científico había dejado de ser inocente: su visión bastaba para alterar el orden del universo.

Casi cada tres días yo soportaba la misma tortura. Natalia y Marianne se reunían en la biblioteca, indiferentes a mi presencia e, intercambiando palabras calladas y susurros, se entregaban a sus placeres privados. Al principio, yo pensaba que lo ocurrido aquella tarde se habría debido a un desliz inocente, provocado por la angustia de Natalia y la solidaridad de Marianne, un exabrupto en la amistad que las unía desde hacía tanto tiempo. En medio de la guerra, a veces las personas confundían sus sentimientos, sus acciones, sus maneras de reaccionar frente a la adversidad... Pronto me di cuenta de que estaba equivocado. Aunque procuraba no espiarlas, lo cierto era que, mientras trabajaba en mi despacho, no podía dejar de pensar en lo que estarían haciendo en aquellos momentos. Un par de veces irrumpí en la biblioteca, pretextando la consulta de un libro, pero en ambos casos las encontré sentadas en el diván, charlando, a varios centímetros de distancia. Ellas no parecían advertir mi intrusión y entonces yo trataba de no alertarlas sobre cuanto había visto. Sin embargo, mientras yo me concentraba en mis números y mis fórmulas, *imaginaba* lo que ellas estarían haciendo a sólo unos metros de distancia.

Un par de ocasiones me atreví a salir de puntillas de mi habitación; caminé sigilosamente hasta la biblioteca y me coloqué detrás de una columna, esperando escuchar su conversación —¿se dirían palabras amorosas?— o su silencio culpable. De nuevo, no obtuve ninguna confirmación de mis sospechas. Charlaban en voz baja, era cierto, pero ello no bastaba para inculparlas... ¿Qué podía yo hacer? Intenté mantener inalterada mi actitud hacia Marianne, aunque no sé hasta dónde lo logré. Vivíamos un tiempo marcado por los sobresaltos —las victorias de nuestros ejércitos se sucedían en todos los frentes— y quizás por esta razón ella no notaba mis repentinos cambios de humor. ¿Cómo decirle que mis preocupaciones o mi insomnio nada tenían que ver con la guerra? ¿Que Hitler y sus discursos gloriosos habían dejado de importarme? En aquellos días ni siquiera era capaz de poner unos cuantos números en orden.

Lo que ocurrió a continuación fue idea mía y, por tanto, sus consecuencias también quedan bajo mi responsabilidad. Marianne sugirió, casi de pasada, que tomásemos un descanso fuera de Berlín. Yo estaba tan intranquilo que, cuando lo sugirió, apenas le hice caso y deseché su propuesta de inmediato. Sólo unas horas después se me ocurrió utilizar ese espléndido pretexto.

—Marianne —le dije de pronto, sin ocultar mi excitación—, creo que has tenido una idea estupenda. Debemos alejarnos un poco de todo esto...

—¿Te refieres al viaje?

—Claro. Vayamos a un balneario o a otro lugar tranquilo.

—Me alegro de que lo hayas pensado mejor —añadió, contenta por mi entusiasmo—, nos hará mucho bien.

Dejé pasar unos segundos y, como si se tratase de una ocurrencia repentina, sellé mi suerte:

—¿Por qué no invitas a Natalia? Heini seguirá en el frente todavía unas semanas y he visto que ella está pasando unos días muy malos. No me gustaría que la abandonásemos aquí, sola.

—Gustav...

—Sé que ella aceptará, somos como su familia. No, más bien somos *su* familia —exclamé, terminante—. Llámala, a ver qué opina.

—No sé si será una buena idea, Gustav. Yo pensé que querrías apartarte de todo... Que estuviésemos solos tú y yo.

—Me parecería muy egoísta por nuestra parte no llevarla con nosotros. De hecho, si ella no acepta, no haremos el viaje. Es tu mejor amiga y, a pesar de mis diferencias con Heini, yo también he aprendido a quererla, así que no hay pretextos que valgan.

—Está bien...

Como esperaba, después de lidiar unos momentos con ella, Marianne la convenció de hacer el viaje con nosotros. Le escribiría a Heinrich para informárselo y estaría lista para partir en cuanto nosotros lo considerásemos prudente. Preparé todo a conciencia, con la meticulosidad con la cual un amante despechado fantasea con el suicidio. Escribí a un balneario en Baviera, obtuve el permiso de mis superiores e incluso me aseguré de que el sitio tuviese las características idóneas que yo necesitaba para llevar a cabo mi plan.

A fines de julio iniciamos el viaje. En contra de los temores iniciales de Marianne, me esforcé por lograr un ambiente de cordialidad y camaradería que alivió cualquier sombra de tensión. Quería crear las condiciones ideales para mi experimento: los disgustos o la desconfianza lo estropearían todo, de modo que hice lo imposible por desterrar los inconvenientes. Pienso que lo conseguí, porque Marianne y Natalia jamás sospecharon las verdaderas intenciones de nuestro periplo. En cuanto salimos de Berlín fue como si nos sumergiésemos en el pasado, en la época de nuestras correrías juveniles e incluso, por alguna razón —quizás porque empezábamos a acostumbrarnos a su ausencia—, el espectro de Heinrich ni siquiera se atravesó peligrosamente en nuestro camino. Desde luego lo recordábamos, y yo llegué a decir dos o tres palabras amables sobre él para que Natalia se las transmitiese, pero todo en el marco de mi táctica general de relajación.

El balneario era un bello lugar de descanso, imbuido de un decadente gusto *fin-de-siècle*, lleno de arbotantes y adornos recargados de impronta *Jugendstil*. Por lo demás, como yo suponía, en aquella época del año, y en las condiciones de guerra en las que nos hallábamos, el hotel estaba prácticamente vacío. Era el sitio perfecto para apartarse del mundo o, en otro sentido, para construir un mundo paralelo. Las habitaciones, amplias y pulcras, daban a un pequeño jardín y, según me aseguré de comprobar, se comunicaban por medio de una puerta interior que normalmente permanecía cerrada pero que, por fortuna, no tenía llave.

El primer día lo pasamos conversando animadamente al mismo tiempo que realizábamos breves excursiones por los alrededores. A lo lejos, los montes nevados nos protegían como las murallas de un gigantesco castillo. El frío, sin embargo, nos obligaba a regresar junto al fuego de la chimenea del salón principal, en donde llegábamos a involucrarnos en partidas de naipes con una pareja de ancianos —los únicos huéspedes además de nosotros— que contribuían a crear la sensación de intemporalidad que empezaba a cercarnos. El restaurante, por fortuna, aún ofrecía comida de primera. Nuestro contacto con el mundo exterior se reducía a una vieja radio que el encargado del balneario sintonizaba todas las tardes para escuchar los partes de guerra.

En medio de las charlas, las bromas y las carcajadas eventuales, yo me esforzaba en distinguir algún desliz entre las dos mujeres, una mirada cómplice o una caricia furtiva, pero, de nuevo, fui incapaz de descubrir nada; aun así, no pensaba dejarme vencer. La tarde del tercer día fue decisiva. El frío había disminuido un poco y yo, contrariando las intenciones de las dos mujeres, anuncié que me disponía a dar un largo paseo. Tal como esperaba, ellas se disculparon —odiaban salir después del almuerzo— y me dijeron que se quedarían a reposar. Era el momento que yo había estado esperando.

—Regresaré dentro de un par de horas —les dije, y tomé un voluminoso libro para demostrarles que pasaría un buen rato lejos de ellas.

Desde luego, no me alejé más que unos cientos de metros. Cuando me hube cerciorado de que nadie me veía, regresé al hotel por la parte trasera y me introduje en la habitación vacía que estaba al lado de la de Natalia. No pasó mucho tiempo antes de que las dos mujeres regresaran del salón. ¿Imaginarían que les tendía una trampa? Por sus risitas entrecortadas deduje que no. Ambas entraron y comenzaron a charlar sobre temas diversos hasta que se instaló entre ellas un silencio ineluctable. ¡No me había equivocado! Esperé unos minutos y luego entreabrí la puerta que me separaba de ellas. Lo que vi entonces fue uno de los espectáculos más maravillosos y turbadores de mi existencia.

Marianne se encargaba de desnudar pausadamente a Natalia. Ambas permanecían de espaldas a mí, mi esposa de pie y la esposa de mi amigo sentada sobre la cama. Mientras le desabrochaba el vestido, Marianne se detenía a besar el cabello de su compañera, la acariciaba y luego recorría su cuello blanquísimo con los labios humedecidos. Natalia, en tanto, le tomaba la mano y, hasta donde pude darme cuenta, también la besaba. A continuación intercambiaron papeles —en realidad no se desnudaron del todo, como si previesen mi llegada repentina, sino que se limitaron a aflojarse las ropas— y fue Natalia quien comenzó a desabotonar la blusa de Marianne. Entonces las dos se dejaron caer sobre la ancha cama, riendo, y comenzaron a retozar entre besos y caricias como un par de cachorros que se revuelcan sobre la nieve.

Soy incapaz de describir las sensaciones que me embargaron en esos instantes: rabia, excitación, celos, ternura... No sabría qué más añadir. Yo mismo me había encargado de preparar la escena, como si fuese un director de teatro o el jefe de un laboratorio, y no podía quejarme de los resultados. Si de algo estaba seguro, era de que no iba a interrumpirlas, desbaratando el increíble cuadro que me había sido concedido contemplar. Durante el resto de la semana hice lo que estaba en mis manos para lograr que el milagro se repitiese cada tarde. Y, en cada caso me sentía más extraño y, a un tiempo, más feliz de haber provocado aquella reacción. El solo hecho de mirar la espalda desnuda de Natalia, su cabello rojizo revuelto y enredado, su piel sudorosa y sus manos sobre los pechos de mi mujer bastaba para conducirme a un estado que no dudo en comparar con el éxtasis. ¿Cómo no admirarlas? ¿Cómo no glorificar aquella azarosa conjunción, aquel extraño emparejamiento que, en gran medida, yo había creado? Pero, también, ¿cómo no sentirme como el más miserable de los hombres, engañado en sus propias narices, cornudo por partida doble, *voyeur* pretencioso y masoquista?

Creo no equivocarme al afirmar que regresamos a Berlín transformados. Ninguno de los tres era idéntico a como había salido de ahí una semana atrás. Quizás ellas se hubiesen besado antes, pero estoy seguro de que nunca habían disfrutado de la libertad erótica que gozaron en el balneario de Baviera. Y, por lo que a mí respecta, observarlas juntas durante aquellas tardes también me había cambiado profundamente: aunque no sabía qué iba a hacer a continuación, estaba seguro de que sería algo drástico, una decisión que no sólo transformaría mi forma de ver el mundo, sino que alteraría profundamente el resto de mi vida. Tuve razón.

ERWIN SCHRÖDINGER, O DEL DESEO

Dublín, marzo de 1947

Lo único que pudo conseguir Bacon fue que un destartalado avión militar nos trasladase desde Hamburgo hasta Dublín en una de las escalas que hacía de regreso a Estados Unidos. Era un armatoste feo y mugriento; según nos dijeron los miembros de la tripulación, sus condiciones eran inmejorables, ya que durante la guerra había volado un número de horas relativamente pequeño.

—¿Y eso por qué? —me atreví a preguntar—. ¿Les sobran cacharros como éste?

—Al contrario —rió el muchacho; un furioso ataque de acné había transformado su rostro en un campo minado—. Lo que sucede es que, antes de emprender cada misión, siempre tenía fallos de última hora.

Después de este tranquilizador comentario, los nervios comenzaron a punzarme, recordándome que no debía haber emprendido aquel viaje. Mis náuseas se acentuaron cuando al fin se presentó el teniente Bacon acompañado por Irene. En realidad no me atrevo a describirla físicamente: desde el inicio sus modales y su vulgaridad hicieron que la mantuviese apartada de mi vista aun en las pocas ocasiones en que llegamos a intercambiar alguna palabra. Lo único que puedo decir es que usaba una colonia barata —quizás Frank mismo se la habría regalado— y que el tono de su voz no parecía alemán, sino eslavo.

—Profesor, déjeme que le presente a Irene —me saludó Bacon, entusiasmado.

—*Enchanté* —escupí yo por compromiso.

—Éste es el profesor Links, de quien tanto me has escuchado hablar. Es el cerebro de nuestra misión.

La mujer me revisó de pies a cabeza, acaso demasiado acostumbrada a la meticulosa y especializada tarea de escoger besugos en el mercado.

—Qué tal —musitó, extendiéndome la mano. Yo no tuve más remedio que estrechársela.

Una vez en el avión —por dentro era más bien una bodega de aceitunas: no había sillones, sino sólo unas cuantas butacas apiladas a lo largo de las paredes y una oscuridad bastante incómoda—, traté de alejarme lo más posible de la feliz pareja, aunque los obstinados tripulantes de la nave insistieron en que nos sentásemos juntos, en fila. Por una deferencia incomprensible, Irene quedó en medio de los dos.

—¿Cuánto tiempo durará el viaje? —inquirí, angustiado, queriendo decir en realidad: ¿cuánto tiempo tendré que soportar a esta mujer a mi lado?

—Unas cuatro horas.

¿Podrían darme un somnífero, por favor? Bueno, al menos había llevado un ejemplar de los *Pensamientos* de Pascal y podría pasarme todo ese tiempo hojeándolo... si el vértigo me lo permitía.

—Tengo entendido que usted tiene un hijo pequeño —le dije, para demostrarle que no tenía nada contra ella.

—Johann —repuso con fingido orgullo—. He tenido que dejarlo con su abuela... Lo voy a extrañar tanto...

Por fortuna, Pascal me esperaba.

Los motores se encendieron, produciendo un estrépito intolerable, y pronto comenzamos a movernos. Me sentía en el interior de una hormigonera.

—¿Tiene usted miedo a volar?

—Lo soporto.

A lo largo de las interminables horas del viaje, ella y Frank estuvieron charlando cariñosamente, con las manos entrelazadas como si formasen una pareja de recién casados que se dirigen a su paradisíaca luna de miel. En cuanto yo levantaba los ojos de mi lectura, me encontraba con el odioso espectáculo de sus lenguas amarradas o de sus manos inspeccionando zonas poco ortodoxas. ¿Eso era el amor para ellos? ¿Un montón de arrumacos en las alturas?

Llegamos a Dublín cerca de las ocho de la noche. Nos recibió un enviado del Instituto, quien nos condujo hasta el pequeño hotel en el cual habríamos de hospedarnos. La mala suerte determinó que mi habitación quedase justo al lado de la que habían escogido Bacon e Irene y, como era de esperar, el muro que nos separaba era lo suficientemente delgado como para que toda la noche yo no tuviese otra opción que escuchar sus grititos y gemidos, convertido en pornógrafo a la fuerza. Todos mis intentos de dormir se vieron frustrados por sus estentóreos estallidos de pasión —¿es que Frank no se daba cuenta de que esos lamentos *tenían* que ser fingidos?— y, en la duermevela, no dejaba de aparecérseme esa grotesca mueca que Irene debía realizar en el momento del supremo placer carnal. Creo que ni siquiera es necesario decir que a la mañana siguiente, cuando nos reunimos con Schrödinger, yo apenas estaba en condiciones de atender la charla, convertido en un zombi disfrazado con la palidez de un cadáver.

Vienés de pura cepa —había nacido en 1887 y era, por lo tanto, trece años mayor que él—, Schrödinger era el reverso exacto de Heisenberg: afable y mujeriego, *dandy* y *bon vivant*, con una filosofía de la vida fundada en el vals de Strauss, *Vino, mujeres y canciones*. Si Heisenberg era una especie de estoico de la física, Schrödinger representaba su lado hedonista. Sus carreras se habían desarrollado de modo opuesto: mientras Schrödinger había pasado su juventud sin echarle siquiera un vistazo a la nueva teoría cuántica, Heisenberg prácticamente se había formado con ella; del mismo modo, mientras el vienés era sólo un modesto profesor en la Universidad de Zúrich cuando empezó a publicar sus primeros descubrimientos importantes, Heisenberg era una especie de niño prodigio, mimado y protegido por las grandes figuras de la física desde la adolescencia. De esta manera, Heisenberg alcanzó la celebridad a los veinticinco años, en tanto que Schrödinger contaba ya con treinta y siete.

A principios de 1934, Schrödinger había visitado Princeton, pero entonces Bacon sólo había tenido oportunidad de verlo durante una de sus conferencias. Aunque era un profesor claro y preciso, a veces prevalecía su condición de hombre estrafalario: se sabía que viajaba a todas partes en compañía de su esposa, Anny, y de su amante, Hilde March —la mujer de uno de sus ex alumnos—, y a lo largo de su viaje por Estados Unidos no había hecho otra cosa que quejarse del modo de vida norteamericano. En Princeton, Schrödinger se hospedó en el Graduate College, un viejo edificio similar a los que había en Oxford, provisto de un salón de comunes y un gran refectorio medieval. Ahí, Bacon había intentado verle de nuevo, pero el profesor se sintió indispuesto —alguien dijo que había detestado la comida— y poco después regresó a Inglaterra, donde vivía por entonces. Al llegar allá, se refirió a su experiencia en Estados Unidos afirmando que le era imposible vivir en un lugar en el cual el mejor vino era de quinta categoría.

A pesar de todo, Bacon recordaba a Schrödinger como uno de los mejores conferenciantes que había escuchado en su vida, muy lejos de los encorsetamientos académicos a los que estaba acostumbrado. Por este motivo deploró que, al final de su viaje, Schrödinger rechazara las invitaciones tanto de la Universidad como del Instituto de Estudios Avanzados para quedarse en Norteamérica. Después de eso, le había perdido la pista. Schrödinger permaneció en Oxford hasta 1936, cuando tuvo la pésima ocurrencia de regresar a Austria para ocupar la cátedra que le ofrecía la Universidad de Graz. Cuando su patria fue anexionada al Reich alemán en 1938, Graz fue una de las ciudades que con mayor entusiasmo apoyaron a las tropas nazis. A partir de entonces, Schrödinger —acompañado por su extravagante familia— inició una penosa odisea terrestre hasta que al fin pudo embarcarse rumbo a Gran Bretaña.

A invitación de Eamon de Valera, el *Taoiseach* (primer ministro) de Irlanda, Schrödinger había aceptado la tarea de fundar en Dublín un Instituto de Estudios Avanzados a imagen y semejanza del de Princeton, el cual se encargaría de dirigir en su parte científica. Schrödinger llegó a Dublín el 7 de octubre de 1939 —justo a tiempo para escapar de la guerra—, sólo un par de meses después de que el *Dail* (parlamento) aprobase la creación del Instituto, aunque no sin las quejas de la oposición, la cual veía la medida como un acto egocéntrico de De Valera en un período particularmente difícil para Europa. A partir de entonces, Schrödinger disfrutó de una paz que muy pocos de sus colegas disfrutaron en esos años. A pesar de la escasez y del temor, Irlanda se mantuvo alejada del conflicto, de modo que el maduro físico pudo dedicarse a perfeccionar sus lecturas de los Vedas, a pergeñar artículos físicos y filosóficos, a convivir con su excéntrica familia —a las dos mujeres adultas se había sumado Ruth, la hija que había tenido con Hilde, pero a la cual Anny también cuidaba con esmero— y a planear sus nuevas conquistas amorosas.

En el primer acto de la ópera homónima de Mozart, Leporello, el fiel sirviente de Don Giovanni, canta —y cuenta— los triunfos de su amo:

Madamina, il catalogo è questo,
delle donne ch'amò il padron mio.
Un catalogo egli è che ho fatt'io.
Osservate, leggete con me.

¿Cuántas fueron las mujeres que Erwin llegó a colocar bajo sus sábanas? ¿Seré tan hábil como Leporello para establecer un catálogo veraz de sus conquistas? ¡Un hombrecillo más bien feo y delgaducho, con unos enormes anteojos circulares que le cubrían media cara, convertido en un *latin lover* de la ciencia! Había que verlo para creerlo. Erwin nunca supo con exactitud qué le apasionaba más: las mujeres o la física. En todas las ciudades por las cuales viajó —y fueron muchas: Viena, Zúrich, Berlín, Oxford, Graz y Dublín, por no mencionar aquellas en las que sólo estuvo de paso— dejó una estela de conquistas que podría hacer las delicias de un novelista erótico. Era un pícaro disfrazado de erudito, un sátiro con los modales de un caballero, un priápico obsesivo que se escudaba detrás de sus rasgos anodinos. Al verlo, uno no podía dejar de preguntarse cómo le daba tiempo a inventarse aventuras con tantas mujeres, cómo era capaz de hacer que ellas se volviesen locas por él y qué insana composición anímica le permitía enamorarse de cada una de sus conquistas. Y si he empleado la palabra *enamorarse* ha sido deliberadamente: Erwin hubiese podido jurar sobre la Biblia que, si no a todas, al menos a gran parte de las mujeres con las que había mantenido relaciones sexuales había llegado a amarlas con ternura. ¿Dos durante un mismo mes? Por cierto. ¿Y tres? Claro. ¿Cuatro incluso? Hasta seis... Su corazón parecía irradiar una energía incansable emulando un imposible motor perpetuo, siempre listo a incrementar su recuento de candidatas.

Veamos. Su primer amor llevaba el conspicuo nombre de Felicie. *La felicidad.* Y, no obstante, fue la única dicha que pareció negársele sobre la faz de la tierra. Al principio de su carrera, en Viena, Erwin cayó rendido ante los encantos de esta joven discreta y aristócrata. Era tanta su pasión por la joven que llegó a decir que, si fuese necesario, estaba dispuesto a abandonar la física para ganar su favor. Por desgracia para él (y por fortuna para la ciencia), los padres de la muchacha no tenían los mismos planes. Como cualquier espíritu romántico, Erwin luchó con todas sus fuerzas para vencer la adversidad social. Y, como en cualquier novela rosa, nuestro héroe convirtió su derrota en una tragedia de dimensiones universales.

Tras el despecho, la venganza. Después de unas semanas de luto sentimental, Erwin decidió invertir gran parte de su tiempo en el estudio del alma de las mujeres. Damas y sirvientas, vírgenes y prostitutas, gordas y esbeltas, por el simple hecho de utilizar falda, eran candidatas ideales a integrarse a la aproximación estadística que Erwin llevaba a cabo sobre el género femenino. De esta época sólo nos quedan dos nombres concretos: Lotte e Irene (bonita coincidencia, ¿verdad?).

En 1920, poco después del término de la Gran Guerra, a la edad de 32 años, Erwin parecía dispuesto a sentar cabeza y contrajo matrimonio con una mujer que no era ni joven ni guapa y muchos opinan que tampoco simpática o especialmente sagaz: Annemarie Bertel, a la cual él siempre llamó Anny. Preguntarán, entonces, por qué se casó con ella. Les advierto que la respuesta no va a gustarles: para tener más oportunidades con otras mujeres... Pero Anny demostró ser más astuta de lo que cualquiera pudo imaginar: una vez descubiertos los deslices de su esposo, decidió no perturbarlo.

Empero, Erwin no se caracterizaba precisamente por su discreción. No le bastaba con conquistar a una mujer, sino que parte del placer que obtenía estaba en adorarla (o incordiarla) en público, a la vista de todos. Pronto, sus flirteos comenzaron a volverse famosos en el círculo de amigos que la pareja mantenía en Zúrich, donde vivía el matrimonio. A imitación de su marido, Anny también empezó a romper la dudosa fidelidad conyugal, enamorada a su vez de uno de los colegas de su Erwin. Al principio, éste trató de no prestar demasiada atención al *affaire* —ojo por ojo—, pero a la larga no pudo contenerse y, hacia 1924, comenzó a barajar la posibilidad del divorcio. Ninguno de ellos podía saber que 1925 sería un año milagroso.

Dispuesto a descansar de las continuas peleas con su esposa, Erwin decidió pasar la Navidad de ese año en uno de sus lugares favoritos, una casa de reposo situada en el Valle de Arosa, en Suiza. Desde el principio, el viaje tuvo algo de peculiar: en vez de alojarse en la pequeña casa anexa a la villa del doctor Otto Herwig, como hacía siempre, en este caso Erwin prefirió trasladarse a una cabaña situada en las montañas, lejos de todos. Ahí, tal como le había sucedido a Heisenberg unos meses atrás, tuvo la iluminación que habría de llevarlo a revolucionar la ciencia de su época. Entre los pinos nevados y la claridad del cielo, al calor de la chimenea y de una buena dotación de vinos, Erwin comprendió, de pronto, cuál era su misión sobre la tierra. Durante unos minutos de éxtasis, también a él le fue revelada la forma de ensamblar el desmadejado rompecabezas de la ciencia. Si Planck, Einstein y Bohr se habían encargado de romper en mil pedazos la imagen de la física clásica, le correspondía a él volver a unirlos.

Erwin no era tan hermético como Heisenberg, su némesis, y al menos en este caso podemos saber que durante esos momentos de insólita creatividad, él no estuvo solo. El problema es que, dada la enorme cantidad de mujeres que frecuentaba, ha resultado imposible determinar con precisión cuál de ellas lo visitó en aquellos insólitos días en Arosa. Al ser interrogado al respecto, Erwin se limitaba a responder que en efecto recibió a una mujer misteriosa, de una aterradora belleza, y que gracias a ella —al placer inaudito que le proporcionó— tuvo su genial ocurrencia. La mecánica ondulatoria, en sus propias palabras, era el producto de un acto de *imaginación erótica*. El resto se conoce mejor: Erwin escribió algunos de los artículos más influyentes de la época y se convirtió, de la noche a la mañana, en una celebridad. Una celebridad acechada por todos. A partir de ese momento, se inició una feroz lucha entre sus seguidores y aquellos que apoyaban la mecánica matricial de Heisenberg... Sea como fuere, Erwin obtuvo una ventaja adicional por su descubrimiento: su notoriedad le abrió, aún más, el espectro de sus posibles conquistas.

Sólo unos meses después de su reclusión en Arosa, Anny —con la cual había tenido tiempo de reconciliarse— tuvo la peregrina ocurrencia de presentarle a dos gemelas de trece años, Itha y Roswita Jünger, para que él les impartiese clases de matemáticas y física. Casi no es necesario decir que Erwin se enamoró por partida doble, aunque al final escogió a una de las dos niñas como nueva musa inspiradora: Ithi. A partir de entonces, se dedicó a cortejarla sin tregua. Quizás éste sea un aspecto menos conocido de su personalidad, pero hay que decir que Erwin era un poeta de cierto talento —un hombre que utilizaba la poesía como una más de sus armas en el juego del amor—, de modo que Ithi se convirtió de inmediato en el centro de su obra lírica. Para ella escribió estas líneas:

> *Sobre los trazos del profesor Schnitzler,*
> *con álgebra y carreras de tres esquinas,*
> *hacía correr a Ithi casi hasta morir:*
> *la pobrecita perdió el aliento.*
> *De Zúrich se podría decir mucho más,*
> *pero sobre esas cosas no me atrevo.*

Erwin no se atrevía a hablar, pero sí a actuar. Cuando Ithi cumplió dieciséis años, el maduro físico ya había intentado por todos los medios convencerla de que lo invitase a su cama, pero ella siempre se había negado. Si algo podía encender su ánimo eran las dificultades. No se dio por vencido y, durante un viaje a Salzburgo, donde ella vivía con su familia, por la noche Erwin se introdujo a hurtadillas en la habitación de su enamorada. Consiguió gozar unos minutos de aquel elíxir de juventud que era el delgado cuerpo de la joven pero, a pesar de su insistencia, ella al final no le concedió la gracia esperada. Para otro de sus cumpleaños, Erwin le envió a Ithi este otro poema, cuyo sentido salta a la vista sin necesidad de arduas sesiones de psicoanálisis:

> Al desplegar tus sábanas por primera vez,
> las campanas de tu cuna doblaban de alegría.
> El rey de los necios sacudió su cetro
> y te ordenó aprovechar toda la felicidad de la vida.

La anécdota parecería divertida o pícara de no ser porque, como la mayor parte de estas historias, terminó mal para Ithi. Durante siete años, ella fue el imposible objeto del deseo de Erwin. Por fin, a fines de 1932, durante un viaje de la joven a Berlín, donde el profesor se había quedado solo debido a un intempestivo viaje de Anny, Ithi al fin se entregó a su maestro. Habían sido siete años de intentos, de paciente espera, de encendidas esperanzas... Como una oveja que se dirige voluntariamente al matadero, Ithi se arrojó a la mecánica ondulatoria de Erwin sin saber que ahora él ya estaba enamorado de otra mujer, Hilde March. Unas semanas después, su desgracia se hizo aún mayor: estaba embarazada. Temerosa, la joven decidió acudir a un médico que se encargase de borrar su deshonra. La tragedia no acabó ahí: la operación resultó un fracaso e Ithi, la dulce Ithi de los poemas, terminó convertida en un guiñapo, privada de la posibilidad de tener hijos... Y aun así, siempre continuó mirando a Erwin con cariño...

¿Cuántas van? ¡Qué importa ya! Erwin está enamorado de nuevo. Hilde será una de sus amantes más fieles y permanentes y, a diferencia de Ithi, él le dará su apellido a Ruth, la hija que tendrá con ella. De Ithi a Hilde y de Hilde a... ¡Hansi! Una vieja amiga de Anny, quien los visita en Berlín en 1931. ¿Es necesario seguir? ¡Claro que sí! Tras su llegada a Dublín, Erwin no se detiene ni por un segundo. A pesar de que va acompañado de Anny y de Hilde, pronto descubre los encantos de Sheila May, una actriz de éxito. Para ella compone infinidad de versos, que incluso se atreve a publicar en forma de libro.

¿Será Sheila el verdadero amor de su vida? Don Juan no puede tener un verdadero amor. Ama a todas las mujeres. O a ninguna. Ésa es su naturaleza. Sólo que, a diferencia del infeliz sevillano, la libertad de Erwin no se verá castigada por un convidado de piedra y no terminará ardiendo entre las llamas del infierno impulsado por la venganza de un furioso comendador. Hay que recordar que Erwin era un delicado observador de la realidad, y sus apetitos no podían ser la excepción. Estudió su propio comportamiento con cuidado, tratando de hallar los motivos de su conducta. Para él, hacer el amor con una mujer era mucho más que un acto de diversión, más que un juego, más que un desafío. Representaba la oportunidad sublime de unirse a la naturaleza, de experimentar los vaivenes del universo, de poseer un momento de éxtasis y creación similares a los del Buen Señor. A Sheila le escribe: «Vi la gloria de Dios con todos sus ángeles cuando, con tus labios entreabiertos, como si estuvieran temblando (¿o era yo?) me dijiste que me amabas...» Y, en otra ocasión: «Lo más fácil del mundo es acostarse. Lo tenemos que hacer todos los días. Y a nadie le gusta hacerlo solo. Y tú me has dado más, más, mil veces más que nadie: tu amor claro, limpio, sencillo y franco. No ha habido ni por un segundo un juego sin importancia, ni lo habrá nunca.»

Cuando el teniente Bacon, Irene y yo llegamos al Instituto de Estudios Avanzados de Dublín, Erwin nos presentó a su nuevo amor: una muchacha pálida que trabajaba en una oficina de gobierno. Ella tenía veintisiete años; él, sólo sesenta.

Desde nuestro primer encuentro con el profesor Schrödinger pudimos darnos cuenta de que habíamos llegado en el peor momento. Erwin tenía una cara que podría asustar a un muerto; nunca he sido un buen juez de la belleza masculina, pero al menos puedo afirmar con certeza que, sin ser guapo, siempre había tenido la apariencia distinguida y un tanto hierática de todos los vieneses.

Aunque su descubrimiento de la mecánica ondulatoria había sido fundamental para el desarrollo de la física cuántica —y para sepultar los principios newtonianos—, Erwin poseía un espíritu afín a los de Planck y Einstein. En el fondo, no dejaba de ser un vienés aristocrático y reaccionario y, luego de la revolución que había ayudado a crear, había vuelto a los territorios más seguros de la física tradicional. Desde el inicio de la guerra, se había recluido en su despacho del Instituto de Estudios Avanzados de Dublín convertido en uno de los nuevos aliados de Einstein contra los defensores del azar. Y, como éste, tenía una sola meta: hallar una teoría unificada de campo capaz de explicar el universo ajustando la descripción de todas las fuerzas de la naturaleza: el electromagnetismo, la gravedad y la teoría atómica.

Desde hacía varios meses, Schrödinger y Einstein habían iniciado una intensa correspondencia sobre el tema de la teoría unificada. Aunque menos entusiasta que su colega, Einstein seguía obsesionado con unir, de modo coherente, la gravedad y el electromagnetismo.

El 27 de enero, Erwin le escribió una carta a Einstein diciéndole que al fin había encontrado una vía para solucionar los problemas que se le presentaban. «Hoy puedo informarte de un avance de verdad —le decía—. Quizás el principio te haga enfurruñar terriblemente porque hace poco me has explicado que no apruebas mi método. Pero al final sé que estarás de acuerdo conmigo.» Erwin estaba tan convencido de su trabajo que, olvidándose de los reparos de Einstein, lo presentó de inmediato en una sesión de la Real Academia de Irlanda. Y, como si esto no bastara, lo anunció a la prensa irlandesa de este modo: «Tengo el honor de presentarles hoy la piedra angular de la Teoría Unificada de Campo y, por tanto, la solución a un problema de treinta años de antigüedad, es decir, la generalización competente de la gran teoría de Einstein de 1915.»

Al día siguiente, el *Irish Times* y los demás diarios de la isla publicaron en primera plana los comentarios de Erwin. Uno de los periodistas incluso le preguntó si estaba completamente seguro de su teoría, a lo cual replicó: «Ésta es la generalización. Ahora la teoría de Einstein se convierte simplemente en un caso especial... Creo que tengo razón. Si me equivoco, habré hecho un completo ridículo.» Sin darse cuenta, Erwin había sellado su suerte con estas palabras.

Cuando la noticia de su «hallazgo» cruzó el Atlántico y llegó a oídos de Einstein, éste montó en cólera. Indignado, escribió un artículo en el *New York Times* en el cual afirmaba que la teoría de Schrödinger no era, en el mejor de los casos, más que un pequeño avance: «El lector tiene la sensación de que cada cinco minutos hay una revolución en la ciencia, algo así como un golpe de Estado en algunas repúblicas pequeñas e inestables. En realidad, en la ciencia teórica existe un proceso de desarrollo al que agregan sus aportaciones los mejores cerebros de generaciones sucesivas mediante el trabajo incansable para llegar poco a poco a un concepto más profundo de las leyes de la naturaleza. El periodismo honrado debería hacer justicia a este aspecto del trabajo científico.»

Fue como un jarro de agua fría sobre el temperamento ígneo de Schrödinger. Todas las agencias de prensa internacionales recogieron estas palabras de Einstein al lado de las palabras de Erwin en las que decía: «Si me equivoco, habré hecho un completo ridículo.» Cuando Erwin leyó los diarios, cayó en un profundo estado depresivo. El 2 de febrero de 1947, apenas un mes antes de nuestra visita a Dublín, Einstein le envió una última carta sobre el asunto en la cual le decía secamente que, si volvía a conseguir un avance, no dudara en comunicárselo.

El «*affaire* Einstein», como Erwin comenzó a llamarlo, no fue uno de los temas que tocamos durante nuestra entrevista. No obstante, el dolor y la vergüenza seguían clavados en los ojos de Schrödinger como un recordatorio de su desastrosa aventura. Como pudimos comprobar entonces, a partir de esta experiencia se volvió más modesto.

—Le agradezco que haya aceptado recibirnos —dijo Bacon, incapaz de elaborar una presentación más original.

Lo que yo no había acabado de entender era cómo el teniente había tenido el mal gusto de llevar a Irene al despacho de Schrödinger en vez de mandarla de compras.

—Es un placer —respondió Erwin con una voz un poco apagada—. Hacía mucho que no nos veíamos, Links. ¿Sigue obsesionado por Cantor y el infinito?

—Un poco, sí.

Ésa fue toda la atención que el viejo Erwin tuvo a bien prestarme, ya que de inmediato se concentró en las piernas de nuestra acompañante...

—¿Cuál es su nombre, señorita?

—Irene —dijo, sabiamente, Irene.

—Una buena elección, querido muchacho. El universo sería demasiado aburrido sin una mujer con la cual compartirlo, ¿no cree?

Frank se sonrojó, pero el mayor efecto del comentario de nuestro don Juan fue hacer que la vanidad de Irene se volviese intolerable.

—Como le dije en mi carta, profesor —tartamudeó Bacon—,

estoy preparando un trabajo sobre la ciencia en Alemania durante el Tercer Reich... Usted es una de las figuras más prominentes de esa época...

—¿Por qué no nos habla un poco sobre los comienzos de la mecánica ondulatoria, Erwin? —añadí yo, tratando de parecer menos formal—. ¿Empezamos en ese *annus mirabilis* que fue 1925?

—Un año de verdad maravilloso —asintió Erwin con nostalgia— Hasta ese momento, el mundo de la ciencia (y el mundo en general, debo añadir) estaba sumido en un caos interminable. Todos sabíamos que las viejas normas de la física clásica estaban vencidas, pero nadie lograba encontrar las nuevas. Había decenas de intentos, aquí y allá, pequeños avances y grandes retrocesos, pero nada que sustituyese a la claridad y la eficacia de los principios de Newton —Erwin concentraba su conferencia en Irene, la cual no debía comprender más de tres palabras—. Cada cual tenía su opinión y había muy pocos puntos sólidos. Los cuantos de Planck, la relatividad de Einstein, el modelo atómico de Bohr, el efecto Zeeman y el problema de las líneas espectrales... Todo revuelto. Sólo se uniría el rompecabezas cuando alguien consiguiese terminar de esbozar una teoría cuántica capaz de describir completamente el comportamiento del átomo...

—¿Qué quiere decir con eso, profesor?

¿Estaba soñando o en verdad se trataba de la voz de Irene?

—Tecnicismos —interrumpí yo—, resultaría muy complicado...

—No, Gustav, creo que la señorita tiene derecho a comprender nuestra charla —acotó Erwin.

—No quiero interrumpirlos —dijo ella ante el silencio cómplice de Bacon.

—Trataré de explicarlo del modo más claro.

¿Cuántas horas íbamos a perder sólo porque Erwin tenía ganas de galantear? ¿Es que Bacon no pensaba terminar de una vez con aquella inútil pérdida de tiempo?

—Como sus amigos recordarán —comenzó Erwin recobrando su voz de conferenciante—, el primero en hallar una luz fue el príncipe Louis de Broglie. A él se debía la genial ocurrencia de que la materia podía ser estudiada como si se tratase de un rayo de luz, es decir, por medio de un sistema parecido al de la óptica ondulatoria empleada por los optometristas para tallar sus lentes.

—Hasta entonces —interrumpí yo para no quedarme atrás—, el

desplazamiento de los cuerpos se analizaba mediante las leyes de la mecánica clásica de Newton.

—Esta simple propuesta bastó para revolucionar la ciencia de los siguientes veinte años —Erwin volvía a tener el control de la situación—. Se preguntará el motivo, señorita. Se lo diré: porque, acaso sin haberlo planeado así, ¡De Broglie había encontrado la herramienta que hacía falta para estudiar los átomos! Imagine por un momento, querida Irene, el escenario: por todas partes hay físicos quebrándose la cabeza para encontrar un método capaz de enfrentarse a la nueva física y de pronto aparece De Broglie, este aristócrata francés, diciendo que la pieza que buscábamos siempre había estado frente a nosotros, sólo que no lo habíamos visto porque empleábamos un método equivocado.

—Es entonces cuando aparecen, casi al mismo tiempo, tanto la teoría de Heisenberg como la suya, profesor —apuntó Bacon.

—Así es.

—¿Podría hablarnos de las ideas de Heisenberg?

—El mayor problema de la mecánica de Heisenberg era que las matemáticas que utilizaba resultaban incomprensibles incluso para la mayor parte de los físicos. Werner era un niño prodigio, mimado por todos los grandes como Bohr, Sommerfeld y Born, pero en realidad se encargó de sembrar más confusión de la que pudo disipar —Schrödinger permaneció en silencio unos minutos después de esta poco sutil descalificación de su adversario, y luego continuó—: No me malinterpreten, por favor. El descubrimiento de Heisenberg era genial: en vez de estudiar directamente las diversas posiciones que pueden tener los electrones, halló un método que permitía predecir razonablemente (es decir, de modo probabilístico) los lugares en los que podría terminar cada uno de ellos... La idea, debo repetirlo, era extraordinaria. El quid del asunto era la forma de ponerla en práctica. Para llevarla a cabo, Heisenberg tuvo que recurrir a un complicadísimo sistema matemático, descubierto por Kronecker a fines del siglo XIX...

—El gran enemigo de Cantor —dije yo, sin poder contenerme.

—En resumen: Heisenberg había logrado un gran avance, pero muy pocos estaban capacitados para comprenderlo —Erwin se llevó las manos a la cabeza al darse cuenta de que, por más que lo intentase, siempre iba a toparse con términos que nuestra dulce Irene no había escuchado en su vida—. Y aun después, cuando el flemático Paul Dirac revisó sus conclusiones, no hubo mejores resultados...

—Y entonces apareció usted.

—No quiero parecer veleidoso, pero sí, logré darle un poco de claridad al asunto.

—Sin saber lo que hacían Heisenberg y Dirac al mismo tiempo...

—No, no podía tener idea. Es una historia que he contado mil veces... Todos ellos trabajaban en equipo, en Gotinga, en Cambridge, en Copenhague, intercambiando ideas y escribiéndose largas cartas... Yo, en cambio, estaba prácticamente aislado en Zúrich —Erwin hizo una pausa, feliz al poder narrar, por enésima ocasión, el descubrimiento que lo había hecho famoso—. En la Navidad de 1925 decidí tomarme unas vacaciones, solo, en un balneario en la pequeña localidad de Arosa. Un lugar bellísimo, Irene. Debe pedirle a su amigo que la lleve... Ahí, en medio de la nieve y de la soledad, todos mis pensamientos se volvieron más nítidos... Yo había leído los trabajos de Louis de Broglie y la favorable acogida que habían recibido de parte de Einstein y pensé que serían un buen punto de partida... Mi idea era sencilla: aplicar un punto de vista cuántico a la mecánica ondulatoria formulada por el francés. Preguntará usted, señorita, cuál fue mi mérito. Ya se lo he dicho: simplemente unir el rompecabezas.

—Y puso a trabajar a todo el mundo... —apuntó Irene.

—Una amiga mía de entonces, una jovencita a la que daba clases de matemáticas, me dijo algo parecido: «Al empezar nunca se te ocurrió que tantas cosas sensatas fuesen a salir de esto.» Sí, fue como una explosión. Pero el proceso fue bastante arduo. A lo largo de 1926 publiqué seis artículos relacionados con el tema, hasta que al fin llamé la atención de los mandarines: Planck, Einstein y compañía... Todos comenzaron a llamarme para invitarme a impartir conferencias y explicar mi descubrimiento...

—Un éxito mucho más rápido que el de Heisenberg —apunté yo.

—Ya se lo he dicho: las matemáticas de Heisenberg eran demasiado complejas.

—Pero él sentía que era el verdadero descubridor de la mecánica cuántica...

—Cuestión de matices —se defendió Erwin—. Lo verdaderamente importante era que por fin los físicos disponíamos de un método apropiado para el estudio del átomo y, por su simpleza matemática, ése era el *mío*... En cuanto se hizo obvio que mi sistema era mucho más sencillo que el de Heisenberg, todos los físicos comenzaron a utilizarlo. Incluso

Pauli, que era amigo de Heisenberg, se mostró admirado por la simpleza de mi fórmula... Por desgracia, no todos reaccionaron con la misma honestidad intelectual —añadió Erwin—. No podía ser tan fácil. Pronto, animados por Bohr y Heisenberg, todos comenzaron a poner en duda que un vienés recién llegado hubiese hecho fracasar sus expectativas...

—¿Cuál fue exactamente la opinión de Heisenberg, profesor?

—Me trató con frialdad. Escribió que la mecánica ondulatoria era «increíblemente interesante» pero que, en el fondo, no aportaba nada nuevo a lo que él ya había hecho...

—¿Los argumentos de Heisenberg eran correctos o se trataba de... una forma de envidia? —me aventuré a decir.

—No me gusta hablar mal de nadie. Considero, sin embargo, que el espíritu de competencia tenía mucho que ver con sus opiniones... Recuerden que, hasta ese momento, él creía ser el poseedor de las verdaderas claves de la física moderna.

—¿Pero en realidad sus puntos de vista eran tan opuestos?

—Entonces, sí. Mientras Heisenberg y Born insistían, con una óptica positivista, en la imposibilidad de visualizar los movimientos atómicos, yo pensaba lo contrario: que mi teoría prácticamente permitía *ver* lo que ocurría en el interior del átomo...

—Toda una paradoja —intervino Bacon—. Durante años los físicos se habían quejado de que no poseían una mecánica capaz de describir el comportamiento de los átomos y, de pronto, no tenían una sino dos teorías aparentemente opuestas...

—Usted lo ha dicho: *aparentemente* —exclamó Erwin, divertido con su larguísima exposición—. En mayo de 1926 publiqué otro articulito en el cual demostraba que, a pesar de que formalmente se trataba de dos mecánicas distintas, ¡en el fondo eran equivalentes! Los defensores de Heisenberg tomaron este punto de vista como una afrenta; se pusieron frenéticos, como si los hubiese insultado... Yo no sólo había tenido el atrevimiento de hallar una solución independiente de la suya, sino que ahora demostraba que con mi sistema podía hacer exactamente lo mismo que ellos, pero sin complicarme tanto la vida... Si ambas teorías servían para lo mismo, y una de ellas era mejor, ¿para qué conservar la otra?

Bacon volvió a sus notas y leyó:

—Heisenberg le dijo entonces a Pauli: «Cuanto más pienso en los aspectos físicos de la teoría de Schrödinger, más repelentes los encuentro», y, en otra ocasión (usted me perdonará): «Me parece una mierda.»

Erwin soltó una carcajada intempestiva.

—Era una guerra: de un lado Heisenberg, Bohr y Jordan con su mecánica matricial, y del otro yo con mi mecánica ondulatoria... Aunque en el fondo fuesen idénticas, ninguno iba a dar su brazo a torcer. Lo que se arriesgaba no era una cuestión menor, sino la dignidad de cada uno. Todo el mundillo científico tenía la mirada puesta en nuestra pelea porque de ella dependía quién iba a dominar la física cuántica en los años subsecuentes...

—¿Se trataba de una disputa por el poder? —preguntó Irene.

—Si quiere usted llamarla así, señorita, no pienso contradecirla.

—Algunos han dicho que todo el problema se debía, simplemente, a la envidia, la ambición y el esnobismo de Heisenberg —añadí yo.

—Sí, lo he oído.

—¿Y qué ocurrió entonces? —insistió Irene—. ¿Quién ganó?

—Lo natural: poco a poco las cosas tomaron su rumbo. Pronto, todos los físicos se valían de mi sistema para realizar sus estudios a pesar de que de puertas para afuera dijesen estar de acuerdo con Heisenberg —Erwin volvió a esbozar una sonrisa.

—Y entonces vino el enfrentamiento directo con él...

—En julio de 1926 Sommerfeld me invitó a exponer mis ideas en su *Kolloquium* de la Universidad de Múnich. Acepté encantado. Al término de mi charla, un joven alto y rubio se levantó de su asiento y me increpó en voz alta. Me preguntó si pensaba que el resto de los grandes problemas físicos podrían derivarse de mis teorías. Desde luego, se trataba de Heisenberg, quien *por casualidad* estaba de visita en la ciudad. Ni siquiera tuve tiempo de responderle. Willy Wien, que moderaba la mesa, le dijo con una voz atronadora que todavía recuerdo: «Mire, joven, el profesor Schrödinger seguramente atenderá estas cuestiones en su momento. Debe usted comprender que ya estamos hartos de esa tontería de los saltos cuánticos.» Furioso, Heisenberg abandonó la sala y, como un niño regañado que busca la protección de su hermano mayor, se apresuró a escribir a Bohr para contarle lo sucedido.

—¿Y cómo reaccionó éste?

—Como solía hacerlo —Erwin hizo un ademán incomprensible—. Me escribió para invitarme (casi diría que para obligarme) a visitarlo en Copenhague.

—¿Y usted accedió?

—¿Qué otra cosa podía hacer, querida Irene? —se lamentó Erwin—. Fue una de las experiencias más agotadoras de mi vida. Bohr es encantador, pero no cuando uno lo tiene cerca todo el día. Si se obsesiona por algo es imposible detenerlo. Me alojó en su casa y me trató como a un prisionero, racionado a pan y agua hasta que terminase de responder a su interminable interrogatorio. Se convirtió en una fiera implacable; no estaba dispuesto a concederme ni el menor respiro si no me mostraba de acuerdo con él.

—¿De verdad fue tan terrible? —era la voz de Irene.

—Puedo jurarle, señorita, que no le desearía ese mal rato ni a mi peor enemigo. Yo le dije a Bohr lo que pensaba. Bohr objetó mi punto de vista una y otra vez. Por fin logró exasperarme y no dudé en exclamar que lamentaba haber tenido cualquier cosa que ver con la mecánica cuántica... Sólo entonces se tranquilizó un poco y añadió, conciliador: «Nosotros, en cambio, estamos muy agradecidos por ello; la mecánica ondulatoria, con su claridad y simpleza matemáticas, es un progreso gigantesco...», y así por el estilo...

—¿Llegaron a alguna conclusión?

—Seguimos discutiendo día y noche sin avanzar un ápice —contestó Erwin, exhausto—. Al cabo, Bohr consiguió volverme loco. Caí brutalmente enfermo y, de no ser por los cuidados de la gentil Margrethe, hubiera deseado morir allí mismo. Tenía una fiebre altísima y apenas podía mantenerme consciente, pero ello no impidió que Bohr se sentase al pie de mi cama para seguir martirizándome: «Pero, Schrödinger, tiene que comprender...» Estas palabras aún me producen escalofríos... Una verdadera tortura. Al final, yo ya no estaba seguro de si compartía su punto de vista o si, por el contrario, seguía conservando el mío... Al hablar con él todo se volvía tan nebuloso, tan *filosófico*, que no había forma de entender nada...

—Muy bien —exclamé yo al tiempo que producía un ruidoso aplauso—, creo que nuestro querido profesor Schrödinger no merece una repetición de su amarga experiencia con Bohr. ¿Por qué no vamos a comer y continuamos con esta charla mañana?

—Es lo más sensato que ha dicho hoy, Links —secundó Erwin. Y luego, dirigiéndose a Irene—: Además, yo también tengo preguntas que hacerles... No quiero que la señorita piense que sólo me interesa la física, ¿verdad?

Erwin se levantó de su sillón y le tendió una mano a Irene.

—Síganme, por favor, caballeros —terminó aferrándose a ella del brazo—. El Instituto ha preparado una pequeña comida para ustedes... Por aquí...

Después de otra noche atroz en la que hube de soportar los gemidos, los arrumacos y los grititos de Bacon e Irene, nos presentamos de nuevo por la mañana en el despacho de Schrödinger, en el Instituto de Estudios Avanzados, para proseguir con nuestra charla del día anterior. Quizá porque ya nos conocíamos, el ambiente se hallaba más relajado. Ella fue menos impertinente que la otra vez y yo me preocupé menos por sus ademanes impostados y su pretendida simpleza. Erwin, por su parte, había terminado por darse cuenta de que ella no iba a convertirse en otra de sus conquistas —Frank se había encargado de dejar bien clara su posición—, de modo que estuvo menos chispeante.

—Según sus palabras de ayer, parece que su relación con Heisenberg siempre fue tirante...

—Éramos rivales compitiendo por un mismo premio, profesor Bacon —asintió Erwin, sin darle demasiada importancia—. Hasta cierto punto su actitud me parece normal. Como usted debe saber, un físico puede dedicarse durante años (durante sus años más productivos) a una sola tarea, con la esperanza de lograrla, sin que nadie le garantice ningún tipo de éxito. Heisenberg llevaba años enfrentándose a los mismos problemas y creía haberlos solucionado. ¿Cómo de pronto alguien se atrevía a decirle que se había equivocado o, peor aún, que existía otro camino mejor que el suyo? Asumo que no era nada personal contra mí, sino una reacción lógica debida a su frustración...

—Los dos recibieron el Premio Nobel el mismo año...

—No exactamente. En 1932, el premio no había sido concedido, de modo que en 1933 se asignaron tanto el correspondiente a ese año como el del año anterior. Por algún motivo, la Academia Sueca consideró que Heisenberg debía recibir el premio de 1932, mientras que a mí, en compañía de Paul Dirac, nos concedieron el de 1933... Creo que se trató de una solución salomónica...

—Podría decirnos cuál es ahora su imagen del profesor Heisenberg...

—¡Vaya pregunta! Se trata, sin duda, de una de las grandes mentes físicas del siglo... Un hombre brillante, astuto, severo...

—Ambicioso... —añadí yo.

—¿Y quién no lo es en nuestro medio, Links?

—Pero —terció Bacon— ¿hasta dónde podría llegar para conseguir sus fines?

Erwin permaneció en silencio con una sonrisa entre dientes.

—Me gustaría decirles que era una especie de Fausto, capaz de vender su alma con tal de conseguir...

—¿La gloria, la inmortalidad?

—No. El conocimiento. Heisenberg nunca me pareció mezquino, no perseguía fines deleznables... Todo lo contrario: su vanidad se debía a que, desde el inicio de su carrera, a muy temprana edad, *sabía* que era uno de los elegidos, uno de los pocos seres humanos marcados por el dedo del Buen Señor con la capacidad necesaria para desvelar sus misterios... Sí, supongo que hubiese hecho cualquier cosa con tal de acercarse, más que el resto del mundo, a la *verdad*.

—¿*Cualquier* cosa? —remarqué.

Schrödinger evadió la pregunta.

—Heisenberg estaba obsesionado por la incertidumbre... Era perfectamente consciente de sus habilidades especiales, quizás *demasiado* consciente, y por ello experimentaba una dolorosa angustia por el futuro... Su deseo de desarrollar la mecánica cuántica y de tener el monopolio de la verdad, frente a teorías como la mía, me parece el intento de un hombre desesperado por hallarle sentido al mundo. Sé que suena paradójico, pero él, que analizó con tanta meticulosidad la incertidumbre, la *imposibilidad* física de tener toda la información sobre un sistema determinado, estaba más necesitado de certezas que nadie...

—¿Piensa usted, profesor, que para Heisenberg la *indeterminación* establecida por la mecánica cuántica era una especie de exaltación del libre albedrío? —Bacon se ponía filosófico.

—Ésa era la idea de uno de sus colegas, Pascual Jordan, quien por cierto durante muchos años fue un celoso admirador de los nazis... Jordan pensaba que, como la naturaleza es indeterminada, el hombre tiene el deber de llenar los huecos que deja vacíos. ¿Cómo? Por medio de la voluntad. Es una idea muy antigua y, me temo, un poco tiránica: como el universo no es claro, la verdad está del lado del más fuerte... Es el poderoso (el hombre con voluntad de hierro) quien debe encargarse de fijar lo bueno y lo malo, lo cierto y lo falso...

—Déjeme ver si le he entendido, profesor —suspiró Bacon—. Según esta idea, el libre albedrío tiene su origen en el azar del universo cuántico y relativista...

—Así pensaban ellos. El cosmos se completa gracias a nuestros actos de voluntad.

—Veo que usted no está de acuerdo...

—¡Desde luego que no! —exclamó Erwin, convencido—. Esta opinión me parece de una irresponsabilidad moral intolerable. Yo no soy bueno o perverso porque los hechos sucedan al azar: por el contrario, mis decisiones dependen de una gran variedad de motivaciones, desde las más mezquinas hasta las más sublimes, lo cual poco tiene que ver con decisiones tomadas en un marco aleatorio. Si bien es cierto que la mecánica cuántica considera que ciertos aspectos del universo permanecen indeterminados, al mismo tiempo realiza predicciones estadísticas que, en cualquier caso, no están basadas en el azar.

—¿Cuál es su conclusión, entonces?

—En mi opinión, el resultado más valioso de la controversia está en la reconciliación del libre albedrío con el determinismo físico. Después de muchos pasos en falso, al fin nos hemos dado cuenta de lo inadecuado que resulta el azar físico como base de la ética —Erwin pontificaba como un pope, ratificando su dogma neodeterminista—. En resumen, la física cuántica no tiene nada que ver con el libre albedrío.

—La física, entonces, tampoco tiene que ver con la moralidad de nuestros actos.

—La visión científica del mundo no dice una sola palabra sobre nuestro destino final ni quiere saber nada (¡sólo eso faltaría!) de Dios. ¿De dónde vengo y adónde voy? ¡La ciencia es incapaz de responderlo! En cambio, hombres como Jordan (y quizás Heisenberg) pensaban que la física cuántica demostraba nuestra imposibilidad para conocer la realidad... A partir de ahí, la voluntad era la única que podía establecer todos los parámetros de conducta. Esta idea me parece aberrante y creo que conduce a conductas aberrantes...

—En un mundo indeterminado, donde no existe el bien ni el mal por sí mismos, los campos de concentración o la bomba atómica podían llegar a ser considerados normales —se atrevió a decir Irene.

—Si seguimos su punto de vista hasta las últimas consecuencias, así es, en efecto, querida...

—Usted fue uno de los pocos físicos importantes que no participó, ni siquiera remotamente, en los proyectos para construir bombas atómicas, en ninguno de los bandos —dijo Bacon.

—No fui invitado y, de haberlo sido, habría declinado.

—¿Y por qué tantos científicos participaron voluntariamente, en Estados Unidos o en Alemania, en trabajos de esta naturaleza?

—El desafío era enorme —contestó Erwin.

—¿Está usted diciendo que se trataba de un acto de vanidad?

—Definitivamente. Cualquier físico habría estado encantado de demostrar que sus teorías podían tener consecuencias prácticas. Los científicos, y en especial los físicos teóricos, queridos amigos, somos perversos por naturaleza: nos pasamos toda la vida meditando y haciendo cálculos, de modo que una aplicación directa de nuestras teorías nos fascina.

—¿Y las consideraciones éticas y religiosas...?

—Dado que el universo es relativista (no en el sentido de Einstein sino en el de Protágoras) e indeterminado, un físico debe mantenerse alejado de él. Uno se limita a llevar a cabo su trabajo, lejos de cualquier consideración extracientífica, y con eso basta para tener la conciencia tranquila... Para alguien que piensa así, el hongo radioactivo de una explosión atómica no es más que una prueba de que se ha tenido razón.

—¿Sólo eso?

—Sólo eso. ¿Por qué piensa que tantos hombres participaron, gustosos, en proyectos atómicos? ¿Por nacionalismo? Eso era lo de menos, aunque tampoco hay que restarle importancia. ¡Lo hacían por orgullo! *Vanitas vanitatis,* profesor Bacon. Los físicos tenían su guerra particular, ajena a la de los ejércitos. Cada cual quería ser el primero en producir una bomba atómica: lograrlo implicaba la inmediata derrota del otro bando. Las consecuencias de la explosión eran lo de menos: lo importante era dejar a los otros en ridículo. Y así fue. Sólo que, por fortuna, y con el perdón de profesor Links, el equipo de Heisenberg fue el perdedor...

—No puedo creerlo —era Irene, la señorita moralidad—. No les importaban las vidas que iban a perderse con tal de ganar su carrera científica, con tal de demostrar que eran mejores que sus rivales... Me parece una actitud más repugnante que la de Hitler...

—Los científicos nunca hemos sido blancas palomas —dijo Erwin con cierto cinismo—. Temo decepcionarla. No convive usted con las mejores criaturas del mundo.

—Millones de personas muertas sólo para comprobar una teoría.

Yo cada vez me sentía más incómodo, pero no podía hacer nada al respecto. Schrödinger me provocaba...

—Para ellos era como un juego —insistió Erwin—, no muy distinto del ajedrez o del póker. Matemáticamente, al menos, no era más relevante que esto, como usted sabe muy bien, Links. El objetivo era vencer a los contrarios: era lo único que importaba.

—Por eso, al final de la guerra, Heisenberg se mostró tan abatido... —Bacon pensaba en voz alta—. No por la derrota alemana, que ya había aceptado desde hacía varios meses, sino al comprobar que los físicos aliados habían logrado lo que él sólo había barajado como una posibilidad remota... Por eso lloró Gerlach, el director del proyecto, al enterarse de Hiroshima...

—Es asqueroso —se indignó Irene con una voz chillona similar a la de un cuervo—. Lloraba por orgullo, indiferente a las víctimas...

—Pero le recuerdo que nada de eso hubiese sido posible sin la intervención de los militares y del Estado, señorita. Por más malvado que sea un físico, no desarrollará armas a menos que éstos lo obliguen a hacerlo. El enemigo peligroso es el *Estado,* cualquier Estado. El absceso del fascismo ha sido extirpado, pero la idea sigue viva, hoy día, en sus implacables enemigos... Tiemblo ante la idea de que podamos ir tan lejos. De hecho, ya hemos llegado *demasiado* lejos...

Un escuálido avión militar nos depositó de nuevo en Hamburgo después de un espantoso trayecto lleno de sobresaltos y bolsas de aire, convertidos en una morosa y pesada mercancía. Desde ahí, tomamos el tren rumbo a Gotinga, cuyos calientes pasillos habrían de convertirse en el escenario de una incómoda discusión entre esa mujer y yo mismo.

—¿No opinan que es brillante? —dije, refiriéndome a Erwin.

—Agudo, sin duda —respondió Bacon.

—Pues yo creo que es patético —interrumpió Irene, enfadada, sólo por llevarme la contraria.

—Siento contradecirla, Irene —dije—. Pienso que se equivoca. No, no quiero ofenderla, sólo darle mi punto de vista. Sinceramente, yo pienso que el profesor Schrödinger se limita a llevar a cabo una *reductio ad absurdum* práctica de sus teorías...

—Explíquese, Gustav —me provocó Bacon.

—Es muy simple —comencé—. De seguro recordarán ustedes el famoso ejemplo científico que se conoce con el nombre de *Gato de Schrödinger...*

—El profesor nos contó esa historia durante la comida —le recordó Frank a Irene, la cual seguramente no había comprendido nada.

—Si nos dejamos llevar por la fuerza de esta paradoja, cada vez que se realiza la medición de un fenómeno cuántico, el universo se bifurca en el número de elecciones posibles...

—¿Y eso qué tiene que ver con la vida sentimental del *profesor* Schrödinger? —me interrumpió Irene, agresiva.

—Es obvio. A nivel cuántico, cada una de nuestras decisiones nos hace elegir un camino, aunque en el fondo podemos saber que una parte de nosotros (o que «*otro* nosotros», por decirlo de algún modo) se lanza, en su propio universo, en una dirección distinta... ¿Y qué es el amor sino la mayor de las elecciones? Cada vez que uno *decide* amar a una mujer, en el fondo está optando sólo por una posibilidad, eliminando, de tajo, todas las demás... ¿No les parece una perspectiva aterradora? Con cada una de nuestras elecciones perdemos cientos de vidas diferentes... Amar a una persona significa no amar a muchas otras...

—Creo que nuestra idea del amor no es siquiera parecida —me cortó Irene.

—Claro que sí, señorita. No estoy diciendo nada nuevo. Usted ha elegido a este buen muchacho —señalé a Bacon— y, al hacerlo, ha eliminado la posibilidad de amar a otros, al profesor Schrödinger, por ejemplo, o a mí...

—Por fortuna...

—¡Ahí está! —fui indiferente a su ironía—. Me está dando la razón... Escoger significa perder cientos de mundos posibles... Si nos toca encontrar al gato muerto, ya no hay modo de volver atrás el tiempo, nuestra observación nos condena a permanecer en *este* mundo. Y con el amor sucede lo mismo. ¿Y si hubiera...? Es frustrante.

—Yo creo que uno debe hacerse responsable de sus decisiones.

—Querida Irene, admiro su abnegación, pero no todos pensamos igual —reí—. Los seres humanos solemos ser falibles... Quizás usted no, pero la mayoría nos equivocamos, al menos una vez en la vida, y nos arrepentimos de nuestros actos. Es entonces cuando aparecen las palabras mágicas: *¿y si hubiera...?* Creo que el profesor Schrödinger es uno de estos hombres miserables que hubiesen querido vivir mil existencias distintas. Erwin ha querido conjugar, en una sola vida, muchas vidas: por ello al mismo tiempo puede tener una esposa y una amante y vivir con ambas, por ello puede amar a muchas mujeres al mismo tiempo, por ello considera que la felicidad absoluta sólo puede hallarse en la diversidad de experiencias...

—Yo no creo que las ame a todas, como dice... —arremetió Irene.

—Con su perdón, yo sí. O al menos cree amarlas, que ya es bastante.

—O se ama o no se ama, Gustav...

—Se equivoca, Irene. Otra vez: en un mundo sin certezas absolutas, ni siquiera el amor se salva de la duda. Digamos que considera altamente probable que su amor sea cierto... Es a lo único que podemos aspirar. Así que para mí Erwin ama (o cree amar, me da igual) a muchas mujeres al mismo tiempo, tratando de escapar de la esclavitud de las elecciones... ¿Por qué limitarse a un solo universo cuando hay tantos? ¿Por qué limitarse a una mujer cuando son legión? Convencido de ello, se lanza a varias vidas simultáneas... Erwin no es un don Juan ni un Casanova: no persigue doncellas por deporte, para engrosar su lista o para engañarlas... ¡No! Al contrario, trata de no limitar su amor, de no limitar sus posibilidades... ¿Convivir con una esposa, una amante y una hija al mismo tiempo? No es algo simple ni, creo yo, muy divertido. Erwin no lo hace para pasárselo bien, ya se lo he dicho, sino para no arrepentirse de haber escogido sólo a Anny, o sólo a Hilde, o sólo a la muchachita de la radio... ¡Así las conserva a todas!

—Usted es tan monstruoso como él —escupió Irene, incontenible. Bacon, que había permanecido en silencio todo el rato, trató de serenarla, sin conseguirlo—. Utilizar la ciencia como justificación de su inmadurez... ¿Qué hacer para evitar las dudas y el arrepentimiento que conlleva cada elección? ¡No elegir! Es el mayor acto de cobardía que me ha tocado presenciar... Para mí, el valor de la libertad está en el riesgo que uno corre... Claro que siempre existen posibilidades de que algo salga mal, pero aun así habrá valido la pena aventurarse... Eso nos hace genuinamente humanos, Gustav. Schrödinger y usted toman el camino más fácil, que es tomar *todos* los caminos al mismo tiempo... Quieren ganar siempre... Pero yo creo que siempre, a la larga, se equivocan... La única ventaja de ser derrotado, de equivocarse, es la posibilidad de intentarlo de nuevo...

—¿Aún falta mucho para que lleguemos a Gotinga? —concluí.

LA ATRACCIÓN DE LOS CUERPOS

Berlín, diciembre de 1940

¿Hubiésemos podido continuar así los tres, Marianne, Natalia y yo, perseverando en nuestros respectivos estados, impulsados por la inercia que nos animaba? ¿Ellas amándose en secreto y yo observándolas en silencio, escondido detrás de los muros, como un científico cauto y timorato que realiza su experimento desde la distancia, instalado en la comodidad de su mundo macroscópico? Quizás si yo hubiese sido menos curioso, si hubiese estado menos interesado en las nuevas experiencias, podríamos haber salido indemnes después de aquella inmersión en el caos... Entonces, pregunto otra vez: ¿por qué nos precipitaron en una avalancha producida por una mínima bola de nieve? Y, una vez en marcha, ¿quién hubiese sido capaz de detenernos?

Habían pasado casi seis meses desde que regresamos de nuestro viaje a Baviera y la situación se había mantenido sin cambios, cada uno acomodándose al papel que le tocaba representar en nuestro pequeño y terrible juego. Marianne seguía siendo una esposa distante y una amante fogosa; Natalia extrañaba a Heinrich y seguía buscando el consuelo de su compañera; y yo me limitaba a gozar al mirarlas juntas...

Todo cambió a partir de la cena de Navidad de 1940, justo cuando Hitler planeaba la Operación Barbarroja, con la cual invadiría por sorpresa a la Unión Soviética durante el verano siguiente. Como de costumbre, Natalia había sido invitada a celebrar con nosotros, puesto que, dadas las condiciones de la guerra, Heini no había obtenido permiso para regresar a casa en esas fechas. Nos envió una larga carta desde París, que Natalia nos leyó en voz alta, casi llorando. En ella no se limitaba a dirigirnos sus parabienes y a lamentar su ausencia, sino que también me pedía expresamente que reconsiderara mi actitud, ya que quizás —decía—, no nos quedasen muchas oportunidades para reconciliarnos. No sé si fue la combinación de la fecha con el amargo tono de la carta de Heini, o la voz entrecortada de Natalia y las lágrimas de Marianne, pero yo no pude evitar decir en voz alta que lo perdonaba, que lo echaba de menos tanto como ellas y que, en cuanto tuviese oportunidad de verlo, trataría de recomponer nuestra amistad. Este repentino cambio de posición hizo que la atmósfera se cargase con un aroma especial: de pronto, volvíamos a formar una familia.

Al escuchar mis palabras, Marianne se precipitó sobre mí. Natalia no tardó en hacer lo mismo: me abrazó y me besó, y luego abrazó y besó a Marianne con la misma intensidad e idéntico cariño. Cuando pudimos darnos cuenta, los tres estábamos desbordados, llenos de una felicidad y un entusiasmo que no habíamos compartido desde hacía mucho tiempo. Por fin nos habíamos liberado de la tensión, de la angustiosa carga que soportábamos sobre nuestras espaldas, y podíamos ser libres por una noche, absolutamente libres... Compartíamos una sensación de fragilidad y delicadeza, que nos dotaba de una cercanía inusitada: de pronto ya no éramos tres seres distintos, sino un mismo espíritu dividido en tres cuerpos separados... Nos necesitábamos más que nunca: la noche era fría y densa y, colándose a través de los ventanales, nos recordaba la precariedad de nuestra condición... ¿Qué posibilidades existían de que volviésemos a estar así, unidos de corazón, el año siguiente? Muy pocas. En medio del temor y la vorágine, nos convertimos en animalillos temerosos, atrapados por la desgarradora fuerza de nuestros apetitos.

¿Quién fue el primero en decidirse? Quizás yo mismo... Sí, yo comencé aquella cadena de desgracias que entonces, por un segundo, parecía de una sensibilidad tan tierna, tan suave, tan amorosa... Besé a Marianne, mi mujer, en la boca, largamente, como hacía mucho tiempo no lo hacía, al tiempo que sostenía las delicadas manos de Natalia entre las mías... Cuando volví a cobrar conciencia de mis actos, eran los labios de Natalia los que tenía frente a mí y, sin detenerme, los apretaba contra los míos: pasaba mi lengua alrededor de la suya, cimbrándome por la electricidad que atravesaba nuestras pieles, mientras Marianne comenzaba a desabrocharle el vestido. Gracias a un milagro (un milagro que ahora veo como maldición), los tres nos fundimos en uno solo: nuestros cuerpos, sudorosos y excitados, luchaban por desprenderse de sus ropas en aquella noche de Navidad, como si fuésemos esclavos que al fin logran liberarse de sus cadenas. Rodamos por el suelo, como bestias que luchan por la misma presa, besándonos y acariciándonos y desgarrándonos y muriéndonos y amándonos sin fin, inconteniblemente, hasta el agotamiento... Perdimos nuestras personalidades individuales y nos transformamos en un ser múltiple, regido únicamente por la desazón y el deseo. Por un momento, no importaba a quién pertenecía cada pierna, cada mirada, un fragmento de sexo, unos centímetros de piel: lo compartíamos todo, indiferentes y arrebatados, convencidos de que no hay fronteras entre aquellos que en verdad se quieren. Amarás a tu prójimo como a ti mismo, había dicho Aquel cuyo natalicio celebrábamos ese día, y decidimos llevar su dictado hasta las últimas consecuencias. No pecábamos, no *podíamos* pecar: por el contrario, estábamos poseídos por la gracia y éramos, por una vez en la vida, tan inocentes como niños...

Nos precipitamos a nuestra habitación, exhaustos y desnudos, aferrándonos a las sábanas como si fuesen redes de pescar en las cuales nuestras pieles quedaban atrapadas por obra del Espíritu Santo. Nunca antes había contemplado tanta belleza reunida: no había un centro masculino en torno al cual girasen dos mujeres extáticas, sino una telaraña sin sexo que se precipitaba sobre sí misma, obnubilada por su propia hermosura. Cada detalle era una obra maestra: dos magníficos senos que se deslizaban, suavemente, sobre otros dos senos igualmente perfectos; mi lengua que atravesaba el vientre de una hasta precipitarse en la espalda de la otra; los besos que pasaban de mis hombros a los pies de alguna de ellas; mi sexo entrando y saliendo, en movimiento perpetuo, de dos vulvas distintas y a la vez idénticas; nuestras seis manos entrelazadas como hilos meticulosamente tejidos; tres voces que se consolaban, se mezclaban, chillaban, lloraban y se llenaban de tiernos insultos, hasta que era imposible diferenciarlas entre sí... El universo nacía con nosotros: nos pertenecía. Nuestros abrazos eran las fuerzas primordiales en expansión; nuestros murmullos, el Verbo; y nuestro cansancio compartido, el reposo del séptimo día.

Después de la tempestad, la calma: quedamos varados sobre la cama como náufragos a la deriva, flotando sobre los maderos dibujados en los sobrecamas, esperando que alguien se acercase para salvarnos, demasiado fatigados como para pedir ayuda... Si no era amor, ¿cómo podríamos llamarlo? Flotábamos sobre nosotros mismos, sedientos y perplejos, contemplando la lámpara que pendía del techo como la estrella de la Salvación... ¿Podré decir que rezábamos? Casi en silencio, apenas moviendo los labios, tragando saliva que sabía a vino tierno, implorábamos perdón —a Dios, a Heinrich, a los hombres— y pedíamos, asimismo, que se nos concediese otra ocasión como aquélla... Y otra..., y otra más..., hasta la perdición definitiva... Hasta el infinito.

LA PARADOJA DEL MENTIROSO

Gotinga, abril de 1947

Arrinconados en un turbio silencio, el teniente Bacon, Irene y yo llegamos a la estación de ferrocarril de Gotinga cerca de las siete de la tarde de un viernes. Bacon detuvo un taxi y envió a Irene a casa de su madre por el pequeño Johann.

—Ha sido una semana muy dura, Gustav. Váyase a descansar. Nos vemos el próximo lunes.

—Hasta el lunes —me despedí, todavía con una profunda sensación de incomodidad por la engorrosa discusión que había sostenido con Irene.

Bacon miró de reojo las manecillas del reloj de la estación y decidió caminar hasta su casa. Después de tantas horas de convivencia, le gustaba sumergirse en el dulce anonimato de las calles de Gotinga. Por la noche, la ciudad era distinta, fresca, libre, desprovista de las magulladuras y las penas del amanecer. El edificio en el cual vivía, parecía una ballena dormida. La luz de las farolas no alcanzaba siquiera a iluminar sus fauces. Bacon se introdujo en su alojamiento como una alimaña que escapa a las trampas de los cazadores furtivos. Era medianoche. Se daría un baño y sólo después, si acaso, se atrevería a franquear la corta distancia que lo separaba de la puerta de Irene. Encendió una lamparilla y se dispuso a desnudarse. Cuando arrojó sus pantalones al suelo, se quedó mirando un sobre blanco que permanecía en el umbral. Alguien debió echarlo por debajo de la puerta. En un primer momento, Bacon imaginó que se trataría de un cambio de órdenes enviado por sus superiores, pero no era el sistema usual para llevar a cabo estas tareas. Intrigado, se apresuró a abrirlo sólo para encontrar otro más pequeño en su interior.

Impaciente, repitió la operación; luego extrajo de él una pequeña tarjeta rectangular escrita con caracteres grandes y elegantes cuyo único rasgo sobresaliente era que algunas vocales no llegaban a cerrarse por completo. El mensaje era el siguiente:

Estimado profesor Bacon:

Aunque usted aún no ha solicitado verme, sé que tarde o temprano hemos de encontrarnos. Por ello he preferido tomar la iniciativa. ¿Para qué? Para prevenirlo, querido amigo. Usted se está internando en territorios que no conoce. Yo, en mi momento, hice lo mismo, y terminé perdiendo. Por eso le digo: ¡Cuidado! *Todos los físicos son mentirosos.*

PROF. JOHANNES STARK

Bacon sintió un escalofrío que le recorría la espalda. Le hubiese gustado creer que se trataba de una broma. ¿Cómo se habría enterado Stark de su dirección? ¿Y por qué le enviaba aquellas incómodas palabras? ¿Trataba de distraerlo de su empresa? ¿O, por el contrario, en verdad quería prevenirlo? ¿O asustarlo? Se tumbó en la cama unos segundos, paralizado. Luego se levantó para hacer lo único que se le ocurrió en ese momento (lo peor que podía hacer): buscar a Irene. La encontró, somnolienta y arisca —muy probablemente enfadada porque él no había llegado antes—, sosteniendo en brazos a su hijo que aún no dormía.

—¿Qué sucede? —le preguntó ella—. Parecía que querías echar abajo la puerta.

Bacon entró sin tener en cuenta los reparos de la mujer.

—¿Viste a alguien cerca de mi casa?

—No, he estado aquí dentro desde que llegué —respondió ella—. ¿Por qué?

Bacon le tendió el mensaje.

—No comprendo.

—Lo encontré debajo de mi puerta —aclaró Bacon.

Irene le echó un vistazo.

—Qué extraño. ¿Por qué te mandaría una cosa semejante...?

—No lo sé. Lo que está claro, es que sabe cuál es mi trabajo.

—Es ridículo...

—A mí me parece perverso.

Irene se apresuró a colocar a Johann en su cuna. Luego, acaso con la inercia de la maternidad, le dio un fuerte abrazo a Frank como si también a él quisiese protegerlo de una amenaza desconocida.

Sólo unas horas más tarde, Bacon estaba ya sentado en uno de los sillones de mi casa. Consulté mi reloj: las cuatro de la madrugada.

—¿No podía esperar a mañana? —hacía frío y mi pijama apenas alcanzaba a protegerme—. ¿Café?

—Sí, gracias.

—Dígame, teniente, ¿qué ha sucedido?

Me entregó el mismo papel que antes le había mostrado a Irene.

—¿El viejo Stark le ha enviado esto? —le pregunté, tan incómodo como él.

Pasamos a la cocina y, mientras yo llenaba la cafetera, Bacon me contó lo sucedido.

—Siempre hemos sabido que es un lunático —resoplé, nervioso—. Y ahora, de pronto, se inmiscuye en nuestro juego... Pero ¿qué sentido tiene?, ¿qué gana él con esto?

—Hacernos saber que está al tanto de nuestras investigaciones y decirnos que no está preocupado. Y quizás también...

—¿Qué? —salté yo.

—Es evidente que se trata de un desafío. Mírelo de nuevo.

—«¡Cuidado! *Todos los físicos son mentirosos*» —leí en voz alta.

—Está fijando las reglas de la confrontación, como si se tratase de una partida de ajedrez o de póker. ¿Pero por qué hacer algo así? ¿Por qué nos reta? ¿No hubiese sido más prudente mantenerse en el silencio, como hasta ahora?

—De seguro Stark piensa que sospechamos de él, y ésta es su forma de defenderse. Ha preferido adelantarse.

—Es absurdo —musitó Bacon—. No debe de estar en sus cabales...

—Quizás no, pero ello no debe importarnos. No queda más remedio que seguir adelante.

—¿Y qué hemos de hacer?

—Lo mismo que hasta ahora. Continuar con nuestra labor.

—¿Y su acertijo?

—Quizás sólo quiere ganar tiempo.

—¡Está jugando con nosotros!

—Tranquilícese, Frank —apoyé una mano en su hombro y le entregué su taza de café—. Apartémoslo de nuestra mente y rehusemos seguir sus reglas...

—Ahora es demasiado tarde —insistió—. Sólo tenemos dos opciones: jugar o abandonarlo todo. Si decidimos no jugar, Klingsor gana.

—¡De acuerdo, de acuerdo! —le dije, dando un sorbo a la taza y escaldándome los labios—. Juguemos, pues. Ahora dígame, teniente, según usted, ¿cuál es el significado del mensaje de Stark?

—Sinceramente, no lo sé.

—¿Quiere sugerirnos que los testimonios que hemos recabado son falsos? ¿Que alguien nos ha mentido?

—Supongo que a eso se refiere. Sólo que, al decírnoslo, en vez de ayudarnos, nos entorpece. ¿Cómo podemos saber quién ha sido el mentiroso? ¿Se da usted cuenta? Lo que ha hecho es sembrar la semilla de la duda. Sugiere que vamos por el camino correcto y, al mismo tiempo, que alguien nos ha estado engañando...

—Ya se lo decía yo: la perversa hidra de la incertidumbre.

—Lo peor es que lo ha conseguido —Bacon dio un golpe sobre la mesa—. Ahora, más que antes, no podemos confiar en nadie... —Hizo una pausa y luego, sin darme oportunidad de hablar, tomó sus cosas y me ordenó—: Lo espero en la oficina, profesor. Creo que hay alguien que puede ayudarnos con este asunto.

A pesar de ser sábado, el viejo edificio en que se encontraba la oficina de Bacon no estaba del todo vacío: aquí y allá, algunos soldados transportaban cajas y expedientes, mientras que una media docena de civiles permanecía detrás de sus respectivos escritorios rellenando formularios o revisando la correspondencia. Yo llegué un poco después de las nueve. Estuvimos toda la mañana frente a un transmisor de señales, codificando un largo mensaje que Bacon se encargó de redactar con parsimonia. Por la tarde recibimos la respuesta que esperábamos. Una vez traducida, comprobé que nuestro interlocutor intercontinental no era otro que John von Neumann.

De: John von Neumann
Para: Tte. Francis P. Bacon

Querido Frank:

Cable recibido. Interesante problema, muchacho. Parece película policiaca. Un físico al que le gustan los juegos. Muy ingenioso. Creo que algún día me gustaría tomarme un té con Stark. No hay duda de que está chalado, pero al menos tiene sentido del humor.

El enigma que les ha puesto es breve pero sustancioso. Me sorprende que unos científicos tan competentes como ustedes no se hayan percatado de la referencia a la que hace alusión. Quizás debió parecerles demasiado obvia. Se trata ni más ni menos que de una paráfrasis de la célebre Paradoja de Epiménides. Éste era un sofista muy afecto a burlarse de sus colegas, una sana costumbre que no deberíamos perder. Haciendo gala de su sabiduría y honradez, este buen hombre (nacido en Creta) dijo un día:

Todos los cretenses son mentirosos.

Creo que ni siquiera es necesario que yo abunde sobre los conflictos lógicos que desencadena una declaración como ésta. Quizás el bueno de Stark es tan agudo y tan sincero como Epiménides o como nuestro común amigo Kurt Gödel. Les deseo suerte. Tal como veo las cosas, creo que la van a necesitar. Manténganme al tanto.

—¿Cómo no me di cuenta antes? —me lamenté.

—Yo tampoco la reconocí. ¡Qué estúpido: si es la base del famoso *Teorema de Gödel*! —Bacon parecía sinceramente avergonzado, cuando el matemático que había quedado en ridículo era yo—. En fin, lo importante es que hemos avanzado.

—Al igual que *Todos los cretenses son mentirosos, Todos los físicos son mentirosos* es una frase inocente a menos que sea dicha por un cretense, en el primer caso, o por un físico, en el segundo.

—Es un físico el que habla y quien nos dice que todos los físicos son mentirosos...

—Así es —acoté—. Es como si yo dijese *Estoy mintiendo* o *Esta frase es una mentira*. Si esto es cierto, entonces la frase es falsa. Y si es falso, la frase parece verdadera; pero si es verdadera, entonces es falsa, y así *ad infinitum*... Una típica paradoja recurrente.

—A partir de la cual se deriva, como bien hizo en recordarnos Von Neumann, el Teorema de Gödel... ¿Se da cuenta, Gustav? Otra vez la incertidumbre. Si antes se trataba de la que se deriva de la física cuántica, ahora es la que está en el centro de las matemáticas. Como dice Gödel, aun en el sistema más perfecto existirá *siempre* al menos una proposición que no puede ser verificada de acuerdo con las leyes de ese sistema... No es ni verdadera ni falsa, sino *indecidible*.

—Como el gato de Schrödinger que está vivo y muerto a la vez...

—Demasiadas coincidencias, ¿no le parece? —añadió Bacon—. En Princeton, yo conocí a Gödel. De hecho, podría decir que, de algún modo, él es el responsable de que yo esté ahora aquí... Es una larga historia...

—El mensaje está lleno de *otros* mensajes.

—Que vuelven sobre el mismo punto: la imposibilidad de conocer la verdad.

—Pretende desanimarnos —añadí yo, incómodo—. Nos dice: si en la ciencia, en la física y en las matemáticas no es posible llegar a una certeza absoluta, ¿por qué nosotros insistimos en encontrarla? ¿Por qué la perseguimos con tanto denuedo? Y repite: la verdad es tan ambigua como una proposición indecidible, tan esquiva como un electrón, tan incierta como una paradoja...

—*Así no encontrarán a Klingsor...*

Me quedé en silencio unos segundos, sopesando las diversas posibilidades. Por fin, me pareció encontrar una solución.

—Se me ocurre algo, teniente —dije—. Quizás este mensaje no hace sino confirmar nuestra sospechas previas... Stark era el adversario de todos los científicos con los que hemos hablado hasta ahora. Todos ellos estaban confabulados contra él, y quizás sigan estándolo todavía hoy...

—Explíquese.

—Recuerde el mensaje: *Todos los físicos son mentirosos.* Stark quiere que dudemos de todos los testimonios que hemos recabado... ¿Y sabe por qué razón, Frank? —me entusiasmé—. Si aceptamos la hipótesis de que Klingsor en realidad era uno de los enemigos de Stark, todos los físicos han mentido para seguir protegiendo su identidad tal como lo hacían antes... ¿Y si todos ellos estuviesen mintiendo para encubrir a *uno de los suyos*? ¿A Heisenberg, por ejemplo?

—Me parece una locura desconfiar de Heisenberg sólo porque nos lo dice alguien como Stark.

—Ésa es la cuestión, teniente. Stark sabía que nosotros no íbamos a creerle, por eso no ha intentado convencernos. Nos reta a que lo desmintamos. No se trata de una acusación, sino, como usted dijo, de un desafío. Si podemos demostrar que alguno de nuestros entrevistados ha mentido para proteger a Heisenberg, estaremos sobre la pista correcta...

—Eso significaría involucrar en este asunto a toda la comunidad científica del país —Bacon estaba sobresaltado, aunque en sus pupilas pude apreciar que comenzaba a interesarse por mi idea—. Sería como desvelar una conspiración...

—¿Pero y si en realidad fuese así? —lo tenté—. Stark es un hombre despreciable, sin duda, pero quizás por una vez esté diciendo la verdad. Sería muy injusto por nuestra parte eliminar esta teoría sólo porque proviene de un ser abyecto. ¿Y si los demás fuesen más abyectos que él? Yo no soy el único que desconfía de Heisenberg, teniente —deslicé mi provocación más sibilina—. Todo el mundo sabe que, al final, el propio Bohr terminó repudiándolo...

—¿Bohr?

—Así es, teniente. No conozco el motivo, pero debió ser realmente grave. ¿Por qué no le pregunta a Werner al respecto?

Frank se quedó callado. Parecía sumergido en un océano propio, inaccesible.

—¿En qué piensas? —le preguntó Bacon al mirarla, reservada y taciturna en medio de la oscuridad y de las sábanas.

Su cuerpo era como un pez desnudo que ha sido arrojado a la playa y se resigna a ser calcinado por el sol de la tarde... Frank deslizó la mano por sus muslos abiertos, pero sólo consiguió hacer que ella se revolviese como si él la hubiese rasgado con un arpón.

—Hay algo que no me gusta, Frank. Yo no creo que Heisenberg tenga nada que ver en todo esto —dijo ella por fin, incorporándose un poco; sus senos, pequeños y enrojecidos, quedaron al descubierto como dos manzanas recién mordidas.

—Pareces más preocupada que yo —susurró él, volviendo a colocar su cabeza en el regazo de Irene.

—No entiendo cómo puedes tomártelo con semejante ligereza —se enfadó ella, apartando su cabeza como si fuese un fruto mohoso—. Llevas cuatro meses trabajando y no hay nada concreto, ¿no te das cuenta? Ese Gustav te está llevando por donde quiere. ¡No hay una sola pista concreta!

—Está el mensaje —Bacon se irguió también y trató de abrazarla, en vano.

—¡Sí, el mensaje! —se burló ella—. Como si pudiésemos concederle algún valor. No es nada, Frank. No prueba que Heisenberg sea culpable... Todo es una ilusión.

Por fin, el teniente comenzó a cansarse. En su caso, yo ya la hubiese dejado o por lo menos le habría impedido intervenir en mis asuntos, pero el pobre Bacon era más timorato.

—¡Basta ya, Irene! —exclamó—. Ahora resulta que te lo tomas como algo personal. Sé que no confías en Gustav, pero sin él no habría llegado a ninguna parte...

—Es que *no* has llegado a ninguna parte, Frank...

—Eso crees tú. Yo, por el contrario, considero que hemos tenido importantes avances...

—¿Como cuáles?

—Ya has oído a Planck, a Von Laue, a Schrödinger... Aun si Heisenberg no es nuestro hombre, es posible que pronto nos conduzca hacia él...

—Te lo repito —Irene se levantó y comenzó a vestirse—. No tienes una sola prueba. Son meras lucubraciones...

—No entiendo por qué te molestas —esgrimió él—. ¿Adónde vas?

—Me preocupa que estés perdiendo el tiempo, eso es todo —dijo ella—. Tengo que prepararme... Son casi las siete de la mañana...

—Irene, por favor. Bastantes problemas tengo como para soportar una pelea contigo.

Ella decidió no responderle. La ira deformaba su rostro de por sí turbio. Bacon no tuvo más remedio que comenzar a vestirse.

El sol del mediodía era blanco y lustroso, como una enorme gota de leche suspendida en el cielo. Como de costumbre —a veces me enardecía lo obsesivo que podía llegar a ser—, Bacon llegó puntualmente a su cita. Heisenberg tampoco se hizo esperar. Comenzaba a sentirse cada vez más incómodo con aquel norteamericano terco e ingenuo. El pretexto era el mismo de la vez anterior: la supuesta monografía sobre la ciencia en Alemania.

—Espero no incomodarlo demasiado con esta pregunta —empezó Bacon—. ¿Por qué accedió usted a trabajar en el proyecto atómico alemán? ¿Era consciente de las consecuencias que podía tener el que Hitler dispusiese de un arma como la bomba atómica?

—Yo sólo cumplí con mi trabajo científico, profesor Bacon —la voz de Heisenberg adquirió un tono gélido—. Acepté trabajar en el proyecto atómico alemán porque no me quedó otra opción... En semejante puesto no sólo podía ser útil para mi patria, sino para todo el mundo...

—¿A qué se refiere, profesor?

—Los avances en el trabajo que conduciría a la bomba dependían de mí —musitó, persuasivo—. Y nunca hubiese permitido que un arma de esa magnitud fuese utilizada en contra de la humanidad...

Heisenberg calló de pronto.

—¿Quiere decir que estaba dispuesto a impedir el éxito de su propio proyecto?

—Digo que no hubiese permitido que un arma así hubiese sido utilizada, profesor Bacon. Eso es todo.

—¿Aunque fuese un acto de traición contra su país?

—Nunca traicionaría a mi patria, profesor —Heisenberg estaba a punto de estallar—. Pero tampoco hubiera permitido que millones de personas inocentes muriesen por mi culpa. En cambio ustedes, en Hiroshima y Nagasaki...

Heisenberg revertía la responsabilidad. Y, en cierto sentido, tenía razón.

—Seamos realistas, profesor Bacon —añadió—. A fin de cuentas, *yo* no provoqué ninguna muerte. En cambio, por las razones que usted quiera, por patriotismo y para evitar males mayores (no soy nadie para juzgarlos), cientos de mis colegas en América sí lo hicieron... ¿Por qué seguirme acusando, entonces?

—Lo siento, profesor.

—¿Cuántos físicos y matemáticos de primer orden participaron en el proyecto atómico de los aliados? La lista es interminable. Einstein mismo fue uno de los primeros defensores de la bomba... El propio Bohr estuvo ahí... Y ahora es él quien me recrimina.

De pronto Heisenberg se dio cuenta de que había comenzado a exaltarse y, probablemente, a hablar de más. Permaneció en silencio, frío como un témpano, conteniendo la rabia con una sonrisa forzada.

—¿Bohr? —preguntó Bacon, aparentando inocencia.

Heisenberg dudó.

—Él y muchos otros...

—¿Es que ya no son amigos? —insistió el teniente, inmisericorde—. Yo siempre los vi como una especie de familia...

—Quizás en el fondo lo sigamos siendo —musitó Heisenberg crípticamente—. Yo nunca he dejado de admirarlo...

—¿Pero ya no se escriben?

—No.

—¿Desde hace cuánto? ¿Desde el inicio de la guerra?

—Más o menos... Desde la última vez que lo vi en Copenhague... Bacon sabía que había llegado al meollo del asunto.

—¿Puedo preguntarle qué ocurrió entonces, profesor?

—Prefiero no hablar de ello —rugió Heisenberg, arisco—. Es un asunto personal que nada tiene que ver con su monografía...

—Me parece lógico que Bohr estuviese molesto —continuó Bacon sin hacer caso de los reparos de su interlocutor—. Dinamarca había sido invadida... Quizás se sintió ofendido por su actitud...

—Supongo que fue eso.

—¿Cuándo fue esa última visita suya a Copenhague?

—En 1941.

—¿Fue usted al Instituto, como en los viejos tiempos?

—No. Fui invitado por el Instituto Alemán de la ciudad para dar unas conferencias. Creí que ello contribuiría a distender el ambiente científico entre daneses y alemanes, pero es obvio que me equivoqué...

—Y aprovechó para reunirse con Bohr.

—Desde luego.

—¿Y de qué hablaron?

—De la guerra, profesor Bacon. Y de física, por supuesto. Fue un encuentro muy breve.

—Y a partir de entonces perdieron todo contacto.

—Lamentablemente, así es —Heisenberg comenzó a tamborilear con los dedos sobre su escritorio—. ¿Hemos terminado ya?

—Sí, profesor. Por ahora —concluyó Bacon temiendo que sus palabras sonasen sarcásticas.

—Espero haberle sido de ayuda —se despidió Werner.

Las manos le temblaban.

La pregunta que todos los científicos alemanes tuvimos que responder al final de la guerra —y que nosotros mismos nos hacíamos desde que empezamos a colaborar en el proyecto atómico— era siempre la misma: *¿Por qué?*

¿Colaboró usted en el programa científico alemán relacionado con el desarrollo de nuevas armas? *Sí.*

¿Sabía usted que su trabajo podría conducir a la creación de una bomba? *Sí.*

¿Era usted consciente del uso que un régimen como el nazi podría darle a un arma como ésta? *Sí.*

¿Pero dice usted que siempre se mostró en desacuerdo con la política nazi y que jamás se afilió al Partido? *Sí.*

Entonces, ¿por qué lo hizo? Esta respuesta, como podrá imaginarse, no era tan sencilla. Yo, en mi condición de víctima, no tuve que quebrarme demasiado la cabeza para encontrar una explicación convincente —mi sufrimiento en la cárcel era prueba suficiente de mi arrepentimiento—, pero otros, como Heisenberg, se esforzaron en hallar alguna justificación más elaborada. «Me *fue indicado* que debía trabajar», repitió él una y otra vez a cuantos le pidieron cuentas de sus actos al término de la guerra y aun mucho después. «El *slogan* oficial del gobierno era: *Debemos servirnos de la física para la guerra.* Nosotros lo arruinamos transformándolo en el nuestro: ¡*Debemos servirnos de la guerra para la física!*»

¿Cuántas palabras, cuántas frases afortunadas como ésta podían inventarse para quitarnos la enorme responsabilidad que sobrellevábamos? Lo cierto era que su único mérito, su única verdadera exculpación, era su *fracaso.* A fin de cuentas, al final de la guerra el equipo dirigido por Heisenberg ni siquiera había logrado producir una reacción en cadena o crear un verdadero reactor, y mucho menos armar una bomba con capacidad explosiva. Lo había intentado y, por fortuna, había fallado. Pero ¿qué hubiese sucedido si hubiese tenido éxito? ¿Si Hitler hubiese asesinado a millones de personas inocentes en Londres o en Birmingham tal como hicieron los norteamericanos en Hiroshima y Nagasaki? ¿El juicio de la historia hubiese sido igual de benigno con Heisenberg?

Él continuó defendiéndose como pudo. En aquellos momentos, las circunstancias históricas eran distintas. *Y él era alemán.* ¿No era lógico, y justo, que desease el triunfo de nuestro país en vez de su aniquilación? ¿No era su deber colaborar en la defensa de su patria? En una guerra normal, sí, ése hubiese sido su deber —se le aclaró— pero no en *esta* guerra. Hitler no era un estadista que buscase el bien para su pueblo, sino un *criminal.* ¿No había quedado suficientemente claro en Núremberg? *Nadie* tiene la obligación de obedecer a un criminal, y mucho menos un científico...

¿Entonces por qué aceptó trabajar en el proyecto atómico?

Heisenberg creyó hallar una excusa más inteligente: quería servirse de la guerra para desarrollar su propia investigación científica. Desde el inicio, *sabía* que la construcción de una bomba estaba fuera de sus manos, al menos durante el transcurso de la guerra... Lo único que pretendía era realizar su trabajo, pero jamás pensó en entregarles un arma de destrucción masiva a los nazis... El problema de la fisión —y del uso práctico de la energía que se liberaba en el proceso— era para él un tema de estudio, un desafío científico y técnico, sólo eso... Claro que quería estar a la altura de los aliados (¿por qué no les pregunta a ellos cuál fue su sensación al enterarse de los millones de muertos que produjo su labor?), eso no es un pecado, más bien se puede hablar de una competencia legítima, pero, insistió, jamás hubiese permitido un genocidio como el de Japón...

¿En realidad serían ciertas sus palabras? ¿Y en realidad serían sinceras las acusaciones de sus interrogadores? ¿O es que ellos se sentían aún más culpables —y por eso dispuestos a perdonar sin demasiados trámites— porque sus científicos no sólo habían trabajado para construir material bélico, sino que este material bélico *había sido utilizado*? ¿No eran los fiscales tan perversos como los acusados? Heisenberg esgrimió un último argumento en su defensa, el definitivo: si él y sus colaboradores se hubiesen negado a trabajar en el proyecto, *otros*, menos escrupulosos, menos éticos, lo hubiesen hecho (¿estaría pensando en Stark y sus compinches?), y entonces quién sabe qué podía haber ocurrido... Era mejor que él estuviese detrás de todo, supervisando los avances, e incluso, ¿por qué no?, retrasándolos de ser necesario...

Pero, ¿debíamos creer que esta versión era cierta? ¿Podíamos confiar en alguien como Heisenberg? Desde luego que no, teniente. Definitivamente, no.

—¿Cómo le fue?

El incierto semblante del teniente Bacon no me ofrecía ninguna pista de cuál había sido el resultado de su visita. Moría de curiosidad, pero traté de aparentar indiferencia. Frank se parapetó detrás de su escritorio y me observó con mirada escrutadora, como si tratase de medir mis reacciones.

—¿Y bien? —insistí.

—Odio reconocerlo —confesó él—, pero creo que usted ha vuelto a tener razón...

—¿A qué se refiere, teniente? —me sobresalté.

—A la actitud de Heisenberg. Yo suponía que se pondría nervioso sólo con tocar el tema de la bomba, pero más bien ocurrió al hablar de Bohr. Al parecer, algo se rompió entre ellos tras la visita que nuestro amigo le hizo a su viejo maestro en Copenhague en plena guerra...

—¡Se lo dije! —salté.

—De pronto parece muy emocionado con la idea de que Heisenberg sea nuestro hombre, Gustav —me dijo, retador—. Sigo sin entender cuál era su relación con él.

—Compañeros de trabajo, teniente —afirmé sin dudarlo—. Ni siquiera compartíamos las mismas oficinas. Durante el desarrollo del proyecto atómico, no creo haberlo visto más de dos o tres veces... Nos tenían divididos en grupos, para evitar problemas de inteligencia, usted sabe, desvíos de información clasificada...

—De acuerdo —concedió—. En cualquier caso, lo cierto es que debemos investigar qué pasó entre Bohr y Heisenberg en Copenhague. Si estamos en lo correcto, debió ser algo mucho más profundo que la sola tensión existente entre un país conquistado y uno conquistador...

—Así es, teniente. Bohr y Heisenberg eran como padre e hijo. Su relación era más cercana que la de cualquier otro par de físicos de nuestro tiempo... Si tuvieron un desacuerdo tan grave, debió estar motivado por una causa lo suficientemente importante.

—Dejemos de especular, Gustav, por favor —el tono de voz de mi amigo comenzaba a volverse demasiado enfático; yo sabía que era la espuria influencia que Irene ejercía sobre él—. Ciñámonos a los hechos, ¿quiere?

—Desde luego, teniente...

—No hay otro remedio —concluyó—. Tendré que hablar con Bohr...

—¿En Copenhague?

—¿Y qué se imaginaba, Gustav? —comprendía que estuviese nervioso, pero detestaba su agresividad—. Saldré hacia allá en unos días...

—Apenas tendremos tiempo para prepararnos...

—Lo lamento —me interrumpió—. En esta ocasión, creo que usted me será de más utilidad quedándose aquí, en Gotinga...

¿Cómo? No podía creerlo: gracias a mí había encontrado, al fin, la pista que buscaba, y ahora me negaba continuar en la empresa sólo porque no era del agrado de su concubina. ¡Era intolerable!

—No lo comprendo, Frank —murmuré.

—Lo siento, Gustav —de pronto trató de parecer más conciliador—. Sinceramente, prefiero ver a Bohr a solas. Además ya le he quitado demasiado tiempo, no quiero que por mi culpa descuide sus ocupaciones...

—¿Ya no confía en mí? —le pregunté sin reservas.

—No es eso —repuso con fingida amabilidad—. Sólo que la situación se vuelve cada vez más delicada... Cada vez hay más figuras importantes involucradas en todo esto. Tengo que extremar las precauciones, Gustav. Compréndame, por favor. No es nada personal. Usted sabe que, sin su ayuda, yo nunca hubiese llegado hasta este punto.

—Como usted prefiera, teniente.

Nos quedamos en medio de un pesado silencio durante unos segundos, tratando de escrutar nuestras verdaderas intenciones. Al final, yo no resistí la tentación de formularle la pregunta que más me inquietaba.

—¿Irene lo acompañará? —dije con mi tono menos violento.

—No lo sé aún —mintió Bacon, tan mal como siempre—. Es posible, pero hay algunas complicaciones...

—Ya.

—¿No estará molesto conmigo, verdad Gustav?

—Claro que no, teniente.

—Me alegro —terminó—. Espero poder traerle mejores noticias a mi regreso. Mientras tanto, usted siga pensando en el asunto. Cada una de sus intuiciones ha sido muy valiosa para la misión.

Nunca me gustó. Desde el principio supe que había algo maligno, astuto y obsequioso, en cada uno de sus actos, en sus opiniones, en su forma de controlar a Bacon. Sus largos ojos pardos, sus ademanes mohínos, su reticencia y su hostilidad hacia todos aquellos que no la complacían eran muestras suficientes de la desconfianza que merecía por mi parte. Sólo el respeto a mi amigo me había impulsado a callar más veces de las que yo hubiese querido, permaneciendo en un silencio cómplice y artero para evitar un enfrentamiento que, en medio de la investigación, no beneficiaría a nadie, salvo a Klingsor. Ahora, más que nunca, me daba cuenta de que debía acentuar las precauciones con Irene; como he dicho, había algo tenebroso y oscuro en la personalidad de esa supuesta madre soltera, de ese cúmulo de ternuras y perfecciones que tanto encandilaba al teniente, y yo no podía permitir que echara por la borda nuestro trabajo de aquellos meses.

Dos aspectos me habían llamado poderosamente la atención desde el principio. *Primero*, la facilidad con la cual aquella mujer se había interesado por la vida profesional de Bacon. Y, *segundo*, que desde que se conocían, él nunca la había visto por el día, sino siempre por la noche, cuando llegaba a su hogar, indiferente a la vida que llevaba durante las horas que no estaban juntos. Quizás fuese una exageración mía, debida a la animadversión mutua, pero por el bien de todos era mejor que me cerciorase de sus intenciones. Sólo faltaban unos días para que Irene y Bacon partiesen rumbo a Dinamarca, de modo que debía darme prisa.

Una mañana, en vez de presentarme en el Instituto, o de asistir a las reuniones en la oficina de Bacon, me levanté más temprano que de costumbre y me aposté cerca del edificio en el cual vivían Frank e Irene. La mañana era mórbida y calurosa, como si el sol no se decidiese aún a mostrarse en público. Cerca de las ocho de la mañana pude ver cómo el teniente salía del edificio y se precipitaba, con su andar nervioso y apresurado, rumbo a su despacho. Perfecto. Ahora sólo debía esperar a Irene. Había decidido seguirla adondequiera que fuese sin despegarme de ella un solo segundo.

La espera fue larga y fatigosa. Por fin, cerca de las diez de la mañana, la joven salió con su hijo en brazos, dispuesta a entregárselo a su madre (o al menos eso le decía a Bacon). Al parecer, no sospechó mi presencia, porque se desenvolvía con una agitación y una espontaneidad que la hacían parecer ridícula. Ni siquiera me sorprendió notar que ella no se mostraba particularmente cariñosa con el bebé, como si fuese poco más que un bulto que debía transportar de un lugar a otro. Nunca lo besó ni lo acarició y, tras caminar unas cuantas manzanas, se limitó a entregarlo en unos brazos incógnitos que lo acogieron desde el interior de una portezuela descascarillada. Irene no entró en el lugar y, sin despedirse de su hijo —si en verdad era su hijo—, se marchó a toda prisa en la dirección contraria.

Asegurándome de que no me viese, me encargué de seguirla. A las diez y cuarto, Irene se presentó en las puertas de la fábrica en la que trabajaba —o decía trabajar—, y se introdujo en ella con rapidez, acaso temiendo una dura reprimenda de su jefe. Al parecer, aquel día yo no iba a obtener nada. De cualquier modo, me propuse continuar vigilándola hasta la hora del almuerzo. A fin de cuentas, ya no pensaba presentarme en el Instituto y Bacon no había solicitado que lo viese.

Por fin, a la una y diez de la tarde, Irene salió de la fábrica. Sus movimientos seguían siendo tan rápidos y contrahechos como antes, como si una prisa íntima la agobiase en todo momento. Supuse que volvería por Johann o que se detendría a almorzar en alguna parte, pero pronto me di cuenta de que sus pasos se alejaban demasiado de la zona céntrica. A la una y media, Irene se introdujo en una pequeña iglesia en las afueras de la ciudad. Escondido detrás de una columna, pude ver que se reunía con un hombre alto y desgarbado, vestido de paisano, al cual le entregó un sobre. La escena se repitió cada tercer día. *Eureka*. No me había equivocado. Aquel hombre debía ser su contacto.

LAS DIMENSIONES DEL AFECTO

Berlín, abril de 1941

Después de aquella memorable noche de Navidad de 1940 en que Marianne, Natalia y yo iniciamos nuestra sociedad secreta, pasaron varias semanas antes de que volviésemos a vernos. La escena había sido lo suficientemente embarazosa como para mantenernos alejados y, cuando al fin cobramos conciencia de nuestros actos, estábamos demasiado confundidos para hablar de ello. Lo último que recuerdo de aquella noche es que Natalia simplemente volvió a vestirse, se despidió de nosotros con sendos besos en las mejillas, y se retiró sin decir palabra.

La situación entre Marianne y yo fue menos simple. Nosotros no teníamos que vestirnos de prisa —estábamos en nuestra casa— y no podíamos escondernos tras la falsa ilusión de una noche como tantas. Después de que, por turnos, pasamos largos minutos en el baño, contemplando nuestros rostros en el espejo para comprobar si seguíamos siendo los mismos, regresamos a nuestra habitación, nos pusimos nuestros pijamas y nos acostamos. Ninguno de los dos pudo dormir, pero ambos permanecimos en un obstinado silencio.

Más que pensar en mis actos y sus consecuencias, yo trataba de adivinar cuáles serían las reacciones de Marianne y Natalia. ¿Qué habría sentido cada una de ellas? ¿Por qué no se habían resistido y, por el contrario, se habían lanzado hacia el despeñadero de emociones que yo había iniciado? ¿Había sido una experiencia única, que convenía ocultar prudentemente, o era el inicio de una vida nueva? No me sentía culpable y, en el fondo, opinaba que Marianne tampoco: quizás sólo Natalia estuviese atormentada por los remordimientos. A fin de cuentas, Marianne y yo éramos esposos, una pareja un tanto excéntrica, pero esposos al fin, y una muestra de la confianza que nos teníamos era que nos habíamos atrevido a compartir nuestras fantasías sexuales y el objeto de nuestros deseos. En este sentido, Natalia era la única adúltera del trío.

Al darme cuenta de este hecho, mi estómago dio un vuelco. Tenía un miedo atroz, una sensación de angustia que no conseguía apartar del insomnio. ¿A qué se debía? Pronto tuve que reconocerlo: al temor de no volver a *sufrir* —y creo que aquí el término está bien empleado— una experiencia como la que acababa de tener. Lo ocurrido con Marianne y Natalia me había fascinado: era una extraña combinación de impulsos, excitación, dolor, placer, celos, alegría, culpa... Una pócima reconcentrada cuyo poder telúrico permanecía en cada uno de los poros de mi piel, en mis huesos, en mi sexo... Pero ¿y si Natalia no quería volver a involucrarse con nosotros? ¿O si Marianne prefería alejarme de su amiga? ¿Qué sería de mí entonces? No podía permitir algo semejante, quedaría incompleto, vacío, estéril... Sólo la penosa y lenta construcción de un mundo habitado por los tres —nuestros tres cuerpos y nuestros tres deseos, fatigas y frustraciones— podría hacerme llevadera la existencia. No habían pasado ni siquiera un par de horas de nuestro encuentro y ya sentía la imperiosa necesidad de repetirlo.

A la mañana siguiente, Marianne se levantó antes que yo. Me encargué de seguirla y me introduje en el baño cuando ella ya estaba desnuda, a punto de darse una ducha.

—¿Qué quieres? —me dijo con cierta agresividad.

—A ti —le respondí.

Y, sin esperar un segundo, me abalancé sobre ella, todavía enfebrecido por el recuerdo de la velada anterior. Llené su cuerpo con delicados besos, hincándome frente a ella como su esclavo hasta que mis labios se encontraron con su sexo: debía rendirle homenaje a ese cuerpo que antes había repudiado, agradecerle de algún modo el regalo que me había concedido al compartir conmigo a su amante secreta. Marianne se dejó hacer, en medio de un silencio entrecortado sólo por gemidos apenas perceptibles, hasta que al final se derrumbó entre mis brazos, llorando y pidiéndome perdón.

—No tengo nada que perdonar.

—¿Desde cuándo lo sabías?

—No lo sé... Ya no importa.

—Te prometo...

—No prometas nada, Marianne. Los tres hemos sido responsables y debemos afrontar nuestros actos.

Mis palabras la tranquilizaron un poco, aunque no lograron apartarla del sinuoso letargo que la dominó durante los siguientes días.

—¿Qué sucede, mi amor? —le preguntaba yo, y ella se limitaba a darme un beso y a musitar una excusa insostenible, un repentino dolor de cabeza o un malestar indeterminado en el vientre...

Al cabo de un tiempo comprendí su reacción: Marianne era muy parecida a mí, sólo que ninguno de los dos había tenido el valor de reconocerlo. Echaba de menos a Natalia, eso era todo. Tras la cena de Navidad, sus contactos con ella se habían limitado a esporádicas llamadas telefónicas, breves e insulsas, que no hacían sino acentuar el abismo que separaba a las antiguas amigas. Cuando estuve seguro de que tanto Marianne como yo deseábamos lo mismo, decidí tomar la iniciativa.

Una tarde de principios de marzo me presenté de improviso en la casa de Heinrich —quien seguía en París a pesar de que numerosas tropas habían sido trasladadas al frente oriental— con el propósito de charlar con Natalia. Ella misma me abrió la puerta; no pareció extrañarse demasiado por mi visita.

—Adelante, Gustav —me dijo con un tono cariñoso.

—Gracias, Natalia —le respondí, y ambos pasamos al salón.

—¿Cómo está Marianne?

—La verdad, no muy bien. Si he de serte sincero, nada bien...

—¿Qué le sucede?

—Creo que lo sabes. Lo mismo que te sucede a ti. Y a mí...

—Gustav...

—No diré nada más si te incomoda, pero no podemos seguir ocultándolo... Negarnos a aceptar nuestros sentimientos es una hipocresía. Nadie nos obligó, Natalia, en esos momentos actuamos conforme a nuestra voluntad o nuestro amor...

—Prefiero no hablar de ello, Gustav, por favor —la voz de Natalia se quebraba.

—Sólo quería que supieses cómo nos sentimos nosotros... No estás sola, Natalia... Los tres compartimos el mismo tormento...

Ella tomó una de mis manos entre las suyas y la apretó fuertemente, como si quisiese confesarme algo que se sentía incapaz de expresar con palabras.

—Es mejor que te vayas, Gustav —añadió al poco tiempo, con un tono callado, casi arrepentido, sublimemente dulce.

—Tienes un lugar entre nosotros, Natalia, no lo olvides...

Pasaron aún un par de semanas antes de que ella se decidiese a visitarnos. Era una ventosa noche de abril cuando oímos que alguien llamaba a la puerta. Tanto Marianne como yo sabíamos de quién se trataba. Natalia estaba más bella que nunca, enfundada en un vestido rojo que resaltaba el contorno de sus senos y que combinaba a la perfección con el color de sus rizos... Una sombrilla colgaba de uno de sus brazos y un par de esmeraldas de sus orejas. Su cuello, blanquísimo, completamente desnudo, era de una belleza profundamente cruel... Dolía mirarla.

Marianne la recibió con un abrazo de hermanas que duró una eternidad. Mientras tanto, yo podía observar cómo las delicadas manos de Natalia se aferraban con ternura a la espalda de mi esposa, llenándola con imperceptibles caricias... No hubo necesidad de más preámbulos. Yo me acerqué a aquel cuerpo con dos cabezas y comencé a besar alternativamente cada una de sus bocas, extasiado con su aliento compartido...

A partir de esa noche, todas las ocasiones siguientes en que volvimos a vernos proseguimos con el secreto ritual inaugurado entonces: nuestro deseo y, ¿por qué no decirlo ahora con orgullo?, nuestro *amor* era tal que ya no podíamos mantenernos alejados; en cuanto nos veíamos, surgía en los tres la necesidad urgente de abrazarnos, de tocarnos, de hacernos gozar como nunca antes habíamos gozado. La pasión dominaba nuestras vidas con una intensidad de la cual jamás nos hubiésemos creído capaces; de pronto, mientras nuestros ejércitos definían el destino del mundo —y mientras Heinrich se sentía cada vez más aislado y más solo—, nosotros nos encerrábamos en nuestro universo particular, en nuestro propio paraíso, en nuestra utopía privada... Lo compartíamos todo, cada uno le pertenecía a los demás en cuerpo y alma, hasta el fin. En medio de la vorágine, nunca cuestionamos nuestro comportamiento; reflexionar nos hubiese condenado de antemano. En vez de eso, nos limitábamos a seguir nuestros impulsos y después callábamos, como al principio, imaginando que nuestros encuentros no eran muy distintos de las fantasías de la gente normal. Sólo cuando nuestros actos comenzaron a volverse dulcemente rutinarios —una confirmación de que es imposible escapar de la monotonía—, comencé a darme cuenta de la realidad de mis sensaciones. Enloquecía.

NIELS BOHR, O DE LA VOLUNTAD

Copenhague, mayo de 1947

El edificio era una enorme construcción de piedra de tres pisos de alto, con una fachada de estuco gris y un tejado rojizo. Pequeñas hiedras trepaban por los muros como si quisiesen asomarse al interior. Encima de la sobria portada neoclásica aparecía la inscripción «UNIVERSITETETS INSTITUT FOR TEORETISK FYSIK, 1920».

El día de su inauguración, Bohr contemplaba la mole de piedra y cemento como si fuese una metáfora de la ciencia que tanto amaba. Divertido, recordó de pronto la primera vez que tuvo un contacto con la vida política de su país: fue en 1916, y a la sazón Bohr no era más que un prometedor estudiante de física. El rey Cristián X, un hombre severo, de aspecto militar, había aceptado recibirlo durante una de sus audiencias. Bohr esperaba, inquieto, el momento en el cual el monarca se acercase a él para saludarlo; cuando al fin el rey estrechó su mano, lo hizo con estas palabras: «Estoy muy complacido de conocer al gran jugador de fútbol.» Bohr se sobresaltó al escuchar esta frase y no pudo evitar corregir al monarca: «Disculpe, Su Majestad, pero debe estar pensando en mi hermano.» Los cortesanos se volvieron hacia el joven con gesto reprobatorio. *Nadie* debía corregir al rey durante una audiencia pública. Bohr, avergonzado, trató de enmendar su atrevimiento: «Bueno, Su Majestad», añadió, «yo también juego al fútbol, pero mi hermano era el *famoso* futbolista». Irritado, el rey Cristián se limitó a decir: «¡La audiencia ha terminado!»

Eran los primeros días de marzo de 1921, pero aún continuaba haciendo un frío polar que helaba a la numerosa concurrencia reunida frente a las puertas del número 15 de Blegdamsvej, una zona de amplios caserones y parques, no lejos de la zona de hospitales de Copenhague. Al lado de Niels y de su esposa Margrethe —ella había sido otro de los pilares del proyecto— se congregaban el rector de la Universidad y diversas personalidades de los ámbitos gubernamentales y académicos. Después de un breve discurso oficial, Bohr dirigió unas palabras cuyo contenido no había sido pensado para el escaso público danés que lo rodeaba, sino para la posteridad. Entre los fines del nuevo organismo, dijo Bohr, se encontraba «la tarea de introducir a un número siempre creciente de jóvenes a los resultados y los métodos de la ciencia... A través de las contribuciones de estos jóvenes, nueva sangre y nuevas ideas serán constantemente introducidas en nuestro trabajo».

Pero el Instituto de Física Teórica no era, ni mucho menos, el refugio de un sabio y su cohorte; tampoco el peñón de un ermitaño, la celda de San Jerónimo o la columna de Simón el Estilita. Bohr no había fundado un centro de estudios: ésa era sólo la fachada. Lo que había erigido, en realidad, era un castillo, una fortaleza, una trinchera: la base de operaciones a partir de la cual dirigiría, como un general condecorado, a cientos de soldados que comenzarían a luchar, en su nombre, a favor de las teorías tramadas en Copenhague. Mi general Bohr, ¡presente! ¡Levanten armas! ¡Heisenberg! Presente, mi general. ¡Pauli! Presente, mi general. ¡Schrödinger! Lo lamento, mi general, no se ha presentado el día de hoy. ¡Pues háganlo traer enseguida! Él también tiene que montar guardia en el altar erigido en esta tierra de vikingos.

Durante veinte años, desde aquel 4 de marzo de 1921 y hasta que los nazis ocuparon las instalaciones del Instituto en 1943, Bohr fue el artífice de la física cuántica, su espíritu rector y, sobre todo, el único hombre capaz de limar las asperezas entre sus discípulos. Como un auténtico guerrero, Bohr dirigió cientos de cartas a diestro y siniestro, organizó conferencias y seminarios, se entrevistó con los grandes científicos de todo el mundo, conciliando voluntades, uniendo fuerzas y excomulgando a los enemigos que, de cualquier modo, eran muy pocos. ¿Un humanista? ¿Un alma desinteresada, un árbitro de su tiempo, la conciencia moral del siglo...? Sí, pero también mucho más que eso.

—¿Podría hablarme, profesor Bohr, de la época en que trabajó al lado de Heisenberg? —preguntó Bacon.

Hacía apenas unas horas que habían llegado a la ciudad, pero el teniente, acompañado de la ubicua Irene, se había obstinado en interrogar a Bohr desde que llegaron a las instalaciones del Instituto. El gran físico aceptó el reto de buena gana, encantado con la idea de rememorar los años gloriosos de la física cuántica, la época dorada anterior al triunfo del nazismo y a la guerra.

El pesado rostro de Bohr recordaba a un bulldog o a un dogo. Sus mejillas, anchas y esponjadas, se precipitaban sobre su nariz como si fuesen a devorarla, permitiendo apenas que su tibia sonrisa quedase inserta como una viga en medio de las dos moles de carne. Sus ojillos, en cambio, mostraban una vivacidad infantil. Lo mismo ocurría con su mente: su temperamento de neurótico obsesivo —¿pero qué gran científico no lo es?— no dejaba de preocuparse por los detalles, por la claridad y la sencillez, atributos que, por desgracia, no eran connaturales a su pensamiento. Cada vez que Bohr hablaba en voz alta, parecía como si en el interior de su cabeza se librase una batalla campal, como si sus afirmaciones fuesen el resultado de una penosa explosión surgida de las profundidades de su cerebro. Aun así, nadie dudaba que Bohr era un genio.

—Estamos en 1927 —respondió Bohr, acariciándose la enorme papada que le colgaba del cuello—. La oposición entre la mecánica ondulatoria de Schrödinger y la mecánica matricial de Heisenberg sigue en el aire, por más que se haya llegado a esa solución de compromiso que iguala la validez de ambas teorías. La atmósfera está cargada de tensión: todos sabemos que estamos a punto de lograr un paso definitivo en la modelística atómica y todos queremos ser los primeros en hacerlo...

—Una colaboración pero también una lucha —interrumpió Bacon.

—Más bien un juego, querido amigo —bufó Bohr.

—Y entonces, en 1927, Heisenberg publica su artículo sobre la indeterminación...

—En esos momentos yo estaba de viaje en Noruega y quedé profundamente consternado por la carta que él me envió hablándome del asunto...

—Heisenberg afirmaba que era imposible saber, a un tiempo, la velocidad y el momento de un electrón —repitió Bacon como un alumno distraído que de pronto es pillado por el maestro.

Bohr suspiró un segundo, alterado por la emoción. Permanecía sentado en su sillón favorito, inquieto y firme como siempre. Bacon, por su parte, apenas lograba controlar su nerviosismo. Decenas de físicos y sabios de otras disciplinas habían visitado a Bohr en aquella misma sala del Instituto de Física Teórica de Copenhague y habían charlado con él durante horas, desmenuzando los problemas de su tiempo. ¿Cuántas veces había soñado con llegar algún día a ocupar una posición semejante?

Y ahora, en cambio, del modo más paradójico imaginable, estaba ahí, en ese santuario, pero no invitado como un igual o un discípulo del maestro, sino como una especie de reportero, un discreto historiador de la ciencia, mero testigo de aquella grandeza. En el fondo, no dejaba de sentirse decepcionado: el destino le había concedido el raro privilegio de charlar con el Papa de la Física sólo para burlarse de él.

—La afirmación de Heisenberg conducía a un resultado perturbador —exclamó Bohr—. Como él mismo decía: «La mecánica cuántica establece definitivamente la invalidez de la ley de la causalidad.» Sin remordimientos, cancelaba tres siglos de historia de la ciencia...

—Esto lo hizo desconfiar del principio de incertidumbre de Heisenberg...

—Cuando regresé de Noruega, él me mostró su artículo, previamente corregido por Pauli, y yo lo leí presa de la excitación. Al inicio, debo reconocer que me pareció brillante, pero al final no pude evitar sentirme un tanto decepcionado —las enormes cejas de Bohr, semejantes a gusanos, parecían desplazarse de un lado a otro de su frente—. Me pareció que el artículo contenía errores técnicos aunque sus conclusiones pudiesen ser acertadas...

—Y Heisenberg se molestó por ello...

—Era natural —admitió—. Durante semanas estuvimos discutiendo el asunto, a veces muy acaloradamente. No fue fácil, puedo asegurárselo. Pero, al menos en aquel momento, aún logramos ponernos de acuerdo. Poco después me envió una carta en la cual lamentaba haberse mostrado descortés... Desde luego, yo no le di importancia. La ciencia surge del caos y del conflicto, amigo mío, no de la tranquilidad y de la paz...

—Después su relación con él no volvió a ser tan cercana... —sugirió Bacon.

—Heisenberg terminó su estancia en Copenhague y se marchó a Leipzig para ocupar una cátedra. Era lógico que nuestra cercanía sufriese cierto desgaste...

—Del que nunca volvió a recuperarse...

—Por desgracia —Bohr parecía sinceramente dolido, como si Bacon lo estuviese forzando a hablar de un hijo pródigo que nunca se ha decidido a arrepentirse—. Pero el contacto con él me estimuló profundamente. Sin su principio de incertidumbre y sin las discusiones de aquellos años me hubiese sido imposible llegar a formular el principio de complementaridad. Lo que yo más deseaba entonces era encontrar una explicación global de la física cuántica. Una visión de conjunto que olvidase los avances aislados que habíamos tenido hasta entonces.

—Una especie de filosofía...

—Una explicación, sí —Bohr se expresaba con dificultad—. Durante varios meses me concentré en este único asunto. Era algo que no me permitía hacer nada más, ni siquiera dormir. Necesitaba encontrar una salida, una justificación racional de todos nuestros esfuerzos. Creo que nunca me costó tanto trabajo redactar un artículo que definiese mi posición... Sentía como si estuviese escribiendo una confesión de culpabilidad...

—Y, sin embargo, lo logró.

—Después de un intenso sufrimiento. Incluso mi querida Margrethe padeció terriblemente aquella época. La contagiaba con mi angustia. Pero sí, al final lo conseguí. Fue la ponencia que presenté en el congreso celebrado en Como, en septiembre de 1927, para conmemorar el centenario de la muerte de Alessandro Volta. Recuerdo lo nervioso que estaba en aquella ocasión: era una especie de prueba de fuego. Ahí estaban casi todos los físicos importantes del mundo, con la excepción de Einstein, quien se negó a visitar la Italia de Mussolini. La expectación era terrible. Ahí dije algo que no sólo podía resultar incómodo, sino contradictorio. Y, sin embargo, estaba seguro de que era lo único que podía hacerse: «Nuestra interpretación del material experimental se basa esencialmente en conceptos clásicos.»

—Supongo que se trataba de una declaración sorpresiva, sobre todo viniendo de un acérrimo defensor de la nueva física.

—No tenía otro remedio. En la física clásica, uno comprueba una teoría al compararla con los resultados experimentales obtenidos con balanzas, termómetros, voltímetros, telescopios... Y de pronto me di cuenta de que las teorías derivadas de la física cuántica continuaban verificándose empleando aparatos acaso más eficientes, pero sustancialmente idénticos, que debían ser tratados como lo que eran: objetos sometidos a las leyes de la física clásica.

—¿Pero no sería posible considerar los aparatos de medición, un telescopio, por ejemplo, como objetos que también están sometidos a la mecánica cuántica?

—Sí, sería posible —admitió Bohr—. Pero entonces habría que olvidarse de las descripciones limitadas que nos proporciona de acuerdo con la mecánica clásica. El problema aparece cuando tenemos que registrar las propiedades cuánticas del telescopio. Para hacerlo, necesitaríamos *otro* aparato en el cual volverían a aparecer mediciones clásicas. ¿Se da cuenta? La serie se vuelve interminable a menos que en algún momento estemos dispuestos a aceptar una medida clásica... La idea de observación se vuelve entonces tan arbitraria que depende de cuántos objetos se consideren incluidos en el sistema observado... —el viejo entrelazó las manos con solemnidad, contento al expresar este aparente compromiso entre el pasado y el futuro—. No hay más solución que aceptar que la física clásica y la física cuántica se complementan...

—Una forma de resolver el problema que, de cualquier modo, no convenció a mucha gente, especialmente a Einstein...

—Después de la conferencia voltiana de Como, repetí mi charla en el Congreso de Solvay, en octubre del mismo año. Einstein sí estuvo en esa ocasión y creo que durante aquellos cuatro días no hice otra cosa que discutir con él. La relación de Einstein con la física cuántica siempre había sido ambigua: aunque en gran medida él había contribuido a su creación y había seguido de cerca sus progresos, no acababa de convencerse de que la mecánica matricial de Heisenberg y la mecánica ondulatoria de Schrödinger bastasen para resolver todos los conflictos. Él seguía demasiado obsesionado con la claridad de la física clásica para aceptar los desafíos conceptuales de la nueva era. En 1926 le escribió esa famosa carta a Max Born, quien acababa de interpretar la teoría de Schrödinger de modo estadístico, en términos reprobatorios: «La mecánica cuántica es muy impresionante», le decía, «pero una voz interna me indica que aún no se trata de la verdad. La teoría funciona, pero difícilmente nos acerca al secreto del Viejo. Estoy convencido de que *Él* no juega a los dados».

—¿Fue la misma posición que Einstein asumió en Solvay?

—Durante la lectura de las ponencias se mantenía callado, casi indiferente, pero en las charlas informales que sosteníamos en el *foyer* del hotel rugía como un tigre —explicó Bohr—. Heisenberg y Pauli ni siquiera lo tenían en cuenta, de modo que era yo quien debía oponerme a sus objeciones. En realidad, yo no acababa de comprender cuál era su punto de vista. Pasaba el tiempo inventando «experimentos mentales» que habrían de confirmar que nosotros estábamos equivocados, pero sin oponer ninguna teoría alternativa...

—Como le he dicho —interrumpió Bacon—, yo tuve el privilegio de conocer a Einstein en Princeton. Aún recuerdo la excitación provocada por su artículo con Podolsky y Rosen contra la mecánica cuántica, publicado en 1937. La *Paradoja EPR*...

—Un asunto penoso —reconoció Bohr—. A partir de 1927, Einstein consideró, sin asomo de dudas, que la mecánica cuántica era una teoría incompleta... Llegó a acusarnos de dogmatismo, pero en el fondo era él quien lo ejercía, a su modo... La *Paradoja EPR* era sólo la consecuencia extrema de su desconfianza... —Bohr parecía incómodo—. No lo sé, creo que el azar implícito en nuestro sistema lo contrariaba demasiado... Sin embargo, a pesar de todas sus críticas y del escepticismo de muchos otros que se mantuvieron en silencio, el logro más importante del Congreso de Solvay fue que nuestras ideas sobre la mecánica cuántica terminaron por imponerse sobre las teorías rivales...

—¿«Nuestras ideas», profesor? —se atrevió a preguntar Bacon.

Bohr dudó un instante.

—Las de Heisenberg, las de Pauli y las mías —respondió al fin—. Eso era el *espíritu de Copenhague*... Nosotros tres contra el mundo, querido amigo. Sólo nosotros.

¿Qué es el electrón? Los físicos lo ven, antes que nada, como a un gran criminal. Un sujeto perverso y astuto que, tras haber cometido incontables y atroces delitos, se ha dado a la fuga. Sin duda es un tipo listo, y todos los esfuerzos por localizarlo se estrellan con sus tácticas de evasión: con la preparación de un trapecista, es capaz de saltar de un lado a otro sin que nos demos cuenta; dispara impunemente contra sus enemigos cuando tratan de cercarlo; siempre tiene coartadas que oponer a las investigaciones e incluso se ha llegado a sospechar que no opera sólo, sino en una enorme banda de asaltantes similares a él, o en el mejor de los casos, podría decirse que tiene un problema de personalidad múltiple. No se comporta como una sola persona, sino como una pluralidad de ellas, un enjambre de deseos y apetitos, una nube de emociones violentas que recorre todo el espacio que tiene a su merced, alrededor de su objetivo...

Hasta hace relativamente poco, los investigadores —los físicos— poseían un ordenado manual de tácticas para hallar delincuentes, escrito por un criminólogo del siglo XVIII de apellido Newton, el cual durante décadas había funcionado a la perfección para hallar y castigar a los transgresores. Por desgracia, el electrón es un criminal más astuto que sus predecesores y los métodos empleados con anterioridad no han servido de nada cuando se ha intentado capturarlo. Frente a él, los antiguos criminales eran bandidos menores; a diferencia de ellos, el electrón no sólo huye y desaparece, sino que al hacerlo infringe todas las leyes conocidas.

En medio de este escenario desalentador, la mecánica cuántica ha surgido como el desesperado intento de la policía por actualizar sus procedimientos para la detección de delincuentes. Este nuevo conjunto de tácticas, creado por un cuidadoso y viejo detective —o un par de ellos, quizás—, tiene como objetivo primordial descubrir dónde diablos se oculta el electrón. La diferencia consiste en que, si el antiguo método trataba de localizar al criminal a partir del lugar en el cual cometió su último saqueo o su última violación, la mecánica cuántica prefiere determinar, estadísticamente, cuáles son las guaridas más probables en que el electrón decidirá esconderse una vez consumadas sus fechorías. Recordemos que se trata de un sujeto con poderes casi mágicos: en teoría, puede estar en varios lugares a la vez y sólo cuando alguien consigue discernir su figura en un callejón oscuro, por un breve instante, es posible percibir su verdadera identidad...

De cualquier modo, no hay que olvidar que el electrón siempre está preparado para ofrecer pistas falsas: nos revela su posición sin decirnos adónde se dirige, o viceversa, con el afán de confundirnos más y más. No sólo es malicioso, sino decididamente genial. A pesar de todos nuestros esfuerzos, apenas somos capaces de comprender sus verdaderas intenciones: nos lleva de un lado a otro sin motivo aparente, nos llena de pistas falsas y, finalmente, apenas tenemos idea de quién se encuentra detrás de sus máscaras. Justo cuando al fin creemos tenerlo a nuestra merced, se desvanece en el aire como si no existiera... Su inteligencia privilegiada pretende demostrarnos que es capaz de cometer el crimen perfecto. *Nunca lograrán atraparme*, parece querer decirnos mientras se escabulle tras haber cometido otro de sus horrendos crímenes.

¿Cómo atrapar a alguien así? ¿Cómo reconocerlo? ¿Cómo averiguar sus intenciones ocultas? ¿Cómo prever adónde se dirige, dispuesto a burlarnos de nuevo? ¿Cómo detener su movimiento perpetuo? No creo exagerar si digo que, en efecto, otro de los nombres del electrón podría haber sido Klingsor.

—¿Qué tal ha ido?

Era, como podrá suponerse, la voz de Irene quien había insistido hasta el cansancio en acompañar a Bacon a Copenhague, pero ni aun así había logrado convencerlo de que la llevase a su primera entrevista con Bohr. El teniente le dijo que para tal ocasión sólo pensaba hablar con él de cuestiones técnicas, pero prometió presentarle al gran físico poco después. Aunque ella se enfadó, por una vez Frank no cedió a sus chantajes.

—Con este trabajo he aprendido más sobre mi profesión que en todos mis años en Princeton —suspiró Bacon a modo de respuesta—. Como sospechaba, sólo ahondamos en la historia de la física cuántica... Ya casi comienzo a creerme lo de la monografía —se quitó la chaqueta y tomó a Irene por los hombros, besándola en los labios y en el cuello—. Desde luego, no desaproveché la oportunidad para preguntarle por Heisenberg...

—¿Y qué te dijo? —insistió ella, correspondiendo a sus caricias.

—Que su amistad se enfrió antes del viaje de Heisenberg a Copenhague en 1941.

—¡Te lo dije! —exclamó ella con una voz de arpía—. No creo una palabra de esa historia... Son especulaciones de Links...

—No lo sé —matizó Bacon—. Lo que sí pude entrever, una vez más, es que Heisenberg no es ese hombre tranquilo y apacible que aparenta... Cada vez que escucho una nueva anécdota sobre él confirmo su enorme orgullo y su ansia de reconocimiento.

—Eso no lo convierte en un criminal...

—Claro que no, Irene. Aunque no entiendo por qué te simpatiza tanto...

—Heisenberg me da igual —dijo ella mientras comenzaba a desabotonar la camisa de Frank—, tú eres el único que me preocupa... Ya te lo he dicho: creo que Links te está conduciendo a un callejón sin salida, eso es todo...

—¿Y por qué habría de hacer eso? —preguntó Bacon sensatamente.

Irene fue incapaz de ofrecer una explicación convincente.

—No lo sé.

—¿Te das cuenta? Es un prejuicio tuyo...

—Es una intuición. Créeme, Frank, cada vez estoy más convencida de que te está engañando...

—Es absurdo —se defendió él—. Irene, por Dios... Es un simple matemático... Pasó el final de la guerra en prisión y estuvo a punto de morir fusilado... ¿Por qué iba a querer hacer algo así?

—Lo único que te digo, Frank —ella no cejaba—, es que esta persecución no nos conduce a ningún lado. Algo falla. Aún no descubro qué, pero en cuanto lo haga terminarás dándome la razón...

Después de este último reclamo, tanto Irene como Bacon prefirieron quedar en silencio, dispuestos a disfrutar juntos el resto de la tarde.

Al día siguiente, los Bohr invitaron a comer a Bacon y a su *novia*. Margrethe, la esposa del científico, era una leyenda viva: todos los hombres que habían visitado el Instituto de Copenhague la recordaban con admiración y cariño, como una madre severa que se hubiese encargado de cuidarlos de los repentinos exabruptos de su marido. Era alta y discreta, con una sonrisa sutil y una permanente expresión de rudeza que, sin embargo, desaparecía muy pronto. Después de una opípara comida, en la cual nadie se atrevió a interrumpir la perorata de Bohr sobre la guerra fría, el desarme y el peligro nuclear, éste propuso una de las caminatas que acostumbraba realizar en compañía de sus invitados. Margrethe, como siempre, prefirió quedarse en casa; Irene, que no respetaba las normas de cortesía, insistió en compartir el paseo.

A mediados de mayo, Copenhague ofrecía un paisaje tranquilo y un clima que, sin dejar de ser frío, poseía una tibia resolana que bastaba para enrojecer la amplia frente del sabio. Atravesaron la amplia zona de hospitales que rodea al Instituto, cruzaron el Sortedams Sø por la Fredengade y llegaron, por fin, a los amplios espacios arbolados del jardín botánico, el museo de arte, el museo geológico y el pequeño lago Østre. Con su puntillosidad característica, al inicio del paseo Bohr se dedicó a hablar con Irene, haciéndole todo tipo de preguntas sobre sus impresiones, refiriéndole la historia de la ciudad y mostrándole los secretos encantos que contiene. Sólo varios minutos más tarde ella fue capaz de interrumpirlo con su rudeza característica.

—¿Cómo fue la época en que estuvieron aquí los nazis? —le preguntó sin siquiera mirarlo a los ojos. Bacon se sobresaltó.

—Terrible, *madame* —le respondió Bohr educadamente—. Usted es alemana y no quiero ofenderla. Antes de la guerra, nuestras relaciones siempre fueron inmejorables. Algunos de mis mejores amigos son alemanes... Por fortuna, todo eso terminó ya...

—¿Cuándo salió usted de Dinamarca?

—En 1943. Antes de eso, la situación era mala, pero al menos podíamos trabajar y los nazis nos permitían cierta autonomía. Pero en cuanto su suerte en el frente oriental comenzó a ser adversa, empezaron a comportarse peor que nunca en el resto de los territorios ocupados. Yo soy un poco judío, ¿sabe?, por parte de madre... No quería marcharme, pero mis amigos me convencieron de que mi vida comenzaba a correr peligro. Podía hacer más por mi patria lejos de aquí... El 29 de septiembre (nunca olvidaré la fecha) Margrethe, mi hermano Harald y su hijo Ole, entre otros, tomamos un pequeño barco clandestino que nos llevó a la costa sueca. Luego partí hacia Inglaterra y posteriormente hacia Estados Unidos... —Bohr parecía querer dar por concluido el tema cuanto antes.

—¿Qué pasó con el Instituto mientras usted estuvo fuera? —intervino Bacon.

—En cuanto se enteraron de mi salida, los nazis arrestaron a dos de mis asistentes, Jørgen Bøggild y Holger Olsen, y un grupo de soldados ocupó las instalaciones —suspiró Bohr—. El rector de la Universidad protestó por este hecho, pero sirvió de poco. Más tarde, él y los profesores Møller y Jacobsen decidieron pedir la ayuda de Heisenberg, para ver si él podía hacer algo al respecto...

—¿Lo hizo?

—Werner llegó a Copenhague en enero de 1944. Tras la ocupación, los alemanes habían determinado que el personal del Instituto sólo tenía dos opciones: colaborar en los proyectos bélicos nazis o permitir que el ciclotrón y numerosos aparatos fuesen trasladados a Alemania... Después de entrevistarse con Møller y de realizar una inspección a las instalaciones, Heisenberg se encargó de hablar con la gente de la Gestapo y los convenció de que lo más conveniente para Alemania era que el Instituto continuase trabajando como hasta el momento...

—¿Tuvieron éxito sus gestiones?

—Entonces, sí —admitió Bohr—. El mismo día, el rector fue informado de que el Instituto era devuelto a la Universidad sin condiciones...

—Un gesto admirable por parte de Heisenberg —dijo Irene.

—Supongo que sí —respondió Bohr con sequedad.

—¿Usted cuándo lo vio por última vez? —intervino Bacon.

—¿A Heisenberg?

—Sí.

—Unos años antes, en 1941.

—¿Y cómo era entonces la relación entre ustedes...?

Bohr permaneció en silencio, como si no hubiese escuchado la pregunta. Era obvio que ambos estaban incordiándolo demasiado con cuestiones que él prefería olvidar.

—Yo seguía admirando su trabajo.

—¿Y su amistad de tantos años?

—Se fue perdiendo, me temo...

—¿Por qué?

—¿Por qué?

—¿Qué los distanció? —insistió Bacon—. ¿La política, la guerra?

Bohr movió su pesada cabeza de un lado a otro, lamentando aquellos incidentes.

—Un poco de todo, quizás...

—¿Le incomoda que le pregunte sobre este episodio, profesor? —Bacon caminaba a su lado, observando sus pausados movimientos.

—No tengo mucho que decir —confesó Bohr—. Cuando Werner me visitó, el destino de la guerra aún no estaba claro... Alemania era dueña de media Europa, había vencido a Francia y sus tropas se internaban en Rusia a gran velocidad... Aún no había ocurrido el cerco de Stalingrado... ¿Cómo podía sentirme yo con su visita? A pesar de todo, él era un patriota, y yo sabía que, en cierto modo, se sentía orgulloso de los triunfos de Hitler aun cuando reprobase a los nazis... Simplemente no teníamos nada de qué hablar. Al menos no en aquellos momentos...

—Pero Heisenberg insistió en verlo, ¿no es así? —Bacon quería arrinconarlo—. Aunque usted se mostró reacio desde el principio, él casi lo obligó a recibirlo... ¿Por qué era tan importante para él?

—Quizás se sentía culpable —mintió Bohr—, yo nunca he llegado a saberlo. Charlamos durante unos minutos, caminando, tal como lo hacemos nosotros ahora, y luego perdimos todo contacto hasta el final de la guerra...

—¿Puedo preguntarle de qué hablaron entonces, profesor? —era la voz de Irene, quien con su aparente ingenuidad trataba de convencer a Bohr de narrar aquel último encuentro.

—Sinceramente, no lo recuerdo —se evadió Bohr—. Han pasado muchos años...

—Debió de ser algo importante, de otro modo él no hubiese insistido tanto.

—Ya se lo he dicho, las circunstancias eran particularmente complicadas —gimió Bohr—. Él había comenzado a encargarse del proyecto atómico alemán, ¿me comprende? De la posible construcción de una bomba para los nazis... Yo no podía explayarme con él, no como antes...

—¿Discutieron sobre ese tema, sobre la bomba?

—Algo hablamos, pero nunca pude entender sus palabras —Bohr se detuvo de pronto delante de un fresno—. Perdónenme, pero ya no soy el mismo de antes, estoy un poco cansado. ¿Les importa si regresamos al Instituto?

Comenzaron el camino de vuelta, sumidos en un penoso silencio que nadie se atrevía a romper. De pronto las calles de Copenhague parecían vacías y amenazadoras, sutilmente ajenas.

—Profesor —dijo Bacon con dificultad—, ¿cree usted que Heisenberg estaba dispuesto a construir una bomba para Hitler?

La respuesta tardó unos momentos en llegar.

—Ahora pienso que no.

—¿Y entonces?

—Entonces no estaba seguro, ¿cómo hubiese podido estarlo? Yo no sabía cuáles eran sus intenciones al visitarme... No sabía, y no lo sé aún, si quería una exculpación anticipada, si quería convencerme de colaborar con él o si sus intenciones eran aún más extrañas... Todo fue un malentendido. Un enorme malentendido que aún no hemos podido resolver... Y quizás nunca lleguemos a hacerlo...

Una caminata muy similar a la que acabo de describir, sólo que seis años atrás. Seis años que ahora parecen siglos, como si todo aquello hubiese ocurrido en la edad de las tinieblas, en una era sin leyes ni costumbres, sembrada por el terror y el fuego. ¿Es posible imaginar el encuentro entre estos dos hombres? El viejo maestro, ciudadano de un país ocupado, y el joven aprendiz que pertenece, quiéralo o no, a los vencedores, dialogan durante unas horas: pelean, se arriesgan, disputan y, al final, callan. Un silencio destinado a permanecer ahí, como una vieja bala o la penosa cicatriz de una herida, para siempre...

Heisenberg lleva meses esperando la posibilidad de viajar a Copenhague para encontrarse con Bohr, pero las autoridades le niegan el permiso una y otra vez, todavía prejuiciadas por las insidias lanzadas contra él por el físico Johannes Stark y los demás seguidores de la *Deutsche Physik*. Por fin, gracias a la ayuda de su mejor amigo de entonces, el también físico Carl Friedrich von Weiszäcker, uno de sus colaboradores en el proyecto atómico e hijo del subsecretario de Asuntos Exteriores del Reich, la oportunidad que tanto ha deseado se vuelve realidad. El viejo Weiszäcker controla, entre otras dependencias gubernamentales, el Instituto Científico Alemán, una organización encargada de propiciar intercambios culturales con los países ocupados o aliados de Hitler. A petición de su hijo, el Instituto invita a Heisenberg a participar en una velada sobre física en sus instalaciones de Copenhague. El tema que escoge Heisenberg para su conferencia no parece el más apropiado para el momento: la fisión nuclear.

El 14 de septiembre de 1941, Heisenberg sube al tren nocturno en Berlín rumbo a Copenhague, donde llega a las 6:15 horas del día siguiente. Su conferencia en el Instituto está programada para la mañana del viernes, de modo que tiene cuatro días para tratar de conversar a solas con Bohr. A lo largo de la semana, Heisenberg visita el Instituto en varias ocasiones, e incluso acepta almorzar ahí, junto con Margrethe y varios de sus asistentes, aunque siempre cuidándose de hablar sobre la guerra del modo más vago posible. Pero la situación general es poco propicia y cualquier comentario es capaz de provocar un profundo escozor en sus anfitriones, o al menos ésta es la excusa que luego empleará el alemán. Conversando con el físico danés Møller, Heisenberg comete la torpeza de decir que, por el bien de la humanidad, lo mejor sería que Alemania ganase la guerra.

—Me parece lamentable que mi patria haya tenido que invadir naciones como Dinamarca, Noruega, Holanda o Bélgica —se explica—, pero por el contrario a los países de Europa del Este los llevará a tener un importante desarrollo, puesto que, a mi modo de ver, no eran capaces de gobernarse por sí mismos.

—Pues hasta donde me es posible darme cuenta —le responde Møller con indignación—, Alemania es la que no es capaz de gobernarse a sí misma.

El brusco intercambio de opiniones llega a oídos de Bohr y de Margrethe, quien se muestra aún más indignada que su esposo y decide no volver a recibir a Heisenberg en su casa. Bohr se muestra apesadumbrado y no sabe qué hacer: a pesar de todo, le gustaría reunirse a solas con su viejo amigo, con el cual ha compartido tantas batallas en los últimos años. Con su minuciosidad característica, Bohr decide emplear un curioso sistema para tomar su decisión: anota los pros y los contras en una tarjetita y se promete releerla al cabo de unos días, cuando su mente esté más fresca. Así lo hace y, conmovido, piensa que su amistad con Heisenberg es más valiosa que cualquier otro argumento y, enfrentándose a la opinión de su mujer, lo invita a cenar a su casa. Para tranquilizar a Margrethe, le promete que su charla será únicamente sobre ciencia y no sobre política.

La velada transcurre en un ambiente tenso, aunque sin incidentes. Margrethe es amable y fría, y a Heisenberg se le encoge el corazón cada vez que la descubre con un gesto adusto o una mueca de reprobación que no consigue dominar. Al término de la cena, apenas conteniendo su nerviosismo, Heisenberg le pregunta a su antiguo maestro si le apetece dar un paseo, como solían hacer antes. Bohr, más nervioso aún, accede.

El frío viento del Báltico comienza a azotar los árboles de la ciudad, sumiéndola en un doloroso mutismo acentuado por los uniformes nazis que se desplazan libremente por las calles, similares a buitres que propagan su mal agüero. Bohr y Heisenberg se dirigen hacia los desolados jardines de Fælledpark, no lejos del Instituto. Ambos se muestran alerta y cuidadosos, como si fuesen a decidir, de un modo u otro, no sólo el curso futuro de su amistad, sino el destino del mundo. Cada palabra debe ser pronunciada con precaución extrema, cuidando que sea lo suficientemente ambigua para evitar sospechas. Casi parecería que hablan en clave. Aunque lo desea, Heisenberg no puede ser directo: la propia naturaleza de sus proposiciones se lo impide. Bohr, por su parte, no parece demasiado dispuesto a participar en el juego; a pesar del cariño que lo une a Werner, alberga demasiadas sospechas contra él, y más aún cada vez que recuerda que es el encargado del proyecto atómico de Hitler.

El paseo, entonces, discurre con la misma seca frialdad del otoño. Cualquier desliz puede ser interpretado como una traición, cualquier fallo, como una trampa; cualquier titubeo, como un insulto, como si la propia esencia del lenguaje les impidiese comunicarse, como si cada sílaba y cada letra fuesen una barrera capaz de frenar las explicaciones, la buena voluntad, el conocimiento. La física es tan universal y tan sencilla; las relaciones humanas, en cambio, tan arduas...

Heisenberg funda sus esperanzas en la amistad que los ha unido a lo largo de tanto tiempo, ciego a las reservas que ya le demuestra su antiguo maestro. Para él —aún tiene el rostro y los modales de un adolescente—, lo principal es obtener la confianza de Bohr, una confianza que, aunque él no lo entienda así, hace mucho que no existe... El danés, en cambio, no deja de ser suspicaz: ¿por qué razón Heisenberg ha insistido tanto en verlo a solas? Una pregunta que se suma a muchas otras que ha ido formulándose a lo largo de los últimos años. ¿Por qué decidió permanecer en la Alemania de Hitler? Y, en especial, ¿por qué está dispuesto a trabajar en un proyecto científico que podría llevar a la construcción de un arma destructiva?

Heisenberg comienza de la peor manera posible: tal como hizo en la conversación con Møller, justifica la invasión alemana de Polonia, afirmando que, en contraste, Hitler no se ha comportado tan mal con otras naciones, como Francia o la propia Dinamarca. Bohr apenas puede creer lo que escucha. Luego, Werner dice que el futuro de Europa estaría mucho mejor bajo la guía de Hitler que de la de Stalin... Esto es demasiado. Bohr se desespera. Furioso, se resiste a ahondar una discusión que sabe terminará por enemistarlo definitivamente con su antiguo discípulo... Pero Heisenberg insiste. Todo esto no ha sido más que el preámbulo para una propuesta más directa. Ha viajado hasta Copenhague, ha esquivado a la Gestapo y se ha prestado a la conferencia en el Instituto Científico Alemán sólo para llegar a este momento, sólo para murmurarle a Bohr algo que no se atrevería a decirle a nadie más...

—¿En cuanto físicos, tenemos el derecho moral de trabajar en el desarrollo de la energía atómica?

La pregunta de Heisenberg deja a Bohr convertido en un témpano de hielo. No sólo está irritado, sino que ahora, además, tiene miedo.

—¿Crees posible que la energía atómica pueda ser utilizada antes del final de la guerra? —le pregunta Bohr a su vez, sin ocultar su sorpresa.

—Estoy seguro de ello —responde Heisenberg.

¿Pero se refiere a una bomba o sólo a un reactor? ¿Al uso pacífico de la energía nuclear o a un arma de destrucción masiva? Y ¿habla del programa atómico alemán, en el cual él trabaja, o quizás de los esfuerzos en el mismo sentido que realizan los Aliados y de los cuales Bohr probablemente tiene noticia? Heisenberg prosigue:

—Los físicos deberíamos ser más responsables a la hora de tomar la decisión de usar la energía atómica...

Silencio.

—Los físicos deberíamos controlar el desarrollo de la energía atómica en todo el mundo...

Silencio.

—Los físicos contamos con un poder que nunca alcanzarán los políticos. Sólo nosotros tenemos los conocimientos necesarios para usar la energía atómica...

Silencio.

—Los físicos, si nos lo proponemos, podríamos llegar a controlar a los políticos. Juntos, podríamos decidir qué hacer con la energía atómica. Sólo nosotros, los físicos...

Esta vez no hay silencio. El rostro de Bohr parece congestionado, sus ojos son dos agujeros negros, dispuestos a engullir todo lo que miran. Nunca se ha sentido más indignado en su vida, más nervioso, más decepcionado, más infeliz... Emprende el camino de regreso sin volverse hacia donde ha quedado Werner. Simplemente hace como si no lo hubiese escuchado, como si aquel diálogo no hubiese existido, como si nunca hubiese tenido un amigo apellidado Heisenberg. Éste, por el contrario, permanece solo en medio de Fælledpark, aturdido y triste, contemplando la magnitud de su fracaso. El viento le azota el rostro mientras la figura del maestro se aleja por los senderos del jardín, sórdida y distante como una pesadilla, como un barco que se aleja para siempre en medio de la infinita oscuridad del océano.

—¿Qué piensas? —le preguntó Irene a Frank, como si él fuese capaz de ofrecerle una explicación sensata en torno a la discusión sostenida entre los dos grandes físicos cinco años atrás—. ¿Cuáles eran las verdaderas intenciones de Heisenberg?

—Es difícil saberlo. La escena es demasiado confusa... Al parecer, él hablaba con medias palabras, esperando que Bohr lo comprendiese sin tener que decirle las cosas claramente, y por lo visto Bohr no lo hizo...

—O, por el contrario, lo entendió muy bien y por eso se molestó tanto... —sugirió ella—. ¿Y tú cómo lo interpretas?

—Veamos —dijo Bacon, y procedió a hacer un esquema mental con las distintas interpretaciones de los hechos—. Consideremos, primero, el mejor de los casos: que Heisenberg actuó por cuenta propia, ¿de acuerdo? Entonces, tendríamos dos opciones: *a*) Que Heisenberg, conociendo la relación de Bohr con los científicos aliados que trabajaban para construir una bomba atómica, tratase de disuadirlos a través de él, con el fin de evitar que Alemania fuese destruida con una de estas armas; y *b*) Que Heisenberg en verdad le haya sugerido a Bohr formar una especie de acuerdo entre los físicos nucleares del mundo para impedir la utilización de la energía atómica con fines militares...

—Ambas cosas me parecen un tanto ingenuas —juzgó Irene—. ¿En realidad pensaría Heisenberg que iba a convencer a los físicos aliados de abandonar el programa atómico sólo porque él se lo pedía a Bohr?

—Recuerda que él estaba a cargo del proyecto atómico alemán. Si esta opción fuese la correcta, le ofrecía a Bohr detener sus propias investigaciones siempre y cuando los aliados se comprometiesen a hacer lo mismo...

—¿Piensas que estaba dispuesto a traicionar a su patria con una acción semejante?

—No me parece tan absurdo: Heisenberg podía justificarse aduciendo que lo hacía por el bien de Alemania... Para él, no había nada peor que imaginar a su patria devastada por un arma nuclear...

—De todos modos me parece difícil aceptarlo. Aunque era capaz de detener en cierta medida los avances científicos relacionados con la bomba, él no era el responsable absoluto del proyecto. Había militares, funcionarios, miembros de las SS involucrados. ¿Cómo paralizarlos a todos?

—No lo sé —admitió Frank—, quizás pensaba que, fuera de él mismo, no había nadie capacitado para desarrollar los aspectos técnicos de la bomba... Nadie se daría cuenta de si saboteaba su propio trabajo...

—Pero hay algo aún más delicado en esta posibilidad. Imaginemos que en realidad le propuso a Bohr una especie de tregua entre científicos... Muy bien. Con las mejores intenciones. ¿Cómo podía estar seguro de que Bohr iba a creerle? Y, peor todavía, ¿de que en realidad Bohr fuese a convencer a los Aliados de detener sus investigaciones? ¿Y si Bohr le decía que iba a intentarlo y luego lo traicionaba?

—Tenía que confiar en él. Era su maestro y su amigo. Había viajado hasta Copenhague sólo para verlo. Tenía que arriesgarse...

—Es una locura.

—Quizás. Pero entonces debemos considerar la otra opción. Que Heisenberg no hubiese visitado a Bohr por voluntad propia...

—¿Sugieres que era un espía de Hitler? ¿Que éste lo envió para engañar a Bohr?

—No podemos descartarlo *a priori* —adujo Frank, sin entusiasmo—. De ser así, Heisenberg tenía poco que perder...

—Su amistad con Bohr...

—Si en verdad era un espía de Hitler, si en realidad era Klingsor, poco podía importarle eso. Cualquier duda que pudiese introducir en la mente de Bohr sería un triunfo suficiente... La más leve vacilación en el bando aliado le otorgaría una ventaja considerable al proyecto alemán...

—Es espantoso —se enfurruñó Irene.

—Klingsor sería capaz de eso, y más...

—Aún no sabemos si Heisenberg es Klingsor.

Bacon permaneció en silencio como si de pronto se hubiera quedado solo en medio del mundo. Parecía poseído, enclaustrado en sus propios pensamientos.

—Todo este asunto me recuerda un esquema que analicé hace muchos años con Von Neumann, un maestro mío —exclamó, dando un respingo—. Se trata del mismo mecanismo... Déjame que te lo explique —Bacon se levantó a por una hoja de papel y un lápiz y procedió a dibujarle a Irene un esquema similar a los que hacía con Von Neumann:

	Colaborar	*Traicionar*
Colaborar	Heisenberg actúa de buena fe, convence a Bohr, y los dos programas nucleares se detienen.	Heisenberg cree haber convencido a Bohr y detiene sus investigaciones, pero éste no hace nada y los Aliados siguen adelante.
Traicionar	Heisenberg siempre ha pensado continuar con sus investigaciones, pero convence a Bohr de interrumpir las de los Aliados.	Heisenberg le hace creer a Bohr que saboteará el proyecto alemán y Bohr le dice que detendrá el proyecto aliado, pero ambos continúan como hasta el momento.

—¿Me sigues? —Frank casi gritaba por la excitación—. Según el punto de vista de Heisenberg, lo mejor para ambos era colaborar entre sí, pero ninguno podía estar seguro de que el otro fuese a hacerlo... Aunque una posible traición los mantenía permanentemente amenazados... Míralo de este modo, como si cada decisión tuviese un valor numérico:

	Colaborar	Traicionar
Colaborar	2,2	1,3
Traicionar	3,1	0,0

—Para Heisenberg —Frank continuó su razonamiento—, la mejor opción era la de la casilla superior izquierda: suspender los dos proyectos atómicos... El peor de los mundos posibles quedaba en la casilla superior derecha: que él suspendiese el proyecto atómico, y los Aliados no. Si él hubiese traicionado a Bohr, como se establecía en la casilla inferior izquierda, Alemania hubiese tenido su mejor resultado. Y, por último, quedaba la casilla inferior derecha, en la cual se establecía que, tanto Alemania como los Aliados, continuasen como hasta entonces, sumergidos en una carrera contra el tiempo para ver quién obtenía primero la bomba...

—Entiendo los dibujos, pero no sé adónde quieres llegar, Frank.

—Es muy extraño. Como si este mismo juego me persiguiese una y otra vez...

—No te comprendo... A mí no me parece un juego.

—¡Pero lo es, Irene, te juro que lo es! —chilló él—. ¡Todo encaja! Es tan claro que no deja de parecer sospechoso...

—¿De qué hablas?

—¡Si tú eres la que me has hecho darme cuenta, Irene! —Bacon reía con nerviosismo.

—¿De qué? Frank, me asustas...

—Me está poniendo a prueba... —gimió él, temblando—. Quiere que arme el rompecabezas pero no para que llegue a la verdad, sino para jugar conmigo... Yo soy su verdadero contrincante... Es endemoniadamente listo...

—¿Quién?

—¡Klingsor, por Dios! ¡Klingsor! —Bacon había enloquecido de pronto—. ¿Era Heisenberg un espía de Hitler? ¿O, por el contrario, uno de sus peores enemigos? ¿Estaba dispuesto a traicionar a su patria o a su antiguo maestro? ¿Le mintió a Bohr o a las autoridades nazis? ¿O miente ahora, cuando se excusa de todo aquello? ¿O siempre dijo la verdad? —el resuello le impedía expresarse—. ¿Es posible conocer la verdad, Irene? No. ¡Nunca vamos a llegar a alcanzarla! La verdad no existe. Todo es un juego, Irene, entiéndelo. Y no se juega para obtener la verdad, sino para ganar...

—¿Ganar? ¿Ganarle a quién?

—A mí —dijo pausadamente—. A *mí*.

Hicieron el amor con la densa calma de quien se siente ahogado por el mundo y trata de refugiarse en la intemporalidad de los afectos. Bacon intentaba no parar, como si cualquier vacilación lo arrancase del sueño y lo devolviese a una realidad a la cual no quería volver. Irene, en cambio, se mantenía ajena a los padecimientos de Frank: se dejaba amar pero ella, a su vez, estaba en otra parte: en el sucio terreno de la razón. Mientras Frank le susurraba obscenidades o la penetraba con violencia fingida, ella trataba de meditar, de pensar, de resolver, ella sola, el acertijo. Bacon nunca se lo debió haber permitido.

—Frank, cálmate —le suplicó ella, haciéndolo a un lado—. Creo que lo tengo.

—¿De qué hablas?

—¡De Klingsor! —exclamó Irene, transfigurada—. *Todos los físicos son mentirosos*. El mensaje de Stark. ¿Lo recuerdas?

—¿Y eso qué?

—Lo he estado pensando y creo que ahí está la clave, Frank... *Todos* son mentirosos. ¿Cómo no nos dimos cuenta antes?

—¿De qué?

—Heisenberg miente. Bohr miente. Schrödinger miente. Incluso tú tendrías que mentir. Y hasta el propio Stark miente. ¿Sabes por qué? ¡Porque todos ustedes son *físicos*! —soltó una carcajada.

Bacon se levantó de la cama, aturdido.

—Sigo sin entender, Irene.

—Si yo soy físico y digo: «Todos los físicos son mentirosos», aparece un problema lógico —le explicó al teniente en un repentino brote de lucidez, como si ella fuera la experta—. Tú me lo enseñaste. En ese caso, no es posible saber si miento, o no. Pero sólo en este caso. Sólo si *yo* soy físico.

Irene trataba de explicar su insólita y absurda teoría ante la mirada atónita de su amante.

—¿Pero sabes cómo salir de la paradoja? ¿Cómo eliminarla?

—Te escucho.

—Es tan simple que me sorprende que no nos hayamos dado cuenta antes —su arrogancia era intolerable—. La contradicción sólo existe si quien pronuncia la frase es un físico, ¿lo comprendes? —la voz le temblaba con sus insidias—. Yo creo que Stark te envió ese mensaje para que lo interpretaras al revés. Es decir, que no debes ir en busca de un físico... Porque tú eres un físico, pero Stark también, y entonces no se puede decir que ustedes sean mentirosos. Esta proposición es, ¿cómo la llamaste?

—Indecidible.

—Exacto.

—¿Entonces?

—Quien miente no es un físico, Frank, sino *otra* persona.

—Pero tiene que ser alguien que, aunque no sea físico, domine la teoría cuántica, la relatividad, los rudimentos de la bomba...

—¿Cuántas personas cumplen estos requisitos?

—No lo sé. Quizás un químico como Hahn, o un ingeniero...

—¿Has hablado con Hahn? ¿O con un ingeniero importante? ¡Claro que no! Tiene que ser alguien cercano a ti...

—¿Un matemático...?

—¡Eso es! —rugió Irene—. ¡Links...! Yo creo que él está detrás de todo, Frank. Es tan claro... En realidad no podemos saber si todos los físicos con los que nos ha hecho hablar dicen la verdad o no. Todo lo que ellos dicen queda inscrito en la paradoja, se vuelve contradictorio... En cambio, las historias de Links sí pueden ser verdaderas o falsas, sin problemas lógicos... Ésta es la solución del enigma.

Bacon se quedó pensativo por unos momentos. A pesar de sus reticencias, el veneno de Irene había comenzado a introducirse en su sangre. Era mi amigo, pero aun así ella había sido capaz de transmitirle el virus de la desconfianza.

—¿Y por qué diablos iba a hacer Links algo así? No encaja.

—Sabía que lo preguntarías, Frank, y he estado tratando de encontrar una razón. Hasta que él mismo me ha hecho hallarla. ¿Por qué has venido a Copenhague? Dímelo...

—Para interrogar a Bohr sobre Heisenberg...

—Y antes, ¿por qué interrogaste a Planck, a Von Laue, a Schrödinger? ¿Por qué justo a ellos y justo en ese orden?

—Así se presentaron las cosas.

—Mira más allá de tus narices, Frank —se había convertido en un demonio que no cesaba de hechizarlo con sus falacias—. Desde el principio, Links te ha llevado de la mano para que creas que Heisenberg es

Klingsor... Ésta ha sido su intención desde el principio... ¿No te das cuenta? Mira cada uno de los pasos que has dado: no se trata de una investigación normal... Todo el tiempo has seguido una ruta previamente trazada por él... Te ha manipulado para que, al final, encuentres lo que él quiere... Tú mismo has dicho que todo esto parece un juego matemático. Y que tu contrincante lo único que quiere es vencerte. Pues ese contrincante es Links...

—¿Y por qué acusar a Heisenberg?

—Una disputa personal. Una vieja cuenta que saldar. Heisenberg no era un ángel, ciertamente. Su conducta hacia los nazis siempre fue ambigua. Acaso Heisenberg también se lavó las manos cuando la policía arrestó a Links por la conspiración contra Hitler y éste nunca pudo perdonárselo. Pero ello no lo convierte en Klingsor. ¡Es Links quien quiere que lo veamos así!

—Tienes razón en algo —dijo, ¡ay!, Frank—. He confiado demasiado en él sin cotejar las pruebas, sin permitirme otras interpretaciones distintas de los mismos hechos... —se sentía aturdido y molesto, defraudado—. Quizás haya llegado la hora de revisar nuestros resultados...

—¿Y qué debemos hacer entonces? —murmuró Irene.

—Despedirnos de Bohr y regresar cuanto antes a Gotinga —terminó Bacon—. Allí están Gustav y Heisenberg, las dos únicas personas que pueden conducirnos hacia la verdad.

REACCIÓN EN CADENA

Berlín, marzo de 1942

¿Cuándo me di cuenta de lo que estaba pasando conmigo? ¿Fui consciente del momento en que se inició el desastre? No lo sé. No lo sé ahora, más de cuarenta años después, y desde luego no lo sabía entonces. En aquellos días era como si me hubiese convertido en una criatura ciega y sorda, indiferente al mundo, guiada sólo por su intuición. Y, sin embargo, a pesar de que todo obraba en mi contra, de que me acercaba peligrosamente a la locura, de que no sólo se derrumbaba mi mundo sino *el* mundo, empecé a contar con una íntima certeza que me salvaba de cualquier amenaza, que me devolvía a la calma y a la cordura, que me redimía: mi amor por Natalia.

Reconozco lo insensato o vacuo de la expresión, mas no tengo razones para mentir o para justificarme. Mi amor por ella era verdadero, acaso lo único verdadero que ha habido en mi vida. Era la única certeza en la cual podía confiar y, si no me hacía mejor, al menos me devolvía una humanidad que ya creía perdida... Siempre me había gustado. Siempre la había deseado, desde que tantos años atrás Heini me la presentara como su novia, desde el primer instante en que contemplé su mirada abrupta y grisácea. Ahora, por los caminos más inextricables, comprobaba que aquella emoción primigenia, que aquel atisbo de sabiduría no había sido falso: la auténtica falsedad era el resto de mi existencia, mi supuesto amor por Marianne, por mi trabajo, por la ciencia... Sólo ella me importaba. Y estaba dispuesto a hacer cualquier cosa para conservarla a mi lado. Cualquiera...

De pronto, los *ménages à trois* dejaron de ser una perversión sutilmente concedida y se convirtieron en una tortura a la que sólo me en-

331

tregaba para poder estar cerca de Natalia. Al principio nos veíamos dos veces por semana; poco a poco logré hacer que aquellas infaustas ceremonias fuesen menos frecuentes. Me di cuenta de que sentía celos —sí, celos— cuando Marianne acariciaba o besaba o seducía el cuerpo de Natalia, un cuerpo que sólo debía pertenecerme a mí. Era espantoso: marido y mujer enamorados de la misma persona, luchando entre sí para conquistarla, para complacerla, para arrebatársela el uno al otro. Desde luego, estos sentimientos permanecían en silencio, agazapados e incógnitos, pero no por ello eran menos poderosos; cada vez que los tres nos desnudábamos, éramos como bestias, guiñapos arrastrados por la corriente y por la inercia, átomos dispuestos a escindirse y a explotar a la menor provocación.

Una noche no resistí más. En vez de esperar la ritual visita de Natalia a nuestra casa, me presenté en la suya. Me recibió con una sonrisa incómoda, que revelaba un nerviosismo sabio y culpable.

—Te amo a ti —le dije—. Sólo a ti.

Ella me abrazó con fuerza y luego permitió que yo le arrancase la ropa, que violentase su cuerpo y su alma y que la llevase al lecho que compartía con Heinrich. Natalia se comportó como un fantasma: por más que tratase de aferrarme a ella, por más fuerte que la abrazara, por más dulces o vulgares o terribles que fuesen las palabras con las cuales trataba de encadenarla a mí, ella escapaba con sutileza, como si su piel y su esqueleto estuviesen hechos con mercurio, no más que una luminosa prolongación de mi deseo, un resplandor o una alucinación. Sin embargo, al final terminó aceptando lo evidente.

—Yo también te amo —sollozó en mi hombro.

¿Cómo creerle? ¿Cómo asumir que su voz era cierta y responsable, aguda como una espada, inclemente como nuestra traición? ¿Cómo? Y, no obstante, yo lo hacía, incapaz de soportar la idea contraria, demasiado débil para pensar que sus palabras fuesen una vana delicadeza, una confusión o una duda.

—¿Y Marianne?

—¿Y Heinrich? —dije yo, impávido y cruel.

A partir de ese momento, no volvimos a mencionar nuestras ataduras, como si un nuevo universo se abriese para nosotros. Aunque comenzaba a vivir tres existencias distintas y aunque para lograrlo engañaba a tantas personas, entonces yo pensaba que, desde el instante en que mi amor por Natalia era claro, yo estaba a salvo: sólo existía con ella y por ella; lo demás —el matrimonio, la amistad, las matemáticas, la guerra— eran espejismos, azarosas brutalidades que nada tenían que ver conmigo. ¿Qué podía hacer? ¿Qué podíamos hacer, Natalia y yo, en medio del desorden de aquellos años? ¿Huir? ¿Es que había algún refugio para nosotros, una sola posibilidad, una esperanza? Desde luego que no: nuestra condena era segura; nuestra separación y nuestra muerte, no más que hechos diferidos a los que nos acercábamos sin remedio. Y, sin embargo, nunca fui tan feliz como entonces.

EL PRINCIPIO DE INCERTIDUMBRE

Gotinga, junio de 1947

¿Quién dice la verdad? ¿Y quién miente? ¿Me amas o me engañas? ¿Cumplirás tu promesa o renegarás de ella? ¿Me salvarás, Dios mío, o me dejarás perecer en esta cruz? ¿Culpable o inocente? Lo sé, lo sé. Al *principio de incertidumbre* le ha llegado a suceder la misma desgracia que a la relatividad de Einstein: miles de personas que no entienden una palabra de física, provocadas por cientos de periodistas que saben aún menos, suponen que han comprendido el sentido profundo de la expresión por más que la sola unión de una incógnita y un número —¡por no hablar de una maleducada letra griega!— les cause profundos dolores de cabeza. Y entonces, micrófono o estilográfica en mano, se dan a la tarea de *popularizar* el mensaje de la ciencia. De pronto, la foto de Einstein aparece en el *New York Times*, el mundo entero se fija en sus zapatos sin calcetines y en su cabello revuelto. Y no falta el palurdo que dice, convencido de su sapiencia: «Todo es relativo.»

A Heisenberg no le fue mucho mejor. Su principio de incertidumbre sólo se refería, en realidad, al elusivo mundo subatómico, no a los amores ambiguos, a las promesas rotas o a las traiciones venideras. Originalmente, Werner sólo quería describir una característica bastante anormal de la física cuántica. Mientras físicos como Schrödinger y Einstein se obcecaban en defender la regla clásica según la cual un electrón debía poder *visualizarse*, Heisenberg demostró que era imposible medir, a un tiempo, el movimiento y la velocidad del electrón. No, no se trataba de un error, ni de un fallo de nuestras herramientas, sino de una consecuencia inevitable de las leyes físicas.

Como él mismo escribió: «En teoría, para observar directamente un electrón, haría falta construir un microscopio potentísimo, de alta resolución, pero para ello sería necesario iluminar el electrón con una luz de longitud de onda muy pequeña. Pero, por desgracia, los cuantos de luz emitidos bastarían para modificar el comportamiento del electrón que tratamos de observar... Por ello, cuanto más exactamente determinemos su posición, tanto más imprecisa será la velocidad en ese mismo instante, y viceversa. Y esta relación también opera para otras parejas conjugadas de variables, como energía y tiempo. Y otra cosa: el límite de precisión antes mencionado, que ha sido impuesto por la naturaleza, tiene la importante consecuencia de que, en cierto sentido, dejan de ser válidas las leyes sobre la causalidad.»

Así de simple. O de complejo. Era la prueba definitiva de que la ciencia había dejado de ser una forma de conocer completamente el universo para pasar a ocupar una posición más modesta: la de ofrecer una visión parcial, mínima, del cosmos. Y para colmo, como afirmaba Heisenberg, ello conducía a la desconcertante conclusión de que la causalidad clásica también había perdido importancia. El artículo de Heisenberg que contenía el principio de indeterminación, apareció en la *Zeitschrift für Physik* el 22 de marzo de 1927, cuando él desempeñaba el cargo de asistente de Bohr en Copenhague, con el título algo incómodo de «Sobre el contenido observable de la cinemática y de la mecánica cuántica». No obstante, sólo dos semanas después, Heisenberg publicó, en una revista no científica, un largo ensayo derivado del anterior, de modo que le corresponde alguna responsabilidad por el uso que sus palabras han adquirido en bocas menos doctas.

Así que ustedes disculparán el que recurra a esta odiosa vulgarización pero, en aquellos momentos, yo no podía dejar de pensar que el teniente Bacon y yo habíamos sido presa de algo muy parecido al principio de incertidumbre. Poco importaba que, en el fondo, los átomos apenas tuviesen que ver con nuestras pesquisas. Klingsor hacía que nos sintiésemos, en realidad, en medio de la mayor de las dudas. ¿Estábamos siguiendo el camino correcto? ¿Se trataba de una trampa? ¿O ni siquiera eso, sino de una simple equivocación? Y, a partir de ahí, las preguntas cada vez se volverían más acuciantes y desesperanzadoras. ¿Podíamos confiar en los demás? ¿Era Irene una amante devota? ¿Y era Bacon un hombre fiel? ¿Yo debía seguir creyendo en la ingenuidad y la torpeza del teniente? ¿Era prudente que él siguiese mis indicaciones? ¿Estaba yo manipulándolo a mi favor, como decía Irene? ¿O era ella quien lo manipulaba a él? ¿Quién jugaba con quién? ¿Quién traicionaba a quién? ¿Y para qué? ¿Éramos, de un modo u otro, piezas en el ajedrez de Klingsor? O, peor aún, ¿Klingsor no era más que una abstracción de nuestras mentes, una proyección desorbitada de nuestra incertidumbre, un modo de colmar nuestro vacío?

No había modo de saberlo. Confiar en alguien equivalía, inmediatamente, a perder la confianza de otro; obtener un resultado llevaba, por fuerza, a un error de apreciación que surgía, como una enfermedad súbita, en algún otro lugar. Todos nos contradecíamos y, al mismo tiempo, todos asegurábamos decir la verdad. Una verdad que, según todas las apariencias, ya no existía. Klingsor nos vencía con sus propias armas y nosotros, simples mortales, apenas podíamos luchar contra él en la vasta soledad del mundo.

No podía esperar el momento en que Bacon llegase de Copenhague para alertarlo sobre la verdadera naturaleza de Irene. Entonces yo no podía saber que era demasiado tarde. ¡Qué tonto fui! Debí haber actuado antes de que se marchasen, de haber asestado el primer golpe, de haberla atacado por sorpresa, hubiese podido vencerla, pero la morosidad o el descuido —o el simple azar— me llevaron a equivocarme. ¡Cómo habría de lamentar más tarde este mínimo error, esta leve vacilación! Han pasado más de cuarenta años y la rabia y la angustia todavía hinchan mis venas, brutalmente, hasta golpear mi viejo pecho. Por desgracia, no puedo cambiar el pasado: la flecha del tiempo no corre hacia atrás —¡maldita entropía!— y no puedo aspirar a otra cosa que a lamentar mi error...

Sabía que Frank e Irene regresarían a Gotinga el domingo por la noche, de modo que no tendría ocasión de visitarlo ese día sin despertar las sospechas de la mujer. Lo único que podía hacer era esperar a que él me llamase, como solía hacer cada vez que nos separábamos, y verlo a solas para referirle cuanto sabía. El domingo transcurrió como un siglo de silencio: la ansiada llamada telefónica no se produjo. Bacon se había desentendido de mí. Pasé toda la tarde en cama, azotado por un terrible dolor de cabeza que desde ese momento reconocí como un presagio de catástrofe.

Como todos los lunes, me presenté en el despacho de Bacon a las diez de la mañana. No parecía especialmente alterado —o lo disimulaba muy bien— y me estrechó la mano como de costumbre. Yo no podía adivinar que, a pesar de sus reservas —o a causa de ellas— había decidido comportarse conmigo de forma natural, evitando cualquier suspicacia por mi parte. Sin darnos cuenta, nos habíamos mezclado en otro juego —uno más de entre la infinita variedad de partidas que manteníamos entonces—, esta vez entre él y yo, y en el cual ganaría quien fuese capaz de disimular mejor su desasosiego.

—Creo que nadie me ha sorprendido tanto como el viejo Bohr —me dijo a modo de saludo—. A diferencia de los demás, no parece un genio, o al menos no de esa especie que parece saberlo y poderlo todo desde la infancia, sino un hombre que, con voluntad y paciencia, ha conseguido vencer todas sus limitaciones...

—¿Y qué le ha dicho?

—¿Bohr?

—Sí.

Bacon aún no tenía la habilidad suficiente para mantenerse impertérrito ante una pregunta directa.

—Usted tuvo razón, como siempre, Gustav —admitió a regañadientes; su actuación mejoraba—. Heisenberg y él rompieron a raíz del último viaje de éste a Copenhague. Sin embargo, aún no tengo claro el motivo. Hablar con Bohr es extremadamente difícil, y parece como si él se obstinase en olvidar la cuestión...

—Pero hay algo turbio, ¿verdad?

—Creo que sí —me respondió con sarcasmo—. Las palabras de Heisenberg irritaron a Bohr, pero no estoy convencido de que haya tratado de engañarlo, Gustav. Si Heisenberg era un agente de Hitler, habría que aceptar que su misión fue un completo fracaso... Supongamos por un momento que así fue. Werner se dirige a Copenhague siguiendo órdenes del Führer. Después de numerosos intentos, al fin se encuentra a solas con Bohr. ¿Y qué hace? No lo sabemos con exactitud, pero sí conocemos el resultado del encuentro. En vez de colaborar con Heisenberg, o creer en él, o aceptar la propuesta que éste le hacía, el danés decidió no volver a confiar en su antiguo alumno...

—Quizás fuese un error de Heisenberg...

—Hagamos un ejercicio, Gustav. Analicemos solamente el peor de los casos. Imaginemos que Heisenberg, ni más ni menos que el responsable científico del proyecto atómico alemán, intentó convencer a Bohr de la necesidad de detener *todas* las investigaciones relacionadas con asuntos bélicos... Y supongamos que lo hizo siguiendo los dictados de

Hitler... Heisenberg está dispuesto a traicionar a su maestro para detener el programa atómico aliado... Muy bien, Gustav, ahora dígame: al final, ¿qué consiguió Heisenberg?

—Ya le dije que quizás cometió una equivocación...

—¿Un error de cálculo de Klingsor? Lo dudo —Bacon se volvía cada vez más intransigente—. ¿Conoce cuáles fueron las consecuencias de aquella charla? Se lo voy a decir. En vez de tratar de detener a los científicos aliados, Bohr los animó aún más a continuar con su trabajo... En 1943 huyó a Suecia, luego a Inglaterra y, por fin, a Estados Unidos. ¿Y sabe qué fue lo primero que hizo allá? Visitó a quienes trabajaban en el proyecto atómico y se aprestó a contribuir, en lo posible, en la construcción de la bomba... ¡Justo lo contrario de lo que buscaban Heisenberg o Hitler! ¿Me ha comprendido?

—Un fracaso absoluto —tuve que reconocer.

—Así es —sonrió Bacon—. De pronto, toda nuestra teoría se desmorona. Creo que este dato basta para descartar a Heisenberg como posible consejero de Hitler...

—Que su estrategia haya fracasado con Bohr no necesariamente lo exime de lo demás...

—Claro que no, pero sí ha conseguido que yo me plantee serias dudas sobre el curso de *esta* investigación, Gustav...

De repente me di cuenta de todo: Irene lo había ganado para su causa. ¡Yo estaba a punto de perder!

—Quizás me haya precipitado en mis deducciones, Frank —le dije con una voz casi suplicante...

—Más que eso.

—Frank, por favor... Olvidémonos por un segundo de Klingsor... Lo que tengo que decirle es aún más grave, y más doloroso —me estaba jugando mi última carta—. Sé que tal vez no sea éste el mejor momento, porque usted ha comenzado a desconfiar de mí, pero es algo que usted debe saber... —me costaba trabajo encontrar las palabras precisas—. Espero que me perdone, pero no tengo salida.

—Al grano, Gustav —estalló Bacon—, empiezo a cansarme de sus rodeos...

—Se trata de Irene.

—¡Entonces no hay nada que hablar! Le agradezco que se preocupe por mí, pero no necesito sus consejos...

—No, Frank —traté de parecer lo más amigable y compungido que pude—. Es algo realmente delicado... Quizás no vaya a creerme, y piense que estoy inventando esta historia para desviar su atención, pero no es así. Se lo juro. Lo que voy a contarle es la verdad y nada más que la verdad...

—¿La verdad?

—Concédame el beneficio de la duda. En esta ocasión no se trata de una especulación mía, sino de algo que he visto y comprobado... De un *hecho*.

—¡Hable de una vez, Gustav!

—Hace unos días, antes de que ustedes se marcharan a Copenhague, por casualidad la vi de lejos... A Irene, quiero decir... Parecía llevar prisa... Y, no me pregunte por qué, decidí seguirla.

Bacon se levantó de su asiento, furioso.

—¿Quién se cree que es? —me gritó—. ¿Dios?

—Frank, por favor, no se altere...

—¡No tiene ningún derecho a meterse en mi vida privada!

Pensé que iba a golpearme, pero se contuvo de pronto. En el fondo le intrigaba lo que yo había descubierto.

—Lo siento —me disculpé, temblando—. No quería entrometerme, sólo seguí un presentimiento...

—Me tiene sin cuidado lo que haya visto, Gustav. Para serle sincero, ya no creo en usted...

—Sólo déjeme terminar, por favor. Luego usted decidirá lo mejor... —me defendí—. La seguí hasta el interior de una iglesia. Allí se encontró con un hombre y le entregó un sobre. Cada tercer día hace lo mismo.

—¿Y eso qué? —dijo, aunque su voz había comenzado a temblar.

—No nos engañemos, Frank. Los dos sabemos qué significa. Sé que usted la quiere, y por eso me cuesta tanto trabajo hablarle de esto... Frank, te ha engañado desde el principio... —era la primera vez que lo tuteaba—. ¿Nunca te pareció sospechoso que se interesara tanto por tu trabajo, por el curso de las investigaciones? No te dejes llevar por los sentimientos: recuerda cuál ha sido su conducta desde que te conoció... No sabes nada de ella. No tiene vida propia... Te ha espiado desde el principio, Frank...

Su rostro se descompuso, golpeado por un relámpago de dolor.

—Creo que trabaja para los rusos.

—No puedo creerle, Gustav. Creo que *usted* es quien pretende alejarme de mi verdadero objetivo, no ella...

—Haz que la siga uno de tus hombres de confianza, Frank —aseveré, contundente—. Descubrirá lo mismo que yo.

—Debo pedirle que se marche —me dijo—. Nuestra colaboración ha terminado.

—Como usted quiera, profesor Bacon —dije con serenidad mientras me levantaba—. Usted sabrá...

La noche le hacía pensar en el vientre de una ballena: en todo caso un sitio inhóspito y grave que lo engullía poco a poco hasta despojarlo de todas sus certezas. No había estrellas y sólo el vacío dejado por la luna nueva le proporcionaba un hálito de esperanza.

Deambulaba desde hacía un par de horas, sin rumbo fijo, antes de regresar a su casa y a su fatal encuentro con Irene. A lo largo de todo ese tiempo no había podido poner sus ideas en orden, como si alguien le hubiese extirpado la capacidad de razonar. Por más que se esforzaba, por más que trataba de repasar cada uno de los momentos que había pasado con ella, Bacon no conseguía discernir si Irene había estado fingiendo amor o si en realidad lo había sentido. Durante los últimos meses su vida privada se había reducido a sus contactos nocturnos con ella, a sus largas conversaciones y a su pasión desbordada pero, fuera de eso —debía reconocerlo—, Irene era una incógnita. Había visto su amor maternal, el cuidado con el cual se encargaba del pequeño Johann y eso le había bastado para creer en ella. Y, aún peor, la amaba. Desde sus lejanos tiempos con Vivien no había sido capaz de pronunciar estas palabras —y de estremecerse al hacerlo— y ahora se daba cuenta de que quizás todo había sido un engaño, un plan diabólico utilizado en su contra. No podía creerlo, no podía aceptar que se hubiese equivocado tanto. Y sin embargo...

Y sin embargo se sentía devorado por la incertidumbre. Después de convivir con Irene durante meses, de mirarla a diario, de besar sus caderas y de acariciar su nuca, de ducharse con ella y de respirar sus cabellos, de beber su cuerpo y de dormir en su regazo, no era capaz de saber si ella le había dicho la verdad... ¡Era terrible! No poder confiar ni siquiera en la persona amada; peor aún: en la única persona por la que él lo hubiese abandonado todo, la ciencia y su trabajo, sus propias certezas, su vida.

Se decidió a buscarla, incapaz de resistir la espera. Subió los escalones del edificio como quien encara el patíbulo y, sin dirigirse siquiera a su apartamento, entró directamente en el de Irene. Como cada noche, ella lo esperaba despierta, aunque esta vez con una sombra de exaltación. En cuanto Irene lo miró, en cuanto distinguió la posición de sus hombros y la contracción de sus labios, en cuanto contempló la angustia, la rabia y la impotencia que lo ensombrecían, se dio cuenta de que él *sabía*. En ocasiones podía parecer ingenua, pero no era ninguna tonta. Ni siquiera tuvo que preguntarle nada. Debía empezar a poner en marcha la segunda parte de su plan. Sus primeras palabras fueron:

—Perdóname, Frank.

Ella trató de abrazarlo, en vano. Bacon se hizo a un lado.

—¿Cómo has sido capaz?

—Lo siento, no tenía alternativa...

—¿Quién te paga por la información?

Las lágrimas corrían por el rostro de Irene como un par de marcas de infamia.

—¡Frank! —chilló—. Por favor...

—¿Para quién trabajas?

—Te lo suplico...

—¿Para los rusos?

Irene hizo un movimiento de cabeza.

—¿Por qué?

—¿Por qué? —repitió ella, cuidándose de no mostrar una debilidad excesiva—. Oh, lo siento tanto...

—Me has engañado desde el principio.

—Ésa era mi intención. Debía hacer que te enamorases de mí...

—¡Pues lo lograste!

—Pero de pronto todo cambió. Todo empezó a salir mal, Frank... Comenzaste a importarme pero yo ya no tenía otro remedio que seguir colaborando con ellos... Quieren a Klingsor a cualquier precio...

—Me traicionaste... Me vendiste.

—No, Frank, no —su actuación no mejoraba—. Quizás lo nuestro comenzó así, pero no contaba con que yo terminaría enamorándome de ti... ¡Lo juro! Todos los días me torturaba, quería confesártelo, pero me daba demasiado miedo... Debí hacerlo hace mucho, antes de que tú lo descubrieses... Te amo.

—¿Y piensas que ahora puedo creerte, Irene?

—Frank, es la verdad...

—He escuchado lo mismo tantas veces —dijo Bacon, apático—. Me gustaría que fuese cierto, Irene. Me gustaría más que nada en el mundo... Pero es demasiado tarde.

Bacon se dio media vuelta.

—Adiós, Irene.

LAS VARIABLES OCULTAS

Berlín, julio de 1943

A mediados de 1943, Heinrich me envió una carta diciéndome que necesitaba verme. Marianne recibió la noticia más alarmada que yo y toda aquella semana los tres —incluida Natalia— apenas pudimos conciliar el sueño. Entonces no imaginábamos el sentido de su visita. Él no le había dicho nada a su propia esposa y todos temíamos lo peor. Lo recibí con un abrazo y el gesto compungido de quien se sabe culpable. Heini tenía el rostro enjuto y demacrado, cubierto por unas arrugas que yo nunca le había visto. Me agradeció haberlo recibido y, después de saludar a Marianne, me pidió que pasásemos de inmediato a la biblioteca.

—¿Qué sucede, Heini? —le dije, sirviendo un par de copas de oporto—. ¿A qué se debe tanto misterio? Llevamos meses sin saber de ti, Natalia apenas te ve y de pronto te presentas con esta urgencia.

Heinrich se tomó el oporto de un trago para darse valor y comenzó a hablar con una voz apenas audible.

—Gustav, te agradezco lo que ustedes dos han hecho por ella —me dijo—. Pero el motivo de mi visita es otro. Después de tantos malentendidos, no sabes cuánto aprecio que podamos charlar con franqueza...

—Nunca dejamos de ser amigos —mentí.

—Lo sé —me dio un golpe en el hombro—. Por eso he querido venir. Tú siempre has sido un ejemplo para mí, ¿sabes? Te has mantenido en tu lugar, firme, dedicado a lo que a te gusta: la ciencia.

—Ojalá fuese tan fácil...

—No quiero alargarme demasiado, resultaría sospechoso —exclamó—. Lo que vengo a decirte es muy delicado. Yo sólo soy una especie de portavoz... Sí, no te sorprendas, vengo como amigo tuyo, pero también como enviado...

—¿De quién?

—De mucha gente, Gustav. De mucha gente que, como tú, desde el principio ha aborrecido todo esto...

—No comprendo, Heini... Creo que será mejor no hablar más...

—Espera, Gustav, por favor —me tomó del brazo; sus ojos imploraban que lo escuchase.

Está bien.

—Somos más de los que te imaginas. Hemos hecho planes desde hace mucho pero sólo ahora nos sentimos con la fuerza suficiente para llevarlos a cabo... Sé que no me comprendes, pero la verdad es que nunca me diste oportunidad de explicarte... Al principio Hitler me deslumbró, como a muchos, tengo que aceptarlo, pero muy pronto me di cuenta de la realidad... En cuanto empezó la guerra... ¡No sabes cuántas atrocidades he contemplado a lo largo de estos años, querido amigo! Si no te lo dije, fue porque no quería ponerte en peligro antes de tiempo.

—Yo te lo advertí...

—Sí, y entonces no te hice caso. Perdóname, perdona mi ceguera anterior —se bebió otro vaso de vino—. Pero he cambiado, eso es lo importante. Te lo repito: somos muchos, civiles y militares, y no estamos dispuestos a permitir que el horror continúe por más tiempo...

—Un poco tarde para empezar, ¿no te parece?

—Tienes razón, pero quizás nos quede algo de tiempo. Tenemos que intentarlo, Gustav. Les he hablado de ti... Están muy interesados en la idea de que un científico nos apoye... Serías muy valioso para nosotros.

Me extrañaba que Heini me hablase con tanta desenvoltura, con tanta inocencia, sobre un asunto tan arduo. ¿Y si en realidad era una trampa? ¿Si nos había descubierto y ahora quería vengarse del peor modo posible?

—Lo siento, Heini, pero no puedo aceptar... —le dije, pensativo—. Es demasiado arriesgado y demasiado tarde... Ahora perdóname tú.

—¡Gustav! —me imploró—. No puedes abandonarnos así. Tú sabes que estamos haciendo lo correcto... Te diré lo que haremos. Acompáñame a una de las reuniones. Si estás de acuerdo con nuestros planteamientos, adelante. Si no, haremos como si nunca te hubiésemos conocido...

—De acuerdo, Heini —le dije al fin—. Voy a pensarlo.

—Gracias, Gustav —se levantó y volvió a darme un abrazo—. Sabía que al final terminarías haciendo lo correcto, amigo mío.

LA MALDICIÓN DE KUNDRY

Gotinga, junio de 1947

Cuando llegué a su despacho, lo encontré desplomado sobre el escritorio y con un rostro que anunciaba la devastación del insomnio. Dos gruesas ojeras habían contaminado su piel terrosa, y sus labios secos y su expresión contrahecha me revelaban que las dudas que había sembrado en él habían florecido durante la noche anterior hasta convertirse en enormes bosques de sombras.

—¿Qué hace aquí? —me espetó con mal disimulada violencia—. Le dije que no quería verlo más...

Yo no hice caso a sus palabras y me senté pausadamente frente a él, como tantas veces en el pasado.

—¿Confirmó mis sospechas, Frank?

—¡Váyase al demonio, Links!

—Frank, yo sigo considerándome su amigo —mi tono era más sosegado—. Me preocupa su estado de ánimo y me preocupa el futuro de la investigación...

—¡Pues a mí no! ¡Al demonio con la investigación y con Klingsor!

—Frank —insistí—, no puede hablar de ese modo. Comprendo que se sienta mal, no hay nada peor que reconocer la traición de alguien en quien hemos depositado nuestra confianza...

—Usted debe saber mucho de eso.

—Debemos seguir adelante —evadí su ironía—. Yo sigo pensando que no hemos perdido la dirección adecuada...

Bacon ni siquiera me miraba. Permanecía concentrado en los dedos de su mano, como si en el contorno de sus uñas se concentrasen todos los secretos del universo.

—Sí, seguiré adelante —me dijo—. No tengo otra opción. Pero temo que no con su ayuda, Gustav...

—Por Dios, Frank, no puede echarme así sólo porque he sido yo quien le ha revelado las verdaderas intenciones de Irene. Me recuerda a los mensajeros que, sólo por el hecho de transmitir malas noticias, eran ejecutados al instante...

—¡Basta de tonterías, Gustav! —los ojos de Bacon se clavaron en mi rostro, tratando de traspasar mi piel, de mirarme por dentro—. Ya no puedo confiar en usted. Ni en nadie. No sé si todo lo que he hecho durante estos meses ha sido una evasión inútil o si en realidad me he acercado a la verdad. No puedo saberlo y usted es, en gran medida, el responsable...

—¿Yo?

—Gustav, esta conversación no va a llevarnos a ninguna parte —exclamó con falsa firmeza—. Le agradezco sus servicios, pero nuestra colaboración ha terminado. Ahora déjeme solo.

—Pero, Frank... —murmuré, sinceramente apenado.

—No hay más que decir, profesor Links. Hasta luego.

—No es justo —insistí—. Usted sigue bajo la influencia de esa mujer... Ha comprobado que le miente y, sin embargo, no puede desprenderse de los prejuicios que ella le ha transmitido...

—Eso ya no es asunto suyo, profesor.

—Muy bien, he de irme —accedí, incómodo—. Pero antes permítame que le cuente una historia. ¿Recuerda que, al inicio de la investigación, le narré el primer acto del *Parsifal* de Wagner?

—Sí, lo recuerdo —respondió con frialdad.

—Antes de marcharme, le contaré el segundo acto. Se lo debo...

—No me interesa escucharlo en estos momentos, profesor.

—Como le dije en aquella ocasión, al final del primer acto Parsifal ha asistido al ágape celebrado por los caballeros del Grial en el castillo de Montsalvat. Ahí, el héroe ha presenciado los sufrimientos de Amfortas, el cual ha perdido la gracia divina. Ante su dolor, Parsifal no ha experimentado compasión alguna... Se considera demasiado recto, demasiado virtuoso, demasiado severo, y cree que las penas de Amfortas son el justo castigo a sus pecados...

—Gustav, no estoy de humor. Déjeme tranquilo.

—Al iniciarse el segundo acto, Parsifal ha dejado atrás el castillo de Montsalvat y se ha dirigido hacia el sur, rumbo al palacio de Klingsor

—al ir recordando esta aventura me sentía transportado por una extraña emoción—. ¿Y sabe por qué se dirige a aquellas tierras? Para probarse, querido amigo. Parsifal quiere saber cuán fuerte es. Lo que pretende casi parecería un acto de soberbia si no fuese, al mismo tiempo, la expresión de la pureza de su espíritu: busca someterse a la misma tentación que venció a Amfortas... Imagine la escena: Parsifal camina por los senderos encantados de Kolot Embolot y, ¿sabe a quién persigue? A la misma mujer de «aterradora belleza» que sedujo a Amfortas. La desea, Frank, la desea más que nada en el mundo. Pero la desea para ser capaz de rechazarla, para demostrar que es más fuerte que el rey... Se trata de una especie de ordalía, un misterioso duelo con el pasado. Klingsor, entonces, decide complacerlo. A veces no hay nada tan terrible como obtener aquello que se desea profundamente, ¿no cree? En el juego que se ha entablado entre ellos, el demonio está dispuesto a aceptar la apuesta que Parsifal le ha hecho al entrar en sus dominios...

—Ya sé adonde quiere llegar, Gustav, así que terminemos de una vez...

—No, no lo sabe, Frank. No puede saberlo —lo contradije, y continué—: La partida cósmica empieza, señoras y señores. En esta esquina, el joven Parsifal. En la otra, el viejo Klingsor. Para empezar, el Señor de la Montaña le envía a Parsifal una legión de hermosas doncellas de las flores, sutiles jovencitas, casi niñas que, desnudas, se lanzan a sus brazos, intentan besarlo y acariciarlo, prometiéndole goces inimaginables... Entre ellas, su futuro estaría asegurado: no tiene más que ceder a sus insinuaciones para comenzar a disfrutar los placeres de la eternidad... Y, sin embargo, Parsifal resiste. ¿Y sabe por qué? No desprecia a las ninfas porque sea un hombre fuerte y poderoso, no las aleja de sí, sin mirar sus senos blancos y tersos, apenas insinuados, porque tenga un estricto dominio de sí mismo, ¡no, señor! Para él esta prueba es muy fácil. ¡Lo más sencillo del mundo! Es como si todas aquellas muchachas ni siquiera existieran. ¿Conoce el motivo? Muy simple: Parsifal sólo desea a *una* mujer, sólo ansía el abrazo embriagador de la seductora de Amfortas. ¡*Ella* es la única que existe! ¡La única verdad posible, Frank! Y está dispuesto a alcanzarla en contra de todas las adversidades, a cualquier precio...

—Muy bella historia, Gustav, pero estoy cansado... Yo no soy Parsifal y no estoy seguro de que nuestro Klingsor sea un demonio, si en realidad existe...

—¡No ha comprendido nada, Frank! ¡Nada! —me exalté—. Klingsor sabe cuáles son los deseos de su adversario y, como he dicho, acepta el desafío. Lo que Parsifal no imagina es que la mujer que tanto ha buscado, el instrumento de Klingsor, no es otra que Kundry, la extraña joven que conoció en Montsalvat... Ella es la traidora. De pronto, ahí están los dos, mirándose fijamente, en medio de aquel frondoso jardín, ese *locus amoenus* de las sagas caballerescas... Parsifal apenas puede creerlo. Ahora le parece más hermosa: lo deslumbra su cuerpo, desnudo como la verdad misma. Kundry permanece de pie, como la Venus de Botticelli, dispuesta a ofrecérsele, a entregarse al héroe para siempre... Horrorizado y enfebrecido, nuestro Parsifal se da cuenta de que no va a poder resistir, de que va a sucumbir como Amfortas, de que Kundry es lo único que desea en el mundo, más que la salvación... Más que a Dios.

»Entonces ocurre un milagro. Para seducirlo, Kundry comienza a hablar: enternecida, llama a Parsifal por su nombre (es la primera vez que el joven lo escucha desde que vivía con su madre) y a continuación le narra la dolorosa muerte de Herzeleide... En vez de seducirlo con su cuerpo, Kundry lo hace con sus palabras. Parsifal se da cuenta de que está enamorado de ella y de que no podrá negarse a sus deseos... Kundry se aproxima a Parsifal y lo besa; éste, como he dicho, no tiene la voluntad suficiente para rechazarla. Sin embargo, ese beso se vuelve contra Klingsor y su reino de tinieblas: no es un beso de deseo, de lujuria y de lubricidad, sino, *hélas!*, de compasión... De pronto, le viene a la mente una sola imagen: Amfortas y su herida.

»Kundry se siente despechada: entonces le cuenta a Parsifal que en una ocasión ella tuvo la oportunidad de ver al Salvador pero, al presenciar su martirio, lo único que hizo fue reírse de él... Desde entonces, la única forma que tiene de librarse de esa risa es obligando a alguien a pecar... Parsifal se indigna ante tal blasfemia y se aleja de ella. Kundry, furiosa, maldice a Parsifal: a partir de ahora, todos los caminos del mundo se cerrarán para él. Klingsor, desde lo alto de Kolot Embolot, hace lo mismo. Pero es demasiado tarde. De modo imprevisto, azaroso, Parsifal ha vencido. Lo que sigue ya sólo es la continuación de esta victoria: Klingsor baja al jardín y se enfrenta con él. De antemano sabemos el resultado. Klingsor está vencido desde el principio: empuña su arma, la Lanza de Longinos, y con ella trata de destruir a su rival, pero la Lanza respeta la piel del joven. Parsifal ya no tiene que hacer otra cosa más que la señal de la cruz, un mero formulismo, para que el enorme castillo de

Klingsor, su reino de apariencias y fantasmas, de leyes y predicciones, se derrumbe por completo... Unos pocos segundos bastan para que no quede nada de aquel prodigio construido durante siglos... Es una especie de Apocalipsis, Frank, el hundimiento de una era, el trágico fin de una época... Parsifal se vuelve hacia Kundry y le dice: «Sabes dónde hallarme.» Con estas misteriosas palabras cae el telón.

LIBRO TERCERO

LEYES DEL MOVIMIENTO TRAIDOR

LEY I

Todos los hombres son débiles

¿Por qué somos débiles? Por la simple razón de que no conocemos el futuro. Vivimos en un presente eterno, obsesionados con desentrañar el porvenir. Somos, todos nosotros, miserables buscadores de lo incierto. ¿Qué hacemos entonces para ocultar nuestra debilidad? Inventar, imaginar, crear. Nos empeñamos en la idea de que hemos sido arrojados a este océano con el objetivo, sutilmente diseñado por una mente perversa, de resolver al menos alguna de estas dudas. A partir de esta primera pista, suponemos que somos detectives en busca de un villano escondido en alguna parte. Observamos la realidad como un crimen y, entusiasmados con esta metáfora policíaca, nos lanzamos a *resolverlo* como si fuese un *puzzle* de cientos de millones de piezas. El científico y el astrólogo, el chamán y el médico, el espía y el apostador, el amante y el político no son sino variantes, apenas disimuladas, del mismo patrón.

COROLARIO I

En medio de la confusión permanente, nunca falta quien aprovecha la ceguera ajena para aliviar sus propios temores. Alguien se eleva por encima de los otros y, como si se tratase del mayor acto de heroísmo, insiste en ser dueño de una verdad superior. Convencido de sus propósitos, se lanza a procurar el bien de su pueblo, de su raza, de sus amigos, de sus familias o de sus amantes, según el caso, imponiendo su propia fe a la incertidumbre ajena. Toda verdad proclamada es un acto de violencia, una simulación, un engaño. ¿Cuándo un débil se convierte en fuerte? No es tan complicado. Todo aquel que puede hacer creer a los demás —a los demás débiles— que *conoce* mejor el futuro es capaz de dominar a los otros. Su influencia, claro está, se basa en una ilusión: como señaló Max Weber, el poder no es más que la capacidad de predecir, con la mayor exactitud posible, la conducta ajena.

Hitler era un *visionario*: alguien capaz de dirigir a sus semejantes gracias a un don divino —o diabólico— que le permitía *ver* más lejos que a los otros. Ante un hombre así, uno sólo tiene dos opciones: huir o callar. Para él, el futuro era tan claro como el presente. ¡Cuánta envidia puede generar un individuo así! Mientras los demás somos incapaces de imaginar lo que ha de ocurrir después de unas semanas, de unos meses, a lo sumo de un par de años, Hitler creía pensar en milenios. ¿Cómo no aborrecer nuestra miseria y cómo, por ello mismo, no adorar su Verdad?

LEY II

Todos los hombres son mentirosos

Si, de acuerdo con el Teorema de Gödel, cualquier sistema axiomático contiene proposiciones indecidibles; si, de acuerdo con la relatividad de Einstein, ya no existen tiempos y espacios absolutos; si, de acuerdo con la física cuántica, la ciencia ya sólo es capaz de ofrecer vagas y azarosas aproximaciones del cosmos; si, de acuerdo con el principio de incertidumbre, la causalidad ya no sirve para predecir el futuro con certeza; y si los individuos particulares sólo poseen verdades particulares, entonces todos nosotros, que fuimos modelados con la misma materia de los átomos, estamos hechos de incertidumbre. Somos el resultado de una paradoja y de una imposibilidad. Nuestras convicciones, por tanto, son necesariamente medias verdades. Cada afirmación equivale a un engaño, a una demostración de fuerza, a una mentira. *Ergo*, no deberíamos confiar ni siquiera en nosotros mismos.

COROLARIO II

Por más que intentemos escapar a este vicio atroz, nuestra propia naturaleza lo impide. El engaño anida en nuestras mentes y en nuestros corazones como un parásito en el cuerpo de su víctima. Mentimos por las razones más impensadas: para obtener ventajas y para defendernos de los ataques, para resguardarnos y para exhibirnos, para lastimar a nuestros enemigos y para proteger a quienes amamos. Y a veces mentimos sólo por costumbre, porque, inmersos en el vacío del cosmos, ya ni siquiera sabemos quiénes somos; porque la verdad es sólo un espejismo; porque no conocemos otro territorio que el de la falsedad... Si yo mismo no sé si miento, ¿cómo han de saberlo los otros?

Ley III

Todos los hombres son traidores

Sólo puede convertirse en traidor quien atesora al menos una certeza, al menos una verdad vital y necesaria que por eso debe encargarse de destruir. Su destino es trágico y cruel: es el de quien rompe los límites de su propio sistema, quien lucha contra sí mismo, quien desafía los principios en los que cree. Casi me atrevería a llevar esta meditación al extremo: sólo es un traidor auténtico quien a la postre se autoaniquila. Oscar Wilde lo dijo de otro modo: los hombres sólo matan lo que aman. Es cierto. En el vasto reino de las tinieblas, éste es uno de los pocos patrones que se repiten, una de las pocas leyes que no admiten excepciones.

Corolario III

Los enamorados son los profetas más perversos, los héroes más tristes, los iluminados más ciegos. Defienden su amor como la única verdad posible, como lo único que importa en el universo, como la religión suprema y, en su nombre, someten a los demás con la misma fuerza y la misma violencia de los dictadores y los verdugos. Su verdad, creen ellos, los salva. Su dogma les permite corromper y destruir, lesionar e inutilizar, decidir, por sí mismos, la suerte de quienes les rodean.

En América, el teniente Francis P. Bacon le mintió a las dos únicas personas que le importaban: Vivien y Elizabeth. Mientras tanto, yo hacía lo mismo con Heinrich, con Marianne y con Natalia... Más tarde, proseguiríamos, acaso sin demasiada conciencia, alargando esta cadena de pecados. En todos los casos, el amor bastaba para redimirnos. No nos dábamos cuenta de que todos los absolutos —y el amor es el mayor de ellos— producen traidores.

DIÁLOGO I: SOBRE LOS OLVIDOS DE LA HISTORIA

Leipzig, 5 de noviembre de 1989

—¿Puede encender esa luz?

—Claro —me responde—. ¿Cómo se siente hoy?

¿Cómo puedo sentirme? Me han hecho esta misma pregunta tantas veces a lo largo de estos años que ya no tiene ningún sentido para mí. ¿Cómo diferenciar los días cuando uno habita la eternidad? ¿Cómo apreciar las variaciones, los cambios de humor, la profundización de las dolencias, la pérdida de la memoria, la acentuación de la sordera, cuando los días son todos idénticos, cuando nada diferencia a un instante de otro, cuando el tiempo ha sido aniquilado? Sin embargo, este nuevo muchacho me simpatiza. A diferencia de los otros que han venido a verme —a incordiarme con sus preguntas, con sus recetas, con sus consejos o con su llana indiferencia—, Ulrich es atento y posee ese optimismo que sólo puede tener un médico inexperto y destinado al fracaso. Le asignaron mi caso hace apenas unos días, pero no siento que sea un mero celador o un ladrón de mis recuerdos, como tantos otros, sino alguien que, por alguna razón, en realidad está interesado en escucharme. Quizás se deba a los tiempos que corren: hoy día a nadie parece interesarle ya el pasado, y mucho menos preservar los secretos que se han mantenido durante estas últimas décadas.

Ulrich es correcto y cortés y, sin que yo se lo haya pedido, me llama «profesor» con una mezcla de temor y respeto. A veces me cuenta lo que ocurre fuera de aquí, en ese territorio inexplorado y salvaje que es el resto del mundo. Incluso me lee los periódicos con una emoción que yo no alcanzo a compartir. Al parecer, el nuevo dirigente de la Unión Soviética, una de las muchas reencarnaciones del viejo Stalin, está dispuesto a liberar sus colonias, incluyendo este miserable pedazo de Alemania en el que nos encontramos. «Ha empezado una nueva época», dice mi visitante nocturno, pero yo sólo consigo esbozar una sonrisa sarcástica que a él le parece de satisfacción o, quién sabe, incluso de venganza.

Las paredes de la habitación se llenan de pronto con el reflejo de mil soles, como si hubiesen sido iluminadas por una descarga atómica. Nunca antes me habían parecido tan blancas a pesar de la herrumbre y las telarañas, nunca se habían mostrado tan dispuestas a ocultar su condición de cárcel.

—¿Y usted cómo se encuentra, doctor? —le pregunto a mi vez, imitando su tono.

—Muy bien, gracias, profesor Links —me responde con simpatía—. ¿Sigue teniendo ese dolor en el costado?

Dolor. Ya ni siquiera sé qué significa esta palabra.

—¿Puedo hacerle una pregunta? —me dice entonces, sentándose sobre mi cama—. ¿Quién es usted?

¿Es que no lo sabe? La memoria de este lugar se ha ido derrumbando poco a poco, pero jamás pensé que llegaran al extremo de contratar a gente que ni siquiera está al tanto de lo que ha sucedido aquí en los últimos años.

—Gustav Links, matemático de la Universidad de Leipzig —le respondo, ufano—. Al menos eso consta en mi expediente. ¿No lo ha leído?

Ulrich me muestra sus dientes amarillentos.

—No, no me refiero a eso. Sé cuál es su nombre. Sé también que ha pasado aquí más de cuatro décadas —al decir esto, hace un gesto de disculpa.

—¿Qué quiere que le cuente entonces? —le pregunto, incorporándome un poco.

—La verdad.

—¡La verdad! He escuchado tantas veces esta cantilena —le digo—. ¡La verdad! Como si sirviese para algo...

—Sólo quiero conocerlo mejor. Saber quién es usted.

—Todas las respuestas deben estar anotadas en mi expediente —insisto—, ¿o es que ya se han encargado de quemarlo?

—Quiero oírlo de sus labios, profesor. Quiero ser su amigo. Cuénteme...

¿De qué podría servirle a alguien conocer mi vida? No creo que ni siquiera me sirva a mí. Pero, por alguna razón, los ojos celestes de Ulrich me dan confianza. Por algún motivo —o quizás sea sólo producto del azar, o porque tiene un tono de voz parecido al del teniente Francis P. Bacon— accedo. Creo que ya no tengo nada que perder.

—Es una larga historia —le digo—. ¿Está usted dispuesto a escucharla?

—Para eso estoy aquí.

—¿Cuántos años tiene, doctor?

—Veintinueve.

—¿Ha escuchado usted hablar del atentado que sufrió Hitler el 20 de julio de 1944? —ni siquiera necesito que me responda. No, claro que no.

LA CONSPIRACIÓN

1

Un sanatorio, la misma luz atroz clavándose en sus ojos. El paciente comienza a despertar con dificultad, como si se desprendiese de la muerte y no del sueño. Frente a él se halla Ferdinand Sauerbruch, el cirujano que lo ha salvado. Lo observa con la sutil indiferencia de quien convive a diario con la muerte. El coronel Claus Schenk von Stauffenberg abre los ojos y trata de enfocar el rostro del médico. Poco a poco consigue incorporarse, sólo para darse cuenta de que no puede mover el brazo y de que un dolor punzante lo atraviesa de un lado a otro, como una de esas mariposas clavadas con un alfiler en una caja de madera.

—¿Cuándo podré levantarme? —pregunta con un tono que no admite remilgos.

—Eso depende —le responde Sauerbruch con cautela—. El resto del cuerpo sólo ha recibido rasguños, pero para que pueda recuperar la movilidad de ambos brazos y de la mano izquierda se necesitará un largo proceso de rehabilitación —no sería distinto si estuviese hablando de la reparación de un tanque o de una pistola—. Me temo que será necesario volver a operarlo al menos dos veces más.

—¿Cuánto tiempo...? —insiste Stauffenberg.

—No lo sé —responde el cirujano—. Varios meses. Un año, quizás...

Stauffenberg se incorpora un poco para conseguir una posición que le otorgue la dignidad necesaria para reforzar sus palabras. Mira directamente a los ojos del médico, como si en realidad éste fuese su adversario o su enemigo, y, con los dientes apretados, conteniendo el dolor que lo traspasa, le responde:

—No tengo tanto tiempo. Tengo cosas importantes que hacer.

2

—Cada vez tengo menos dudas, señores —la voz del general Beck es sutil, como el viento que se estrella contra las montañas pero, a la larga, termina venciéndolas; hace sólo un par de días que ha salido del hospital después de varias semanas de incapacidad—. Nuestra única oportunidad está en librarnos de *él*.

Nadie se atreve a pronunciar su nombre —a pesar del secreto, hay una especie de temor reverencial hacia la figura del Führer—, pero nadie duda de a quién se refieren las palabras del antiguo jefe del Estado Mayor de la Wehrmacht.

—No hay más remedio —ahora es otro general quien habla, Friedrich Olbricht, jefe del Cuartel General de la Wehrmacht en Berlín—. Es nuestra única salida.

—Necesitamos con urgencia a alguien que se atreva a hacerlo —termina Beck, evitando cuidadosamente pronunciar la palabra «asesino».

3

El 10 de agosto de 1943, se lleva a cabo una nueva reunión, *petit comité*, en casa del general Olbricht. El general Henning von Tresckow, jefe de las unidades de reserva de elite del Führer, se presenta puntualmente y, luego de los escasos formulismos que aún practican los conspiradores, el anfitrión y sus invitados se trasladan a la biblioteca. Ahí los espera un joven rubio y apuesto que se levanta y saluda marcialmente al recién llegado. Olbricht se acerca al muchacho y, evitando la rigidez militar, apoya la mano en su hombro.

—General —le dice a Tresckow con una sonrisa nerviosa—, permítame presentarle al coronel Claus Schenk von Stauffenberg. Es nuestro hombre.

A pesar de su juventud y de que, como muchos oficiales jóvenes, al principio apoyó a Hitler, Stauffenberg es, en todos los sentidos, una *rara avis* en el ejército. Mientras era adolescente perteneció a un grupo de entusiastas seguidores del poeta Stefan George —estuvo junto a él en su lecho de muerte, en 1933— y, si bien no era uno de sus discípulos más cercanos, su influencia sobre él ha sido profunda e indeleble. No por nada «El Anticristo», uno de los textos más sombríos y trágicos de George, es su poema de cabecera, del cual extrae la fuerza necesaria para acometer cada una de sus decisiones.

No hay duda de que es el hombre que se necesita. En 1942, cuando uno de sus compañeros le preguntó cómo creía que podría cambiarse el estilo de gobernar de Hitler, Stauffenberg se limitó a responder con una voz límpida y honesta: «Asesinándolo.»

4

—Debemos revisar el plan minuciosamente.

Ahora la reunión tiene lugar en un piso de Grünewald. Claus von Stauffenberg y Henning von Tresckow están sentados frente a frente, como iguales, conscientes de que la historia de Alemania —y, en cierto sentido, la historia del mundo, por no hablar de sus historias particulares— están a punto de desfilar ante sus ojos. Junto a ellos se encuentra el capitán Heinrich von Lütz, quien ha participado en la conjura desde el inicio. Lo que tienen enfrente es sólo un conjunto de notas, escritas en clave, y un par de planos, pero los tres saben que, detrás de los signos y las letras, de los números y los espacios en blanco, se esconde el minucioso plan de acción diseñado por el general Olbricht para asestar un golpe de Estado contra Hitler.

—No podemos permitirnos una sola equivocación —insiste Stauffenberg—, así que no importa si nos pasamos dos días sentados aquí.

—Tiene razón, coronel —acepta Tresckow, a quien le resulta un tanto chocante que su subordinado se haya apropiado del control de la situación—. Repitámoslo.

—El general Olbricht diseñó la estrategia basándose en un programa preexistente —comienza a decir Lütz—. La idea principal es que, después del golpe, utilicemos un plan de contingencia diseñado por la Wehrmacht para casos de «disturbios internos».

—Déjeme ver si lo he entendido, capitán —dice Stauffenberg—. ¿Quiere decir que vamos a basarnos en un plan diseñado por Hitler para controlar una conspiración?

—Suena paradójico —admite Heinrich—, pero así es. Las autoridades militares convencieron a Hitler de que era necesario articular un mecanismo de emergencia en caso de que los millones de trabajadores extranjeros que se encuentran dentro de las fronteras del Reich orquestasen una revuelta impulsados por los comunistas.

—Muy bien, prosiga —asiente Tresckow.

—El nombre clave del plan es Operación Valquiria —explica Heinrich—. En caso de producirse la revuelta de trabajadores, o cualquier otra rebelión interna, todos los miembros de las reservas serán inmediatamente llamados a filas.

—¿Se refiere usted a los soldados con licencia, los jóvenes que no han sido reclutados y los grupos de hombres mayores que han recibido entrenamiento militar? —pregunta Stauffenberg.

—Me temo que sí.

—¿Ése va a ser nuestro ejército? —insiste—. ¿Un grupo de aficionados?

—Desde un principio, el general Olbricht preparó la Operación Valquiria con la secreta intención de utilizarla en un golpe militar —advierte Tresckow—. Su posible utilidad contra una revuelta de trabajadores comunistas nunca fue tomada en cuenta, era sólo un pretexto para obtener la autorización de los altos mandos del ejército.

—El general Olbricht dividió la operación en dos partes —continúa Heinrich—. La primera, conocida como Valquiria I, establece las directrices para reunir a las nuevas unidades, mientras que Valquiria II puntualiza las acciones destinadas a tener a los grupos de batalla listos para el combate.

Los tres militares suspiran a un tiempo. El futuro —*su* futuro— en manos de «unidades de reserva». Piensan que se necesitará un milagro para que éstas puedan hacerse cargo de la situación, luchando contra tropas bien armadas y entrenadas.

—Uno de los detalles más sorprendentes de la Operación Valquiria es que Olbricht estableció una cláusula según la cual, en caso de que Hitler sufra un atentado mortal por parte de algún grupo terrorista, debe emitirse por radio un mensaje que él mismo se encargaría de redactar —al explicar esta parte del plan, Heinrich no puede evitar una sonrisa de satisfacción frente a la temeridad de Olbricht.

—Muy ingenioso, en efecto —dice Stauffenberg con un toque de ironía.

—A continuación —prosigue Heinrich—, las unidades de la Operación Valquiria deberán apoderarse de los ministerios del gobierno, de las oficinas del Partido, estaciones de radio, centrales telefónicas y telegráficas y campos de concentración. Los miembros de las SS serán desarmados y aquellos que se nieguen a colaborar, serán fusilados en el acto.

—Se trata de una gran mentira que debe correr de boca en boca a través de la línea de mando del ejército —aclara Tresckow—. Lo más importante es hacer creer a todo el mundo que el golpe en realidad ha sido perpetrado por agentes extranjeros y que, tras la muerte de Hitler, Himmler y los demás jerarcas del Partido han tratado de traicionar al país. Si logramos mantener el control de la situación durante las primeras horas, es posible que logremos tener éxito.

—Sería prudente convencer a la opinión pública de que nosotros seguimos siendo hombres leales, no sólo al Reich, sino al Partido —sugiere Stauffenberg—, al menos durante los primeros momentos, a fin de evitar suspicacias y deserciones.

—Una idea muy acertada —admite Tresckow—. Quizás incluso las primeras declaraciones oficiales debamos hacerlas desde las oficinas del Partido...

—Pero ello nos hará sospechosos a los ojos de los Aliados —sugiere Heinrich.

—Quizás —medita Stauffenberg—, pero es un riesgo menor comparado con la desconfianza interna. Cuando tengamos la situación bajo control, podremos tratar de establecer una negociación directa con ellos.

Los tres permanecen varios minutos en silencio, tratando de considerar todas las aristas posibles del plan. Después de unos momentos, Heinrich vuelve a tomar la palabra.

—Como les he dicho desde el principio —dice—, el mayor inconveniente de la Operación Valquiria es que el general Olbricht no está autorizado para ponerla en marcha. De acuerdo con las normas vigentes, es el propio Hitler el único autorizado para hacerlo.

—Vaya paradoja —opina Stauffenberg—. El Führer es el único que puede anunciar su propia muerte...

—Una de las típicas precauciones de Hitler —aclara Tresckow.

—Sin embargo, existe una excepción posible —dice Heinrich—. En caso de extrema urgencia, el general Friedrich Fromm, jefe de las fuerzas de reserva, está autorizado para ponerla en marcha.

—Por desgracia, a pesar de todos los esfuerzos para ganar al general Fromm para la causa, éste no se ha manifestado de modo definitivo a nuestro favor —interviene Tresckow—. Si dado el caso éste se negase a dar la orden, no quedará más remedio que incomunicarlo y dejar que sea Olbricht quien dé las instrucciones necesarias, aunque siempre existe el peligro de que la cadena de mando no funcione a la perfección.

—Demasiados puntos delicados —murmura Stauffenberg—. Demasiados cabos sueltos. Pero no queda más remedio: no hay tiempo para dilaciones.

—Adelante, pues —dice Tresckow, levantándose, sin mirar directamente a los ojos de sus subordinados por temor a encontrar una señal de miedo o de indisposición.

Alea jacta est.

5

A partir de enero de 1944, todas las noticias que les llegan a los conspiradores son pésimas. En primer lugar, las autoridades nazis anuncian el desmantelamiento del Círculo Solf. El Círculo se había formado en torno a la figura de Hana Solf, la viuda del antiguo embajador del Reich en Tokio, con la tarea de salvar al mayor número posible de judíos. Por si esto fuera poco, uno de los sostenedores más importantes de la conjura, el almirante Wilhelm Canaris, jefe de la *Abwehr*, el servicio de inteligencia del ejército, es detenido por órdenes del *Reichsführer-SS* Heinrich Himmler y enviado a la prisión de Lauerstein. Oficialmente, las SS toman posesión de la antigua *Abwehr* y sus secretos.

El 6 de junio de 1944, los Aliados comienzan el desembarco en Normandía. Sólo unas semanas después, el Ejército Rojo rompe la línea del frente oriental mantenida por el Grupo Central de la Wehrmacht entre Minsk y el río Beresina. El final de la guerra parece más cercano que nunca.

A pesar de todo lo anterior, los conspiradores están cada día más convencidos de llevar a cabo el golpe. Aun si los Aliados no quieren negociar la paz con ellos, como anunciaron en la Conferencia de Casablanca, es necesario demostrar al mundo que el pueblo alemán es capaz de oponerse a la tiranía y a la barbarie, que Hitler no es Alemania, sino sólo la peor parte de ella. Acaso se trate de un gesto romántico, casi simbólico, pero están convencidos de que vale la pena intentarlo: es lo único que puede salvarlos de la infamia.

Como le ha escrito Tresckow a Stauffenberg en una carta: «El asesinato debe llevarse a cabo *coûte que coûte*. Incluso si falla, debemos actuar en Berlín. El propósito práctico ya no interesa; sólo importa que el movimiento de resistencia alemana ocupe un lugar a los ojos del mundo y de la historia. Comparado con eso, nada más importa.»

6

El 1.º de julio de 1944, Stauffenberg es nombrado jefe del Estado Mayor del general Friedrich Fromm, responsable de las unidades de reserva. Se trata de uno de los hitos más importantes de su carrera y, a la vez, de una posición privilegiada para poner en marcha el golpe de Estado y la Operación Valquiria. Sin embargo, el ánimo de los conspiradores —y, en general, el de todos los alemanes— no está para celebraciones. El tiempo obra en su contra cada día, cada hora, cada segundo... Alemania se desangra más que nunca.

En el fondo, Stauffenberg sospecha que Fromm conoce cuáles son sus verdaderas intenciones, pero parece decidido a dejarlo actuar mientras ello no lo comprometa. Al aceptarlo en su equipo de trabajo, el viejo general quiere recobrar el prestigio que ha ido perdiendo poco a poco a los ojos del Führer. A fin de cuentas, al leer uno de los informes preparados por Stauffenberg, el propio Hitler llegó a decir: «¡Por fin un oficial con imaginación e inteligencia!»

Sin embargo, todos los intentos de Stauffenberg por atraerlo a su causa se estrellan contra un muro de desconfianza y silencio. En cualquier caso, su nueva posición lo convence todavía más de que debe ser él quien se encargue de colocar la bomba en la Guarida del Lobo, el cuartel general de Hitler en Rastenburg.

7

Después de hablar varias veces con él, los conspiradores al fin consiguen que el general Erich Fellgiebel, el oficial en jefe de la Wehrmacht encargado del tráfico de señales, se sume al intento de golpe militar.

—Podemos lograrlo —les explica Fellgiebel—. En cuanto la explosión haya acabado con él —tampoco se atreve a pronunciar el nombre del Führer—, yo me encargaré de impedir que cualquier señal de alarma salga de la Guarida del Lobo.

—Excelente —se anima Heinrich.

—Pero, caballeros, debo advertirles que no tendremos mucho tiempo —aclara Fellgiebel—. Si bien yo puedo suspender las señales militares desde el centro de comunicaciones de Rastenburg, hay que considerar que tanto las SS como la Gestapo y el ministerio de Asuntos Exteriores poseen sus propias centralitas. Además, habrá que tener cuidado en no suspender por completo las comunicaciones con el frente, puesto que alguien podría sospechar lo que ocurre. Y, por último, hay que asegurarse de que nuestras órdenes respecto a la Operación Valquiria, lleguen a sus destinatarios antes de que alguien más se comunique con ellos.

—En conclusión, general... —lo interrumpe Stauffenberg.

—En conclusión, no tendremos más de una o dos horas para tomar el control de la situación. Después de eso sería demasiado tarde, caballeros.

8

15 de julio. Es el gran día. Aunque Stauffenberg trata de comportarse normalmente, en el fondo se da cuenta, horrorizado, de que no lo consigue. Sus pasos son vacilantes, cada vez que alguien lo llama o lo saluda siente que el corazón va a estallarle en medio del pecho —una hipérbole poco original— y la abyecta sonrisa que ha colocado en sus labios, más bien parece un adelantado gesto de condolencias. Sin embargo, nadie parece advertir sus temores: por una vez, su condición de lisiado va a servirle de algo. Un hombre que ha perdido la mano derecha y dos dedos de la izquierda y que renquea visiblemente es siempre la última persona de la que alguien sospecharía.

En el interior de su maletín, además de unos cuantos papeles, un par de libros y una versión manuscrita de «El Anticristo» de Stefan George, Stauffenberg ha instalado dos paquetes de explosivos, conectados entre sí por un cable que desatará una explosión en cadena. El disparador ha sido dispuesto a un lado de la manija, sobresaliendo apenas del fieltro gris que tapiza el interior del maletín. A lo largo de la semana, Stauffenberg se ha dado a la tarea de probar, una y otra vez, si es capaz de activar el mecanismo.

La Guarida del Lobo, el cuartel general de Hitler en Rastenburg, le hace pensar en una enorme ratonera: una trampa en la que él ha entrado sin saber que al final de su camino no hallará otra cosa que la muerte. De pronto, a Stauffenberg todos los rostros le parecen el mismo: la misma amenaza, la misma desconfianza, la misma incertidumbre. Aun así, el coronel continúa avanzando, consciente de que no hay marcha atrás. A su lado está su jefe, el general Fromm, y otro de sus subordinados, el capitán Karl Klausing.

Sólo unos pasos más adelante, Stauffenberg se topa con Erich Fellgiebel, quien se detiene a conversar con él durante unos segundos. Fromm y Klausing se adelantan.

—Habrá que aplazarlo —le susurra al oído.

—¿Cómo? —exclama Stauffenberg, alarmado.

—El *Reichsführer-SS* no asistirá a la reunión de hoy —insiste Fellgiebel.

—No importa —se desespera Stauffenberg—. No tendremos otra oportunidad.

—Habíamos acordado que el acto no se llevaría a cabo sin la presencia de Himmler —argumenta el otro—. Muchos generales se negarán a colaborar si el *Reichsführer* sigue con vida.

—¡Olbricht está listo para poner en marcha la Operación Valquiria hoy mismo!

—Nos encargaremos de avisarle de que es necesario posponerla, coronel —termina Fellgiebel—. No hay más remedio.

9

Después de incontables discusiones, al fin se fija una nueva fecha para el atentado: 20 de julio. Los días previos están llenos de preparativos de último momento, temores soterrados, signos de alarma y reuniones intempestivas. Stauffenberg les ha comunicado a los conspiradores que en esa fecha tiene una cita en el cuartel general de Hitler, y que en esta ocasión no va a desaprovechar la oportunidad.

El día 19, Stauffenberg se comunica con el general Wagner, responsable del cuartel general de Zossen. Tras una larga conversación, el general le promete a Stauffenberg que enviará un avión a Rastenburg para recogerlo después del atentado y trasladarlo sano y salvo a Berlín. Aunque muchos siguen manteniendo sus dudas de siempre, todo está listo. Ahora sólo queda rezar.

10

20 de julio - 10:00 horas. Stauffenberg llega al aeropuerto de Rastenburg, acompañado por su ayudante, Werner von Haeften, y por el general Helmuth Stieff. De inmediato, el coronel se traslada a la Zona Restringida II, llevando un maletín en el que únicamente se encuentran los papeles que necesitará para la reunión de oficiales que se llevará a cabo más tarde. Es en el de Werner von Haeften, idéntico al de su jefe, en el que se encuentran las dos bombas listas para ser activadas. La idea es que, en algún momento antes de la reunión con el Führer, Stauffenberg y él los intercambien.

Mientras Stauffenberg se dirige a la Zona Restringida II, Haeften y Stieff lo esperan en los cuarteles del Alto Mando del ejército.

11:00 horas. Stauffenberg se encuentra con el general Walther Buhle y, tras una breve charla, ambos se dirigen a una reunión con el general Wilhelm Keitel, el jefe del Alto Mando de la Wehrmacht, en el búnker de Hitler en la Zona Restringida I. Allí, Stauffenberg se entera de que Benito Mussolini, recientemente depuesto por el Gran Consejo Fascista y que se encuentra de visita en Rastenburg, tendrá una reunión con Hitler al mediodía.

Tras la reunión con Keitel, Stauffenberg le pregunta a su ayuda de cámara, el mayor Ernest John von Freyend, dónde puede asearse y cambiarse de camisa. Freyend le indica el lugar en el que se encuentran los lavabos en la Zona Restringida I. De camino hacia ellos, Stauffenberg se topa con Haeften y hacen el intercambio de maletines. Una vez en los lavabos, el coronel se encargará de activar las bombas y de poner los sistemas a punto.

Cuando está por terminar, el sargento Werner Vogel se introduce en los lavabos de modo inesperado. Stauffenberg apenas tiene tiempo de poner el maletín en orden con ayuda de Haeften.

—El mayor Von Freyend me ha enviado a buscarlo —le explica el sargento—. Según parece, tiene una llamada urgente del general Fellgiebel.

Stauffenberg le da las gracias y se dispone a acompañarlo. Debido a la interrupción, sólo ha podido instalar el disparador de una de las bombas. Se consuela pensando que no se necesita más para acabar con Hitler.

12:00 horas. Stauffenberg se dirige a toda prisa, en compañía del mayor Von Freyend, al búnker del Alto Mando. Allí lo espera el general Walther Buhle. En dos ocasiones, Stauffenberg debe rechazar el ofrecimiento de Von Freyend de ayudarlo a llevar su maletín.

Acompañado por Buhle, Stauffenberg se dirige a la Zona Restringida del Führer. Antes de la reunión, el coronel le solicita a Von Freyend un asiento cerca del de Hitler, de modo que le sea posible no perder detalle de todo lo que éste diga durante la conferencia. Cuando Stauffenberg y Buhle entran en la sala de juntas, la reunión ya ha comenzado. De pie, el general Adolf Heusinger comunica las nuevas del frente oriental. Keitel le anuncia a Hitler que Stauffenberg ha sido llamado para ofrecer un informe un poco más tarde. El Führer, distante y severo, con un gesto que puede ser tanto de desconfianza como de amistad, estrecha rápidamente la mano del joven coronel.

Von Freyend, que por fin ha conseguido la autorización de Stauffenberg para coger el maletín, lo coloca entre el general Heusinger y su asistente, el coronel Brandt. A pesar de sus esfuerzos por sentarse más cerca del Führer, Stauffenberg sólo consigue un asiento en una de las esquinas de la mesa.

Después de unos minutos, Stauffenberg se levanta, musita una explicación ininteligible, como si se hubiese dado cuenta de que ha olvidado una importante tarea, y sale de la habitación. Una vez fuera de la sala, recorre en sentido inverso el camino que ha hecho. Sale del búnker del Alto Mando y, en el centro de señales, se reúne con Haeften y Fellgiebel.

Una seca explosión hace que vibren los muros de la habitación por unos segundos. *Está hecho.* Son las 12:40 horas.

11

12:45 horas.   Ahora comienza la parte realmente difícil: ¿cómo saber si Hitler ha muerto? Stauffenberg y Fellgiebel se quedan mirando, fingiendo una sorpresa que nadie más puede comprender.

—¿Qué pudo haber sido eso? —pregunta el coronel.

Uno de los hombres que también se encuentra en la oficina de señales responde con calma:

—Alguien debe haber disparado una salva o pisado una mina.

Una densa nube rosada empieza a ascender más allá de las barracas. Stauffenberg imagina los trozos de madera, acero, plástico y piel humana esparcidos por doquier. Los rostros cadavéricos de los hombres con los cuales ha estado hablando hace apenas unos segundos. La sangre derramada que se extiende como un charco, como un lago infernal. Sólo el repentino griterío —¡un médico!, ¡un médico!, escucha— lo arranca de sus pesadillas y lo devuelve a la realidad.

Stauffenberg no duda más y le ordena a Haeften que busque al chófer. Unos segundos más tarde han entrado en el coche con dirección al aeropuerto. Poco antes de abandonar el campamento, alcanzan a ver cómo el cuerpo de un hombre es transportado por varias personas rumbo a la enfermería. Está cubierto con la gabardina de Hitler. Lo han logrado. Aunque el guardia que está en la entrada ha tomado la iniciativa de no dejar salir a nadie, al reconocer a Stauffenberg sólo duda unos segundos antes de dejarlo partir.

13:00 horas. Stauffenberg y Haeften toman el avión que ha preparado para ellos el general Wagner, hacia Berlín. Aún no tienen noticias del rumbo que han tomado los acontecimientos.

Entre tanto, Fellgiebel ha podido interrumpir, con éxito, las conexiones entre el cuartel de Rastenburg y el resto del país. Nadie duda de los motivos del general: es mejor mantener los hechos en secreto hasta recibir una orden directa del Führer, o de alguna otra alta autoridad nazi. A los pocos minutos, Fellgiebel se entera, al fin, de la tragedia: la bomba ha estallado pero, contra todas las expectativas, Hitler sigue vivo. La explosión se limitó a destruir la sala de juntas pero su efecto fue amortiguado por la gruesa mesa de roble. Algunos oficiales —y el propio Führer— sufrieron rasguños, alguno quizás una quemadura, pero no hay pérdidas que lamentar. Gracias a Dios.

Horrorizado, Fellgiebel llama por teléfono al cuartel general de los conspiradores, en Bendlerstraße, sin saber cómo comunicar esta noticia. En el código establecido no existe ninguna clave para narrar que, aun cuando la bomba ha explotado, el objetivo no se ha cumplido. Cuando al fin se comunica con el general Fritz Thiele, el encargado de comunicaciones de Bendlerstraße, también miembro activo de la conspiración, no se le ocurre nada mejor que contarle la verdad: Hitler sigue vivo. Sin embargo, el nerviosismo o la fatalidad le hacen añadir que el golpe debe seguir su marcha.

14:00 horas. En Rastenburg, las sospechas sobre la autoría del atentado comienzan a recaer en Stauffenberg. Aunque al principio se cree que ha sido obra de los trabajadores del campamento, el sargento Arthur Adam no tarda en revelar que vio al coronel Stauffenberg huyendo del campamento poco después de la explosión. Martin Bormann, uno de los hombres más cercanos al Führer, confirma esta última hipótesis.

De inmediato, Himmler se comunica en Berlín con Ernest Kaltenbrunner, el jefe del Cuartel General de Seguridad del Reich, y con Bernd Wehner, el jefe de la Policía, ordenándoles que se trasladen de inmediato a Rastenburg para iniciar las investigaciones.

15:00 horas. Una orden directa del *Reichsführer-SS* anula la orden del general Fellgiebel de mantener aislado el campamento de Rastenburg. Hitler, en tanto, da órdenes por doquier, dispuesto a controlar la situación lo antes posible. Quiere dirigirse directamente por radio al pueblo alemán para informar de su estado de salud y, sobre todo, evitar que alguien más quiera sumarse a la conspiración. Más o menos a la misma hora, Stauffenberg y Haeften aterrizan en el aeropuerto de Tempelhof, en Berlín.

En el cuartel general de Bendlerstraße, el general Olbricht al fin se decide a poner en marcha la Operación Valquiria. Lo acompaña otro de los conspiradores de primera línea, Albrecht Ritter Mertz von Quirnheim, quien secunda la idea. Unos minutos más tarde, Haeften telefonea desde el aeropuerto para informar que el atentado ha tenido éxito, que Hitler está muerto y que Stauffenberg y él acaban de llegar a Berlín.

12

16:00 horas. Siguiendo las órdenes de Olbricht, Mertz von Quirnheim se reúne con los altos mandos de la Oficina de la Wehrmacht. Les informa que Hitler ha muerto, que el general Ludwig Beck será nombrado nuevo jefe de Estado y que el mariscal Witzleben asumirá las funciones de comandante en jefe de la Wehrmacht. Asimismo, ordena que se ponga en marcha la Operación Valquiria II en todos los distritos militares, en las escuelas de la armada y en la comandancia general de la ciudad.

Mientras tanto, Olbricht se dirige a la oficina del general Fromm.

—El Führer ha sido asesinado en un atentado en el cuartel de Rastenburg —le informa sin más—. Aquí traigo los documentos necesarios para poner en marcha la Operación Valquiria. Le ruego los firme.

Fromm parece un fantasma. Siente que la presión se le va a los suelos y sólo un milagro impide que se desvanezca.

—Está usted loco —le dice a Olbricht.

—No, general, es cierto —insiste el otro—. Firme, por favor.

Fromm se excusa un momento y telefonea al general Keitel en Rastenburg.

—En efecto —le responde éste—, el Führer ha sufrido un atentado, pero gracias a Dios está sano y salvo. Pero, general Fromm —el tono de Keitel es frío y preciso—, ¿tiene usted idea de dónde se encuentra exactamente el jefe de su Estado Mayor, el coronel Stauffenberg?

—Aún no ha regresado de Rastenburg —musita Fromm y, sin más, cuelga el aparato. Ahora lo comprende todo.

De inmediato regresa a su despacho, donde lo espera Olbricht.

—Lo siento, general —le dice casi con sarcasmo—. El Führer está vivo. Yo no puedo firmar eso.

Apenas unos minutos más tarde, Hitler agrega un nombramiento más a la larga lista de cargos de Himmler: jefe de la reserva, en sustitución del general Fromm.

El cuartel general de Bendlerstraße está sumido en el caos. Nadie sabe exactamente qué creer y mucho menos qué hacer. Por órdenes de Olbricht, el capitán Karl Klausing toma el control de las instalaciones. En principio, sólo lo ayudan cuatro jóvenes oficiales. La siguiente misión de Klausing es apoderarse de la central de comunicaciones y dirigirse a los comandantes que están al tanto del golpe.

Luego, ordena al operador de radio que transmita el siguiente mensaje a todas las unidades: «¡El Führer Adolf Hitler ha muerto! ¡El Führer Adolf Hitler ha muerto! ¡Un grupo de traidores líderes del Partido ha tratado de aprovecharse de la situación atacando a nuestras unidades de combate por la retaguardia con el fin de hacerse con el poder! Por este motivo, el gobierno del Reich ha declarado la ley marcial con el fin de mantener el orden.»

—Pero, capitán —le advierte el operador de radio—, este mensaje carece de los códigos de seguridad habituales. ¿Quiere usted que lo codifiquemos?

Klausing duda unos momentos. ¿Qué debe responder?

—Sí, sí —dice.

A partir de ese momento, los únicos cuatro codificadores expertos con que cuenta Blenderstraße se dedican a transmitir el mensaje que anuncia la muerte de Hitler. Tardarán más de tres horas en llevar a cabo su labor.

Unos minutos más tarde, Klausing regresa a la oficina de comunicaciones para que un nuevo mensaje sea transmitido urgentemente. Todos los *Gauleiter*, altos dirigentes del Partido, oficiales de las SS y encargados de propaganda deben ser arrestados en todo el Reich. «El pueblo debe estar preparado para saber que nuestras intenciones son las de no emplear los métodos arbitrarios de los antiguos dirigentes», añade el comunicado.

13

16:30 horas. Finalmente Stauffenberg llega al cuartel de Bendlerstraße. Olbricht lo recibe y le hace saber lo que ha sucedido y que, pese a la negativa de Fromm, la Operación Valquiria ha sido puesta en marcha. Ambos deciden solicitar, una vez más, su colaboración.

—El Führer está muerto —le explica Stauffenberg—. Yo mismo vi su cadáver.

—Debe haber sido obra de alguien cercano a él —murmura Fromm con falsa ingenuidad.

—Yo lo hice —le responde el otro.

Fromm agita los brazos como si con este gesto pudiese adquirir mayor autoridad frente a sus subordinados.

—Pues entérese de que acabo de hablar con el general Keitel —grita, a punto de ahogarse—, y me ha confirmado que el Führer está vivo.

—Es mentira —responde Stauffenberg con calma.

La ira de Fromm aumenta a cada segundo y es sólo ligeramente mayor a su miedo. En el fondo sabe que su posición nada tiene de ventajosa.

—General Olbricht y coronel Stauffenberg —aúlla—, quedan bajo arresto.

—General Fromm —le dice este último con un tono lento y sosegado—, creo que usted no ha comprendido cuál es el balance de poder aquí. Ahora somos nosotros quienes decidimos si arrestar o no a alguien, no usted.

—Está desobedeciendo una orden directa, general —ruge Fromm sin que nadie lo tome en cuenta.

Como si fuese un chiquillo, éste se lanza contra su subordinado. Tienen que llegar varios oficiales para separarlos y desarmar a Fromm.

—Bajo las circunstancias actuales —murmura éste— me considero fuera de servicio. —Después de una tensa pausa, Fromm añade—: ¿Puedo solicitarle un último favor?

—Hable, general.

—Necesito una botella de coñac...

Olbricht ordena que se la traigan y posteriormente el general Fromm es conducido, bajo arresto, a la oficina de su ayudante.

17:00 horas. En el despacho de Olbricht se reúne el nuevo gobierno provisional del Reich con el general Ludwig Beck a la cabeza. Una de sus primeras medidas es nombrar al general Erich Hoepner en el puesto que hasta hace unos minutos tenía Fromm. Hoepner pide que su nombramiento sea por escrito y luego, cuando ocupa la oficina de su antiguo superior, incluso se disculpa con él. Fromm, ya un poco bebido, le responde:

—Lo siento, Hoepner. Yo no puedo con esto. En mi opinión, el Führer está vivo y ustedes están cometiendo un terrible error.

17:30 horas. A todas las plazas militares del Reich llegan mensajes contradictorios, a veces ni siquiera en el orden correcto: las órdenes codificadas provenientes de Bendlerstraße y las contraórdenes de Rastenburg.

Siguiendo estrictamente los planteamientos de la Operación Valquiria, el comandante en jefe de Berlín, general Paul von Hase, convoca a los directores de la escuela de la armada y de la escuela de explosivos y al comandante del batallón de guardia a su cuartel general en el número 1 de Unter der Linden. Allí, da instrucciones para tomar el control completo de la ciudad.

Sólo unos minutos más tarde, tropas leales a los conspiradores se apoderan del ministerio de Propaganda y rodean la casa particular del doctor Joseph Goebbels, uno de los pocos altos dirigentes nazis que permanecen en Berlín. En la periferia de la ciudad, el plan sigue el camino adecuado y diversos grupos militares se apoderan de estaciones de radio, oficinas del Partido y de las SS sin encontrar resistencia. Es el único momento del día en el cual los conspiradores parecen tener el control de la situación.

17:42 horas. A pesar de los intentos de los conspiradores por bloquearlo, un mensaje de radio es transmitido a todo el Reich desde el cuartel general de Rastenburg. En él se informa del ataque sufrido y se dice que los oficiales Schmundt y Brandt y un estenógrafo resultaron seriamente heridos. «Por fortuna —añade el comunicado—, el Führer sólo recibió unos rasguños y se ha reincorporado de inmediato a sus labores.»

19:00 horas. Después de seguir en primer término las órdenes que le ha dado el general Paul von Hase, su superior directo, de acordonar la zona alrededor de la casa de Goebbels, Otto Remer, el comandante del batallón de guardia de Berlín, decide cambiar de bando. Cuando entra en la casa, el ministro de Propaganda está a punto de ser arrestado. Con su habilidad característica, Goebbels se da cuenta de que puede encontrar un aliado en la figura pequeña y maltrecha de Remer.

—El Führer está vivo —le dice.

—No es lo que nos han dicho.

—¿Quiere usted hablar con él? —le pregunta Goebbels, retador.

Remer no responde, pero permite que el ministro tome su teléfono y marque a Rastenburg. Después de los saludos de rigor, Goebbels le entrega el teléfono a su captor.

—A partir de este momento tiene plenos poderes para terminar con la conspiración —Remer no puede creerlo: es la voz del Führer.

Pide disculpas a Goebbels, lo deja libre y se dispone a cumplir sus nuevas órdenes.

14

20:00 horas. Para muchos de los conspiradores es evidente que la partida está perdida. Comienzan a llegar noticias de traidores a la causa o de oficiales que se niegan a seguir la cadena de mando y a obedecer los dictados provenientes de Bendlerstraße. El caso de Remer es sólo uno entre muchos.

En la oficina de Olbricht se congregan los conspiradores más convencidos o los que saben que sus días están contados: además de Stauffenberg, Beck, Mertz y Haeften, el conde Ulrich Schwerin von Schwanenfeld y el conde Peter Yorck von Wartenburg... Dan órdenes y responden llamadas, se desesperan y se ofuscan, gritan y murmuran y, al final, esperan un milagro. Un milagro que no llega.

De pronto, el mariscal Witzleben aparece por fin en Bendlerstraße. Se supone que es el nuevo jefe de la Wehrmacht, pero no se le ha visto en todo el día. Acaba de enterarse de lo que sucede y no puede estar más enfadado. Sus ojos parecen hogueras.

—¡Qué desastre! —exclama al ser recibido por Beck y Stauffenberg, y de inmediato se traslada a la oficina de Fromm.

—Se presentaron dificultades desde el primer momento, mariscal —trata de explicarle Beck para calmarlo.

—¡Ya lo he visto! —Witzleben no parece dispuesto a transigir—. ¡Podían haber esperado! —Y, al decir esto, estrella su bastón de mando contra el escritorio de Fromm—. Una acumulación de errores, una larga cadena de errores. ¡Eso es lo único que han conseguido!

Aunque todos saben que tiene razón, a ninguno le gusta el tono que el mariscal usa para dirigirse a ellos. Es como un padre que repentinamente viniese a regañar a su hijo una vez que se ha caído de las escaleras. Lo que menos se requiere en esos momentos.

—Pero mariscal... —dice Stauffenberg, sin poder terminar la frase.

Los intentos por hacerle entrar en razón fracasan una y otra vez. Pronto Beck y él discuten a gritos, sin escucharse mutuamente.

Witzleben abandona el cuartel de Bendlerstraße y regresa a Zossen.

—Nos vamos a casa —es la única orden que le da al general Wagner al llegar allí.

21:00 horas. Con la ayuda de Bertram, el general Fromm encuentra una salida secreta de la oficina en la que permanece prisionero. Coge un teléfono y, sin que nadie se lo impida, se comunica con los diversos oficiales a su cargo para contrarrestar las órdenes de los conspiradores.

En ese mismo momento, éstos se enteran de que el batallón de reserva de la ciudad ha traicionado la causa. De pronto, decenas de oficiales de alto rango comienzan a abandonar sus posiciones. Incluso quienes han sido arrestados por el gobierno provisional son puestos en libertad y comienzan a marcharse sin que nadie trate de retenerlos.

22:00 horas. Algunos oficiales pertenecientes al equipo de Olbricht, pero a quienes nunca se les informó del golpe, se presentan en la oficina de su jefe con pistolas y granadas de mano.

—General —le dicen—, ¿está usted a favor o en contra del Führer? Olbricht permanece en silencio.

—Exigimos hablar con el general Fromm —indican entonces.

—Pueden hallarlo en su oficina —les dice Olbricht sin convencimiento. Ya todo le parece inútil.

Cuando Stauffenberg irrumpe en la oficina de Olbricht, estos oficiales tratan de aprehenderlo. De pronto hay gritos, movimientos bruscos y, al fin, disparos cruzados. Uno de los jóvenes ha sido herido por Stauffenberg, quien a su vez se ha refugiado en el despacho de Mertz. Un hilo de sangre le corre por el hombro.

15

23:00 horas. El cuartel de Bendlerstraße ha quedado bajo el control de las tropas leales a Fromm y al Führer. En todos los despachos y oficinas se llevan a cabo minuciosos registros.

—¿Están a favor o en contra del Führer? —es la pregunta que dirigen a quienes encuentran a su paso. Dependiendo de la rapidez de la respuesta se incorporan a las filas o son arrestados.

Por fin, unos minutos más tarde, el general Fromm se hace cargo de la situación. Numerosos soldados y oficiales lo rodean.

—Caballeros —les dice—, ahora es mi turno de hacer con ustedes lo que hicieron conmigo esta tarde. Les suplico que me entreguen sus armas —les indica a los líderes de la conspiración: Stauffenberg, Olbricht, Stieff, Mertz, Haeften, Hoepner y Beck.

—Permítame quedarme con mi pistola para usarla con propósitos privados —alcanza a decir este último.

—¡Si tiene algo que hacer, hágalo ya! —le responde Fromm sin contemplaciones.

El general Beck se lleva el arma a la sien y, con toda la majestad que puede rescatar de su glorioso pasado, le habla a la posteridad:

—Pienso ahora en otros tiempos... —comienza.

—¡Le he dicho que se limite a hacerlo! —lo interrumpe Fromm, harto de sentimentalismos.

Tras un momento de silencio, Beck al fin se decide a apretar el gatillo. Sólo alcanza a herirse en la frente.

—¡Desármenlo! —ordena Fromm a sus esbirros.

Beck se resiste y comienza a disparar contra sí mismo una y otra vez, sin conseguir darse muerte. Al fin los soldados logran arrancarle la pistola.

—Llévenselo a la otra habitación —grita Fromm, exasperado—. Y ustedes —se dirige a los demás— tienen sólo un momento para hacer una última declaración o para escribir algo.

Los conspiradores permanecen en silencio. ¿Qué podrían decir ya? Sólo Hoepner toma la palabra.

—General —suplica—, le juro que yo no estaba al tanto de lo que sucedía. Sólo me he limitado a cumplir órdenes superiores...

Fromm ni siquiera lo escucha.

—¿Puedo escribir unas líneas? —es el general Olbricht, quien se mantiene sereno a pesar de todo.

—Vaya a la mesa ovalada —le responde Fromm, repentinamente conciliador—, ahí donde solía sentarse frente a mí...

Un oficial entra en la habitación con un mensaje urgente para Fromm. El *Reichsführer-SS* Himmler se dirige hacia Berlín. El tiempo apremia.

—¿Ha llegado el batallón de guardia? —pregunta al mensajero.

—Está en el patio —le responde el otro.

—Caballeros —Fromm levanta la voz, tratando de obtener un tono solemne que no encuentra—, me temo que no hay más tiempo. —Y luego, con chocante solemnidad, agrega—: En el nombre del Führer, he convocado a una corte marcial que ha pronunciado el siguiente veredicto: general Olbricht, coronel Mertz, el coronel cuyo nombre no quiero pronunciar y el primer teniente Haeften, son condenados a muerte.

—Yo soy el único responsable de lo ocurrido —Stauffenberg intenta, en vano, exculpar a sus compañeros—. Los demás han actuado sólo como buenos soldados...

Después de que un oficial se ha negado a hacerlo, un sargento arrastra el cuerpo agonizante del general Beck a una habitación contigua y le da un tiro en la nuca.

16

00:00 horas. En el patio se forma un pelotón de fusilamiento, integrado por diez hombres. Detrás del pelotón, una media docena de automóviles militares encienden sus luces para iluminar a los condenados. El primero en salir es Olbricht. Después le toca turno a Stauffenberg pero, justo en el momento en que el pelotón dispara, Haeften se lanza para detener las balas con su cuerpo. Los soldados no tardan más que unos segundos en retirar su cadáver. De nuevo Stauffenberg.

—¡Viva la sagrada Alemania! —alcanza a gritar antes de caer muerto.

El último en morir es Mertz von Quirnheim. Tras los fusilamientos, Fromm envía un mensaje radiado a sus superiores: «Fallido *putsch* de generales desleales violentamente suprimido. Todos los líderes muertos.» Por instrucciones de Fromm, los cadáveres de los conspiradores —incluyendo el de Beck— son enterrados en un lugar secreto en el cementerio de San Mateo.

A la mañana siguiente, el *Reichsführer-SS* Heinrich Himmler ordena que sean exhumados e incinerados y sus cenizas arrojadas al viento.

DIÁLOGO II: SOBRE LAS REGLAS DEL AZAR

Leipzig, 6 de noviembre de 1989

¿De verdad me será concedido contemplar el final de un siglo que ha terminado exactamente igual a como empezó? ¿La culminación de estos años de pruebas infructuosas, de este vasto simulacro en el que hemos crecido, de esta absurda serie de tentativas abortadas? ¿La muerte de este inmenso error que hemos conocido como siglo XX?

Durante años no hice otra cosa que estudiar el sinuoso y elusivo comportamiento de los números con el fin de comprender el funcionamiento del infinito. Perseguí a Zenón y a Cantor, a Aristóteles y a Dedekind, llené centenares de páginas con abstrusas ecuaciones, similares a los caracteres de un lenguaje antiguo y olvidado, me fatigué horas y horas con una meditación no muy lejana al éxtasis religioso... Fueron mis años de estudiante, de maestro, de investigador. Y, sin embargo, he aprendido mucho más en estos cuarenta y dos años de encierro en los cuales no he vuelto a dibujar una cifra o a imaginar un conjunto. Encerrado aquí, mi propia vida se ha tornado infinita, es decir, inabarcable. Es decir, impensable. Soy un muerto en vida. Una especie de Lázaro que ha resucitado sólo para poder morir de nuevo, *ad infinitum*.

—¿No le parece fascinante la historia que le conté ayer? —le pregunto a Ulrich.

Su rostro apenas denota emoción, como si no alcanzara a creer cuanto le he narrado.

—Sí, fascinante —repite, aunque no estoy seguro de si lo dice por compromiso o en verdad lo cree.

—Y, sin embargo, ¿quién se acuerda ahora del conde Stauffenberg? ¿O del general Beck? ¿O de Heinrich von Lütz? Nadie. ¿Y sabe por qué, doctor? ¿Porque su movimiento no tuvo éxito? Temo que no. La historia los ha olvidado porque fueron derrotados por un régimen que *también* fue derrotado. Doblemente perdedores, nadie iba a preocuparse de reivindicarlos. Y, sin embargo, la historia de la conspiración del 20 de julio es una de las más bellas que pueden contarse...

—¿Por qué? —si Ulrich no fuese tan simpático apenas le perdonaría esta pregunta.

—Muy sencillo: porque es la historia de un gran fracaso —la sorpresa que se instala en sus ojos casi me resulta divertida—. ¿No comprende? Analice mi relato: vea cómo fue una cadena de mínimos errores la que impidió su éxito. Es decir, la que impidió que la historia de nuestra época fuese otra... Un grupo de no más de veinte personas estuvo a punto de alterar las vidas de millones. Y, por un descuido, por un vaivén de lo que a falta de otro nombre conocemos como azar, eso no pudo ocurrir...

—Pero siempre sucede así...

Su ingenuidad comienza a resultarme un tanto incómoda; es como tratar de explicarle física cuántica a un niño de seis años.

—No, no siempre —mi tono se vuelve severo—. Contemple con cuidado los detalles. La exquisita maquinaria puesta en funcionamiento para que el golpe fracasase. O piense en esta cuestión: había dos bombas en el maletín del conde Stauffenberg, pero él sólo pudo activar una de ellas. ¿Recuerda por qué? Porque en cierto momento recibió la intempestiva llamada del general Fellgiebel, otro de los conspiradores. Ello hizo que Stauffenberg se precipitara y sólo armase uno de los explosivos. ¡Una llamada telefónica, doctor! ¿Y si Fellgiebel no lo hubiese interrumpido? ¿O si lo hubiese hecho sólo unos segundos más tarde? Entonces la fuerza explosiva de los dos artefactos se hubiese multiplicado exponencialmente y, sin asomo de duda, todos los que se encontraban en la sala de juntas con Hitler hubiesen muerto al instante... ¡Una llamada!

Por primera vez su rostro muestra cierto asentimiento.

—Ése fue el primer golpe de azar —continúo mi lección—. Pero hubo otros. ¿Y si Von Freyend, en vez de colocar el maletín de Stauffenberg bajo la mesa, lo hubiese puesto a un lado del Führer? O bien, pongamos que todo lo anterior haya ocurrido así, qué remedio. Stauffenberg abandona la sala de juntas, huye del cuartel y se dispone a tomar el avión que lo llevará a Berlín. Mientras tanto, Fellgiebel, a cargo de las comunicaciones en Rastenburg, se entera de la dolorosa verdad: la bomba ha estallado y el Führer sigue con vida. Y entonces, ¿qué hace? Llama a la base de operaciones de los conjurados en Bendlerstraße y, quién sabe por qué motivo, informa que Hitler sigue vivo *y* que el golpe debe continuar. Dos proposiciones que se excluyen naturalmente. Ello crea las condiciones de caos e incertidumbre que culminarán con el desastre final. ¿Y si en vez de eso se hubiese limitado a decir que el golpe debía continuar, sin más? ¿O, por el contrario, si hubiese dicho que el Führer vivía y que, por tanto, era necesario abortar los planes?

—Comprendo lo que quiere decir —me dice Ulrich, condescendiente—. Pero, dígame, ¿usted participó en la conspiración?

—Aunque no presencié directamente los sucesos de ese día, sí, fui uno de sus miembros —mi voz es tan diáfana que no parece avergonzarse de nada—. Yo era..., soy un simple hombre de ciencia. Simpatizaba con ellos, pero no podía hacer mucho más... Me invitó a participar en la conspiración el que era mi mejor amigo en esa época, Heinrich von Lütz... Él también hubiese debido tener un papel mucho más importante en los acontecimientos del 20 de julio, de no ser por otro golpe de azar. Sólo un día antes fue transferido del equipo del general Olbricht al mando del general Stülpnagel, en París...

—¿Y usted y su amigo cuándo fueron arrestados?

—¿A qué se refiere?

—¿Cuándo los detuvieron? —el médico trata de parecer un buen muchacho, incapaz de ponerme una trampa.

—Después del 20 de julio, Himmler se encargó de desatar una persecución sin precedentes —le respondo—. Miles de personas inocentes fueron arrestadas. Al día siguiente cayeron Fellgiebel, Witzleben, y luego, en serie, Popitz, Canaris, Oster, Kleit-Schmerzin, Hjlamar Schacht... El general Wagner, como muchos otros, prefirió el suicidio... Schlabrendorff, Trott zu Stolz y Klausing terminaron por entregarse ellos mismos... Todos sufrieron espantosas torturas. Hitler dijo: «Quiero que todos sean colgados y destazados como piezas de carnicería», y Himmler se encargó de cumplirlo... Heinrich cayó durante los primeros días de agosto. Yo, unas semanas después.

—¿Piensa que él lo delató?

—No quisiera creerlo —respondo, súbitamente entristecido—. Pero las torturas eran terribles... Él era muy fuerte... Quizás fue alguien más. Alguien que se hubiera sentido más a salvo si yo no estaba en medio. Alguien que prefería que no se le vinculara con los conspiradores...

—¿Sospecha de una persona en particular?

—De hecho, sí —insisto—. Lo he venido diciendo desde el maldito día en que llegué a este lugar. Heisenberg. Werner Heisenberg.

LA BOMBA

1

En 1934, el físico italiano Enrico Fermi sugiere la hipótesis de que, más allá del uranio —el último de los elementos conocidos en la tabla periódica—, es posible hallar nuevos metales, los cuales se obtendrían al bombardear este elemento con neutrones libres. A partir de entonces, en las instalaciones del Instituto Kaiser Wilhelm en Berlín, el químico Otto Hahn y su asistente, la física Lise Meitner, realizan numerosos experimentos en este sentido. Meitner es judía, pero ha logrado sobrevivir a las purgas hitlerianas gracias a su ciudadanía austríaca; sin embargo, tras el *Anschluss*, tiene que huir a Suecia. Entonces Hahn contrata a un nuevo asistente, Fritz Strassmann, con el cual sigue llevando a cabo las pruebas ideadas con la ayuda de su antigua colaboradora.

Por fin, en el otoño de 1938, Hahn descubre que, al separar los resultados del bombardeo del uranio, una gran cantidad de radioactividad se precipita en el bario que utiliza como catalizador... Cuando Hahn le describe a Niels Bohr su experiencia, a éste le parece que semejante resultado es imposible. Desesperado, Hahn se dirige entonces a Lise Meitner, refugiada en Estocolmo, para pedir su opinión. Con la ayuda de su sobrino, el también físico Otto Frisch, Meitner llega a la conclusión de que, en efecto, Hahn tiene razón: al ser bombardeado con los neutrones, se divide formando un núcleo de bario más otros elementos —tal como una gota de agua puede partirse a la mitad, para usar una metáfora de Bohr—, mientras que una parte del peso restante se convierte en energía de acuerdo con la fórmula de Einstein $E = mc^2$. El día de año nuevo de 1939, Frisch se encamina a Copenhague para darle la noticia a Bohr. Éste queda estupefacto: «¡Qué idiotas hemos sido! —dice—. ¡Lo hemos tenido delante de nosotros todo el tiempo! ¡Es justo como debía ser!» Hahn y Meitner acaban de descubrir la fisión atómica: el inicio de una nueva era.

Sólo unos días más tarde, Bohr parte hacia Estados Unidos, donde pasará unos meses. Ha sido invitado por varias universidades para impartir conferencias y de paso entrevistarse con Einstein en Princeton para continuar su polémica sobre la física cuántica, pero el descubrimiento de Hahn transforma el objetivo de su viaje. Bohr está impaciente por darlo a conocer en América, aunque ha prometido esperar a que Hahn publique sus resultados. El 6 de enero, aparece al fin el artículo de Hahn sobre la fisión en *Die Naturwissenschaften*. A partir de entonces, Bohr se siente con libertad para hablar sobre el asunto en los lugares que visita. La fisión genera verdadera ansiedad en el mundo: pronto en todas partes —Estados Unidos, Copenhague, París, Berlín, Moscú, Múnich y Leningrado— comienzan a repetirse las pruebas de Hahn y Strassmann.

¿A qué se debe tanta atención, tanta actividad? Cualquier físico competente puede responder a esta pregunta: desde hace varias décadas se sabe que el universo está formado por pequeñas partículas de materia, unidas por esa especie de pegamento al que damos el nombre de energía. Más tarde, Einstein probó que una y otra representaban sólo dos estados del mismo componente esencial. Ahora, por primera vez, el ser humano es capaz de observar la transformación de la materia en energía: esa energía fulgurante que se desprende al dividir los átomos de uranio... Pero lo más perturbador es la posibilidad de utilizar esa energía de modo práctico... Generando reacciones en cadena... Construyendo reactores nucleares... Y, en el peor de los casos, produciendo armas de una capacidad destructiva nunca antes vista...

Desde el principio esta última posibilidad asusta tanto a Hahn, que considera la idea del suicidio. Durante una reunión con sus amigos del Instituto Kaiser Wilhelm, propone que todas las reservas de uranio que se encuentran en Alemania sean echadas al mar para impedir la construcción de un aparato destructivo. Para colmo, uno de sus colaboradores le hace notar que, tras la invasión de Checoslovaquia, el Reich se ha apropiado de las ricas minas de uranio de Joachimsthal, las más grandes del mundo... El escenario del Apocalipsis está servido.

2

Desde que Bohr da a conocer los resultados de la fisión en América, numerosos científicos comienzan a movilizarse para demostrar que la producción de bombas es posible, con el fin de convencer al gobierno norteamericano de emprender un vasto proyecto de investigación atómica destinado a superar a los alemanes. De entre éstos, destacan varios físicos que han huido de la Europa dominada por Hitler: Edward Teller —el cual, por cierto, obtuvo su doctorado con Heisenberg—, Leo Szilard y Eugene Wigner. A la larga, estos hombres convencen a los científicos más prominentes que trabajan en el país —Fermi, Bethe, Von Neumann, Oppenheimer y, desde luego, Einstein— de llevar a cabo una intensa campaña en favor de un programa atómico a gran escala. En una carta del 2 de agosto de 1939, escrita a solicitud de Wigner, Einstein le dice al presidente Roosevelt:

> En el curso de los últimos cuatro meses se ha hecho probable realizar una reacción en cadena con una gran cantidad de uranio, a partir de la cual grandes cantidades de energía y nuevos elementos similares al radio, serían producidos. Ahora parece prácticamente cierto que esto puede ser logrado en el futuro inmediato. Este nuevo fenómeno incluso puede conducir a la construcción de bombas.
>
> En vista de esta circunstancia, quizás usted considere deseable mantener cierto contacto permanente entre su Administración y el grupo de físicos que trabajan en reacciones en cadena en Estados Unidos.
>
> Tengo entendido que Alemania ha cancelado la venta de uranio de las minas de Checoslovaquia que ha tomado en su poder. El que se haya emprendido una acción tan repentina quizás pueda entenderse por la influencia del hijo del subsecretario alemán de Relaciones Exteriores que ha sido destinado al Instituto Kaiser Wilhelm de Berlín, donde algunos de los experimentos norteamericanos con uranio están siendo repetidos.

Roosevelt le agradece la misiva y le promete convocar a representantes de la armada y la marina para estudiar el proyecto, pero no será sino hasta octubre de 1941 cuando el Presidente le conceda su autorización definitiva y se ponga en marcha el Proyecto Manhattan. De cualquier modo, las reglas del juego quedan establecidas, lo mismo que la meta final de los contendientes: la creación del arma destructiva más potente de la historia. Quien gane esta carrera se convertirá, sin duda, en el seguro triunfador de la guerra.

3

A principios de 1939, el director del Consejo para la Investigación del Reich, Abraham Esau, recibe los primeros informes provenientes de científicos alemanes en torno a la posibilidad de utilizar el descubrimiento de Hahn con propósitos bélicos. Al mismo tiempo, en Hamburgo, los físicos Paul Harteck y Wilhelm Groth se encargan de hablar del mismo asunto con Erich Schumann, el director de la Oficina de Investigaciones sobre Armas, quien no duda en formar un grupo de trabajo sobre la materia en el que participan Kurt Diebner y su asistente, Erich Bagge.

Poco después de iniciada la guerra, Bagge sugiere a los físicos reunidos en el llamado *Uranverein*, o Círculo del Uranio, la idea de incorporar a las sesiones a su antiguo profesor de Leipzig, el afamado Werner Heisenberg. El 26 de septiembre de 1939, Heisenberg, Otto Hahn y Carl Friedrich von Weizsäcker se presentan a la segunda de las reuniones del *Uranverein*, llevada a cabo en la Oficina de Armamentos del ejército, situada en la Hardenbergstraße, frente al Politécnico de Berlín.

Sólo tres meses después de esta primera reunión, Heisenberg remite al *Uranverein* el primero de sus trabajos teóricos sobre la materia, titulado «Las posibilidades de obtener técnicamente energía a partir de la fisión del uranio». En ella, Heisenberg hace una reseña de las escasas contribuciones disponibles sobre el tema. Asimismo, comenta la idea, ya desarrollada por su alumno Siegfried Flügge, de que el uranio común está formado por dos isótopos, el uranio-238 y el mucho más raro uranio-235, de los cuales sólo el segundo es útil para producir una reacción en cadena. Por último, plantea uno de los grandes problemas de la teoría atómica —a la larga irresoluble para el equipo alemán— sobre la «masa crítica» necesaria para lograr la reacción en cadena.

Gracias a este texto de Heisenberg, a fines de 1939 Alemania es el único país del mundo que dispone de las bases necesarias para comenzar a trabajar seriamente en un proyecto atómico, mientras en Estados Unidos o en Gran Bretaña el gobierno apenas muestra interés por el tema.

A fines de 1940, la Oficina de Armamentos decide concentrar toda la investigación sobre el uranio que se lleva a cabo en el Reich, para lo cual toma dos medidas: la primera, eliminar la jurisdicción de Abraham Esau; y, la segunda, colocar al frente del Instituto Kaiser Wilhelm de Berlín a Erich Schumann y a Kurt Diebner, a fin de centralizar la toma de decisiones. A pesar de la rivalidad que tiene con él, Heisenberg participa en dos de los centros coordinados por Diebner: el Instituto Kaiser Wilhelm de Berlín y el propio Instituto de Física de Leipzig que él mismo dirige desde hace varios años.

4

A partir de 1942, el rumbo de la guerra cambia drásticamente. Las derrotas alemanas en el frente oriental merman la economía del Reich, y el Führer no tiene más remedio que reorganizar la estructura de su gobierno. Una de sus primeras decisiones consiste en nombrar al arquitecto Albert Speer —responsable del embellecimiento de Berlín— como nuevo ministro de Armamentos. En medio de la corte de los milagros que es el gabinete de Hitler, Speer no sólo parece la única persona *normal* —además de inteligente es alto y apuesto—, sino que probablemente sea el más astuto de los colaboradores del Führer.

Heisenberg al fin ha obtenido la rehabilitación política que se le debe. Después de los duros años en los cuales se ha enfrentado a Stark y a los lobos de la *Deutsche Physik*, las autoridades científicas del Reich le ratifican su apoyo. Y, tal como Himmler le ha prometido meses atrás, en abril recibe una doble llamada de Berlín: primero, para ocupar una cátedra en la Universidad y, posteriormente, para convertirse en el nuevo director del departamento de física del Instituto Kaiser Wilhelm en sustitución del holandés Peter Debye, quien se ha negado a colaborar con el esfuerzo bélico nazi. En junio, Heisenberg firma el contrato que lo convierte en responsable del Instituto y en jefe científico del proyecto atómico.

Una vez instalado en su nueva posición en Berlín, no pasa mucho tiempo antes de que Speer haga llamar a Heisenberg. Desde el primer momento, el ministro se ha sentido atraído por la posibilidad de construir un arma capaz de cambiar por sí misma el curso de la guerra. En la reunión que sostiene con él, Heisenberg se queja amargamente de la escasa importancia que se ha concedido hasta el momento a la investigación nuclear.

—En Estados Unidos, un proyecto similar habría recibido una atención inmediata —aguijonea a Speer.

El arquitecto parece comprender, y le solicita al físico más detalles sobre la energía atómica y su posible uso bélico. Con la paciencia que despliega en sus seminarios, Heisenberg le explica al ministro de Armamentos las líneas generales de la fisión, de los reactores y de las reacciones en cadena.

—Muy bien —se entusiasma Speer—. Manos a la obra. ¿Qué necesita para continuar con el proyecto?

—El presupuesto necesario para construir una máquina de uranio, un ciclotrón...

—Déjeme hacerle una pregunta directa, profesor —dice de pronto el primer arquitecto del Reich—. ¿Es posible que el uso de la energía atómica pueda llevar a la construcción de una bomba?

—Creo que sí —responde Heisenberg, imperturbable, pero de inmediato matiza—: Aunque temo que no podrá tenerse lista antes del final de *esta* guerra.

—¿Y piensa usted que los norteamericanos puedan llegar a construirla antes que nosotros? —insiste Speer con cierta alarma.

—Sinceramente, no lo creo —contesta Heisenberg, seguro de sí mismo—. Ellos han de tener los mismos inconvenientes que nosotros. Aunque sería posible tener a punto el esquema teórico de la bomba en unos cuantos meses, no sucede lo mismo con la cuestión técnica. Harán falta varios años antes de poder solucionar los inconvenientes materiales.

—Y entonces, ¿cuál es el sentido de apoyar esta investigación? —inquiere Speer.

—A la larga, quien tenga el control de la energía atómica, tendrá el control del mundo —sentencia Heisenberg.

Tras esta discusión, Speer acuerda concederle al proyecto atómico la categoría de *Kriegswichtig* (importante para la guerra), la última en el cuadro de prioridades bélicas pero que, en cualquier caso, le asigna recursos suficientes para continuar existiendo.

5

Dinamarca fue invadida «pacíficamente» por los nazis en 1940. Para lograrlo, los alemanes ni siquiera necesitaron combatir: se limitaron a cruzar la frontera y a instalar una especie de protectorado que, en un principio, intentó no perturbar la vida política danesa. Entonces a nadie parece preocuparle, por ejemplo, que Niels Bohr —medio judío por parte de madre— permanezca como director del Instituto de Física Teórica de la Universidad y éste, a pesar de su disgusto y de los ofrecimientos de Gran Bretaña y de Estados Unidos para trasladarse a su territorio, prefiere continuar en su patria el mayor tiempo posible.

En el otoño de 1942, menos de un año después de la incómoda visita de Heisenberg a Copenhague, la situación se transforma drásticamente. El rey abandona el país y Hitler decide integrar su territorio al Reich. El gobernador civil es sustituido por un hombre de las SS, el doctor Werner Best, y de la noche a la mañana el trato reservado a los daneses se endurece brutalmente, provocando no sólo la ira de la población, sino la puesta en marcha de unidades de resistencia que se dedican a sabotear los actos de las autoridades alemanas. Enfurecido por esta rebeldía, Best decreta la ley marcial y planea la eliminación de todos los judíos daneses por medio de una redada que se llevará a cabo el 1.º de octubre de 1943.

A mediados de septiembre, Bohr recibe una carta cifrada proveniente de fuentes diplomáticas suecas, en la cual se le informa que el arresto de judíos es inminente. Por primera vez desde el inicio de la ocupación, la situación de Bohr en Dinamarca se ha vuelto peligrosa. No tiene mucho tiempo para actuar. Ese mismo día, el físico se comunica con algunos de los líderes de la resistencia, quienes se ofrecen a ayudarle de inmediato, proporcionándole una vía de escape. El 29 de septiembre, Bohr y su esposa abandonan discretamente su casa y se dirigen a pie hacia el Musickby, el barrio de músicos situado en la zona de Sydhavn. Allí se reúnen las doce personas que, junto con los Bohr, tratarán de cruzar el Øresund rumbo a Suecia. Entre los prófugos se encuentran su hermano Harald, su sobrino Ole y Edvard Heidberg, un famoso arquitecto y militante comunista.

Hacia las diez de la noche, el grupo se dirige hacia la playa, en donde un pequeño barco pesquero los aguarda para emprender el trayecto. Una hora más tarde, los catorce pasajeros suben a bordo de un carguero un poco mayor, el cual los conduce durante la noche hacia la bahía sueca de Limhamn, en donde desembarcan en las primeras horas del 30 de septiembre. Desde allí, los refugiados se trasladan por tierra hasta Malmø. Ese mismo día, Bohr toma un tren que lo lleva a Estocolmo, donde lo recibe el profesor Klein, antiguo asistente de Otto Hahn y Lise Meitner, en cuya casa habrá de alojarse. La operación para resguardar a Bohr y su familia es rigurosa y complicada. Varios oficiales, policías y soldados se turnan para mantener una vigilancia constante sobre él.

Después de entrevistarse con el rey Gustavo V, el príncipe coronado y diversas autoridades suecas para solicitar su ayuda con el fin de proteger a los judíos daneses, Bohr parte el 4 de octubre rumbo a Gran Bretaña a bordo de un avión Mosquito sin armas expresamente enviado por el gobierno de Su Majestad. Son las primeras horas del 6 de octubre. Al día siguiente vuela rumbo a Londres, en donde lo recibe el Servicio Secreto y el profesor Chadwick, uno de sus viejos amigos ingleses. Aunque toda la operación se supone sumida en el mayor de los secretos, el *New York Times* del 9 de octubre publica la siguiente noticia:

Científico llega a Londres
El Dr. Bohr, danés, posee un nuevo invento atómico

LONDRES, 8 de oct. (AP). El doctor Niels Bohr, científico danés refugiado y ganador del Premio Nobel por sus investigaciones atómicas, llegó a Londres proveniente de Suecia, trayendo consigo lo que un danés en Estocolmo llamó planos para un nuevo invento relacionado con explosivos atómicos. Estos planos fueron descritos como de la mayor importancia para el esfuerzo bélico aliado.

En Londres, se encuentra con sir John Anderson, Canciller del Exchequer, fisicoquímico de carrera, y quien, por órdenes directas de Winston Churchill, ha sido nombrado responsable del proyecto atómico británico. Ante la sorpresa de Bohr, éste se encarga de ponerlo al tanto sobre los avances del proyecto atómico aliado.

—Tras las misivas de numerosos científicos dirigidas al presidente Roosevelt —entre ellas una del propio Einstein, le cuenta Anderson a Bohr—, por fin el 9 de octubre de 1941 éste tomó la decisión de autorizar la construcción de una bomba atómica a partir del proyecto desarrollado por Enrico Fermi en Chicago.

—No imaginé que el interés por la energía atómica en Estados Unidos hubiese llegado hasta ese nivel —dice Bohr sorprendido y preocupado.

—Tengo que decirle, profesor, que en esos momentos también nosotros poseíamos nuestro propio programa atómico, conocido bajo el nombre clave de Tubos de Aleación —Anderson no logra evitar un tono de orgullo al referirse a su propio trabajo—, encabezado por los profesores Frisch y Peierls, a quienes usted conoce bien desde la época en que eran alumnos de Heisenberg.

Bohr apenas alcanza a adivinar las dimensiones que el esfuerzo atómico aliado ha llegado a alcanzar en los últimos meses. Aunque siempre imaginó que los científicos británicos y norteamericanos estarían trabajando en ello, nunca pensó que hubiesen avanzado tanto durante los últimos meses.

—A partir de 1941 —continúa Anderson, imperturbable—, los comités británico y norteamericano comenzaron a trabajar coordinadamente, y en el verano de este año, un grupo de trabajo conjunto redactó una cuidadosa memoria sobre el uranio-235 necesario para construir una bomba. En julio de 1942, me permití dirigirle una comunicación al primer ministro Churchill, proponiéndole la unión de los proyectos atómicos norteamericano y británico, de modo que la bomba fuese construida por ambos países en territorio estadounidense —aunque no lo dice abiertamente, está claro que la idea no entusiasmó al primer ministro, pero Anderson calla sobre este punto—. El 19 de agosto de 1943, durante la conferencia que celebraron en Quebec, Roosevelt y Churchill firmaron el acuerdo de colaboración mutua entre Estados Unidos y el Reino Unido en materia de Tubos de Aleación.

Por si todos estos datos no bastaran para inquietar a Bohr, Anderson se encarga de contarle uno de los más grandes logros del programa: el 2 de diciembre de 1942, en la Universidad de Chicago, el equipo dirigido por Enrico Fermi ha llevado a cabo la primera reacción en cadena sustentable. Esto excede todas sus expectativas.

—A partir de ese momento, se han construido pilas similares a las de Chicago en varias partes de Estados Unidos, a fin de hallar la más apropiada para producir una explosión atómica.

—Sorprendente, sorprendente —es lo único que atina a decir Bohr.

—A partir de este año —termina Anderson—, los experimentos relacionados con el proyecto se han trasladado a un nuevo laboratorio secreto construido en algún lugar del desierto de Nuevo México. Lo dirige un viejo conocido suyo: Oppenheimer.

Esa misma semana, Bohr recibe una carta del gobierno británico en la cual se le invita a ser consejero científico en Tubos de Aleación. Sólo unos días más tarde, el general Leslie Groves, responsable militar del Proyecto Manhattan, lo invita a sumarse a su equipo de asesores. En un alarde de ecuanimidad, Bohr responde a ambas cartas proponiendo un nombramiento conjunto; tanto Gran Bretaña como Estados Unidos acceden.

Bohr y su hijo Åage llegan a Estados Unidos el 6 de diciembre, donde cambian sus nombres por motivos de seguridad: a partir de ese momento serán conocidos como Nicholas y James Baker. Durante su estancia en América, los Baker no se convierten en residentes permanentes del Laboratorio Nacional de Los Álamos, pero sí realizan numerosas y prolongadas visitas.

Poco después se produce allí un descubrimiento decisivo: aunque se sabe que el U-235 puede ser utilizado como combustible de una bomba nuclear, se demuestra que el siguiente elemento en la tabla periódica, conocido como plutonio —uno de los «transuránicos» predichos por Hahn y por Fermi—, es fácilmente fisionable y uno de sus isótopos, el P-240, lo hace de modo espontáneo, sin necesidad de ser previamente bombardeado con neutrones. Los directores del proyecto no lo dudan un segundo: además de la bomba fabricada con U-235, se comienza a construir otra cargada con P-240.

6

La situación de Heisenberg en Alemania es muy distinta de la de Bohr. En noviembre de 1942, ha sido invitado por el ministro de Finanzas de Prusia, Johannes Popitz, a integrarse en el famoso Círculo de los Miércoles, un prestigioso grupo de discusión fundado varias décadas atrás, cuyos miembros se reúnen ese día de la semana para tratar asuntos relacionados con el progreso de la ciencia pero también —hay que decirlo— con temas menos elevados y más cotidianos.

Cada semana las sesiones del Círculo se llevan a cabo en las distintas casas de sus miembros y, según un preciso ritual, cada anfitrión ofrece una pequeña cena e imparte una breve conferencia sobre el tema de su especialidad. Entre los integrantes más destacados del Círculo —son un total de veintiocho—, destacan los profesores Eduard Spranger, Wolfgang Schadewaldt y Jens Jessen, así como el embajador Ulrich von Hasen, el médico Ferdinand von Sauerbruch y el general Ludwig Beck. Ni que decir que algunos de ellos serán piezas clave de la conspiración contra el Führer del 20 de julio de 1944.

Los miembros del Círculo comparten más o menos las mismas ideas políticas: nacionalismo a ultranza, rectitud moral sobre cualquier consideración práctica y un soterrado y silencioso odio hacia los nazis. Cuando se encuentran, nunca dejan de quejarse de los desatinos de *Schimpanski*, el nombre clave con el cual han designado al Führer.

La tarde del 5 de julio de 1944, Adolf von Reichswein, uno de los conspiradores integrados al Círculo Solf, se presenta de improviso en las oficinas de Heisenberg. Lo ha visto en varias ocasiones anteriores, gracias a su amistad con Ludwig Beck, Ferdinand von Sauerbruch y otros miembros del Círculo de los Miércoles. Sin preámbulos, Reichswein le pide a Heisenberg que se sume al golpe que se planea contra Hitler para los días siguientes. El físico, con su natural habilidad para desentenderse de cualquier decisión acuciante, les desea suerte, pero respetuosamente rehúsa participar. La violencia no va con él, se excusa. Unos días más tarde, Reichswein es detenido por la Gestapo junto con otros miembros del Círculo Solf.

La noche del 12 de julio de 1944, se lleva a cabo la última reunión del Círculo de los Miércoles. Casualmente, le ha tocado a Heisenberg ser anfitrión. Con el fin de hacer más agradable la velada, ha preferido llevarla a cabo en las instalaciones del Instituto Kaiser Wilhelm, en Harnack Haus, donde se aloja por el momento. Para recibir a sus invitados, el físico ha preparado una conferencia que versa sobre dos asuntos distintos: en primer lugar, se refiere a la estructura de las estrellas; y en segundo, y derivado de lo anterior, se dedica a explicar, con exquisito cuidado, el proceso de fusión nuclear que se lleva a cabo en el interior de las mismas y discute la posibilidad de reproducir artificialmente el mecanismo.

Entre los diez miembros del Círculo que han asistido esa noche, se encuentran por lo menos cuatro hombres cuyas mentes difícilmente pueden concentrarse en las leyes del firmamento: Jens Jessen; Guido Beck, hermano del general; Ferdinand von Sauerbruch y Ludwig Diels. Todos ellos estarán, unos días después, en la primera línea de conspiradores.

7

El 19 de julio, Heisenberg sale precipitadamente de Berlín con la intención de visitar a su familia, que lo aguarda impaciente en su villa de Urfeld. Es ahí donde se entera por la radio, al día siguiente, de la fallida conspiración contra el Führer.

A partir del 21 de julio, las detenciones se suceden en masa. Himmler quiere desterrar por completo el espíritu subversivo que queda en el Reich. Miles de personas son arrestadas por el solo hecho de ser parientes lejanos de los conjurados o por haberlos conocido. Prácticamente todos los miembros del Círculo de los Miércoles son detenidos, interrogados, arrestados y posteriormente internados en campos de concentración o fusilados. Todos menos Heisenberg, quien goza de la protección de Himmler, Speer y Göring. Todos menos Heisenberg, cuya lealtad al Reich está a prueba de dudas.

8

Mientras Hitler y sus esbirros disfrutan con los juicios que se llevan a cabo contra los conspiradores y, en especial, con las ejecuciones de los condenados —minuciosamente filmadas para el disfrute privado del Führer—, Heisenberg se concentra en su trabajo para olvidar las tensiones del momento. Porque el trabajo que lleva a cabo —los preparativos de un reactor atómico— en el fondo no tienen otro fin que aumentar el poder de ese hombre, Hitler, que ha ejecutado a tantos de sus amigos.

A partir de 1942, la influencia de Heisenberg en la política atómica nazi será cada vez mayor. De modo que sólo un año después, en el verano de 1943, es capaz de convencer a Speer de relevar a Abraham Esau de su posición como jefe de la sección de física del RFR y Plenipotenciario del Reich para la Energía Atómica, y sustituirlo por Walther Gerlach, un físico experimental de Múnich más cercano a los puntos de vista de Heisenberg. Posteriormente, gracias a una conferencia sobre el tema pronunciada en la Academia de Ciencias Aeronáuticas, de la que es miembro, también consigue que el proyecto atómico sea elevado a la «clasificación urgente», de modo que su financiamiento quede garantizado incluso en las condiciones más difíciles.

9

Aunque técnicamente Heisenberg es el principal cerebro del proyecto atómico, y por tanto quien establece los parámetros de la investigación científica en el Reich, se ve sorprendido porque Kurt Diebner, quien trabaja en el laboratorio experimental de Gottow con el auspicio del Instituto Imperial Físico Técnico, comienza a obtener mejores resultados que los suyos para lograr la ansiada reacción en cadena. Alejándose de los parámetros establecidos por Heisenberg, a Diebner se le ha ocurrido construir una pila atómica en cuyo interior, en vez de las típicas láminas de óxido de uranio, ha colocado pequeños cubos de este material flotando en agua pesada. En un primer intento, Diebner ha logrado que los neutrones producidos sean mayores que los neutrones absorbidos en una proporción cercana al 36 por ciento, una medida mucho mayor que cualquiera lograda por Heisenberg. En un segundo experimento, llevado a cabo a mediados de 1943, Diebner ha multiplicado este índice hasta llevarlo al 110 por ciento, cada vez más cerca de la posible reacción en cadena que, sin embargo, todavía queda lejos. Aunque Diebner está en el camino correcto para llegar a la masa crítica suficiente para la reacción en cadena, un repentino bombardeo aliado destruye la fábrica Degussa, encargada de fabricar los cubos de uranio que utiliza en sus pruebas, lo cual termina con sus investigaciones.

A mediados de 1944, dado que las difíciles condiciones de la guerra dificultan en grado extremo los experimentos atómicos, las autoridades nazis deciden concentrar gran parte de los trabajos en un búnker secreto en Berlín. Su estructura ha sido construida a prueba de bombas y de radiación: sus muros se encuentran forrados con gruesos bloques de cemento de más de dos metros de espesor. En su interior cuenta con un amplio laboratorio, un taller, bombas de aire y de agua, depósitos de agua pesada y diversos instrumentos electrónicos para la manipulación de elementos radioactivos: un Los Álamos en miniatura.

En las nuevas instalaciones se congrega el equipo de Heisenberg, aunque también parte del dirigido por Walter Bothe, anteriormente en Heidelberg, y del de Karl Wirtz, que hasta entonces ha trabajado en Berlín. No obstante, hacia fines de 1943 los incesantes bombardeos imposibilitan el desarrollo del proyecto, pues, si bien el búnker continúa protegido, no puede decirse lo mismo de las plantas de luz y mucho menos de los alojamientos de los científicos.

En el otoño, por indicaciones de Gerlach, Heisenberg envía a una tercera parte de sus hombres a un pequeño pueblo en la Selva Negra, Hechingen. El personal del Kaiser Wilhelm se instala en las antiguas oficinas de una fábrica textil. En diciembre, Wirtz y Heisenberg llevan a cabo otro experimento con placas de óxido de uranio en el cual por primera vez utilizan grafito en vez de agua pesada como moderador, tal como han hecho los norteamericanos y alcanzan una multiplicación de neutrones del 206 por ciento. Sin embargo, aún permanece muy lejos la posibilidad de lograr la anhelada reacción en cadena.

Tres meses antes de la conclusión de la guerra, en enero de 1945,

Wirtz todavía decide hacer un último esfuerzo en las instalaciones del Kaiser Wilhelm, donde lleva a cabo su experimento más ambicioso. Se trata de una pila formada por cientos de tubos de uranio, suspendidos en el interior del cilindro con cables de aluminio, rellenado con la tonelada y media de agua pesada que aún posee el Instituto. El cilindro, revestido por una capa de grafito puro, ha sido sumergido en el pozo de agua del refugio antiaéreo. Justo cuando el experimento está listo para ser puesto en marcha, Gerlach ordena desmantelar todos los instrumentos: las fuerzas del Ejército Rojo se acercan precipitadamente a Berlín y lo peor que puede ocurrir es que los soviéticos capturen a los científicos nucleares. De inmediato, Gerlach, Diebner y Wirtz emprenden el camino hacia Hechingen, donde los espera Heisenberg.

10

En febrero de 1945, sólo dos meses antes del suicidio de Hitler y de la rendición de Alemania, los científicos nucleares continúan intentando poner en marcha el reactor. Trasladados al pequeño pueblo de Haigerloch, no lejos de Hechingen, aún se dan a la tarea de montar un nuevo reactor en el interior de una pequeña caverna, el *Atomkeller*, previamente acondicionada como laboratorio. Siguiendo las indicaciones de Göring, Speer, Himmler y Bormann, Gerlach y sus hombres instalan sus instrumentos con la vaga esperanza de lograr un reactor crítico antes de la hecatombe final, acaso con la idea de utilizar los resultados de la prueba como un argumento para negociar una rendición condicionada.

La actitud de los científicos alemanes es una paradójica inmersión en los infiernos o, en otro sentido, un regreso a los orígenes de la humanidad. Hace millones de años, en vez de detenerse a contemplar una explosión atómica, un ser humano se hubiese limitado a dibujar bisontes y serpientes en el techo de la caverna al tiempo que cuidaba de esa otra fuente de energía, el fuego, con el mismo celo y la misma reverencia con que ahora vigila los detalles del reactor.

Sí, piensa Heisenberg: somos una especie de tribu enfermiza, los últimos habitantes de estas tierras: obsesionados, como los hombres prehistóricos, con la fama y la inmortalidad. De otro modo, ¿por qué habríamos de probar una pila atómica en los últimos días de una guerra que desde hace muchos meses sabemos perdida? ¿Por qué este último esfuerzo, este postrer pecado de orgullo, sino para decir que al menos en esta materia hemos sido superiores a nuestros enemigos? Un canto del cisne, un estertor antes de aceptar, sumisos, la muerte de nuestra civilización.

—Experimento de la serie B-8 —escucha decir a Wirtz como si se tratase de un brujo que se obstina en recurrir a los espectros para asegurar la vida de su tribu.

Frente a ellos se extiende el amplio cilindro de metal como un caldero mágico. Ellos son los oficiantes que se disponen a introducir en él los elementos del ritual, de acuerdo con las recetas transmitidas ancestralmente. Sólo que, en vez de sapos y alas de murciélago —no se le ocurren mejores ingredientes—, se trata de elementos con nombres no menos extraños: óxido de uranio, agua pesada. Por un momento, Wirtz y Heisenberg se detienen a estudiar sus propias sensaciones y a contemplar los rostros y los gestos de sus ayudantes. Hay una sensación común: el nerviosismo de un jugador que apuesta su última moneda, la tensión de quien arriesga sus últimas posesiones, su casa y su familia, con la mínima esperanza de obtener una nueva oportunidad en el futuro.

Con el cuidado con que los sacerdotes manipulan las hostias consagradas, quitan la cubierta de grafito del reactor, dispuestos a contemplar las maravillas que habrán de producirse en él. Sobre la sacristía gótica, cientos de pequeños exvotos —cubos de un extraño material conocido como uranio— cuelgan y se balancean como medallas de primera comunión, sostenidas por sus delgadísimas cadenas de aluminio. A continuación, vacían el agua pesada en la enorme copa circular. Éste es el cáliz de mi sangre, de la sangre nueva y eterna, piensa alguno.

Eso es: un Grial, el trofeo que Heisenberg ha estado persiguiendo desde hace años, el resultado de una vida de búsqueda. ¡Cómo no se ha dado cuenta antes! Claro, el enorme reactor, el uranio, el agua pesada: el elíxir divino que habrá de convertirlo en alguien más sabio, más fuerte, más virtuoso. En medio del *Atomkeller*, de esa celda atómica excavada en la tierra, está a punto de consumar un rito imaginado desde su infancia. El símbolo que siempre anheló, desde sus épocas como *Pfadfinder*, en el movimiento juvenil: la meta que todo caballero andante, como él, se ha trazado. Imagina que hay algo heroico en su conducta, algo que lo emparienta con los ídolos de su juventud, con aquel joven que venció a Klingsor y fue bendecido con la gracia del Creador.

—Adelante —murmura.

El silencio que reina en la sala es absoluto, sólo comparable, en efecto, al de los creyentes que esperan un milagro o al de los caballeros del Grial congregados en el castillo de Montsalvat. Todos observan el cáliz con espíritu contrito, todos rezan, todos buscan salvarse... Poco a poco, el agua pesada comienza a bañar los átomos de uranio, acariciándolos, activándolos, inyectándoles aliento, incitándolos a aparearse y a dividirse, a estallar, a lanzarse unos contra otros, a rebotar, a saltar y multiplicarse, a vivir... Lentamente la reacción comienza a producirse. ¡Sí, ahí está! ¡Ahí está el milagro que buscan! ¡El milagro de salvación! De pronto, Wirtz se da cuenta de que no han tomado ninguna medida de seguridad en caso de que se produzca la reacción en cadena: la emoción y la furia y la desesperanza los han hecho olvidarse de lo más obvio, de tomar las medidas de precaución imprescindibles. Acaso, aunque no lo reconozcan, están dispuestos a dar su vida con tal de que el invento funcione y los inmortalice.

Wirtz se dirige a Heisenberg y le dice que sólo cuentan con una pequeña barra de cadmio —un material que absorbe rápidamente los neutrones— en caso de que algo salga mal, pero no está seguro de que baste para detener la reacción en caso extremo. Heisenberg se preocupa por un segundo, pero luego lo olvida: está demasiado nervioso calculando la magnitud de la multiplicación energética... Sí, avanza, sí, sí, un poco más, un poco...

De repente, el proceso se detiene en seco. Eso ha sido todo. ¿Les está permitido llorar a los caballeros del Grial? Heisenberg revisa sus cálculos. Su voz tiene un brillo mortal, catastrófico.

—Seiscientos setenta por ciento —dice simplemente, y luego calla.

—La mayor multiplicación alcanzada jamás —comenta Wirtz.

La mayor, sí, pero ¿de qué sirve? Ha sido un fracaso, un nuevo y estrepitoso fracaso. El último.

—Se necesitaría otro cincuenta por ciento de uranio y de agua pesada para alcanzar la masa crítica —susurra Heisenberg.

—Quizás todavía podamos obtener las reservas de material que han quedado en el laboratorio de Diebner en Stadtilm.

—Sí, quizás.

Pero ambos saben que es una falsa esperanza. Las tropas norteamericanas se encuentran ya por toda Turingia. Sería imposible llegar a Stadtilm. El 8 de abril se enteran de que Diebner ha tenido que abandonar su laboratorio. No hay más tiempo. No hay nada más. Heisenberg da órdenes de preparar la huida. Él mismo se lanza en busca de su familia, a Urfeld. Allí será arrestado por el coronel Pash, de la misión norteamericana *Alsos*, el 3 de mayo.

Cuatro días después, el día 7, el general Jodl, jefe de operaciones del Alto Mando, y el almirante Hans-Georg von Friedeburg, comandante de submarinos, firman en Reims la rendición incondicional de Alemania.

11

El 16 de julio de 1945 se lleva a cabo en Trinity, Nuevo México, no lejos de Los Álamos, la primera prueba nuclear de la historia realizada con un prototipo cargado con plutonio. Menos de un mes más tarde, el 6 de agosto, un gigantesco hongo radioactivo se eleva sobre los escombros de la ciudad japonesa de Hiroshima. Ésta es la comprobación de que la bomba construida con U-235 también funciona. Tres días más tarde, el 9 de agosto, la bomba de plutonio tiene su propia oportunidad de éxito al destruir Nagasaki.

En Farm Hall, en Escocia, los científicos atómicos nazis lamentan profundamente la noticia. Pero ¿cuántos de ellos lloran por los muertos?

DIÁLOGO III: SOBRE LOS SECRETOS DEL DESTINO

Leipzig, 7 de noviembre de 1989

—Demasiadas preguntas que formular, ¿no le parece, doctor? No entiendo por qué todos siguieron defendiendo a un hombre que hasta el último día hizo cuanto pudo por construir una bomba atómica para Hitler —digo—. ¿Y si en vez de fracasar el equipo de Heisenberg hubiese alcanzado su objetivo? Si los alemanes hubiesen dispuesto de una bomba atómica durante los primeros meses de 1945, ¿qué habría ocurrido con el mundo?

—Pero no fue así.

—En cualquier caso —insisto yo—, no es la única culpa que pesa sobre él. Si quiere que se lo diga claramente, yo creo que Heisenberg fue quien acusó a muchos de sus compañeros del Círculo de los Miércoles involucrados en el atentado contra Hitler. Fue el único de ellos que se salvó de ser acusado...

Ulrich sigue sentado sobre mi cama, a mi diestra. Detrás de las gafas, sus ojillos adquieren un brillo particular. En sus manos lleva una de esas tablillas en las que se inscriben los medicamentos que han de aplicárseles a los pacientes. Mientras yo hablo, él no deja de hacer anotaciones.

—Pero ¿tiene pruebas de semejante acusación? ¿Cuáles eran sus motivos?

—¿No ha quedado suficientemente claro, doctor? Heisenberg estaba mucho más cerca de las autoridades nazis de lo que se cree. Véalo. Durante años fue objeto no sólo de las burlas, sino de la ira de decenas de científicos y funcionarios del Partido que lo consideraban, en palabras de Stark, un «judío blanco». De pronto, a partir de 1942, de la noche a la mañana se convierte en un leal servidor del Führer.

—Quizás sus investigaciones empezaron a resultar más útiles para Hitler que las de sus competidores —responde.

—Muy perspicaz —replico yo con ironía—. Créame: hacia 1939 Heisenberg era uno de los hombres más odiados del Reich, una especie de espía de los judíos... Y en 1944, cuando decenas de conspiradores, algunos amigos suyos, son arrestados y fusilados, a él ni siquiera se le molesta. Y eso que unos días antes del golpe había invitado a cenar a algunos de sus dirigentes... Tras el atentado, Himmler organiza una persecución sin tregua en la cual morirán decenas de personas cuyo único pecado era ser pariente de los conspiradores... Y nadie piensa en el profesor Heisenberg... ¿No le parece cuando menos intrigante? Yo fui arrestado y condenado. Sólo un golpe de suerte me salvó de morir. Y él, en cambio, recibió todos los honores posibles de parte de los nazis y más tarde de los británicos... Le perdonaron todo, como si ser un genio fuese sinónimo de ser *inocente.*

—Es extraño, sí —me responde; luego añade con desenfado—: pero el que se haya salvado no lo hace directamente culpable del destino que usted corrió, profesor Links.

—No me venga con eso, se lo suplico —me impaciento un poco—. ¿No le parece suficiente cuanto le he contado? A Heisenberg nunca le importó el destino de sus amigos, lo único que quería era alimentar su orgullo, saber que era el mejor y, gracias a sus descubrimientos, negociar un trato privilegiado con los Aliados... Sólo pensaba en sí mismo. Heisenberg siempre fue incapaz de ayudar a los demás...

—De la omisión a la acción hay cierta diferencia —matiza el médico. Por momentos me hace dudar de su buena fe.

—¿Usted cree? —me enfurezco—. No entiendo por qué hasta usted se empeña en disculparlo.

—Déjeme ver entonces si lo he comprendido —a pesar de su juventud, Ulrich no puede escapar de los tópicos de su profesión—. ¿Usted le echa la culpa a Heisenberg de su desgracia?

—No lo sé —me turbo por un momento—. De lo único que estoy seguro es de que él es el eslabón principal de una larga cadena de hechos que no pueden explicarse sin pensar en una conspiración. Cientos de acontecimientos que se sucedieron unos a otros hasta que por fin consiguieron vencerme. Miles de actos tramados en mi contra, todos ellos unidos bajo un nombre común: Klingsor.

EL CONOCIMIENTO OCULTO

1

Klingsor. ¿Hasta dónde este solo nombre es culpable de todo cuanto me ha sucedido? ¿No será que sus sílabas encierran una maldición, un sortilegio? ¿Es que debo ser yo quien se refiera una y otra vez, interminablemente, a Klingsor? Muy bien, de acuerdo, he aquí las pruebas que tengo sobre su existencia. Esto es todo lo que sé.

2

En 1946, durante el proceso que se le sigue a las SS en los Juicios de Núremberg, un hombre llamado Wolfram von Sievers, presidente de la Sociedad para la Herencia Antigua de Alemania y cabeza de una de las oficinas de la Ahnenerbe, el departamento de investigación científica secreta de las SS, menciona a Klingsor en público por primera vez.

1. Al ser interrogado por los fiscales, Von Sievers declara que, gracias a un acuerdo firmado con el *Reichsführer* Heinrich Himmler, las SS se encargarían de enviarle cráneos de «judíos-bolcheviques» a fin de que su laboratorio pueda realizar investigaciones genéticas.

2. A la pregunta expresa de si sabe cómo obtienen las SS los cráneos, Von Sievers responde que pertenecen a prisioneros de guerra del frente oriental expresamente asesinados para ello.

3. Al ser presionado por los jueces, Von Sievers habla sobre frenología y sobre el desarrollo físico de las razas antiguas. Menciona a los toltecas y a la Atlántida, se refiere a la superioridad aria y nombra lugares mágicos como Agartha y Shambalah. Luego dice que su trabajo se reducía a determinar la inferioridad biológica de los semitas a través del estudio de su desarrollo fisiológico. Su idea, explica, era sólo eugenésica: simplemente debía hallar la forma de eliminar sus defectos.

4.   Al ser interrogado sobre el modo en que eran financiados sus experimentos, Von Sievers responde que las SS le entregaban recursos que provenían, a su vez, del Consejo de Investigación del Reich, un organismo presidido por el *Reichsmarschall* Hermann Göring.

5.   Por último, Von Sievers añade que todos los proyectos «especiales» debían contar con el visto bueno del asesor científico del Führer, cuyo nombre clave era Klingsor. Más tarde, niega haber pronunciado estas palabras.

3

¿Quién es este Von Sievers? Brillante pregunta. En realidad, sólo un miembro más de la Ahnenerbe, la oficina de investigaciones científicas de las SS y, también hay que decirlo, un discreto socio de la Thule Bund, a la que también pertenecían, por sólo dar algunos nombres, Alfred Rosenberg, Heinrich Himmler y el propio Adolf Hitler.

¿Y qué era la Thule Bund? Según las crónicas antiguas, Thule era una isla desaparecida en alguna parte del Atlántico Norte, en la cual vivió una raza de superhombres, antecesores de los germanos. La Thule Bund había sido creada por el conde Rudolf von Sebottendorf como un ramal de la Orden de los Germanos, una de esas logias secretas, de carácter ultranacionalista, que existían en Alemania desde hacía más de un siglo —sus miembros habían luchado contra Napoleón a principios del siglo XIX—, y que había logrado preservarse en la era guillermina. El verdadero nombre de Von Sebottendorf era Rudolf Glauer, y en realidad era un aventurero alemán instalado en Turquía desde 1901. Allí, gracias a las poco estrictas leyes turcas, fue adoptado por el verdadero conde Sebottendorf.

A esta sociedad secreta, que se afanaba en encontrar el verdadero origen de los alemanes y, en general, de la raza aria, y cuya sede se encontraba en Múnich, donde también vivíamos Heisenberg y yo, pertenecían cuarenta miembros permanentes, los únicos facultados para tomar decisiones. A principios de siglo destacaban dos: Dietrich Eckart y Klaus Haushofer. Se decía que los miembros de la Thule Bund practicaban la magia negra y las artes demoníacas, pero sobre todo que se dedicaban a estudiar —y a exaltar— los orígenes espirituales de los pueblos germanos antes de su cristianización.

A fines de 1918, cuando Alemania atravesaba algunos de los peores momentos de su historia al acercarse el fin de la Gran Guerra, la Thule Bund le entregó una fuerte suma de dinero a dos hombres, Anton Drexler, un antiguo cerrajero que trabajaba en los ferrocarriles, y Karl Harrer, quien hasta entonces había sido periodista deportivo, para que se encargasen de fundar un nuevo partido político que luchase por el restablecimiento del Reich. El 5 de enero de 1919 quedó formalmente constituido el Partido Obrero Alemán (DAP), que en sus orígenes combinaba elementos socialistas con un fuerte nacionalismo. Según los principios de sus organizadores, el Partido debía ser una organización sin clases, dirigida sólo por jefes alemanes.

Por invitación de Dietrich Eckart, que era uno de sus pocos amigos de Múnich, Adolf Hitler asistió a una de las primeras reuniones públicas del DAP, celebrada en la cervecería Sternecker. En aquellos días, el DAP contaba sólo con cuarenta miembros, como anteriormente la Thule Bund. Cuando Hitler se unió al Partido, éste tenía ya unos ciento cincuenta afiliados.

Eckart había realizado una traducción del *Peer Gynt* de Ibsen y fue, de hecho, el primer poeta del nacionalsocialismo. En una de sus obras anunció la llegada de un salvador de la nación —identificado luego con Hitler— y en otra utilizó por primera vez el lema «Despierta, Alemania», el cual luego sería uno de los gritos de guerra nazis. Otro hombre perteneciente a la Thule Bund, un austríaco como Hitler, llamado Guido von List, había sido el primero en utilizar la esvástica de cuatro brazos como emblema de purificación. Este símbolo fue adoptado como escudo oficial del Partido.

A partir del 24 de febrero de 1920, el DAP pasó a convertirse en Partido Nacionalsocialista Alemán, integrando en sus filas a cientos de trabajadores desempleados. En julio de 1921, Hitler se convirtió en su presidente. El 29 de ese mismo mes, el *Völkische Beobachter* lo llamó, por primera vez: «Nuestro Führer.»

Durante esos días se unieron al Partido otros hombres que se volverían importantes en el futuro cercano: Alfred Rosenberg, quien habría de convertirse en el filósofo oficial de los nazis; Erwin von Scheubner Richter, cercano amigo de Hitler en esa época; Rudolf Walter Richard Hess, alumno de ciencias políticas en la Universidad de Múnich y discípulo predilecto de Karl Haushofer, el experto en geopolítica que pertenecía a la Thule Bund; y Ernst Röhm, quien se encargaría de formar las tropas de asalto del partido, las SA (*Sturmabteilung*). Poco después, en 1922, Hitler conocería a otros de los personajes que lo seguirían hasta el final: Hermann Göring, célebre jefe de la escuadrilla Richthofen durante la Gran Guerra, condecorado con la Orden al Mérito por sus hazañas heroicas, y el doctor Joseph Goebbels.

En 1923, Eckart se convirtió en uno de los primeros mártires del nazismo. Era la época en la cual los *rojos*, encabezados por el judío Kurt Eisner, habían intentado establecer en Múnich una «república de los consejos» a imitación de la Unión Soviética, desatando una ola de horror y violencia en toda Baviera. Eckart dirigía uno de los numerosos grupos paramilitares que se disputaban el control de la ciudad. Después de varios intentos, su batallón al fin logró asesinar a Eisner en un tiroteo callejero. Pero Eckart no pudo disfrutar de su triunfo por mucho tiempo: en diciembre de ese año él mismo murió por efectos del gas mostaza recibido durante un enfrentamiento con la policía. Se dice que, antes de morir, pronunció estas palabras: «¡Seguid a Hitler! ¡Él bailará aunque haya sido yo quien compuso la melodía! ¡No lloren por mí: mi influencia en la historia será mayor que la de cualquier otro alemán!»

4

Cuando Hitler finalmente obtuvo el poder, ordenó a Himmler que, dentro de la amplia estructura de seguridad a su cargo, conocida por el nombre genérico de SS, crease un área de investigaciones secretas encargada del estudio científico de tres áreas de conocimiento: el análisis de las razas y los genotipos humanos, de acuerdo con los postulados de Rosenberg; la geopolítica racista de Haushofer; y, por último, la *Welteislehre* (doctrina del hielo eterno) de Hörbiger y Wessell.

Esta oficina de las SS, para la cual fueron contratados decenas de biólogos, patólogos, historiadores, sociólogos, psiquiatras y físicos, era conocida con el nombre de Ahnenerbe, y estaba bajo la supervisión directa del *Reichsführer-SS*. Cientos de experimentos —muchos de ellos realizados con seres humanos— fueron llevados a cabo por esta dependencia a lo largo de la guerra. La mayoría fracasaron, o al menos eso se dice ahora...

Los recursos económicos de la Ahnenerbe provenían del Consejo de Investigaciones del Reich, dominado durante varios años por el físico Johannes Stark y, a su caída, sucesivamente por el ministro de Educación, Bernhard Rust, y luego por el *Reichsmarschall* Hermann Göring. A lo largo de toda la guerra, los conflictos entre las diversas autoridades del Consejo y la Ahnenerbe fueron constantes. Stark era un hombre comprometido con los nazis, pero también era un físico de primer orden, ganador del Premio Nobel, y consideraba que los proyectos de la Ahnenerbe no sólo no eran prioritarios, sino incluso inválidos desde un punto de vista técnico. En gran medida, su dimisión del RFR debe ser entendida como una consecuencia de su «falta de sensibilidad» al asignar recursos a las SS.

Posteriormente, las administraciones de Rust y Göring se enfrentaron al mismo conflicto, que sólo fue resuelto de modo más o menos conciliador hacia el final de la guerra. Para solucionar el problema, el *Reichsführer-SS* se encargó de nombrar, con el consentimiento de Göring, a un científico que fungió como asesor principal del RFR. De acuerdo con el convenio suscrito por los dos hombres, este asesor debía determinar los recursos que debían asignarse a cada uno de los nuevos proyectos presentados al Consejo. La honradez, el compromiso ideológico y el prestigio de este individuo bastaban para que sus decisiones resultasen inapelables. Después de varias reuniones, Göring y Himmler al fin se pusieron de acuerdo sobre quién debía ocupar esta posición privilegiada. Para asegurar el buen funcionamiento del mecanismo, el nombre de este científico permaneció en secreto. Sin embargo, debido a su poder y su importancia, los propios miembros del Consejo comenzaron a referirse a él con el nombre clave de Klingsor.

DIÁLOGO IV: SOBRE LA MUERTE DE LA VERDAD

Leipzig, 8 de noviembre de 1989

Un físico, es decir, un hombre puro, interesado en desvelar los misterios del universo, un ser alejado del mundo terrenal y concentrado en la pureza de sus teorías, que colabora en el exterminio de millones de hombres y mujeres... La imagen de Klingsor —de los incontables Klingsors que ha habido en el mundo— es estremecedora por esta chocante contradicción. Suena como una anomalía, como un error genético, como una aberración imprevista...

A mí, en cambio, la asociación entre ciencia y crimen me parece natural. Me explico: por definición, la ciencia no conoce límites éticos o morales. No es más que un sistema de signos que permite conocer el mundo y actuar sobre él. Para los físicos, para todos los físicos —y para los matemáticos, los biólogos, los economistas—, la muerte de hombres y mujeres sólo es un fenómeno más entre los miles que se producen a diario en el universo.

—Klingsor —repito las sílabas con temor, con reverencia, con hastío—. Él es el responsable de que yo esté aquí, doctor. ¿Y se le ocurre a alguien mejor que Heisenberg ocultarse detrás de este nombre? Él también había nacido en Múnich, donde se desarrolló la Thule Bund y el partido nazi y, a pesar de su inicial hostilidad hacia el nacionalsocialismo, en buena medida provocado por el odio que le tenía Stark, al final se convirtió en el protegido tanto de Himmler como de Göring, quienes, como ya se lo he contado, lo colmaron de privilegios y terminaron transformándolo en la cabeza científica del proyecto atómico... Todo concuerda, doctor...

A pesar de que trata de ser amable conmigo, no dejo de advertir en el rostro de Ulrich un rictus peculiar. Todos los psiquiatras tienen el mismo defecto profesional: cuando uno pronuncia la palabra *conjura*, lo único que se les ocurre es recurrir a sus académicas e inútiles descripciones sobre la paranoia.

—Klingsor es el responsable de que yo esté aquí —le repito a Ulrich para confirmar mis denuncias.

—¿Y cómo lo hizo? —me pregunta con cierta complacencia.

—Es una historia muy dolorosa, doctor... Provocada por una confusión aún más terrible...

Trato de incorporarme un poco, pero apenas consigo enderezar el cuello durante unos segundos.

—Lo escucho.

—Yo estuve casado, ¿sabe? Con una mujer maravillosa, de nombre Marianne. La conocí gracias a Heinrich, que a su vez era el esposo de una amiga de ella, Natalia... Pero no todo fue tan sencillo, doctor... Usted sabe que las historias de familia nunca son sencillas, ¿verdad?

Mi lengua realiza un gran esfuerzo para deslizarse por mi boca, tocando los dientes rotos que aún me quedan, hasta que al fin consigue moverse en la dirección que yo le ordeno. Mi voz sale como un aullido, como una claudicación, como una condena.

—Klingsor me la arrebató...

—¿A su mujer? —pregunta Ulrich.

—No, a Natalia...

LA TRAICIÓN

1

Lo primero que debo decir, lo más importante —acaso no para ustedes, pero sí lo único verdaderamente trascendente para mí—, es que la amaba. La amaba por encima de todo. Más que a mí mismo. *Ergo,* más que a mi patria. Más que a Dios. Más que a la ciencia. Más que a la verdad. Y, lógicamente, más que a mis amigos.

Hubiese hecho cualquier cosa por estar con ella. *Cualquiera.* Y no lo lamento. Es lo único que he hecho en mi vida de lo cual no he de arrepentirme.

2

—¿Qué está sucediendo? —era la voz de Marianne, por la mañana, poco antes de que yo me dirigiese a una reunión de trabajo con Heisenberg en el Instituto Kaiser Wilhelm.

Hacía meses que su estado de ánimo no era el mismo. No es que sospechase de mi relación con Natalia, pero la nueva cercanía de Heinrich la hacía sentirse irremediablemente culpable. Su tez había adquirido un tono amarillento y había adelgazado al menos ocho kilos; dos gruesas ojeras la hacían ver como si permanentemente tuviese sueño, cosa que, por lo demás, era cierta.

—¿De qué hablas? —no tenía ganas de discutir; tomé un trago de café y me dispuse a marcharme.

—De todas esas reuniones —hizo una pausa acusadora—. De Heinrich.

Eso era. En realidad no le preocupaban nuestras charlas, sino que el marido de nuestra amante pasase tantas horas a mi lado, atento y agradecido, sin imaginar siquiera las pequeñas reuniones que durante tantos meses su esposa, Marianne y yo habíamos estado teniendo en nuestra casa. Aunque yo no tenía ningún derecho a reclamarle nada, este toque de mezquindad hizo que la despreciase aún más. Si uno es un pecador impenitente, lo que menos quiere es soportar la debilidad o la culpa ajena.

—Es mejor que no lo sepas —había elegido mi respuesta, deliberadamente ambigua, con el fin de martirizarla un poco más.

—Estoy preocupada —insistió.

—Todos lo estamos, Marianne —le dije—. Estamos en guerra, hay bombardeos dos veces al día, tenemos suerte de estar vivos...

—Sabes a lo que me refiero —me riñó—. Me preocupas tú, y también él...

Empezaba a desesperarme. ¿Qué pensaba ella? ¿Que mi renovada amistad con Heinrich me llevaría a confesarle todo, a hacerle saber que todas las personas a las que él amaba, en realidad estaban confabuladas para engañarlo?

—No te preocupes —le respondí—, mi relación con Heinrich es sólo profesional...

—¿Profesional? —no era la palabra, desde luego, pero no se me había ocurrido otra forma de decirlo.

—Cortés pero sin confidencias —añadí—. Nos reunimos con amigos, nunca solos, y para discutir otros temas...

—¿Cuáles, Gustav?

—No es asunto tuyo, Marianne —concluí—. Por tu propio bien, no es asunto tuyo.

3

Aún me cuesta trabajo discernir cómo hacía para ver a Natalia en aquellos días. Desde que había sido trasladado al Estado Mayor del general Olbricht, Heini había vuelto a instalarse en su casa de Berlín y, si bien sus labores oficiales lo retenían la mayor parte del tiempo, el resto procuraba pasarlo con su mujer, a quien sentía dolorosamente lejana. Ella no tenía más remedio que corresponderle: a fin de cuentas, no dejaba de ser la abnegada esposa de un militar, la eterna Penélope que ha de aguardar la llegada de Ulises cada vez que éste regresa de una campaña.

—Necesito verte —le decía yo a ella olvidándome de la decencia, del recato o de la simple precaución—. Necesito verte hoy mismo.

—Pero, Gustav...

Natalia protestaba aunque, a la larga, la mayor parte de las veces aceptaba complacerme. Yo abandonaba el trabajo en las horas más impensadas, pretextando reuniones secretas —una de las pocas ventajas de mi posición—, y corría a buscarla a su casa. No me importaban los riesgos; de modo inconsciente —como ella me hizo notar en alguna ocasión—, yo mismo quería desvelar lo que ocurría.

Sea como fuere, no eran más que unos minutos de gloria a los que seguían horas o incluso días de angustia y tormentos para ambos. Yo cada vez la necesitaba más: el perfume de su piel, el aroma de su saliva, la intensidad de sus caricias... Comparada con ella, mi esposa no era más que un doloroso recuerdo del paraíso perdido.

—¿Cuándo podremos volver a vernos los tres, como antes? —llegaba a decirme Marianne en algunos momentos de sinceridad.

Luego se apretaba contra mi pecho —yo no sabía cómo quitármela de encima—, lloraba en silencio durante algunos minutos y al fin me pedía que la perdonase.

—Yo no tengo nada que perdonar —le decía; algo que era básicamente cierto pero que ella interpretaba como una muestra de superioridad—. Soy tan culpable como tú.

—Quizás sea mejor así —añadía luego, más serena—. Hacer como si nada hubiese ocurrido, como si todo hubiese sido una invención morbosa, una especie de sueño irrealizable, ¿no lo crees? —yo callaba—. De algún modo, las cosas han vuelto a su sitio: Natalia y Heinrich, tú y yo...

Los dos sabíamos que esto último era una mentira atroz, pero hacíamos lo posible para no desengañarnos, como si hubiésemos decidido plegarnos a los dictados de la hipócrita sociedad en la que habíamos crecido y a la que habíamos intentado desafiar.

—Sí —mentía yo—. Sí —mentía doblemente—, es lo mejor.

4

—¿Y si algún día nos descubrieran? —Natalia temblaba sólo con decirlo.

—¿Quién? —le preguntaba yo con cierto cinismo.

—Cualquiera de los dos —decía ella, besando mi cuello.

Odiaba hablar del asunto: prácticamente no teníamos otro tema de conversación.

—Si Marianne nos descubriese no sería tan grave —respondía yo con crueldad.

—¿Por qué?

—No tendría el valor de hacerlo público. Y, en el peor de los casos, creo que no sería difícil acallarla. Bastaría con volverla a invitar con nosotros.

—¡Eres asqueroso! —se enfurruñaba Natalia, alejándose de mí.

—¿Sólo yo? El verdadero problema sería Heinrich, y tú lo sabes.

—Sí —se lamentaba ella—, lo sé muy bien. Por eso no debe enterarse nunca, Gustav. *Nunca.*

Aunque en el fondo sabía que Natalia tenía razón, me dolía aceptar que mi papel fuese tan claro. Yo mismo quería ocultarme y evitar que Heini nos descubriese —sobre todo en aquellos momentos—, pero no dejaba de sentirme lastimado por la idea de que Natalia no pudiese ser sólo para mí: primero había tenido que compartirla con Marianne y ahora, de nuevo, con su marido. Estaba harto.

—¿Me quieres? —le preguntaba entonces a Natalia, irremisiblemente, a pesar del chantaje y la debilidad que ello suponía.

—De otro modo no estaría aquí contigo —se limitaba a contestarme con dureza—. Ahora será mejor que te marches.

5

Estábamos a principios de 1944 y los meses transcurrían, rápidos y dolorosos, recordándome a cada instante que la guerra estaba perdida o, para ser más justos, que todas las guerras en las cuales yo participaba —la bomba, mi relación con Natalia, la conspiración— se hallaban irremediablemente condenadas al fracaso.

—¿Qué están haciendo? ¿Qué hacen Heinrich y tú en esas reuniones? —igual que antes lo había hecho Marianne, ahora era Natalia la que se atrevía a preguntármelo.

—Asistimos a un círculo de estudio —era más difícil mentirle a ella—. Analizamos asuntos diversos. Cada noche uno de los invitados expone un tema y los demás lo escuchamos y lo comentamos —inventaba.

—Respóndeme con la verdad, Gustav —languidecía Natalia—, te lo suplico.

—Ya te lo dije —insistía yo—. Hablamos de cosas, eso es todo.

—¿De matar a Hitler, por ejemplo?

El sarcasmo de Natalia cayó sobre mí como agua fría.

—¡Si Heinrich te ha dicho eso es un imbécil! —me exalté—. No vuelvas a repetir esa tontería, Natalia...

—Él no me ha dicho nada, Gustav.

—Peor aún —me escandalicé.

Comenzó a llorar. Yo la abrazaba con fuerza, pero eso no la hacía sentirse mejor. Aunque no lo dijo así, se daba cuenta de que los dos hombres que más había amado en su vida corrían peligro. Un peligro cierto y efectivo, mayor a aquel que se padece en una batalla o un bombardeo.

—Lo siento —quería consolarla—, no era mi intención hablarte así...

—Está bien —se limpió las lágrimas con el dorso de la mano—. De verdad... Incluso debería sentirme orgullosa —la voz se le quebraba—, sólo que...

Fue incapaz de terminar la frase. Volvió a llorar.

—Te entiendo —mentí.

—Perdóname —hizo una pausa, y añadió—: ¿Y cuándo será?

—Es mejor que no sigamos hablando de esto, por favor.

—Sólo quiero saber cuánto tiempo más... —interrumpió la frase, dándose cuenta del error que estaba a punto de cometer—. Olvídalo, Gustav, prefiero no saberlo.

6

Quizás fuese el miedo o la desconfianza, quizás el desacuerdo súbito o una moderada indiferencia, pero lo cierto es que, a partir del mes de marzo de 1944, comencé a dejar de asistir a las reuniones que los conspiradores celebraban ritualmente. No me había distanciado de ellos: simplemente me fui alejando como quien empieza a desenamorarse o a perder el entusiasmo por una causa que sabe perdida de antemano.

Con ello no quiero decir que me desentendiese de los preparativos: había comprometido mi palabra y estaba dispuesto a llevarla adelante, aunque siempre que me era posible evadía aquellas interminables veladas. En vez de escuchar una y otra vez los argumentos cívicos y morales contra Hitler, en lugar de inmiscuirme en acaloradas disputas —en las cuales yo no tenía ninguna relevancia— sobre el tipo de explosivos que debía ser utilizado o el procedimiento para poner en marcha la Operación Valquiria, prefería refugiarme, aunque fuese durante unos minutos, entre los brazos de Natalia.

—Hoy no podré asistir —me disculpaba con Heinrich—, tengo mucho trabajo y, si no lo entrego a tiempo, empezarán a preguntarme qué he estado haciendo estos días...

—Comprendo —se limitaba a responder—. No te preocupes, yo te mantendré informado de las decisiones que se tomen.

—Te lo agradezco, Heinrich. Nos vemos la semana próxima.

Y entonces, mientras él se ocupaba de disculparme con sus amigos, yo me deslizaba entre sus sábanas. Aquella traición innombrable me permitía obtener la mejor de las coartadas: a Marianne, podía decirle con toda tranquilidad que me encontraba con Heinrich; y, por la otra parte, podía estar seguro de que al menos durante un par de horas mi amigo no estaría en casa. Era la ocasión perfecta; no podía desperdiciarla, por más quejas que mi conciencia se obstinase en hacerme. ¡Bendito Stauffenberg, bendito Olbricht y bendito Tresckow que me permitían disfrutar de unas cuantas horas nocturnas al lado de la mujer que amaba!

7

—¿Por qué no lo intentas? —me insistió Heinrich.

—Heisenberg es un pusilánime —le respondí—. No moverá un solo dedo a nuestro favor. Lo único que quiere es que lo dejen en paz.

—Creo que eres muy duro con él. He oído que es un hombre sensato. Y, por lo que sé, tuvo muchos problemas con los nazis.

—Así fue —traté de explicarle—, pero eso ocurrió en el pasado. Johannes Stark y esos locos de la *Deutsche Physik*, fanáticos del Partido, se lanzaron contra él hace unos años. Ahora es distinto. Después de un largo proceso, Heisenberg fue rehabilitado. De otro modo no lo habrían nombrado director del Instituto Kaiser Wilhelm y profesor en la Universidad. ¿Es que no lo han visto en los diarios? No deja de dar conferencias en todas partes, como enviado especial de la cultura alemana en los países amigos u ocupados: Dinamarca, Hungría, Holanda...

Por mi mente pasaban justo esas imágenes, las fotografías del genio alemán en compañía de sus colegas extranjeros, con Møller en Copenhague después de la toma del Instituto de Bohr o con Kramers en Leyden, luego de que los nazis se encargasen de cerrar la Universidad y de encarcelar a cientos de estudiantes que protestaban por la deportación de judíos.

—No —insistí—. Dudo mucho que acepte unírsenos.

—El general Beck, que lo ve en el Círculo de los Miércoles, dice que lo ha escuchado referirse a *Schimpanski* en los términos más duros posibles —me limité a hacer un gesto de incredulidad—. Tú trabajas con él, al menos deberías intentarlo..

—De acuerdo —accedí, a regañadientes—. Lo intentaré.

8

—Marianne me ha llamado esta mañana —me dijo Natalia de pronto.

—¿Y qué quiere? —no pude evitar enfurecerme, como si ella estuviese haciendo algo malo.

—Que vaya a tu casa —me respondió.

—Ahora es Marianne la que quiere aprovecharse —yo casi escupía las palabras.

Natalia se levantó de la cama y comenzó a vestirse.

—Me ha pedido que les haga una visita por la tarde —contestó ella, con calma—, dijo que trataría de convencerte para que escapases unas horas del trabajo. Quiere que volvamos a estar juntos los tres. Una despedida, me ha dicho. Estaba muy alterada, Gustav. Creo que nos necesita.

—Te necesita *a ti*.

No podía creerlo: Marianne actuaba a mis espaldas. ¿En verdad se dispondría a contármelo? ¿O se limitaría a decirle a Natalia que yo no había podido salir de la oficina para quedarse a solas con ella?

—¿Y qué le has dicho?

—Que no sabía si iba a poder —dijo Natalia—. Que Heinrich a veces llega a casa a horas inusuales y que yo prefería estar a su lado.

—¿Y cómo lo tomó?

—Mal, supongo —era evidente que Natalia estaba desesperada, que su voluntad ya no podía con más peligros y más presiones—. Es mi amiga, Gustav, y la echo de menos...

—Ella te ama —dije con ira.

—Lo sé.

—Pero tú a ella no.

—No del mismo modo.

—Porque tú me amas *a mí*, ¿no es cierto?

9

El desembarco aliado en Normandía llegó como si se cumpliese una maldición previamente anunciada. Era el inicio del fin. Sólo unas semanas más tarde, sabíamos que la superioridad numérica de británicos y norteamericanos —más los franceses que comenzaban a unírseles— era imbatible. Todos, ministros, generales, soldados, mujeres sabíamos que la derrota era inminente; quienes no pensaban así, era porque aún confiaban ciegamente en Hitler... «El Führer no va a permitir que Alemania se hunda: al final terminará dándole la vuelta a la guerra.» ¿Cómo? «Con una de sus *Wunderwaffen*», respondían los más crédulos. «Con una bomba capaz de destruir una ciudad entera...» ¡Si supieran en qué estado se encontraba la *Wunderwaffe*! Si supieran que no había ninguna esperanza de construir un reactor, mucho menos una bomba...

En varias ocasiones traté de acercarme a Heisenberg, dispuesto a hablar en privado con él, pero siempre encontraba algún inconveniente que me llevaba a posponer el encuentro. No era mi amigo —yo dudaba que él pudiese tenerlos—, nos habíamos limitado a charlar sobre asuntos intrascendentes un par de veces, de modo que el acercamiento resultaba más difícil aún que si no nos conociésemos en absoluto.

—¿Podríamos charlar un momento?

—Desde luego, Links. Dígame qué se le ofrece.

—Preferiría que fuese a solas, si no le importa.

—Lo espero a las doce en mi despacho —me respondió con desconfianza.

—Gracias, profesor.

A las doce en punto me presenté allí.

—Tenemos varios amigos comunes, profesor —empecé a decirle en cuanto me hube sentado frente a él; me sentía como un alumno en una prueba oral—. El general Beck, el doctor Sauerbruch, el señor Popitz...

Esperaba que aquella lista bastase para establecer una complicidad entre nosotros. Heisenberg, sin embargo, no pareció entender el mensaje, o simplemente lo eludió.

—Sí, los conozco —se limitó a decir.

—Pues en cierto sentido yo estoy aquí por ellos —continué.

—¿Ellos le pidieron que viniese a verme?

—No exactamente, profesor —no lograba encontrar las palabras adecuadas.

—¿Entonces?

—Trataré de ser más claro. Usted odia a los nazis tanto como nosotros...

Las manos de Heisenberg, habitualmente serenas, se crisparon como si hubiesen recibido una corriente eléctrica. Era obvio que no estaba dispuesto a discutir un tema como éste con alguien con quien no tenía la menor confianza.

—Lo siento, profesor —me dijo con severidad—, no entiendo qué quiere de mí, pero preferiría terminar cuanto antes con esta conversación.

—Tenemos que hacer algo por nuestra patria —insistí—. Quizás sea nuestra última oportunidad, profesor. Necesitamos contar con usted...

—No sé de qué me habla, profesor Links —terminó—. Haré como si esta charla no hubiese existido. Usted es un matemático competente y me alegro de que colabore conmigo, pero prefiero mantenerme alejado de la política. Somos científicos. Lo único que debe importarnos es nuestra ciencia, el futuro de la ciencia en nuestro país. Si continuamos trabajando en ella hasta el final, le haremos un servicio mucho mayor a nuestra patria que con cualquier otra actividad. Ahora, si me disculpa, debo regresar al laboratorio...

Eso fue todo. Unos días después, Adolf von Reichswein decidió intentarlo de nuevo. Al menos él sí era uno de sus amigos del Círculo de los Miércoles. Aunque en esa ocasión hablaron del tema con cierta franqueza, no tuvo más éxito que yo. Heisenberg dijo que apoyaba la conspiración moralmente, pero que no podía involucrarse con la violencia. Que él era un científico, etcétera.

Poco después —ya lo he dicho—, Von Reichswein fue detenido por la Gestapo.

10

—Gustav. ¿Tienes un momento, por favor? —me llamó Marianne.

—¿Qué quieres?

—Hoy por la mañana he llamado a Natalia.

—¿Ah, sí? ¿Y para qué?

—Le he dicho que queríamos verla. Que viniese a visitarnos una tarde de éstas. Sería una especie de despedida. Tú podrías pedir un permiso especial, o algo así...

—O algo así —repetí.

—¿Qué te parece?

—Así que ahora te encargas de organizar mi vida —la reprendí—. Has decidido mi vida, ¿no es así?

—Pensé que estarías de acuerdo...

—¿Y qué te ha dicho ella?

—Que iba a pensárselo. Heinrich...

—¡Eso es, Heinrich! —le grité—. ¿No te das cuenta de que la pones en peligro? ¿De que la estás obligando a arriesgarse más de lo debido? Ahora Heini está con ella, aquí, en Berlín. Duermen todas las noches juntos. Son marido y mujer. ¿No lo comprendes?

—Yo creí...

—¡Qué egoísta eres! —le grité, sin misericordia, sin remordimientos—. ¿Y dices que es tu mejor amiga, que la quieres...? Si verdaderamente la quisieras, la dejarías en paz...

—Lo siento, Gustav —otra vez las malditas lágrimas empezaban a resbalar por sus mejillas—. No era mi intención...

11

Por la mañana, Heinrich fue a buscarme a mi despacho. Nunca antes lo había hecho. En cuanto lo vi llegar, en cuanto distinguí sus rasgos en esa figura de uniforme que me esperaba en el vestíbulo, sentí que todo había terminado. Nos había descubierto y venía a romperme las piernas. O quizás Natalia, en un rapto de honestidad, al fin se lo había confesado. Su imagen, recortada a contraluz, me pareció la de un verdugo que se acerca a su víctima. Casi tuve ganas de rezar o de buscar un arma.

—¿Qué te sucede? —me dijo a modo de saludo—. Estás pálido. ¿Ha ocurrido algo?

—Nada, nada —se me quebraba la voz—. ¿A qué has venido aquí?

—Necesito hablar contigo unos segundos, Gustav. Es urgente.

—De acuerdo, vamos a un lugar seguro.

Lo llevé a uno de los laboratorios del Instituto, no lejos de donde trabajaba Heisenberg y su equipo.

—¿Y bien?

—Como ayer no fuiste a la reunión, he tenido que venir a decírtelo. Está decidido.

—¿Cuándo?

—El 15 de julio.

—¿Tan pronto?

—A Stauffenberg le parece que es demasiado tarde —repuso.

—¿Y tú?

—Me quedaré con Olbricht a esperar las noticias que lleguen de la Guarida del Lobo —hablaba con calma, como si se refiriese a un asunto de rutina—. Entonces pondremos en marcha la Operación Valquiria. Mantente alerta.

—No te preocupes por mí —tartamudeé—, estaré listo.

12

Conocer aquella fecha me hizo sentir como un condenado a muerte, un prisionero al que le han notificado la hora de su ejecución. Aun si el golpe triunfase —algo en lo cual yo no creía como tampoco muchos de los demás conspiradores, aunque se negasen a decirlo en voz alta—, supondría, de un modo u otro, el fin de mi vida en las actuales condiciones. El fin, quizás, de mi relación con Natalia. Eso era lo que me asustaba: sólo me quedaban dos días más, sólo dos días a su lado...

Los encuentros con ella el 13 y el 14 de julio fueron espantosos; yo me esforcé en no mostrar signos de alarma, pero Natalia era capaz de intuir el peligro o las amenazas. No decía nada —sabía que yo no iba a responderle— y se limitaba a fingir, como yo, una tranquilidad y una calma que ninguno de los dos sentía. Apenas nos dirigíamos la palabra; había entre nosotros una barrera, una frialdad inevitable. Sólo nos besábamos descuidadamente, más como una obligación que como un placer, y regresábamos a nuestros respectivos asientos, separados y solitarios, como dos desconocidos que comparten un vagón de tren. De un tren que —ambos lo sabíamos— estaba a punto de descarrilar.

13

El día 15, Marianne también se dio cuenta de que algo grave ocurría desde que yo me levanté por la mañana; sin embargo, una vez más me esforcé en mantenerla al margen de mis preocupaciones. Sentía como si cada una de sus preguntas y de sus ruegos fuese una invasión de mi intimidad, una irrupción cruel e indeseable en mi propia y sosegada angustia.

—No te preocupes —me despedí de ella—. Nos vemos por la noche.

—¿Vas a ir a otra de tus reuniones?

—No me esperes, Marianne —concluí antes de marcharme—. Trata de dormir.

Se suponía que yo debía permanecer en la oficina toda la mañana, hasta que alguien se comunicase conmigo, y entonces debía hacerme cargo de las instalaciones del Instituto Kaiser Wilhelm, con o sin el consentimiento de Heisenberg. La hora programada para el asesinato eran las doce del mediodía. Si todo salía bien, el golpe debería generalizarse a partir de la una o las dos de la tarde.

A las tres aún no ocurría nada. Ningún mensaje, ninguna señal, ningún aviso. Comencé a impacientarme. Por fin, a las tres y media me atreví a llamar a la oficina del general Olbricht. El propio Heinrich fue quien me contestó.

—Imposible —se limitó a decirme con evidente decepción—. Será mejor dejarlo para otro día —y colgó.

Me sentí desesperado. Lo peor que puede pasarle a alguien es aumentar la incertidumbre que ya lo devora. Sin pensarlo demasiado, me precipité en busca de Natalia.

—¿Estás loco? —me recibió—. ¿Qué haces aquí a esta hora? Heini puede llegar en cualquier momento...

—No —le dije—. Acabo de hablar con él. Seguramente se quedará en su puesto toda la tarde.

A regañadientes, Natalia me hizo pasar.

—¿Por fin vas a decirme lo que ocurre? ¿Ha pasado algo malo?

—No. Al menos no todavía.

—Gracias a Dios —exclamó ella, y se derrumbó sobre uno de los sillones del salón.

Me acerqué a su lado y comencé a besarle el rostro suavemente: la frente, los párpados cerrados, las cejas, las comisuras de los labios... De pronto ella comenzó a llorar. Nunca la había visto tan desconsolada, tan débil...

—¿Estás bien? —le pregunté, arrodillándome a su lado, sobre la alfombra.

—No —contestó—. Nada bien, Gustav. Estoy embarazada.

Lo dijo así, de repente, sin preámbulos. Era una confesión triste y dolorosa. En cualquier otra circunstancia, yo hubiese preguntado quién era el padre. En esta ocasión estaba claro. Hacía años que ambos lo sabíamos: yo era estéril. Natalia llevaba en su vientre al hijo de mi amigo, de su esposo, de mi rival.

—¿Desde cuándo lo sabes?

—Una semana, quizás más.

—¿Y por qué me lo dices ahora, Natalia?

—Lo siento.

—¿Lo sientes?

—Sí.

—¿Entonces, todavía...? —me callé. No tenía sentido torturarme más. La situación estaba muy clara.

La odiaba, la odiaba y la amaba. Respetaba a Heinrich y, al mismo tiempo, me dedicaba a engañarlo a la menor provocación. Quería vivir al lado de Natalia y quería suicidarme. Podía haber hecho mil cosas en ese momento, tomar mil decisiones distintas, pero, sin darme cuenta, movido por la autocompasión y la amargura, por mi lealtad y por la fuerza de mis sentimientos, hice lo peor. Tomé a Natalia entre mis brazos, delicadamente, como si transportara a una niña pequeña, a una niña herida, y la llevé a su alcoba. La desnudé con el mismo cuidado, con la misma ternura de siempre, besando cada tramo de piel que iba quedando descubierto, arropándola con mi amor, obsesionado con demostrarle que, a pesar de todo, seguía amándola.

14

Se fijó la nueva fecha para el golpe: el 20 de julio. Ya no habría más prórrogas ni nuevas oportunidades. El general Keitel había reprendido severamente a Olbricht por poner en alerta la Operación Valquiria sin justificación, y una nueva pifia conduciría inmediatamente a una sospecha generalizada y al desastre definitivo. No había otra salida.

La noche del 18 de julio, no pude evitar asistir a la última reunión de los conspiradores, en la casa de Stauffenberg en Tristanstraße, aunque apenas participé en las discusiones o en los últimos preparativos. El ambiente general era sombrío, casi desolado. Sólo de vez en cuando una frase ingeniosa, una cita brillante o un comentario inteligente aliviaban la tensión y animaban un poco a los conspiradores.

Mientras el coronel y sus invitados discutían sobre los últimos detalles del plan, Heinrich insistió en conducirme a otra habitación para hablar a solas.

—Tengo una noticia extraordinaria que darte —me dijo—. Voy a ser padre, Gustav...

—Muchas felicidades —fingí, estrechándole la mano sin fuerza.

—¿Es que no te alegras?

—Claro, sólo que no lo esperaba —traté de mostrarme cortés—, no *ahora*. Mira cómo están las cosas allá afuera...

—El general Olbricht ha decidido enviarme a París mañana mismo —continuó.

—¿No estarás aquí cuando...?

—Temo que no —en su voz no había matices, sólo un tono monocorde y áspero—. Piensa que soy el indicado para servir como contacto con el general Stülpnagel.

—Lo lamento.

—Quizás sea mejor así.

Heinrich se marchaba de nuevo. Natalia volvería a estar sola, volvería a necesitarme. Sus palabras me devolvieron un atisbo de esperanza.

—Los he visto.

Al principio no comprendí a qué se refería. Su declaración parecía provenir de las entrañas de su pecho, como si no tuviese que ver conmigo, como si hubiese sido un exabrupto incontrolable, un acto involuntario.

—¿Cómo dices?

—Los he visto, Gustav —dijo Heinrich—. A ti y a Natalia. La tarde en que falló el primer atentado.

—No te entiendo, Heini, debe ser un error —yo temblaba.

—Hace mucho que lo sospechaba —prosiguió él como si no me hubiese escuchado—. Pero luego vino esa llamada de Marianne, y no me quedó más remedio que comprobarlo...

—¿De Marianne? —me sobresalté.

—Estaba muy preocupada por ti. Me dijo que te había notado especialmente nervioso. Que había tratado de localizarte en el Instituto, pero no estabas. Para mí, ésa fue la señal definitiva, Gustav. Desde el momento en que emprendí el camino a casa sabía lo que iba a encontrar, y no me equivoqué.

—Es un malentendido, Heinrich —traté de ganar tiempo.

—Ahora ya no importa, Gustav —las palabras de Heini me herían profundamente—. En otras circunstancias te habría roto el cuello, amigo mío, pero no ahora. Sólo te pido que, si por alguna causa tú sobrevives y yo no, cuides de ella. De ella y de mi hijo. ¿De acuerdo?

—Heini, por Dios...

—¿Lo juras? —la suya no era una súplica, sino una orden.

—Sí. Lo juro.

No me estrechó la mano ni me miró. Al día siguiente tomó un tren rumbo a París.

15

No necesito repetir lo ocurrido aquel fatídico 20 de julio. Sólo puedo añadir que, como la otra vez, ocupé mi puesto en el Instituto hasta recibir noticias. Fueron, como la vez anterior, largas horas de espera. De nuevo, parecía no suceder nada. Otro aplazamiento, un error, ¿cómo podía saberlo? Me comuniqué entonces con las oficinas del general Olbricht, en Bendlerstraße. Un oficial al que no reconocí me dijo que Hitler había muerto en un atentado. ¿Qué debía hacer ahora? Heisenberg ni siquiera estaba en el edificio, se había marchado a ver a su familia a Baviera.

Presa del pánico, en vez de tomar la institución en nombre de los conjurados, corrí a refugiarme en casa de Natalia. Tenía que hablar con ella, era la única prioridad de mi vida. Nada más me importaba, lo he dicho. Ni Hitler, ni mi patria, ni la conspiración, ni Marianne, ni Heinrich... Sólo ella.

—¿Sabes lo que ocurre? —me preguntó Natalia en cuanto me vio llegar a su casa. Esta vez me había abierto la puerta de inmediato.

—Claro, pero necesitaba verte.

—Heini habló conmigo antes de marcharse.

—¿Entonces ya lo sabes?

Natalia asintió, dolorida.

—¿Y qué piensas hacer? —insistí.

—Sólo hay una cosa que hacer, Gustav —me respondió—. Debo permanecer con mi familia.

—¿Qué quieres decir con eso?

—Regresa con la tuya —me sugirió—. Marianne te necesita más que yo.

—Natalia, no puedes hablar en serio...

—No he hablado más en serio en mi vida, Gustav —murmuró—. Te quiero, tú lo sabes, pero por una vez debemos hacer lo correcto. Vete, por favor.

—¿Para siempre, quieres decir?

—Sí, Gustav. Para siempre.

16

Salí de casa de Heinrich furioso o, peor aún, devastado. No podía pensar en nada, el mundo —mi mundo— se había derrumbado de repente, sin que yo pudiese evitarlo. Ni siquiera puedo recordar qué hice durante las largas horas que siguieron a ese momento. Cuando finalmente escuché por la radio el mensaje que informaba del fallido golpe de Estado y de la buena salud del Führer, ni siquiera me sentí sorprendido: aquel día estaba predestinado a pasar a la historia como un gigantesco fracaso. Una estúpida ilusión. Una oportunidad perdida. Un engaño.

A partir de ese momento, arrepentidos o impenitentes, seríamos unos traidores. Yo lo era desde hacía mucho tiempo.

—¡Dios mío! —se lamentó Marianne—. ¿Y ahora qué va a ser de nosotros?

Al enterarme del espantoso final de la revuelta, de las muertes de Stauffenberg, Olbricht, Beck y otros de nuestros compañeros aquella misma noche, y de la persecución que Himmler se disponía a poner en marcha, no había tenido más remedio que contárselo a ella. Por una vez creí que tenía derecho a saber lo que ocurría.

—¿Por qué no me lo dijiste antes, Gustav? —su tono era maternal—. Ahora comprendo por qué has estado tan distante estos días. Lo hubiese comprendido, mi amor. Sabes que estoy de tu lado.

—¿Y para qué? —le respondí, grosero—. ¡Ahora te lo he dicho y lo único que puedes hacer por nosotros es rezar!

—¿Y Heinrich? —me preguntó después de unos minutos.

—No lo sé, habrá que esperar noticias.

—¿Puedo llamar a Natalia? —Había estado esperando que ella lo dijera.

—Sí —repuse—. Dile que, si necesita algo, cuenta con nosotros. Y que nos mantenga al tanto.

Luego yo también me puse a rezar.

17

El resto ya lo he repetido una y otra vez. A principios de agosto tanto el general Stülpnagel como varios miembros de su equipo —Heinrich entre ellos— fueron arrestados y, como cientos de conspiradores más, sometidos a espantosas torturas para que ampliasen la ya larga lista de culpables.

Aunque los demás sufríamos y nos mirábamos al borde de la locura, temiendo por él y por nosotros, durante unos pocos días podríamos haber gozado de una breve tregua, de una nueva y última posibilidad de recobrar lo perdido. Otra vez volvíamos a estar solos los tres, Marianne, Natalia y yo mismo. Sin embargo, durante aquellos días de dolor apenas nos vimos. Marianne y yo deambulábamos por nuestro hogar como si fuésemos extraños o, peor, fantasmas, cuerpos que ni siquiera se reconocen, que son más bien ausencia. Natalia, mientras tanto, se había encerrado en su casa. Cada uno rumiaba su propia desesperanza. Y comprobaba, horrorizado, que en la hora extrema no hay nadie en el mundo capaz de librarnos de nuestra aflicción.

18

Sólo dos semanas después del intento de golpe, el *Reichsführer-SS* Heinrich Himmler, a quien Hitler encargó directamente la persecución y el juicio de los conspiradores, se reunió con los *Gauleitern* del Reich en la ciudad de Posen.

Aquellos hombres, las piezas clave de la administración nazi en Alemania, habían sido invitados con el único objetivo de que Himmler les informase detalladamente sobre la conspiración y las condenas aplicadas a los traidores. Su exposición tenía el doble objetivo de mostrar la providencial salvación del Führer y, además, el de amenazar a aquella gente en caso de que en algún momento tuviese la intención de oponerse a las políticas dictadas por Hitler y sus ministros. En cierto momento, Himmler se dirigió a ellos con estas palabras:

—Este crimen espantoso debe ser juzgado tal como lo hacían los antiguos pueblos germánicos —les dijo—. Su naturaleza es tan repugnante que deben ser tratados con el mismo rigor con que las antiguas tribus teutónicas trataban a los traidores. Es la única forma de purificar a nuestro pueblo y de hallar un justo castigo para esas bestias. Por este motivo —prosiguió con su habitual frialdad—, introduciremos en este caso la responsabilidad absoluta no sólo de cada individuo, sino de su clan, de acuerdo con las prácticas de nuestros ancestros. Basta leer las antiguas sagas teutónicas para darse cuenta de que, cuando ellos declaraban que una familia había cometido una falta o se hallaba fuera de la ley, o cuando había sangre contaminada en algún miembro de una familia, todos debían ser condenados... Razonaban de este modo —y Himmler impostaba la voz como un caballero medieval—: *Este hombre ha cometido un acto de traición; su sangre es mala; hay sangre de traidores en él; esta sangre debe ser extirpada...* Y para lograr esta purificación, la sangre de todo el clan debía ser extirpada hasta del último de sus miembros. Y así también la sangre de la familia del conde Stauffenberg y de los demás conspiradores deberá ser extirpada hasta del último de sus miembros...

Tras la ejecución de Stauffenberg y el proceso a su hermano Berthold, las autoridades nazis cumplieron las amenazas de Himmler y arrestaron al resto de la familia: un tercer hermano, despachado a Atenas, que no había estado al tanto de la conspiración; las esposas y los hijos de los tres hermanos, incluyendo a un niño de tres años; e incluso uno de sus ancianos tíos, de ochenta y cinco años de edad. Después de incautar los bienes de toda la familia, la condesa Stauffenberg y su madre fueron enviadas al campo de Ravensbrück, mientras que los niños fueron internados en un orfanato y rebautizados con el apellido Meister. Atrocidades similares fueron cometidas con las familias de Tresckow, Oster, Trott, Goerdeler, Schwerin, Kleist, Haeften, Popitz y otros muchos.

¿Cómo iba a ser alguien capaz de imaginar un castigo semejante? ¿Una venganza que llegase a tales extremos?

19

Vi a Natalia por última vez poco después del arresto de Heinrich. Ella había evitado mis llamadas, me había anunciado su deseo de no verme y le había indicado a la sirvienta que no me dejase entrar en su casa. Eludió todas mis súplicas y yo, consciente de su dolor, en un primer momento decidí respetar su duelo. Confiaba en que más tarde su carácter débil terminaría por devolverla a mis brazos y al consuelo que sólo yo podía ofrecerle.

Esa tarde ya no pude soportarlo más. Me acerqué a su casa y, sin esperar a que se negase a admitirme, forcé la puerta. Natalia bajó al escuchar el ruido, amortajada con una bata de noche color trigo. Miré su figura impávida y callada en lo alto de la escalera, similar a una vieja estatua a punto de caer hecha pedazos. Su dulce mirada había desaparecido: en sus ojos no había más que un oscuro vacío que no me sentí capaz de llenar. En ese mismo instante supe que la había perdido.

—Vete de aquí, Gustav, por favor —su voz era apenas un aliento.

—Comprendo lo que sientes —le dije.

—El dolor —me respondió con un tono lánguido que no admitía contradicciones— es lo único que me queda, lo único que me han dejado. No quiero que nadie me lo arrebate. Y tú menos que nadie. No quiero verte más, Gustav. Márchate.

—Te amo, Natalia —le grité, aunque supe que ya no le hablaba a ella, sino a su sombra—. Perdóname, por favor.

El 17 de agosto, un grupo de la Gestapo entró por la fuerza en casa de Heinrich —tal como lo había hecho yo poco antes— y detuvo, sin misericordia alguna, a Natalia. Como su marido, al que defendió hasta el final, fue ejecutada unas semanas después.

Marianne no pudo resistir la destrucción de su mundo. De un modo u otro, todos la habíamos abandonado. Al final de la guerra me enteré de que ella misma había acabado con su dolor. Sólo yo sobreviví. Sólo yo.

DIÁLOGO V: SOBRE LOS PRIVILEGIOS DE LA LOCURA

Leipzig, 9 de noviembre de 1989

Hoy por la mañana ha venido Ulrich para darme buenas noticias. Me ha dicho que mi caso está siendo revisado —otra vez— y que, si todo sale bien, quizás pronto puedan concederme el alta, es decir, la libertad. La libertad después de cuatro décadas de encierro. Cuarenta y dos años rodeado por los gritos interminables de los pervertidos, los maniáticos y los psicópatas que me han servido de compañía desde entonces. La libertad, al fin. ¿De verdad me será concedido contemplar el final de un siglo que ha terminado exactamente igual a como empezó? ¿La culminación de estos años de pruebas infructuosas, de este vasto simulacro en el que hemos crecido, de esta larga serie de tentativas abortadas? ¿La muerte de este inmenso error que hemos conocido como siglo XX?

Cualquier hombre de ciencia —y yo, a pesar de todo, sigo siéndolo— sabe que ninguna teoría es completamente cierta, que ninguna ley es absoluta, que ninguna norma es inmune al vaivén de los siglos. Si Newton no escapó a las críticas, a las revisiones y a las burlas; si las teorías de Einstein y compañía no tardarán en engrosar la lista de brillantes errores, de asombrosos equívocos y de hermosas y falsas metáforas; si la ciencia no es más que un conjunto de inciertas proposiciones que es necesario corregir a cada instante, ¿cómo no habría de ser yo, y mi época, algo más que un hato de equívocos y malentendidos de incierta memoria? Yo he sido alternativamente un héroe, un criminal, de nuevo un héroe y de nuevo un criminal —incluso un loco—: demasiadas transformaciones en el anónimo espacio de una vida. Si esto ha podido ocurrirme a mí, estoy capacitado para vaticinar que lo mismo habrá de suceder

425

con todos los grandes héroes y los grandes villanos, las grandes ideas y las grandes mentiras de nuestra era.

Ahora que todos entonan el himno por el final de los tiempos, por la purificación de la humanidad y por el cese definitivo del horror —hace más de cuarenta años se suicidó Hitler y hace apenas unos días la Unión Soviética ha comenzado a hacer lo mismo—, no me queda sino creer que esta alegría no ha de durar mucho tiempo. Es demasiado sospechoso que de pronto el mundo esté de acuerdo, reservando para los criminales del pasado todas las culpas presentes. Siento parecer aguafiestas, pero lo único que puedo hacer ahora, lo único que pude hacer entonces es conservar el consuelo de que no hay nada definitivo, de que mi papel en la historia nunca quedará definitivamente fijado, de que siempre existirá una posibilidad —antes se le llamaba esperanza— de que todo, absolutamente todo, no haya sido más que un error de cálculo. Y, entonces, la historia empezará de nuevo.

—Le he contado toda la verdad... —le digo a Ulrich con una calma que no he sentido desde hace mucho tiempo.

—La verdad, la verdad —sonríe—. A veces pienso que ni siquiera usted cree sus propias palabras...

Comienza a ocurrir lo de siempre: el dócil y amable Ulrich se está convirtiendo en un médico oscuro e insensible, al que no le importa mi sufrimiento ni mi historia. Al principio creí que sería diferente, que se apiadaría de mi dolor, pero creo que me ha engañado. Su amabilidad sólo es una estrategia para arrinconarme, para contradecirme.

—Profesor —me dice con calma—, algo no concuerda. Comprendo su sufrimiento, pero tengo la impresión de que hay algo que no me ha contado... Nada explica el que usted haya tenido que permanecer tantos años en este lugar...

—¿Es usted adivino? —le pregunto con sarcasmo—. En efecto, falta una parte de la historia. El último eslabón de las traiciones. La peor traición de todas. ¿Quiere oírla?

—Desde luego, profesor.

—Al final de la guerra, yo lo había perdido todo. Todo lo que quería y todo lo que realmente me había importado —le explico—. Mi patria. Las matemáticas. Mi hogar. Y, sobre todo, a Heinrich, a Marianne y a Natalia... Entonces apareció alguien. Alguien que volvió a confiar en mí. Alguien capaz de sustituir, al menos por unos instantes, a aquellos que había amado y que ahora estaban muertos. Un nuevo amigo, ¿me comprende? Era físico y también miembro de las fuerzas norteamericanas que liberaron a Alemania del yugo nazi. Y, por una de esas extrañas coincidencias del destino, me necesitaba para que yo lo condujese hacia Klingsor. Su nombre era Bacon. Teniente Francis P. Bacon.

LA VENGANZA DE KLINGSOR

1

Bacon se sentía como una marioneta. ¿Cómo había podido ser tan estúpido? Irene trató de ofrecerle una disculpa, una postrera muestra de confianza, pero en el fondo él no era tan imbécil: ella había esperado hasta el último momento para confesar su traición, una vez que había sido descubierta y que no le quedaba más remedio que acogerse a su misericordia.

«¿Cómo has sido capaz?», le había dicho él, queriendo mostrarle toda su indignación y, al mismo tiempo, la fuerza de su cariño. No la incriminó desde el principio, no amenazó con denunciarla: se limitó a repetir esas palabras cargadas de ironía y de autocompasión.

Para paliar su supuesta vergüenza, ella recurrió al llanto. Las lágrimas siempre resultan útiles: transparentes, húmedas y frías, fáciles de manejar. Una buena dosis siempre termina por convencer a un amante indómito. «Lo siento, no tenía alternativa...» ¿Que no la tenía? ¿No podía habérselo dicho desde el inicio? ¿No podía haber confiado en él, si en verdad lo amaba?

«¿Quién te paga por la información?», continuó Bacon, conservando un poco de dignidad. «¿Para quién trabajas? ¿Para los rusos?» Era obvio: lo mejor que podía hacer Irene era callar y asentir, y así lo hizo. Las palabras siempre terminan destruyendo la mente de uno, regresan a la memoria como avispas, en cambio las pausas y los silencios se olvidan con facilidad.

«¿Por qué?» Bacon, joven al fin, quería saber. Conocer sus motivos. En el fondo, quería encontrarle una justificación a los actos de su amada. Quizás la amenazaban, quizás estaba en peligro, quizás... Ella sabía qué responder: «Oh, lo siento tanto.» Las tonterías sentimentales de siempre. Pero, Dios mío, Frank comenzaba a creerle. *Quería* creer en ellas.

Y entonces, una táctica que, no por haber sido empleada en tantas ocasiones, dejaba de resultar eficaz: «Debía hacer que te enamorases de mí. Pero de pronto todo cambió. Todo empezó a salir mal, Frank... Comenzaste a importarme pero yo ya no tenía otro remedio que seguir colaborando con ellos... Quieren a Klingsor a cualquier precio...» Una jugada genial, digna del mejor actor. «Quizás lo nuestro comenzó así, pero no contaba con que yo terminaría enamorándome de ti... ¡Lo juro! Todos los días me torturaba, quería confesártelo, pero me daba demasiado miedo... Debí hacerlo hace mucho, antes de que tú lo descubrieses... Te amo.»

El teniente la escuchó con el corazón encogido. ¿Es que ella tenía el descaro de utilizar una estrategia tan burda? ¿Podía subestimar tanto su inteligencia? ¿Ésa era su forma de seducirlo? Dios mío, si yo hubiese estado ahí para hacerle ver al teniente la zafiedad de aquella confesión... Por desgracia —lo sé muy bien—, el amor es una maldición que no sólo nubla el entendimiento, sino que destruye el alma. En el fondo, lo único que deseaba Bacon era estrecharla de nuevo contra su cuerpo, llenarla de besos y hacerle el amor como nunca antes, como nunca después... No obstante, era un oficial de inteligencia y sabía que era justamente lo que no debía hacer. ¿Pero hasta dónde llegaría su disciplina y hasta dónde sus sentimientos? ¿Hasta dónde su inteligencia y hasta dónde su pasión?

Frank se marchó y la dejó sola, aparentemente desconsolada, y se dispuso a recorrer las calles de Gotinga en busca de una explicación, de una respuesta, de un armisticio. La amaba. La amaba por encima de todo. Más que a sí mismo. Más que a Dios y más que a su patria. Más que a su honor. Y más que a la verdad.

2

—¡Frank, has vuelto!

Por primera vez en mucho tiempo, el semblante de Irene reflejaba una felicidad auténtica; yo no puedo afirmar que se debiese a sus maravillosos y entrañables sentimientos hacia el teniente Bacon, o por la vaga idea de que él podría perdonarla, pero sí estoy seguro de que al verlo, ella se dio cuenta de que tenía una última oportunidad para convencerlo y no sólo salvar su amor, sino su carrera y acaso su vida.

—Has vuelto porque confías en mí, ¿verdad?

—Aún no sé por qué razón he venido, Irene —las palabras de Frank trataban de ser duras, pero el solo hecho de que estuviese allí bastaba para mostrar su debilidad.

Irene trató de abrazarlo, pero Bacon se hizo a un lado prudentemente; todavía no había llegado el momento de recuperar el entusiasmo: Irene debía tener paciencia y esperar un poco más. Estaba a punto de ganar la partida, no debía desesperar y arriesgarlo todo por un desaire sin importancia.

—Frank, yo te quiero —Irene seguía paso a paso un guión aprendido de memoria. Quizás los soviéticos incluso tengan un manual para seducir agentes extranjeros.

—Lo sé —mintió.

Si no había sido una capitulación, al menos podía haberse confundido con una.

—¿Qué puedo hacer para que me creas? —otra jugada de ajedrez: un muy apropiado gambito de dama. Sacrificar un peón al principio de la partida para obtener una mejor posición en el centro del tablero.

—Quiero la verdad, Irene —¿y qué otra cosa?—. *Toda la verdad.* De otro modo no podré volver a confiar en ti.

La verdad. Otra vez. ¿Por qué estaremos tan obsesionados con ella, con pedirla, exigirla o suplicarla, cuando en el fondo lo único que queremos es confirmar nuestros propios puntos de vista?

—Te diré todo lo que quieras —Irene no podía haberlo dicho mejor: *lo que quieras:* lo que te complazca, lo que te seduzca, no lo que sé o lo que pienso. No la verdad.

—Te escucho —culminó Bacon su falsa amenaza.

—En el fondo no somos muy diferentes, Frank —comenzó Irene—. Los dos hemos luchado por lo mismo. Los nazis eran nuestros enemigos comunes, no debes olvidarlo. Durante años ellos se dedicaron a destruir cuanto yo amaba... Cuando Hitler se convirtió en Canciller, mi padre, que era miembro del Partido Comunista Alemán, fue detenido. Murió en la cárcel antes de que se iniciara la guerra. Mi familia lo perdió todo, Frank... Tenía que oponerme a ellos, como tú...

—¿Y qué hiciste? —el interés que mostraba Bacon era una prueba más de que había caído en la trampa.

—Yo tenía quince años cuando me presenté en la casa de un amigo de mi padre que había logrado mantenerse en la clandestinidad —prosiguió Irene su heroico relato—. Le dije que quería unirme al Partido... Aquel hombre se me quedó mirando, sorprendido por la ira de una muchacha de esa edad, larga y flaca, que en su opinión estaría mejor jugando a las muñecas. «¿Estás segura?», me dijo. «Sí, camarada», le respondí con decisión. Lo pensó unos minutos y por fin me entregó una dirección anotada en una hoja de papel: «Muy bien», me dijo, «ve a ver a este hombre, él te dirá qué hacer».

—Y tú fuiste...

—¡Claro que fui! —exclamó Irene—. Era en uno de los peores barrios de Berlín. Me recibió un hombre pelirrojo y desdentado. Le entregué la hoja con la dirección y esperé. «¿Qué quieres de nosotros, niña?», me preguntó sin mucho entusiasmo. «Quiero afiliarme al Partido», le respondí. El hombre rió con ganas, mostrándome aquella dentadura rota y percudida. «Veo que estás decidida, jovencita. ¿Cómo te llamas?» «Inge», le dije (ése es mi verdadero nombre, Frank: Inge Schwartz). «Pues a partir de ahora te llamarás Irene Hofstadter», me indicó, «y no te afiliarás al Partido, sino que trabajarás para nosotros sin que nadie más esté al tanto de ello, ¿me has comprendido? De este modo nos serás mucho más útil».

—¿Así que ahora debo llamarte Inge? —masculló Bacon.

—Como prefieras...

—Y, desde luego, no tienes un hijo llamado Johann.

—No.

—Entonces te convertiste en espía...

—Al principio, simplemente hacía trabajos de mensajera —prosiguió Irene—. Él me pedía que entregase paquetes a ciertas personas, y a eso se limitaba todo mi trabajo. Me sentía un poco decepcionada, pero yo estaba convencida de que aun con esa pequeña labor ayudaba a la causa. A los dieciséis tuve mi primera misión de verdad. Yo había dejado de parecer una niña. Karl, el pelirrojo del que te he hablado, me dijo entonces que, si yo quería, podría realizar tareas más importantes. Le respondí que estaba dispuesta a seguir sus órdenes. «Te has convertido en una joven muy bella», me dijo, «quizás podríamos transformar esa belleza en un arma».

Durante sus años en la OSS, Bacon había oído hablar de las bellas mujeres que trabajaban para los soviéticos, pero jamás pensó que conocería a una.

—Seducías a los hombres que ellos te indicaban para sacarles información.

—Sólo era una forma de contribuir a nuestra lucha. Una misión como cualquier otra, Frank. Como la tuya... —añadió Irene o Inge para zaherirlo.

—No es lo mismo...

—¿Y por qué no? —lo contradijo ella—. Tú también has utilizado tus conocimientos científicos para servir a tu país... No es distinto, Frank —éste no tuvo más remedio que callar y seguir escuchando—. Yo luchaba por mis ideales del mejor modo que podía, no puedes juzgarme por ello... Teníamos que vencer a Hitler a cualquier precio.

—¿Cuántas veces lo hiciste?

—¿Qué?

—Acostarte con hombres para luchar por tus ideales...

—¿Y eso qué importa? —Inge o Irene había logrado el control de la situación—. ¿Qué quieres oír, Frank? Decenas, decenas de veces....

—Lo único que importaba era cumplir tu trabajo, ¿no?

—Así fue. Me convertí, y lo digo sin orgullo, Frank, en una de las mejores.

—Supongo que debo sentirme halagado —ironizó Bacon.

—Para los rusos eres un asunto prioritario —repuso Inge sin contemplaciones—. Por eso me enviaron a mí, Frank. Pero ahora ya no estoy dispuesta a seguir trabajando para ellos. Por primera vez en mi vida estoy verdaderamente enamorada...

—¿De mí? —rió Bacon—. ¿Y por qué yo iba a ser diferente de los otros? ¿Por qué razón debería creerte?

—Porque te amo, ¿es que no lo entiendes? —insistió Inge—. Lo dejaría todo por ti. Absolutamente todo. Lo único que me importa es estar a tu lado... Iremos a donde tú decidas, Frank. ¿Qué tengo que hacer para demostrártelo?

—¿Me estás diciendo que pretendes traicionar a los rusos?

—Sí.

Bacon se quedó en silencio unos momentos. En el fondo él poseía una certeza atroz: aunque ella le estuviese mintiendo descaradamente, él no podría dejar de amarla.

—¿Vendrías conmigo a Estados Unidos? ¿Colaborarías para mi gobierno?

—Haré lo que me pidas —Inge no dudó un segundo. Estaba decidida a vencer.

—De acuerdo —musitó Bacon.

Una amplia sonrisa se dibujó en los labios de Inge. ¡Lo había conseguido! Bacon dejó que ella lo besara con furia y agradecimiento.

—Te lo repito, Frank: haré lo que me indiques.

—Yo también dejaré esto —se aventuró Bacon—. Volveré a mi trabajo como físico... A mis números y a mis teorías...

—Será estupendo —Inge comenzaba a sobreactuar.

—Haré los preparativos necesarios —parpadeó el teniente—. Debemos dejar Alemania cuanto antes...

Por desgracia, aún faltaba un punto más. Un detalle insignificante. Un último servicio que ella todavía debía cumplir.

—Frank —le dijo con suavidad, acariciándole el rostro, casi postrada ante su amante, ante su víctima—, temo que no es tan fácil. No puedo marcharme así como así. Los rusos lo impedirían... Lo sé. Para engañarlos, tenemos que fingir hasta el final.

—¿Qué quieres decir?

—Tengo que cumplir con la misión que me han encomendado, de otro modo no me quitarán la vista de encima. Preferirían matarme...

—¿Y qué diablos buscan? —exclamó Bacon, indignado.

—Lo mismo que tú —era obvio—. Quieren a Klingsor.

—¡Pero si ni siquiera nosotros sabemos quién es Klingsor!

—Sí que lo sabemos, Frank...

—¿De qué hablas?

—De Links.

3

Desde hacía varios minutos Bacon se había imaginado, dolorosamente, esta posibilidad, pero aun así se sorprendió al escucharla de viva voz.

—¿Gustav? No tenemos ninguna prueba..., Inge. Quizás él haya enrevesado las investigaciones, pero ello no lo convierte en criminal.

—Si me atrevo a decírtelo es porque es cierto, Frank —añadió con dramatismo—. Tú me has pedido que te diga la verdad, y lo estoy haciendo. Todas nuestras investigaciones apuntan hacia él.

—Entiendo que no te simpatice, pero de ahí a creer...

—Desde el principio ha querido incriminar a Heisenberg —Inge no soltaba prenda—. Te hizo seguir una larga investigación, cuidadosamente diseñada por él, para que llegases a esta conclusión absurda. Los dos somos conscientes de que Heisenberg colaboró de cerca con los nazis, pero nunca fue uno de ellos. Era egoísta y fatuo, quizás desleal, pero no un monstruo. Links, sí.

—Pruebas, pruebas, pruebas —se irritó Bacon—. Sin pruebas tus sospechas no valen nada, Inge. Quiero *una* prueba.

—Te contaré cuanto sé, luego tú decidirás —Inge hablaba precipitadamente, para hacer evidente un nerviosismo que no sentía—. ¿Qué sabes de Links fuera de lo que él mismo te ha contado? Lo único que parece salvarlo, y que él utiliza como un escudo permanente, es haber formado parte de la conspiración del 20 de julio. Sin embargo, hay que tomar este punto con precaución. Links dice que, cuando ésta fue descubierta y aplastada, fue detenido por culpa de Heinrich von Lütz, su mejor amigo, uno de los cabecillas del golpe. ¿Y sabes por qué? Porque supuestamente Lütz descubrió que su esposa, de nombre Natalia, mantenía una relación adúltera con él... Parece más probable que haya sido al revés: Links denunció a Lütz para librarse de su rival...

—De acuerdo, Inge, tus palabras prueban que Links ha mentido. Prueban, incluso, algo peor: que traicionó a su mejor amigo, y no sólo una, sino dos veces, primero al acostarse con su mujer y luego al denunciarlo... No imagino mayor vileza y, si esto se confirma, Links debe pagar por ella —Bacon hacía lo posible por mostrarse razonable—, pero su aberrante conducta entra, más bien, en el terreno de los crímenes pasionales. Nada demuestra que sea Klingsor.

—Muy bien, ahora escucha esto —prosiguió ella—. Tras ser detenido, Links debió ser juzgado y ejecutado como Heinrich y el resto de sus compañeros. Por alguna razón, no fue así. Él afirma que salvó su vida gracias a un inesperado golpe de suerte: justo en el momento en que su caso iba a ser decidido en la Corte Popular, un bombardeo aliado sobre Berlín dañó la Sala de Justicia y el juez Roland Freisler murió de inmediato como consecuencia de un golpe en la cabeza producido por un desprendimiento del techo. Este hecho es cierto: es decir, en efecto Freisler falleció y la sentencia para los acusados que iban a ser condenados se aplazó indefinidamente. Sin embargo, de acuerdo con los sumarios del proceso, ese día sólo fueron juzgados cuatro reos, y ninguno de ellos era él... A partir de ese momento, Links dice haber sido trasladado de una prisión a otra, hasta ser liberado por una unidad norteamericana, pero tampoco existe constancia de que haya sido así. Al final de la guerra apareció en Gotinga sin que nadie supiese exactamente de dónde venía. Más tarde fue desnazificado por los ingleses, pero los soviéticos nunca dejaron de albergar sospechas en su contra. ¿Te das cuenta? Lo más probable es que nunca fuese invitado a participar en la conjura: se enteró de la participación de Lütz gracias a Natalia, y aprovechó la oportunidad para deshacerse de su competidor...

—Hay algo que no concuerda —razonó Bacon con presteza—. Links me contó que Natalia, la mujer de Heinrich, también fue detenida y ejecutada. Si Links era Klingsor, ¿cómo no impidió la muerte de su amante?

—Supongo que, a pesar de todo, Links jamás imaginó que la venganza de Hitler llegase a esos extremos... Al denunciar a Heinrich se jugó su carta más fuerte, y perdió... Quizás por eso Marianne, la esposa de Links, haya terminado por suicidarse en Berlín...

—De acuerdo, Inge: tu historia es coherente, pero ello no quiere decir que sea cierta —Bacon trataba de defenderme hasta el final—. Se trata de *una* interpretación de los hechos, pero puede haber otras... Imagina por un segundo que Links haya podido salvarse sólo por haber denunciado a su amigo. Ello explicaría todo lo anterior sin necesidad de afirmar que sea Klingsor...

Pero Inge no iba a soltarme. No cuando estaba tan cerca de la victoria.

—A pesar del aparente desinterés que Hitler mostró hacia la investigación atómica —cambió de enfoque—, en realidad necesitaba tener un hombre en el proyecto que le comunicase directamente los avances. Hacia el final de la guerra, la relevancia de estos informes era todavía mayor. Recuerda que en 1945 la bomba era la última esperanza de Hitler para obtener la victoria.... ¿Quién mejor que Links para cumplir esta tarea? Trabajaba con Heisenberg, estaba al tanto de todos los avances... —Inge apenas podía contener su animosidad—. A partir de la detención de Heinrich y Natalia, su rastro se pierde hasta el final de la guerra y luego reaparece, sano y salvo, en Gotinga. Sólo alguien como Klingsor, con el poder suficiente para mover los hilos de la administración nazi, y a la vez con la capacidad de esconderse detrás de una fachada respetable, pudo haberlo logrado... Todo encaja, Frank, admítelo... Los rusos creen que Links es Klingsor. Si yo no se lo entrego terminaré pagándolo. ¿Por qué no dejas que ellos lo decidan? Ésta es la única posibilidad que *yo* tengo de salvarme.

Una historia perfecta, nítida y transparente, de una cohesión pasmosa. Lástima que fuese absolutamente falsa. Era su golpe maestro.

—No puedo —la indignación de Bacon lo hacía mantener un último atisbo de dignidad—. Si permito que los rusos se queden con Gustav, no sólo lo traicionaría a él, sino a mi propio país...

—Tengo que darles a alguien que *pueda ser* Klingsor —insistió ella—. Es nuestra única esperanza...

—Me pides demasiado, Inge. Es una disyuntiva atroz: tú o él...

—No me gusta, Frank, pero yo no he escogido las reglas de este juego.

De este juego. Por primera vez ella decía la verdad.

—¿Y para qué me quieren a mí? —Bacon estaba a punto de estallar, incontrolable. La sangre se le había subido a la cabeza y manoteaba con una furia que no estaba lejos de alcanzar a Inge—. ¿Es que necesitan mi consentimiento?

Al teniente le costó varios minutos serenarse, pero contuvo su ira. Se irguió de inmediato, como si despertase de un mal sueño.

—Esta zona del país está controlada por los ingleses —explicó Inge, tratando de acabar cuanto antes con el asunto—. Sólo hay un lugar seguro para atraparlo.

—¿La habitación de un oficial norteamericano? —su burló Bacon—. ¿Van a secuestrarlo en mi propia casa?

Inge ni siquiera quiso responder a esta pregunta. No tenía nada más que agregar.

—Te amo, Frank —se limitó a suplicar—. Sólo así podremos estar juntos. Confía en mí... Confía en mi amor.

4

Por primera vez en su vida, Bacon tenía que tomar una decisión. Hasta ese momento no había hecho sino huir de los problemas, y acaso de sí mismo: la ciencia lo había librado de su infelicidad; Von Neumann, de su disyuntiva amorosa entre Vivien y Elizabeth; la guerra, de su incapacidad para destacar en la física; Inge, de su desolación; y yo mismo, de su responsabilidad en Alemania. Una y otra vez había sido como una partícula subatómica, sometido a las imperiosas fuerzas de cuerpos mucho más poderosos que él. Más que un jugador, había sido una pieza en el inmenso tablero de la Creación.

Ahora, de forma repentina, aquel esquema prístino y tranquilo, aquel universo en donde las causas y los efectos se sucedían sin apenas involucrarlo, había sido aniquilado. ¿En quién podía confiar? ¿En Inge? Por Dios, no. ¿En Von Neumann, en Einstein, en Heisenberg? ¿En mí...? No había excusas: esta vez ni la ciencia ni el amor ni los demás podían salvarlo. La solidez de su mundo se había derrumbado porque a su alrededor todos buscaban escapar, como él, de la verdad. Bacon estaba furioso y, al mismo tiempo, desolado. Se equivocaba el viejo Epiménides: todos los hombres —y no sólo los cretenses— son mentirosos. Si no había certezas absolutas —o, peor aún, si por más esfuerzos que hiciera, Bacon no podía conocerlas—, ¿cómo podía saber si Inge lo amaba o sólo lo utilizaba una vez más? ¿Cómo podía adivinar si yo había sido su amigo o me había limitado a traicionarlo, como hice antes con Heinrich? ¿Cómo podía discernir las dimensiones de mi maldad? ¿Y cómo podía averiguar cuál debía ser su propia conducta?

De pronto, cayó en la cuenta de que la situación era muy simple. Dolorosamente simple. Por alguna arcana razón, esta vez le correspondía a él decidir qué era lo cierto y qué lo falso, cuál la virtud y cuál la deshonra; por una veleidad del cosmos —por su ambigüedad, por su incertidumbre—, tenía la dolorosa tarea de escribir la historia. Entre los incontables universos paralelos esbozados por Schrödinger, debía escoger cuál iba a ser el nuestro. Aunque aquella mujer fuese una mentirosa, Bacon podía tratar de redimirla. Aunque yo fuese inocente —o al menos de una culpabilidad dudosa—, él podía determinar mi castigo. ¿Qué más daba que Klingsor nos hubiese engañado, o que jamás hubiésemos estado siquiera cerca de él? Con su solo acto de voluntad, Bacon se encargaría de juzgarnos. Tenía que hacerlo, debía olvidar los principios de la ciencia y de la justicia, de la razón y de la moral, para afianzar una invención no menos desproporcionada: el amor de Inge.

Lo que siguió fue poco más que un trámite. Acaso yo hubiese podido adivinarlo pero, por alguna razón, entonces aún confiaba en Bacon. Aquella tarde me citó en su casa, en vez de en su despacho. Este solo hecho pudo haber motivado mis recelos, pero aun así acudí puntualmente a su llamada. Esperaba que hubiese entrado en razón, que se hubiese convencido de que Inge lo había manipulado. Soñaba. Llamé a su puerta. Él permanecía solo, sentado sobre una caja de madera. Era imposible leer las emociones en su rostro: un velo o un hechizo ocultaba su furia o su desaliento. Era, como yo, un hombre atrapado. Hice una rápida inspección del lugar y me di cuenta de que todos sus objetos personales habían desaparecido; en su sitio había una media docena de bultos esparcidos a lo largo de la habitación.

—¿Se muda, teniente? —lo saludé sin ocultar el sarcasmo.

—Este lugar se ha vuelto demasiado pequeño para mí, Gustav —me respondió con un tono neutro y vacío—. Estoy harto. Quizás me he equivocado desde el principio.

—Regresa a Estados Unidos —no era una pregunta, sino una afirmación.

—Sí —mintió—. Este asunto nos ha rebasado.

En ese mismo momento lo supe. No necesitaba decirme más para que me diese cuenta de lo que iba a suceder. Ella lo había vencido. *Me* había vencido. Corté su conversación. Lo único que podía hacer era ganar tiempo, esperar un milagro.

—¿Quiere que le cuente el tercer acto del *Parsifal* de Wagner? —le pregunté sin más preámbulos—. No querrá quedarse sin saber el final, teniente.

Lo dudó un momento y luego asintió.

—Ha pasado mucho tiempo desde el final del segundo acto —comencé a decir con voz serena—. El telón se levanta y nos encontramos en medio de un hermoso bosque, una de esas selvas teutónicas que tanto añoraban los nazis. En medio, oculta entre las ramas, hay una pequeña cabaña que pertenece a Gurnemanz, ¿se acuerda de él? —Bacon hizo una mueca—. Uno de los viejos caballeros del Grial que conocimos en el primer acto. Pues bien, Gurnemanz sale de su cabaña y de pronto oye un suspiro; no, más bien un lamento. Comienza a buscar a su alrededor y ve a Kundry, recostada bajo un pino. Ella parece estar sumida en un trance o en un delirio, porque murmura: «Servir, servir», como una cantinela o un conjuro... A lo lejos, Gurnemanz distingue otra figura humana: no puede ser más que Parsifal. Recordará, teniente, que, tras la destrucción del castillo de Klingsor, Kundry maldijo al joven por no haberse dejado seducir por ella...

—Sí —admitió Bacon.

—Como resultado de esa maldición, Parsifal ha vagado durante años, perdido, en busca del castillo de Montsalvat y de los caballeros del Grial. Por fin, después de un largo y azaroso peregrinaje, ha conseguido acercarse a su meta... Gurnemanz lo reconoce y le cuenta, apesadumbrado, lo ocurrido durante su ausencia: tras su combate con Klingsor, el orden del universo comenzó a decaer. Titurel ha muerto y el viejo Amfortas, privado del consuelo divino, ya ni siquiera permite que se lleve a cabo la ceremonia del ágape para apresurar su propia muerte —los ojos de Bacon adquirieron un brillo siniestro—. Por fortuna, ahora Parsifal ha llegado para recomponer la situación: posee la Lanza de Longinos y ha de ser ungido como nuevo rey del Grial. Ya no es el joven inocente e inexperto de antes, sino un adulto lleno de sabiduría y también, como debe ser, de decepción... Su primer paso es bautizar a Kundry, eliminando la maldición de Klingsor que pesa sobre ella. La mujer se levanta y se hinca a los pies de Parsifal. Y a continuación viene una de las escenas más hermosas de la ópera —me entusiasmé por un momento—: el *Encanto del Viernes Santo*. La música, puedo asegurárselo, teniente, es sublime. Parsifal sube al castillo de Montsalvat y se encuentra con el dolorido Amfortas. Éste insiste en no desvelar el Grial y le pide a Parsifal que acelere su muerte, pero el héroe, en vez de hacerlo, acerca la Lanza a la herida supurante del viejo y lo libra de su dolor. Los caballeros del Grial se reúnen de nuevo. «Milagro de salvación», cantan. Y luego añaden estas misteriosas palabras: «Redención al redentor»... Hermoso, ¿verdad? Pero ¿quiere que le diga cómo concluye la ópera y el mito, teniente?

—Adelante.

—Kundry avanza hacia el altar donde se halla el Grial —dije con dramatismo— y cae muerta al instante, al fin libre de sus pecados. Debe morir para salvarse, teniente, ¿lo comprende? Es el único modo de expiar su traición...

No había acabado yo de decir aquella frase —de sugerirle aquella última salida, aquella última salvación— cuando ambos escuchamos un violento estertor. Nos volvimos y contemplamos la escena: un par de hombres altos y fornidos, vestidos de paisano, habían irrumpido en la habitación. Detrás de ellos, en un segundo plano casi oculto por las sombras del pasillo, pude distinguir la aterradora belleza de Inge.

—¿Qué sucede, teniente?

—Lo siento, Gustav —fue su disculpa—. El juego ha terminado.

—¿Y yo he perdido?

—En este juego *todos* hemos perdido —fueron las últimas palabras que me dirigió. Había sido como el beso de Judas. Arrepentido o no, Bacon me había entregado.

Los soviéticos no tardaron en atarme y amordazarme. Las siguientes horas las pasé en el maletero de un automóvil. Desperté en algún lugar de ese oprobioso yermo que todavía se conoce como República Democrática Alemana. Según mis captores, su comando en Gotinga —al cual pertenecía Inge—, había reunido un abultado expediente de pruebas en mi contra. Sin embargo, a pesar de las torturas y los interrogatorios que me impusieron durante meses, nunca llegaron a tener la certeza absoluta de que yo fuese Klingsor. Ante la duda, y para ocultar su fracaso y el inevitable escándalo diplomático, prefirieron encerrarme en este oscuro manicomio. De eso hace ya más de cuarenta años: cuatro décadas en las cuales, como mi entrañable y olvidado Georg Cantor, el adorador del infinito, no he podido hacer otra cosa sino meditar sobre las oscuras coincidencias que me salvaron de la muerte y sobre aquellas otras, más turbias, que me condenaron a esta larga vida de encierro. En ocasiones pienso que ha sido la pena más adecuada para mí. A fin de cuentas, querida Natalia, me ha permitido recordarte sin tregua y pedirte perdón, día a día, hasta la muerte.

Bacon me traicionó por culpa de una mujer. Me envió, conscientemente, a la tortura y al destierro, a la prisión y quizás también a la muerte, desprovisto de un juicio justo. Después de perseguir durante meses el espectro de ese hombre perverso y silencioso que se ocultaba detrás del nombre de Klingsor, el teniente Francis P. Bacon había sucumbido a su maldición. Una nueva e infausta Kundry lo había forzado a convertirse, a él también, en mentiroso, en criminal... ¿Bastará decir, para perdonarlo, que yo hubiese hecho lo mismo? ¿Que en cierto sentido así lo hice? Su castigo es, acaso, peor que el mío: jamás podrá librarse de la incertidumbre que pesa sobre su amor. Y, por más que lo desee, nunca conseguirá olvidar los tormentos de su propia culpa. Al final, los dos hemos terminado por parecernos al desdichado y abominable Amfortas: lejos de Dios, nuestras heridas continuarán supurando por toda la eternidad.

Ciudad de México, enero de 1994-Salamanca, febrero de 1999

NOTA FINAL

A pesar de la opinión contraria de Gustav Links, este libro es, fundamentalmente, una novela. Si bien es cierto que la mayor parte de los hechos que se mencionan en él, tanto históricos como científicos, se basan en fuentes reales, el punto de vista del narrador siempre es ficticio.

La actitud de Werner Heisenberg hacia el nazismo fue cuando menos ambigua, pero no hay pruebas definitivas de que su actitud durante la guerra pudiese ser considerada como un crimen. En cualquier caso, la discusión no parece agotada y el lector curioso puede acudir a la numerosa bibliografía sobre el tema. Al respecto, no puedo dejar de mencionar una coincidencia más, de entre las muchas que rodean esta historia: en mayo de de 1998, justo cuando yo escribía las últimas páginas de este libro, se estrenó en Londres la pieza teatral *Copenhague*, de Michael Frayn (Methuen Drama, 1998). En ella, el dramaturgo inglés recrea un episodio que también aparece en esta novela: el ríspido encuentro de Bohr y Heisenberg en la capital danesa en septiembre de 1941. Vale la pena consultar el apéndice final a esta obra, en el cual Frayn revisa los diversos puntos de vista que existen en torno a este apasionante asunto. Carlos Fuentes fue el primero en revelarme, en una generosa reseña, la insólita proximidad entre *Klingsor* y *Copenhague*, y por ello quiero dejarle constancia de mi agradecimiento.

Por último, respecto a la esquiva personalidad de Klingsor, sólo quiero añadir que, si bien no existe ninguna mención expresa a una figura histórica semejante, el *Reichsforschungsrat* —el Consejo para la Investigación Científica del Reich, un cuerpo colegiado— ejercía funciones muy parecidas a las que se le atribuyen al supuesto asesor científico de Hitler en la novela.

La escritura de un libro de estas características presupone, necesariamente, la existencia de muchos otros. Por ello, considero necesario dejar constancia de algunos libros que me resultaron imprescindibles.

En primer lugar, debo mencionar algunas de las grandes biografías científicas escritas en este siglo. En el caso de Einstein y Bohr, los espléndidos trabajos de Abraham Pais, *Subtle is the Lord. The Science and Life of Albert Einstein* (Oxford University Press, 1982), *Einstein Lived Here* (Oxford University Press, 1994) y *Niels Bohr's Times, in Physics, Philosophy, and Polity* (Oxford University Press, 1991). Las obras de Jeremy Bernstein, *Einstein* (Fontana, 1973); Ronald Clark, *Einstein, the Life and Times* (Hodder & Stoughton, 1979); Philip Frank, *Einstein: His Life and Times* (Jonathan Cape, 1948) y Roger Heighfield y Paul Carter, *The Private Lifes of Albert Einstein* (Faber & Faber, 1993). Así como los propios libros de Einstein, *The World as I See It* (Citadel Press, 1991) e *Ideas and Opinions* (Alvin Redman, 1954), al igual que su correspondencia con Michele Besso (Tusquets, 1995). Una mención particular merece el reportaje de Ed Regis, *Who got Einstein's Office?* (Adison Wesley, 1987), sobre el Instituto de Investigaciones Avanzadas de Princeton.

Para Heisenberg, la ciencia nazi, la construcción de la bomba, los juicios de Núremberg y la conspiración del 20 de julio de 1944 contra Hitler, me resultaron fundamentales las obras de David Cassidy, *Uncertainty. The Life and Science of Werner Heisenberg* (Freeman, 1992); Thomas Powers, *Heisenberg's War* (Penguin, 1994); Robert Jungk, *Brighter Than a Thousand Sons* (Harcourt Brace, 1958). Al igual que el ensayo autobiográfico de Heisenberg, *Physics and Beyond* (Harper & Row, 1971); David Irving, *The Virus House* (Collins, 1967); Richard Rodes, *The Making of the Atomic Bomb* (Simon & Schuster, 1988); Mark Walker, *Nazi Science: Myth, Truth, and the German Atomic Bomb* (Plenum Press, 1995); William Sweet, *Hitler's Uranium Club: The Secret Recordings of Farm Hall* (AIP Press, 1996); Joseph E. Persico, *Nuremberg, Infamy on Trial* (Penguin, 1994) y Joachim Fest, *Plotting Hitler's Death. The German Resistance to Hitler* (Phoenix, 1997).

Para Schrödinger, la biografía de Walter Moore, *A Life of Erwin Schrödinger* (Cambridge University Press, 1994); así como sus propias obras de divulgación, *My View of the World* (Cambridge University Press, 1964); *Mind and Mater* (Cambridge University Press, 1958) y *What is Life?* (Cambridge University Press, 1947). Y, para Von Neumman, el ensayo de William Poundstone, *El dilema del prisionero* (Alianza Editorial, 1995). He de mencionar, además, algunas obras más generales: *Personaggi e scoperte della fisica contemporanea* (Mondadori, 1996), de Emilio Segrè; *Men of Mathematics* (Simon & Schuster, 1965), de Eric Bell; *Autobiografía de la ciencia* (FCE, 1986), de F. R. Moulton y J. J. Schiffers; y *Biografía de la física* (Alianza Editorial, 1995), de George Gamow.

Debo referir, asimismo, mi deuda con uno de los libros más estimulantes que he leído y a partir del cual surgió la idea de escribir esta novela: *Gödel, Escher, Bach: An Eternal Golden Braid* (Basic Books, 1979; Tusquets, 1987), de Douglas Hofstadter.

Quiero agradecer a Fernanda Álvarez, Raquel Blázquez, Natalia Castro, Sandro Cohen, Luis García Jambrina, Luis Lagos, Gerardo Laveaga, Jesús Rodríguez, Sergio Vela y Eloy Urroz por sus cuidadosas lecturas y sugerencias. A los doctores Shahen Hacyan, Jaime Besprosvany y Víctor Manuel Romero, del Instituto de Física de la Universidad Nacional Autónoma de México, por sus valiosos comentarios sobre los aspectos científicos de la novela. A Antonia Kerrigan, Andrew Wylie, Benita Edzard, Eva Romero, Luisa Herrero, María Pijoan, René Solís, Jesús Anaya y Patricia Mazón por la entusiasta labor que han desarrollado para la difusión de estas páginas. A los integrantes del jurado del premio Biblioteca Breve, Guillermo Cabrera Infante, Luis Goytisolo, Pere Gimferrer y Susana Fortes y, de manera especial, a Basilio Baltasar, sin el cual yo mismo aún continuaría en busca de Klingsor.

J. V.

Atlanta-México, julio 2000

ÍNDICE

Premio Biblioteca Breve

Esta edición de *En busca de Klingsor*,
Premio Biblioteca Breve 1999,
ha sido impresa en septiembre de 2000
en ROMANYÀ/VALLS, S. A.
Plaça Verdaguer, 1
08786 Capellades
(Barcelona)